Método OCRA

para a Análise e a Prevenção do Risco por Movimentos Repetitivos

Manual para a avaliação e a gestão do risco

Elaboração por:

Daniela Colombini

Enrico Occhipinti

Michele Fanti

Com a colaboração de:

Natale Battevi, Olga Menoni – Unidade de pesquisa EPM (Milano)

Massimo Pannini – Whirlpool Europe (Siena)

Marco Girando – Azimut-Benetti (Torino)

Marco Cerbai – Safety Work (Imola)

Daniela Alzati – Siemens (Cavenago)

Marco Placci e Riccardo Lo Re – Electrolux (Forlì)

Roberto Polzot – Elettrolux (Susegana)

Italo Rinaldini, Marco Cerioni, Josanko Sacchetti, Milko Petrella, Ivano Bonzanni, Ettore Ricci – Gruppo Amadori (Cesena)

Tiziana Donatelli – arquiteto, ergonomista (Milano)

Enrica Camparini – consultor empresarial (Siena)

Giovanni Butturini – engenheiro (Brescia)

Lucia Pigini – bioengenheira (Milano)

Tradução:

Francesco Sassaroli

Revisão técnica:

Edoardo Santino

Ruddy Facci

Eduardo Marcatto

Alguns dos conteúdos inovadores foram elaborados no âmbito da pesquisa aplicada 2000 – Prevenção dos riscos para a saúde nos ambientes de vida e de trabalho, “Projeto SS 11.A.2.2. – Métodos observacionais para a análise e a avaliação das atividades ocupacionais que comportam a movimentação manual de cargas, os movimentos repetitivos e/ou forçados dos membros superiores e as posturas inadequadas”, financiada pelo Ministério da Saúde e pelo Ispesl.

DANIELA COLOMBINI
ENRICO OCCHIPINTI
MICHELE FANTI

Método OCRA para a Análise e a Prevenção do Risco por Movimentos Repetitivos

Manual para a avaliação e a gestão do risco

Revisores técnicos:
Edoardo Santino
Ruddy Facci
Eduardo Marcatto

EDITORA
LTr®
SÃO PAULO

Dados Internacionais de Catalogação na Publicação (CIP)
(Câmara Brasileira do Livro, SP, Brasil)

Colombini, Daniela

Método Ocra para a análise e a prevenção do risco por movimentos repetitivos : manual para a avaliação e a gestão do risco / Daniela Colombini, Enrico Occhipinti, Michele Fanti. — São Paulo : LTr, 2008.

Título original: Il metodo OCRA per l'analisi e la prevenzione del rischio da movimenti ripetuti.
Vários colaboradores.

Bibliografia.

ISBN 978-85-361-1225-1

1. Doenças profissionais 2. Ergonomia 3. Lesões por esforços repetitivos 4. Medicina do trabalho 5. Membros superiores 6. Segurança do trabalho 7. Serviços de saúde ocupacional I. Occhipinti, Enrico. II. Fanti, Michele. III. Título.

08-09214

CDD-616.9803
NLM-WA 400

Índice para catálogo sistemático:

1. Método OCRA (Occupational Repetitive Actions) : Análise e prevenção do risco por movimentos repetitivos : Medicina ocupacional 616.9803

O *software* "midiaOCRAmulticompiti" mencionado ao longo do livro está disponível para download no site: <www.escolaocra.com.br>. Acesse já.

Produção Gráfica e Editoração Eletrônica: R. P. TIEZZI
Capa: FÁBIO GIGLIO
Impressão: HR GRÁFICA E EDITORA

LTr
EDITORA LTDA.

Rua Apa, 165 — CEP 01201-904 — Fone (11) 3826-2788 — Fax (11) 3826-9180
São Paulo, SP — Brasil — www.ltr.com.br

LTr 3502.1

Outubro, 2008

Ao Nino Grieco
e a todos aqueles que como ele
sabem ainda trabalhar com amor e por amor.
Daniela

Ao Nino,
mestre de ciência, que soube unir a uma sólida teoria a contínua
busca de novos processos para a prevenção;
mestre de vida, com o seu inapagável exemplo de ética e de compromisso social.
Enrico

A todos aqueles que, além do problema, vêem a oportunidade.
Michele

Nota à Edição Brasileira

Mais uma vez a Clinica del Lavoro Luigi Devoto/Universidade de Milão traz à comunidade ocupacional brasileira um novo conhecimento científico, uma nova tecnologia metodológica, uma nova forma de abordagem preventiva, que irá, sem nenhuma dúvida, promover uma "revolução" nos conceitos de ergonomia e na interpretação de movimentos repetitivos.

Seus renomados cientistas, prof. *Enrico Occhipinti* e profa. *Daniela Colombini*, incentivados, motivados e orientados pelo saudoso Prof. *Antonio (Nino) Grieco*, desenvolveram nos últimos quinze anos uma metodologia que permite um estudo quantitativo dos postos de trabalho, avaliando condições ergonômicas agressivas para os membros superiores por movimentos repetitivos.

Esses três renomados médicos do trabalho, cuja reputação, respeito acadêmico e reconhecimento internacional são inquestionáveis, poderiam e deveriam ser considerados os verdadeiros sucessores de *Bernardino Ramazzini*, não por serem italianos, mas por terem uma visão incomum de futuro, uma percepção global de ergonomia, uma criatividade muito além da medicina e uma capacidade de trabalho aliada à competência digna dos grandes gênios.

Um dos grandes méritos do Método OCRA é o de possibilitar aos profissionais de diversas áreas do saber, como profissionais de saúde e segurança no trabalho, engenheiros de produção, de processo, de manutenção, recursos humanos, advogados, educadores físicos, fisioterapeutas, além de trabalhadores e encarregados, a utilização dessa metodologia na prevenção de distúrbios osteomusculares e melhoria nos postos de trabalho, beneficiando, desta forma, trabalhadores e empregadores.

A introdução do termo "reprojetação do posto de trabalho" virá a ser um novo marco nos processos industriais, dentro do conceito antropocêntrico de ergonomia e aumentando a produtividade sem riscos. Essas são algumas das razões pelas quais países europeus, Estados Unidos, Chile, Argentina e agora o Brasil estão entendendo a importância do Método OCRA, tanto no âmbito acadêmico, como de ensino e principalmente na aplicação prática, no dia a dia das empresas.

Com certeza esse sucesso estava previsto por *Antonio Grieco* quando criou a EPM – Ergonomia da Postura e Movimento, e fez dele um centro de excelência no estudo e pesquisa na área da ergonomia, em que *Occhipinti* e *Colombini* trabalharam de forma incansável e diuturna em um inusitado projeto que culminou no Método OCRA.

Michele Fanti, cronoanalista italiano de grande experiência e competência, integrou-se ao projeto e desde então vem colaborando no desenvolvimento de partes técnicas do método.

Nós, *Santino* e *Ruddy*, tivemos o privilégio de, além de fazer parte do círculo de amigos de "Nino" desde 1993, sermos recebidos inúmeras vezes na Clinica del Lavoro para visitas técnicas e estágios, quando conhecemos *Enrico* e *Daniela* e os primeiros estudos da nova metodologia. Durante os anos de 2005, 2006 e 2007, fomos convidados a treinamentos intensivos para a utilização desta nova ferramenta ergonômica, para então em 2008 estarmos capacitados para colaborar na revisão técnica deste livro. Convidamos então o engenheiro *Eduardo Marcatto* a integrar a equipe e somar esforços nesta empreitada.

Como revisores técnicos ficamos extremamente honrados pela confiança dos autores e pela oportunidade de desaprender para então reaprender.

Somos muito gratos aos amigos *Enrico Occhipinti* e *Daniela Colombini* pelo estímulo para a criação da Escola OCRA Brasiliana, e seu permanente apoio, escola esta que terá a imensa responsabilidade e a árdua missão de difundir o Método OCRA no território brasileiro.

Nosso mais profundo desejo é que este livro seja útil a todos os que labutam em prol das melhorias das condições e ambientes de trabalho.

Edoardo Santino – Ruddy Facci – Eduardo Marcatto
Escola OCRA Brasiliana

Índice

Apresentação à Quarta Edição

Este livro é uma reedição, profundamente atualizada e enriquecida com base nas inúmeras experiências práticas ocorridas, de um manual anterior (*A avaliação e a gestão do risco devido a movimentos e esforços repetitivos dos membros superiores*) publicado em 2000 pela FrancoAngeli (editora italiana).

Os métodos e as experiências aqui apresentadas são já patrimônio comum de muitos contextos produtivos italianos e europeus: as atualizações feitas foram determinadas principalmente pelas reflexões críticas, pelas sugestões e pelos dados fornecidos por numerosos operadores, técnicos e médicos que, com muito entusiasmo e não sem as dificuldades dos "pioneiros", contribuíram para a afirmação dos princípios e das técnicas aqui apresentadas.

Hoje o método OCRA, depois de ter sido indicado e utilizado em inúmeros documentos de consenso e linhas diretrizes nacionais e internacionais, está também na base de dois importantes projetos internacionais de norma técnica. Se estes projetos forem confirmados, se abrirá uma fase mais ampla de aplicação e experimentação dos instrumentos e dos processos que formam a base do método OCRA: pelo que nos diz respeito estaremos prontos para gerir da melhor forma possível esta nova fase e talvez nos voltemos a encontrar daqui a alguns anos para uma posterior, talvez inevitável, quinta edição italiana e segunda brasileira.

Os Autores

Apresentação à Primeira Edição

Este é um livro muito particular sob muitos aspectos.

Antes de tudo, no que se refere ao argumento tratado, não tem precedentes na Medicina do Trabalho, nem neste nem em outros continentes, nem nesta nem em outras línguas: aos riscos e às conseqüentes afecções dos membros superiores relacionados à execução, no âmbito do trabalho, de movimentos repetitivos foram até agora dedicados dentro da nossa disciplina apenas acenos fugazes, afirmações nem sempre fundamentadas e insuficientes orientações preventivas.

Em segundo lugar a escolha dos destinatários: os técnicos "de tempos e métodos", isto é, aqueles que nas empresas projetam, realizam, controlam, avaliam e ajustam os tempos e os modos de alguns processos produtivos, valendo-se de conhecimento próprio e experiências profissionais. Obviamente, não estão excluídos, entre os destinatários, os Médicos especialistas, os Responsáveis pelos serviços de prevenção e proteção, os Representantes dos trabalhadores conforme o Decreto Legislativo n. 626 de 19.9.1994 (legislação italiana): entretanto, a sua inclusão visa a equipá-los para que estejam em condição de colaborar com os primeiros, respeitando-se as atribuições individuais, parar avaliar e prevenir os riscos em objeto.

Um terceiro aspecto particular é representado pela abordagem teórica e epistemiológica do problema: não são colocados em discussão o "trabalho repetitivo", o "trabalho em linha de produção", a "monotonia" que podem derivar, e nem os quadros conceituais aos quais os Técnicos fazem referência no seu trabalho de elaboração de um projeto organizacional. A escolha realizada deixou isto incontestável: mostrou a oportunidade de percorrer o mesmo caminho, o mesmo percurso, utilizar as mesmas linguagens, a fim de oferecer algumas alternativas factíveis para respeitar, caso a caso, os limites sugeridos pela ergonomia.

O trabalho realizado assume a forma e os conteúdos de um manual de fácil leitura, com numerosos exemplos, visando a facilitar a circulação e a aplicação prática de princípios e dados ergonômicos, que ainda não se encontram em outros trabalhos com a mesma riqueza de detalhes. Quando faltaram certezas científicas recorreu-se a dados sugeridos pela experiência e pelo bom senso sem que houvesse confusão entre eles.

O mérito é em grande parte atribuível a *Daniela Colombini* e *Enrico Occhipinti*, que estiveram entre os meus alunos mais brilhantes, agora exímios especialistas de nível internacional, que com incrível obstinação, louvável continuidade e rigor imutável, souberam recolher e inspirar neste setor conhecimentos de valor inestimável para fins preventivos.

Prof. *Antonio Grieco*
Presidente da EPM

1. Introdução à ergonomia e ao livro

1.1. Definição e objetivos da ergonomia

A palavra "Ergonomia" é a tradução portuguesa do termo inglês "Ergonomics" que, por sua vez, deriva do grego "Ergon" (trabalho) e "Nomos" (lei). Uma palavra com raízes análogas foi usada pela primeira vez por *Jastrzebowski* em um jornal polonês em 1857.

O objetivo da Ergonomia é melhorar a qualidade das condições dos ambientes, dos instrumentos de trabalho e das atividades do operador humano.

A Ergonomia fundamenta-se nos conhecimentos e nas experiências obtidas tanto nos estudos experimentais como, principalmente, nos realizados diretamente no campo: por esta razão a Ergonomia é um instrumento inovador e polivalente, apropriado para aumentar, ao mesmo tempo, a segurança, a saúde e o bem-estar dos trabalhadores; a Qualidade do trabalho e a Eficiência se beneficiarão de seus efeitos positivos.

A Ergonomia, partindo de um conceito mais restrito da relação homem/máquina (1940), chega hoje a sugerir uma abordagem mais ampla que trata de aspectos fisiológicos, psicológicos, cognitivos, relacionais, técnicos e organizacionais de interação entre trabalho humano e meio ambiente: a moderna Ergonomia, que visa a analisar e projetar sistemas complexos, foi definida como Macroergonomia.

A Ergonomia não pode ser definida como uma ciência ou, até mesmo, uma "nova ciência": inspirando-se em diversas disciplinas e conhecimentos científicos já disponíveis, tem a característica fundamental de utilizá-los, de forma interdisciplinar, para o próprio fim específico. Sob este aspecto, a ergonomia pode ser considerada, mais apropriadamente, *uma técnica de análise, de avaliação e de projeto tipicamente antropocêntrica* que usa conhecimentos científicos extraídos de disciplinas já existentes. Dentro destas existem pelo menos três áreas disciplinares que fornecem contribuições primárias:

— a área politécnica (engenharia, arquitetura, etc.);

— a área biomédica (antropometria, fisiologia, higiene, medicina do trabalho, etc.);

— a área dos conhecimentos psicossociais (organização, as diversas psicologias, as diversas sociologias, etc.).

A finalidade da Ergonomia, portanto, não é apenas prevenir acidentes e doenças mas, principalmente, promover a saúde, entendida como bem-estar psicofísico.

A abordagem sistêmica deve estar presente e deve ser tal que o objeto da análise, da avaliação e do projeto, por mais simples que seja, deve ser sempre representado levando-se em conta todas as previsíveis inter-relações: Ergonomia não é somente projetar um assento, ou qualquer outro objeto, mas também considerar o seu impacto global com o trabalhador/usuário, o meio ambiente, a organização do trabalho.

São três os princípios fundamentais que caracterizam a técnica ergonômica:

a) globalidade dos objetivos;

b) interdisciplinaridade das abordagens;

c) participação dos trabalhadores/usuários.

Por globalidade dos objetivos entende-se a adoção de várias ações de melhoramento nos lugares de trabalho, no meio ambiente e no processo de trabalho.

A Ergonomia é uma técnica para a prevenção primária: é preciso saber avaliar as condições que produzem riscos para prevenir os danos antes que estes aconteçam. A epidemiologia é útil, mas percorre um caminho inverso, que parte da observação dos danos para chegar à definição de presença do risco. Muitas escolhas de processo podem já ser consideradas riscos potenciais para o bem-estar: de fato, a imposição rígida dos tempos, a informação insuficiente, as escassas recuperações fisiológicas, etc., devem ser reconhecidas *a priori* como potenciais geradores de riscos.

A prevenção primária se realiza principalmente por meio de escolhas organizacionais alternativas no projeto de um processo de trabalho.

A *abordagem interdisciplinar* significa que a obtenção do "bem-estar" em um processo produtivo requer a integração dos conhecimentos biomédicos, politécnicos (arquitetura e engenharia) e sociais. Esta abordagem é indispensável para garantir a globalidade dos objetivos.

A *participação dos trabalhadores/usuários*, além de gerar ulteriores recursos na fase de elaboração do projeto, torna, de fato, "aplicáveis e aplicadas" as soluções ergonômicas identificadas. A participação de mais figuras, representando várias profissões, poderia pressupor, em um primeiro momento, um excessivo dispêndio de energias, mas é justamente este envolvimento que servirá para concretizar a realização do projeto, evitando recorrer a ulteriores modificações depois da fase de implementação.

1.2. Ergonomia e normas técnicas européias

A Ergonomia reconhece, no atual estado, uma extrema variedade de campos de aplicação, sejam ocupacionais ou extra-ocupacionais.

Restringindo o interesse apenas ao âmbito ocupacional, julga-se útil informar o leitor sobre a emergência de uma vasta série de normas técnicas e aplicativas, na maioria das vezes ligadas ao projeto de máquinas, já emanadas ou em fase de emissão, a nível europeu, chamadas de Normas Harmonizadas, por parte do CEN.

Estas normas dizem respeito a diversas técnicas e propõem métodos para definir a presença de vários fatores de risco em âmbito ergonômico. Um capítulo inteiro (Capítulo 18) deste livro é dedicado às normas de interesse mais direto na prevenção dos distúrbios musculoesqueléticos devidos a movimentos e posturas inadequadas.

Nesta apresentação queremos apenas destacar como estas normas abrangem desde a consideração do risco da movimentação manual até os limites de força, as medidas antropométricas, as modalidades de elaboração dos projetos das tarefas e dos lugares de trabalho, das tarefas ocupacionais repetitivas, dos espaços para transitar, etc.

Estas normas harmonizadas são dirigidas essencialmente a quem projeta tanto as máquinas como as tarefas ocupacionais. Disto resulta que os profundos e globais conhecimentos ergonômicos deverão se tornar bagagem cultural de outras figuras profissionais, além daquelas tradicionalmente envolvidas nas atividades de prevenção, como os projetistas de máquinas, de processos produtivos e de produtos, e os chamados "analistas" que, na maioria das vezes com métodos e sistemas de tempos (predeterminados ou não), organizam o trabalho humano.

1.3. Conteúdo e finalidade do livro

Uma das problemáticas emergentes como fonte de problemas para a saúde em âmbito ocupacional diz respeito ao risco devido a movimentos repetitivos dos membros superiores.

Os mais destacados estudos epidemiológicos internacionais atribuem a estes movimentos, com certeza quase única, um nexo de causalidade com algumas patologias do membro superior como as tendinites e as síndromes canaliculares: a literatura atual está de acordo em definir estas alterações "work related", mas raramente oferece *métodos de avaliação e atuação facilmente aplicáveis no campo (especialmente pelos técnicos das empresas responsáveis pelo projeto das máquinas e do trabalho) e capazes de avaliar todos os fatores de risco presentes para determinar, no seu conjunto, o evento patológico.*

Este livro, numa nova edição atualizada e ampliada, visa a apresentar um método (OCRA) que procurou preencher esta lacuna, obtendo ampla aprovação no campo da aplicação com reconhecimentos nas áreas de produção das linhas mestras, padrões nacionais e internacionais. Junto com o método, são ilustrados instrumentos e exemplos para a sua concreta aplicação e também os resultados de estudos e experiências que permitiram que o próprio método, proposto inicialmente em 1996, se desenvolvesse de forma a responder cada vez mais às exigências de seus usuários.

Por esta razão, além de ser dirigido a todos os tradicionais trabalhadores da prevenção, o presente livro se dirige, em particular, àquelas figuras profissionais que, dentro de uma empresa, devem gerenciar a produção, devem projetar as máquinas, devem planejar a organização do trabalho e, também, aos projetistas do produto. No caso, mesmo partindo da avaliação de um único risco profissional, aquele devido a movimentos repetitivos, são aqui apresentados métodos de análise e gestão dos resultados que abrangem totalmente escolhas fundamentais e mais gerais de organização do trabalho e, por outro lado, chamam todos os princípios peculiares de uma ação econômica, de uma forma que pode ser assim sintetizada:

- todos os conhecimentos sobre riscos devem ser patrimônio cultural principalmente daqueles que projetam e constroem as máquinas, o trabalho e o produto;
- equipes especialistas no assunto devem ser organizadas diretamente na empresa; elas deveriam ser compostas por diversas figuras profissionais, especialmente por analistas (de tempos e métodos), por engenheiros/projetistas de processo e de produto, responsáveis pela segurança, médicos especialistas, representantes dos trabalhadores. A diferente experiência específica destes profissionais, associada ao conhecimento do risco e dos relativos métodos de análise e critérios de prevenção, representa a concretização dos conceitos de atuação interdisciplinar e global no (re)projeto dos lugares e das tarefas de trabalho. O "patrocinador" das equipes deverá ser a própria Direção de Empresa;
- as escolhas das prioridades nos tempos e formas de projeto e reprojeto do trabalho, uma vez determinado de maneira "objetiva" o risco, são deixadas diretamente às equipes da empresa e às respectivas responsabilidades gerenciais.

O que se quer transmitir é a possibilidade de se ter critérios de análise do risco que permitam obter dados objetivos indispensáveis para a abordagem, com "escolhas conscientes", dos custos e dos benefícios resultantes.

Em resumo, o livro quer oferecer um método de análise de um risco ocupacional "emergente" (conhecimento do problema) e os instrumentos para uma *autogestão* que visa a gerar *escolhas conseqüentes e conscientes.*

Finalmente, é importante salientar que as metodologias de análise e as estratégias operacionais que serão apresentadas foram definidas, discutidas, testadas e, em sua maioria, validadas junto às equipes técnicas de numerosas importantes empresas de produtos manufaturados, italianas e européias, no decorrer das colaborações para a análise e a gestão do problema específico em suas várias realidades.

O agradecimento a todos eles não é, portanto, um ato puramente formal, mas caracteriza a estratégia operacional dos autores: conceber métodos de análise baseados nas evidências da literatura, para os trabalhadores, junto com os trabalhadores.

2. *As principais alterações atribuíveis à atividade ocupacional: definições, colocação e dimensão do problema*

2.1. Introdução

A evolução do trabalho organizado, tanto no setor do manufaturado quanto no setor terciário, associada à idade média crescente da população trabalhadora na Europa, determinaram uma modificação nos riscos de trabalho para a saúde.

A relação entre o trabalho e as doenças crônico-degenerativas comuns foi avaliada criticamente, seja por grupos de especialistas seja por pesquisadores, que atribuíram ao trabalho uma proporção significativa das alterações cardiovasculares, das doenças respiratórias e das lesões musculoesqueléticas que afligem a população.

Entre as patologias mais freqüentemente associadas ao trabalho, neste livro serão tratadas aquelas dos membros superiores, procurando destacar, dentre elas, aquelas nas quais a associação com o trabalho é, em determinadas condições de exposição, fortemente plausível ou, de qualquer forma, sancionada por normas e padrões nacionais e internacionais.

Já em 1700 *B. Ramazzini* descreveu as afecções causadas por movimentos violentos, irregulares e por posturas indevidas e indicou o esforço realizado pelas mãos e pelos membros superiores dos "escribas" como causa de déficit funcional da mão direita.

No decorrer do século XIX as mesmas manifestações foram constatadas também em telegrafistas, pianistas, sapateiros, alfaiates e ordenhadores.

Depois de uma relativa menor atenção durante toda a primeira parte do século XX, devida ao surgimento de outros importantes riscos ocupacionais ligados ao desenvolvimento industrial, as alterações musculoesqueléticas de natureza profissional apareceram de novo como objeto de interesse primário por parte de todos os atores envolvidos na prevenção das patologias profissionais e hoje representam, como será melhor detalhado mais adiante, a principal causa de doença profissional nas populações trabalhadoras dos países com desenvolvimento industrial avançado. Isto contrasta com as conclusões tiradas da "International Conference on Machine Pacing and Occupational Stress" (Salvendy e Smith, 1981), realizada na Universidade de Purdue em 1981. Naquela ocasião os congressistas tinham previsto uma notável diminuição das tarefas ocupacionais caracterizadas por elevada repetitividade com uma conseqüente redução dos efeitos negativos na saúde dos trabalhadores, incluindo os distúrbios musculoesqueléticos dos membros superiores.

Esta previsão, como depois veremos, demonstrou-se completamente errada, tanto que a patologia profissional dos membros superiores desde os anos 80 até hoje tem aumentado continuamente até representar, nos Estados Unidos da América assim como na Europa, mais de 50% de todas as patologias ocupacionais.

2.2. Definições

As patologias musculoesqueléticas dos membros superiores podem ser genericamente definidas como alterações das unidades musculotendíneas, dos nervos periféricos e do sistema vascular dos membros superiores que, se causadas ou agravadas por movimentos e/ou esforços físicos repetidos do membro superior durante o trabalho, são classificadas como "relacionadas ao trabalho" ou "profissionais".

Na literatura internacional muitos acrônimos foram utilizados para descrever sinteticamente, isto é, por de termos onicompreensivos ("umbrella terms"), os distúrbios e as patologias do membro superior.

Para indicar a sua origem ocupacional a Tab. 2.1 apresenta as definições mais difundidas. Segundo Hagberg (*et al.*, 1995), o termo "Work Related Musculo Skeletal Disorders" (WMSDs) é o mais apropriado, porque supõe ou comprova uma causa ocupacional na sua gênese e evita introduzir no mesmo termo a causa suposta ("cumulativa" nos CTD e "repetitiva" nos RSI) e os seus efeitos.

Com este termo, portanto, são reagrupadas diversas entidades nosológicas, que podem interessar às várias estruturas do membro superior mas que têm todas em comum a possível etiologia profissional, com conseqüência de traumas repetitivos e/ou cumulativos e com exclusão de patologias traumáticas agudas.

Neste trabalho será, portanto, usado o acrônimo WMSDs constantemente associado ao prefixo UL (*upper limbs*) para indicar o específico segmento corporal de interesse (membro superior, incluso o ombro).

Tab. 2.1 – Principais acrônimos utilizados para o conjunto das patologias e distúrbios musculoesqueléticos dos membros superiores relacionados ao trabalho

Acrônimos	
WMSD	Work related Musculo Skeletal Disorders
WRULD	Work Related Upper Limbs Disorders
CTD	Cumulative Trauma Disorder
RSI	Repetitive Strain Injuries
RMI	Repetitive Motion Injuries
OCD	Occupational Cervico-brachial Disorders
OOS	Occupational Overuse Syndrome

Uma vez que na literatura permanece ainda não univocamente definido quais afecções específicas e distúrbios devem ser incluídas no termo UL-WMSDs, esclarece-se que neste trabalho (em que for feita referência aos dados originais dos Autores e em que não for especificado de outra forma), são consideradas, no grupo dos UL-WMSDs, as patologias indicadas na Tab. 2.2, determinadas e definidas em um recente documento nacional de consenso relativo ao reconhecimento das diversas patologias musculoesqueléticas dos membros superiores como profissionais (Colombini *et al.*, 2003): resta comprovar como cada uma destas patologias é uma entidade nosológica absolutamente conhecida e definida no diagnóstico médico.

Uma completa revisão dos estudos epidemiológicos e das meta-análises, que evidenciaram a força e a consistência da associação entre as patologias indicadas na Tab. 2.2 e determinadas condições de trabalho, foge dos objetivos deste volume. Referências úteis a respeito poderão ser encontradas em (Hagberg *et al.*, 1995) numa resenha crítica feita por um grupo de especialistas do NIOSH (1997), em um volume monotemático de Ergonomics (Colombini *et al.*, 1998) e também no já mencionado documento nacional de consenso relativo ao reconhecimento das diversas patologias musculoesqueléticas dos membros superiores como profissionais (Colombini *et al.*, 2003).

Tab. 2.2 – UL WMSDs: lista das patologias musculoesqueléticas dos membros superiores mais freqüentemente associadas com o trabalho

AFECÇÕES DOS TENDÕES, DAS BAINHAS E DAS BOLSAS
Ombro:
Tendinopatia do manguito rotador;
Periartrite calcárea (Moléstia de Duplay);
Tendinopatia do cabo longo do bíceps;
Bursite.
Cotovelo/antebraço:
Epicondilite lateral;
Epicondilite medial (epitrocleite);
Tendinopatia da inserção distal do tríceps;
Bursite olecraniana.
Punho/mão/dedos:
Tendinite e Tenosinovite dos músculos flexores e extensores;
Dedo em gatilho;
Cisto tendíneo;
Doença de De Quervain.

AFECÇÕES DOS TENDÕES, DAS BAINHAS E DAS BOLSAS
NEUROPATIAS PERIFÉRICAS POR COMPRESSÃO
Síndrome do desfiladeiro torácico;
Síndrome do túnel cubital;
Síndrome do pronador redondo;
Síndrome do túnel do carpo;
Síndrome do canal de Guyon.
OUTRAS PATOLOGIAS
Artrose acrômio-clavicular;
Rizoartrose (artrose trapézio-metacarpiana).

2.3. Notas a respeito da patogênese dos principais UL-WMSDs

A patogênese dos UL-WMSDs lembra prevalentemente processos mecânicos e fisiológicos. Os processos mecânicos derivam do uso repetido e prolongado dos tecidos devido a solicitações de força e, mais em geral, a estresses mecânicos.

A eventual alteração dos tecidos pode interferir, por sua vez, nos processos fisiológicos de base e provocar insuficiência funcional na atividade motora. Os UL-WMSDs devem ser pensados como eventos nos quais uma série de condições ligadas à atividade motora produz distúrbios mecânicos ou fisiológicos que se manifestam em sintomas ou sinais clínicos mais ou menos persistentes.

Quando estas condições são ocupacionais, os distúrbios serão definidos como "work-related" isto é relacionados com o trabalho.

Em particular, constitui-se hipótese de trabalho que tais alterações se desenvolvam quando a duração do tempo de recuperação entre sucessivas atividades operacionais ou períodos de trabalho é insuficiente.

Os UL-WMSDs são a gênese multifatorial: mais de um fator pode ser a causa destas alterações musculoesqueléticas. Muitos destes fatores podem ser do tipo ocupacional ainda que outros fatores de caráter individual tenham se demonstrado influentes, de alguma forma, no determinismo dos UL- WMSDs.

A Tab. 2.3 apresenta uma lista não exaustiva dos principais fatores, ocupacionais ou não, chamados em causa na etiopatogênese dos UL WMSDs.

Tab. 2.3 – Elenco (não exaustivo) dos principais fatores, ocupacionais ou não, chamados em causa na etiopatogênese dos WMSDs

FATORES CAUSAIS EVOCADOS (lista não exaustiva)	
OCUPACIONAIS	NÃO OCUPACIONAIS (INDIVIDUAIS)
movimentos repetitivos	sexo
alta freqüência e velocidade	idade
uso de força	traumas e fraturas
posições inadequadas	patologias crônicas
recuperação insuficiente	estado hormonal
vibrações	atividade tempo livre
compressões de estruturas anatômicas	estrutura antropométrica
desergonomia dos instrumentos	condição psicológica
uso de luvas	
exposição a frio	
trabalho por incentivos	
ritmos impostos	
inexperiência do trabalho	

Na Tab. 2.4 são mostrados, também, os resultados assinalados da "review" crítica feita pelo NIOSH (1997) relativa à associação entre os principais fatores de risco ocupacional e dos UL-WMSDs para distintos segmentos corporais: freqüentemente resulta que é a presença simultânea de mais fatores principais a determinar, de forma mais evidente, resultados patológicos.

2.3.1. Alterações de tendões, ligamentos e bolsas tendíneas

O movimento dos membros superiores e das mãos é acionado, também, através dos ligamentos e tendões que agem sobre as três principais articulações: o punho, o cotovelo e o ombro. O conjunto destas estruturas constitui uma unidade versátil que permite desenvolver uma ampla faixa de movimentos, uma força excepcional, mas também precisas e delicadas manipulações: esta unidade é também tão forte que, em alguns casos, pode acabar prejudicando a si mesma.

Os músculos não são normalmente inseridos diretamente nos ossos: a ligação é obtida pelos tendões, comparáveis a cordões rígidos. Os tendões não são elásticos e não se contraem: eles simplesmente transferem força e movimento do músculo ao osso.

Os tendões do punho e da mão são envolvidos por bainhas que contêm um líquido lubrificante dito líquido sinovial. Os tendões deslizam, correm dentro da bainha toda vez que os relativos músculos se contraem e relaxam. Em ocasiões de uso excessivo, o líquido lubrificante na bainha tendínea pode não ser produzido em quantidade suficiente, causando uma fricção entre os tendões e a bainha. A área correspondente aos tendões aparece quente, dolorida e com aumento da sensibilidade, sinal do surgimento da inflamação. A congestão dos tecidos (inchaço), por sua vez, pode comprimir um nervo: este fenômeno produz parestesias (formigamentos) e dores.

O movimento articular pode ser reduzido pelo incremento da tensão muscular. Além disso, a repetição de episódios de inflamação aguda dá lugar à formação de tecido fibroso estranho (aderências) que é fundamentalmente responsável pela estabilização de uma condição de patologia crônica.

Os ligamentos são robustas "cordas" que ligam um osso ao outro para constituir uma articulação. Quando uma articulação é usada além da faixa normal, algumas fibras que compõem o ligamento podem rasgar, perdendo a ligação com o osso: a repetição destes eventos leva a uma instabilidade articular permanente que aumenta o risco de lesões sucessivas.

Tab. 2.4 – "Evidência" da associação entre os principais fatores de risco ocupacional e UL-WMSDs (da NIOSH, 1997, adaptada)

PARTES DO CORPO	FATORES DE RISCO	FORTE EVIDÊNCIA	EVIDÊNCIA	EVIDÊNCIA INSUFICIENTE
Pescoço e Pescoço/ombros	Repetitividade		x	
	Força		x	
	Postura	x		
	Vibrações			x
Ombros	Repetitividade		x	
	Força			x
	Postura		x	
	Vibrações			x
Cotovelo	Repetitividade			x
	Força		x	
	Postura			x
	Combinações	x		
Mão/punho Síndrome do túnel do carpo	Repetitividade		x	
	Força		x	
	Postura			x
	Vibrações		x	
	Combinações	x		
Mão/punho Tendinite	Repetitividade		x	
	Força		x	
	Postura		x	
	Combinações	x		

Quando um ligamento está sujeito a fricção, um sistema particular de lubrificação chamado "bolsa" impede que o próprio ligamento "esfregue" contra o osso.

A "bolsa tendínea" é um pequeno saco cheio de líquido envolvido por uma bainha sinovial. As bolsas tendíneas são deslocadas para aquelas partes do corpo sujeitas a repetidas pressões durante os movimentos como os ombros, os cotovelos, os joelhos: nestas áreas, além de pelas bainhas tendíneas, os tendões estão protegidos por "bolsas" que atuam como almofadas de escorregamento para reduzir a fricção entre as partes móveis. Um tendão que se torna "áspero" pelo uso excessivo, irritará também a "bolsa" adjacente, provocando uma inflamação da mesma, dita "bursite", processo parecido com aquele que acontece entre tendão e bainha tendínea. Uma bursite reduz a liberdade de movimento do tendão: por exemplo, na cintura escapular, uma bursite limitaria significativamente a mobilidade do ombro.

2.3.2. *A síndrome do túnel do carpo e as outras síndromes do aprisionamento*

Os tendões flexores das mãos passam através de um túnel rígido no punho de 2-3 cm, chamado "túnel do carpo". As paredes do túnel são formadas pelo arco dos ossos do carpo, e o teto por um ligamento rígido que envolve completamente os ossos do punho: o ligamento carpal.

Através do túnel do carpo passam, debaixo do ligamento carpal: os tendões dos flexores dos dedos, o nervo mediano, os vasos sangüíneos, ligando o antebraço à mão.

A compressão do nervo mediano, que é a característica da Síndrome do Túnel do Carpo (STC), pode ser causada diretamente por um aumento da pressão no próprio túnel como conseqüência de posições de extrema flexão ou extensão do punho, ou, indiretamente, por uma irritação crônica e conseqüente inchaço (tenossinovite) dos flexores longos dos dedos no interior do punho.

Em resumo, diversos tipos de posições e movimentos do punho e tipos de preensão da mão podem ser responsáveis pelo surgimento da Síndrome do Túnel do Carpo (STC): em particular as atividades em que se combinam "alta força" e "alta freqüência de ação e repetitividade", aumentam significativamente o risco.

2.4. A dimensão do problema

2.4.1. *Dados da 3ª investigação da Fundação Européia de Dublin sobre as condições de saúde e ocupacionais dos trabalhadores europeus*

A Fundação Européia de Dublin produz periodicamente investigações (por amostragem) sobre as condições de saúde e ocupacionais dos trabalhadores europeus; a última, realizada em 2000 (*Paoli* e *Merrillie*, 2001), permite estimar a dimensão do problema aqui enfrentado em termos tanto de condições de potencial exposição como de efeitos para a saúde:

- Em média, 31% dos trabalhadores europeus ficam empregados constantemente (isto é durante quase o tempo total de seu trabalho) em atividades que exigem movimentos repetitivos dos membros superiores; este valor sobe a 46% se forem levados em conta todos os trabalhadores que ficam expostos a movimentos repetitivos por mais da metade do tempo de trabalho.
- Os ciclos de trabalho repetitivo são freqüentemente muito breves: 15% dos trabalhadores trabalham com ciclos repetidos de duração igual ou inferior a 5 segundos (12 ciclos por minuto).
- 29% dos trabalhadores não têm influência na decisão nos ritmos e métodos de trabalho e operam continuamente com objetivos de produção estritamente definidos.
- 39% não podem ter uma pausa quando consideram necessário.
- 24 % trabalham continuamente em altos ritmos e velocidade (56%, pelo menos, durante uma parte de seu horário).

A Fig. 2.1 indica, para as principais categorias de trabalhadores, a prevalência de indivíduos constantemente expostos a movimentos repetitivos.

No que diz respeito aos efeitos para a saúde, a mesma investigação evidenciou que os problemas de saúde mais freqüentemente anotados são:

A dor nas costas (33%), o estresse (28%), a fadiga total (23%) e, a seguir, as dores osteomusculares no pescoço e nos ombros (23%) e nos membros superiores (13%).

Se se examinar estes dois últimos efeitos nos trabalhadores que ficam "expostos" a movimentos repetitivos, se observa que as prevalências de indivíduos com distúrbio sobem a 37% para os distúrbios no pescoço e nos ombros (contra 11% dos "não expostos") e a 24% para os distúrbios nos membros superiores (contra 4% dos "não expostos").

Fig. 2.1 – Prevalência percentual, por categorias de trabalho, de trabalhadores europeus continuamente ocupados em atividades com movimentos repetidos dos membros superiores

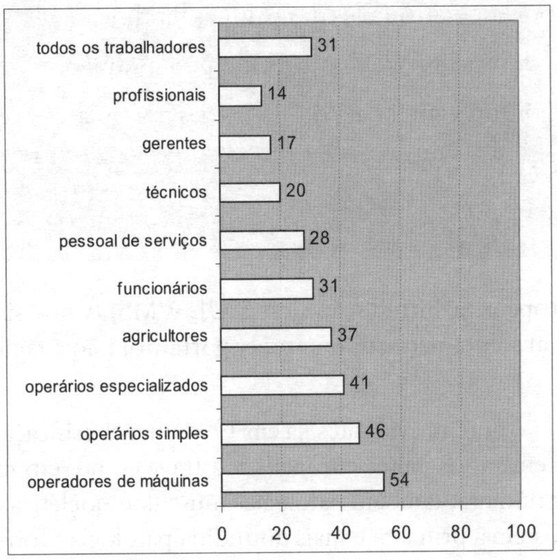

Fig. 2.2 – Prevalência de portadores de distúrbios na região do "pescoço-ombro" e dos membros superiores nos trabalhadores europeus empregados em diversos setores ocupacionais

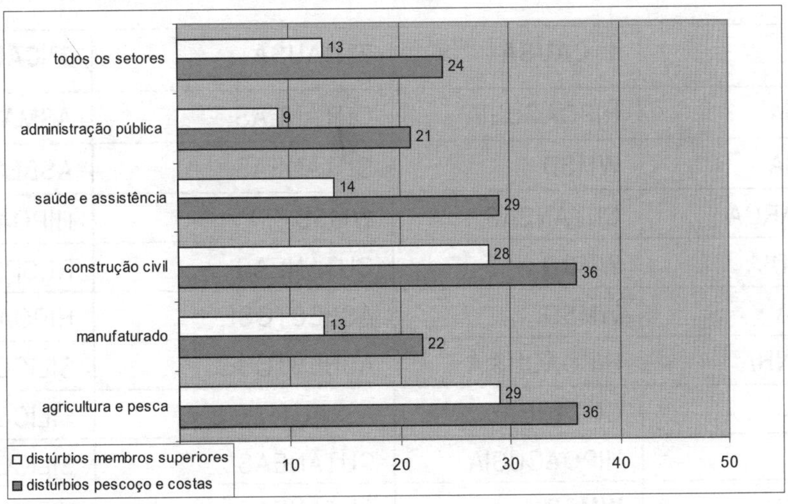

A Fig. 2.2 apresenta, para alguns setores de trabalho, as prevalências de indivíduos que relatam distúrbios respectivamente na região do "pescoço-ombro" e dos membros superiores.

2.4.2. *UL-WMSDs como doenças profissionais na Europa*

A recomendação européia 90/326/CEE e, mais recentemente, a recomendação da Comissão Européia de 19.9.2003, referente à lista européia das doenças profissionais, identificaram algumas UL WMSDs como doenças a serem incluídas entre aquelas definidas como profissionais nos sistemas de seguro dos vários países membros.

Em particular, a recomendação mais recente definiu, entre as doenças reconhecidas cientificamente de origem profissional, que podem ser objeto de indenização e que devem constituir objeto de medidas preventivas, os seguintes UL WMSDs:

- Doenças das bolsas peri-articulares devidas à pressão;
- Bursite olecraniana;
- Bursite do ombro;
- Doenças provocadas por superatividades das bainhas tendíneas;
- Doenças provocadas por superatividades do tecido peritendíneo;
- Doenças provocadas por superatividades das inserções musculares e tendíneas;
- Paralisias dos nervos devidas à pressão;
- Síndrome do túnel do carpo.

Nos diversos países europeus, a introdução destes UL-WMSDs nos sistemas de seguro e de indenização seguiu modalidades e tempos absolutamente diferentes e, portanto, não é fácil dispor de dados e estatísticas comparáveis e confiáveis.

Alguns dados essenciais são, porém, evidentes. Já em 1998 uma classificação particular (Tab. 2.5) das principais causas de doença profissional em vários países europeus mostrava como, em muitos deles, os WMSDs (incluindo porém, mesmo que em menor número, também patologias musculoesqueléticas de outras regiões corporais diferentes dos membros superiores) fossem a primeira e mais difundida patologia profissional reconhecida.

Tab. 2.5 – Patologias profissionais reconhecidas mais difundidas em diversos países europeus em 1998

PAÍS	**1ª CAUSA**	**2ª CAUSA**	**3ª CAUSA**
ÁUSTRIA	HIPOACUSIA	CUTÂNEAS	ASMA
BÉLGICA	**WMSD**	CUTÂNEAS	ASBESTOSE
DINAMARCA	CUTÂNEAS	**WMSD**	HIPOACUSIA
FINLÂNDIA	**WMSD**	CUTÂNEAS	RESPIRATÓRIAS
FRANÇA	**WMSD**	ASBESTOSE	HIPOACUSIA
ALEMANHA	HIPOACUSIA	ASBESTOSE	SILICOSE
GRÉCIA	CUTÂNEAS	ASMA	SILICOSE
ITÁLIA	HIPOACUSIA	CUTÂNEAS	SILICOSE
ESPANHA	**WMSD**	CUTÂNEAS	HIPOACUSIA
SUÉCIA	**WMSD**	RESPIRATÓRIAS	CUTÂNEAS

Estatísticas mais atualizadas (Eurostat, 2004) em nível europeu referem que:

- nos anos 98/99 cerca de 8 milhões de pessoas na Europa tiveram problemas de saúde ligados ao trabalho (excluindo acidentes e outras condições agudas) com um índice de 5.372 casos a cada 100.000 trabalhadores ativos: 53% destes casos eram relativos a WMSDs;

- o número de casos reconhecidos de UL-WMSDs como doenças profissionais é muito variável entre os diversos países em relação aos diversos sistemas: estimou-se que em 2001, nos 15 países membros, tenham sido reconhecidos cerca de 8.900 casos de "tendinite e peritendinite", 7.600 casos de "epicondilite" e 4.100 casos de "síndrome do túnel carpal". Estes dados, fornecidos pela Eurostat, parecem fortemente subestimados em relação a outros provenientes de cada país membro.

A este respeito são, de fato, mais confiáveis e relevantes alguns dados, absolutos e percentuais, provenientes de cada país europeu onde houve plena aceitação das citadas recomendações européias.

O primeiro caso diz respeito à Espanha, onde a prevalência de UL-WMSDs já está próxima de 80% de todas as patologias profissionais reconhecidas, com 15.454 casos de WMSDs em 2000.

Outro caso importante è representado pela França onde, desde o começo dos anos 90, a tendinite do ombro e da região mão-antebraço, a epicondilite e a síndrome do túnel do carpo são reconhecidas como profissionais tanto na indústria como na agricultura: o conjunto destas patologias, com cerca de 13.000 casos em 2000, representa 62% de todas as patologias reconhecidas no mesmo ano naquele país. Efetivamente, cerca de 13.000 casos em 2000 representam o topo de uma tendência crescente que iniciou em 1993 com cerca de 3.000 casos e aumentou constantemente nos anos seguintes.

2.4.3. *A situação na Itália*

Na Itália, os UL-WMSDs, e em particular as patologias já identificadas na Tab. 2.2, até hoje não estão inseridos entre as doenças chamadas "tabeladas", para as quais está previsto um reconhecimento (com as relativas conseqüências de seguro) quase automático em relação às características especificadas de exposição/trabalho.

Na última década elas foram tratadas e, se fosse o caso, reconhecidas em base à sentença da C.C. 179/88 que introduziu o "sistema misto" e, portanto, a possibilidade de reconhecer a origem profissional também de patologias não incluídas na tabela (DPR 336/94) anexa ao T.U.do INAIL D.Lgs. 1124 de 1965.

Apesar desta limitação, não há dúvida em relação ao progressivo e crescente interesse por estas patologias, testemunhado tanto pelos dados sintéticos que serão apresentados neste trabalho, quanto por uma série de providências administrativas e legislativas ocorridas neste período.

Nos últimos 10 anos aumentou consideravelmente o volume da casuística analisada pelo INAIL. Lembrando que até o ano 2000 a casuística específica foi tratada exclusivamente junto à Superintendência Médica Geral do INAIL, a Fig. 2.3 mostra os casos de WMSDs respectivamente recebidos e aceitos por este órgão no período 1996-2000 (Colombini *et al.*,2003).

Em particular em 2000, sobre a totalidade dos WMSDs tratados, 56% dizia respeito a casos de síndrome do túnel do carpo, 19% a casos de patologias tendíneas do ombro e do punho/mão e 10% a casos de epicondilite.

Ulteriores dados podem ser deduzidos da relação estatística que apareceu no *site web* do INAIL com destaque para as doenças profissionais denunciadas e reconhecidas nos anos 1999-2002 na indústria e nos serviços. Conforme indica a Tab. 2.6, durante aqueles anos, o número absoluto e percentual (em relação ao total das doenças profissionais reconhecidas), de UL-WMSDs foi aumentando progressivamente até representar (em 2002) cerca de 15% de todas as patologias profissionais, colocando-se assim nos primeiros lugares da classificação por tipologia, em que o primeiro lugar é ocupado pela "hipoacusia por ruído" que, no entanto, apresenta uma clara tendência ao recuo.

No que diz respeito às providências administrativas deve ser lembrado sobretudo que o INAIL, com a finalidade de facilitar os procedimentos de reconhecimento das doenças como profissionais, por meio do sistema "misto", dos UL-WMSDs, emanou circulares e linhas diretrizes próprias (circular INAIL n. 81 de 2000). Nelas eram circunstanciados os critérios de avaliação do dano e também do risco (em grande parte fazendo referência às metodologias apresentadas neste volume). Os conteúdos destas providências, com as relativas argumentações técnicas e científicas, encontram-se no já citado documento de consenso (Colombini *et al.*, 2003) organizado por um grande grupo de especialistas na matéria, pertencentes a todas as principais instituições interessadas.

Tab. 2.6 – *Doenças profissionais reconhecidas nos anos 1999-2002: prevalência (%) de casos de UL WMSDs e de Hipoacusia em relação ao total*

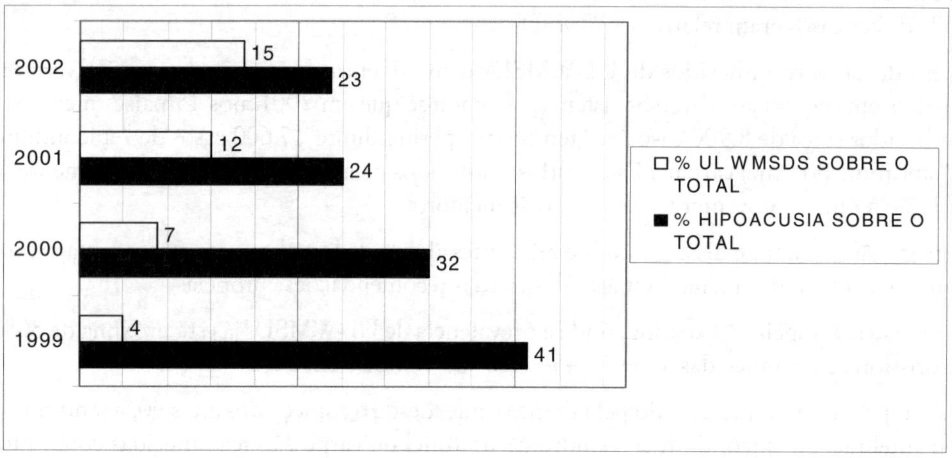

Fig. 2.3 – Doenças profissionais por movimentos repetitivos e sobrecarga biomecânica nos membros superiores recebidos e tratados pela SMG do INAIL nos anos 1996-2000

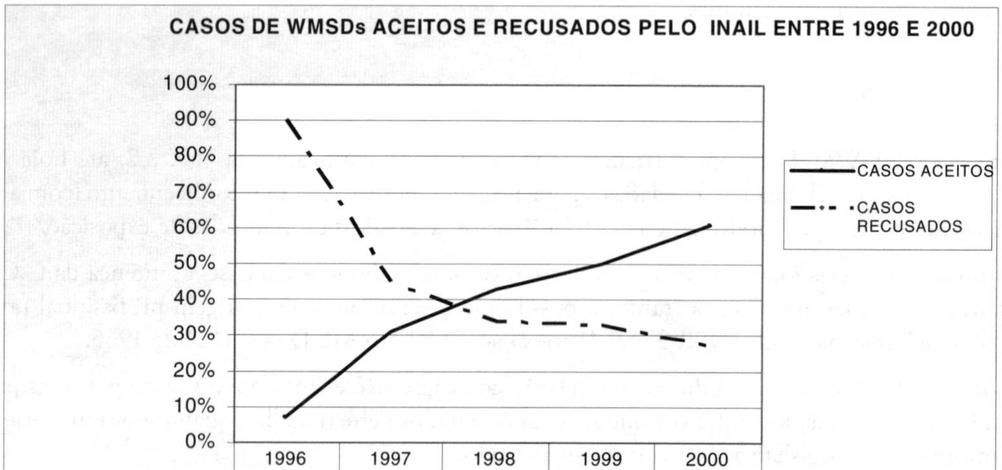

	1996	1997	1998	1999	2000
CASOS ACEITOS	7%	31%	43%	50%	61%
CASOS RECUSADOS	90%	45%	34%	33%	28%

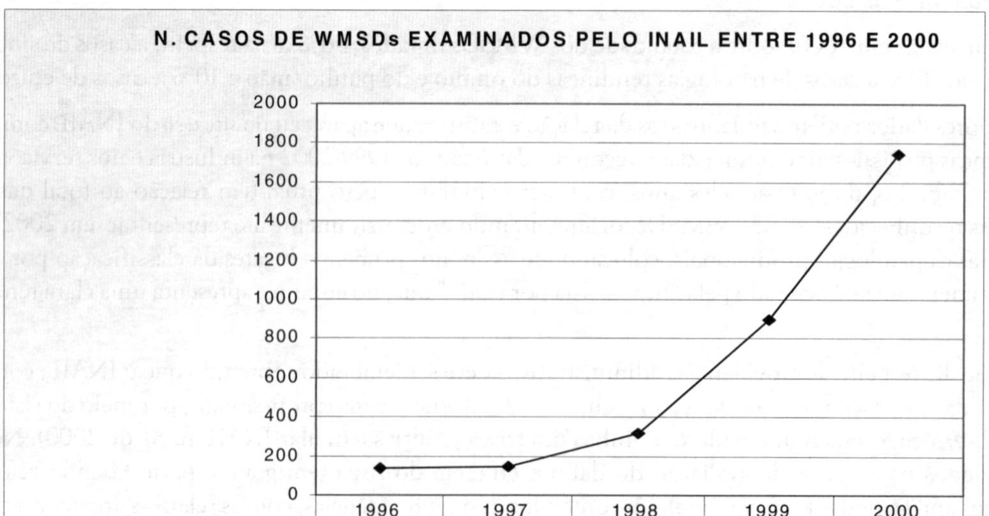

	1996	1997	1998	1999	2000
CASOS EXAMINADOS	139	145	317	896	1746

Ainda mais cheio de perspectivas é também o D.M. de 27/04/2004 que atualiza (em relação ao D.M. anterior de abril de 1973) a lista das doenças para as quais é obrigatória a denúncia, conforme determina o art. 139 do texto único do DPR 1124/65.

Com este decreto, ainda que relativo ao dever de denúncia ao órgão de vigilância, é definida, entre as doenças cuja origem ocupacional é de elevada probabilidade, também uma série de patologias por sobrecarga biomecânica dos membros superiores entre as quais as diversas formas de tendinite e das bolsas de ombro, cotovelo e região mão/antebraço, assim como a síndrome do túnel do carpo.

Outras formas (por ex. a síndrome do canal de Guyon) são incluídas entre as patologias cuja origem ocupacional é de (mais) limitada probabilidade.

No momento em que escrevemos parece já consolidada a hipótese de que pelo menos as patologias do primeiro grupo (elevada probabilidade) entrarão no futuro a fazer parte da tabela renovada das doenças profissionais para as quais o reconhecimento e a cobertura do seguro é "automaticamente" garantida, com exceção das condições de exposição (que deverão ser, no entanto, definidas).

Em resumo, os UL-WMSDs apresentados na Tab. 2.2, representam já uma categoria importante de patologias profissionais na Itália e a perspectiva é de um crescimento da sua importância seja em termos absolutos ou em termos relativos. Nos próximos anos é fácil prever analogias com o que já aconteceu em outros países da Europa, onde os UL-WMSDs não são apenas a mais difundida doença profissional mas representam, sozinhos, mais da metade de todas as patologias de trabalho com cobertura do seguro.

3. *A identificação da presença do risco e os esquemas de intervenção relativos*

3.1. Introdução

A necessidade e a oportunidade de se estudar o risco ligado aos movimentos repetitivos dos membros superiores pode, na prática, derivar de quatro diferentes tipos de origem:

a) o substancial respeito às normas em matéria de prevenção da saúde no trabalho, especificamente do art. 4º do Decreto Legislativo n. 626/94 e sucessivas modificações;

b) a emergência, em um determinado contexto da empresa, de casos de UL-WMSDs;

c) o início, por parte da Magistratura, de inquéritos conduzidos no âmbito de um procedimento penal;

d) a vontade da Direção da empresa de se adiantar ao ponto c), juntando a análise OCRA à análise dos tempos e métodos para chegar à máxima eficiência da força de trabalho.

Prescindindo, nesta apresentação, da consideração relativa ao ponto c) que não corresponde às finalidades do presente volume, podem-se considerar os pontos a) e b) como elementos distintos de partida de um percurso de avaliação e gestão do risco que, em boa parte, se torna comum e utiliza, de acordo com uma ordem sugerida, os instrumentos de análise e de intervenção que serão em seguida apresentados.

O primeiro mecanismo assinalado configura a clássica abordagem "européia" (e italiana) da prevenção, sancionada com as relativas diretrizes comunitárias, que prevê, por parte dos responsáveis da empresa, uma atuação preventiva articulada em diversas fases:

- identificação do problema (possível risco);
- estimativa do risco;
- avaliação detalhada (eventual) do risco;
- redução do risco levantado, por meio de um planejamento e de intervenções estruturais, organizacionais, formativas e de vigilância sanitária dos efeitos de saúde induzidos.

O segundo mecanismo, muito recorrente na prática comum, encontrou nos anos recentes uma própria sanção formal no chamado "Padrão ergonômico" do OSHA dos Estados Unidos que foi primeiro aprovado pela administração Clinton e depois rapidamente retirado pela administração Bush. Sem entrar nos detalhes, aquele padrão retirado previa a implantação do processo de avaliação e gestão do risco exclusivamente a partir do registro, em um contexto da empresa, de um caso de patologia musculoesquelética confirmado, como potencialmente ligado ao trabalho.

Fig. 3.1 – *Esquema geral de atuação para a avaliação e gestão do risco ligado aos movimentos repetitivos dos membros superiores*

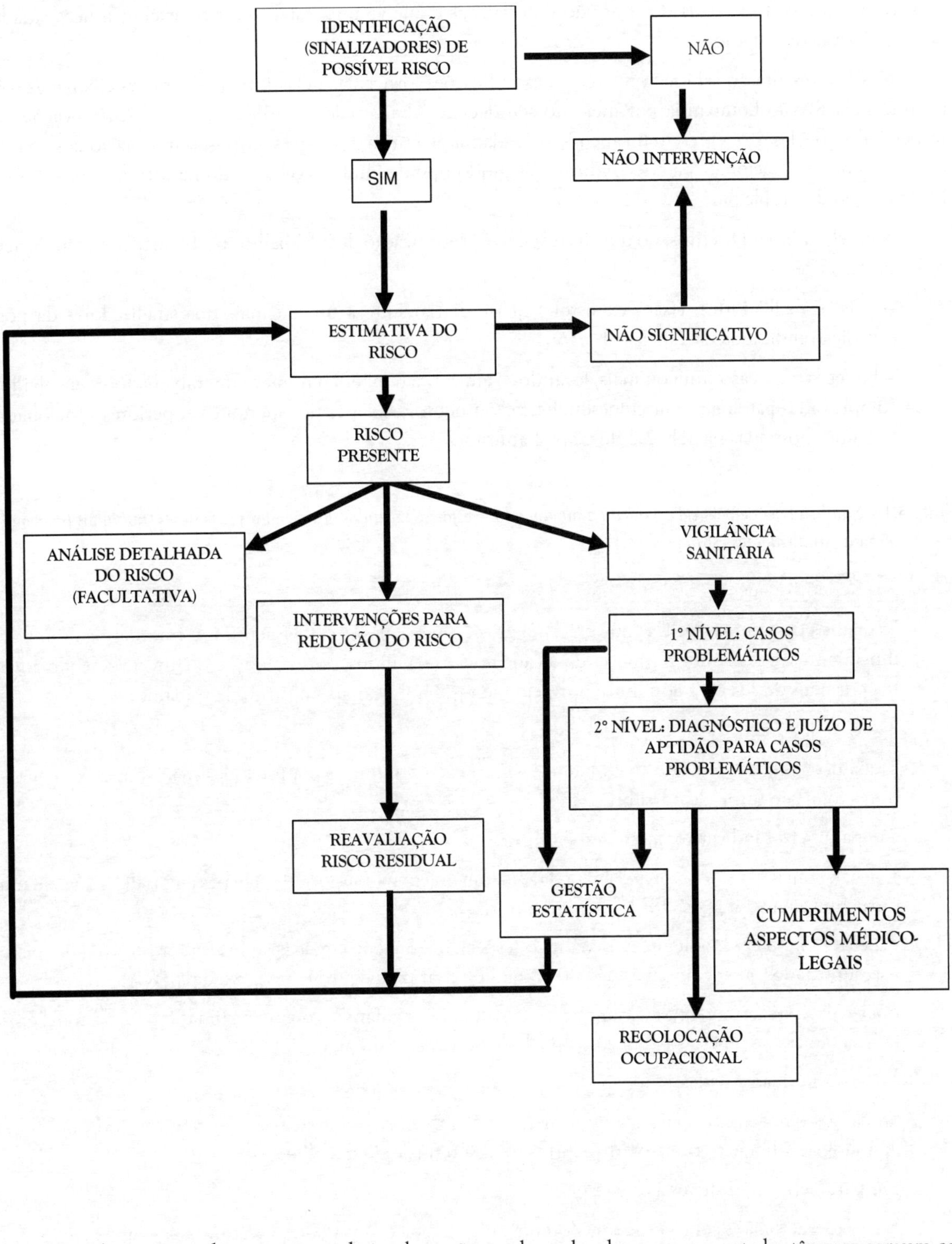

Independentemente do mecanismo de implantação, as duas abordagens representadas têm em comum as fases antes indicadas (identificação, estimativa, avaliação e gestão do risco), para as quais nesta apresentação serão indicados modelos, critérios e instrumentos operacionais.

O esquema da Fig. 3.1 mostra o processo geral de atuação que está, em grande parte, descrito neste volume, exceto pelos aspectos mais tipicamente sanitários que serão tratados em um outro volume da mesma coleção em fase avançada de preparação.

3.2. A identificação do problema (risco)

Muitos procedimentos de atuação, americanos, europeus e também italianos, sugerem que se proceda, inicialmente, à identificação do possível risco (ou dos trabalhos problemáticos) por meio de simples instrumentos de *screening* que podem ser usados por não especialistas e que visam a estabelecer ou excluir a necessidade das fases sucessivas de atuação.

Nesta apresentação será feita referência às indicações fornecidas pelas Linhas Diretrizes emanadas sobre o assunto pela Região Lombardia por meio do seu decreto "*dirigenziale*" n. 18140 de 2003. As indicações a este respeito ali contidas não representam apenas uma adaptação crítica das outras propostas internacionais, mas incluem, também, um "racional" para reconduzir o segundo tipo de implantação, citado na introdução, na esfera da identificação do problema.

Naquelas Linhas Diretivas, no que diz respeito à identificação dos "trabalhos problemáticos", são fornecidos os seguintes critérios:

– o(s) trabalhador(es) é(são) exposto(s) quase diariamente a um ou mais dos sinalizadores da possível exposição indicados na Tabela 3.1; e/ou

– há registro de casos (um ou mais, levando-se em conta também o número de trabalhadores envolvidos) de comprovadas patologias musculoesqueléticas ou neurovasculares dos membros superiores relacionadas ao trabalho mostradas na Tab. 2.2 do Cap. 2 anterior.

Tab. 3.1 – Sinalizadores de possível exposição a movimentos e esforços repetidos dos membros superiores (trabalhos problemá-ticos se um ou mais sinalizadores estão presentes)

1 – Repetitividade
Trabalhos com tarefas cíclicas que exigem a execução do mesmo movimento (ou um breve conjunto de movimentos) dos membros superiores, a cada poucos segundos, ou a repetição de um ciclo de movimentos por mais de 2 vezes por minuto por pelo menos 2 horas totais no turno de trabalho.
2 – Uso de força
Trabalhos com uso repetido (pelo menos 1 vez a cada 5 minutos) da força das mãos por pelo menos 2 horas totais no turno de trabalho.
São parâmetros indicativos a este respeito:
• pegar, com preensão de força da mão (*GRIP*), um objeto não suportado que pesa mais de 2,7 kg. ou usar uma equivalente força de *GRIP*;
• pegar, com preensão de precisão da mão (especialmente entre polegar e indicador = *PINCH*), objetos não suportados que pesam mais de 900 gramas ou usar uma equivalente força de *PINCH*;
• exercer sobre ferramentas, alavancas, botões, etc., forças manuais quase máximas (apertar parafusos de porca com chaves, apertar parafusos com chave de fenda manual, etc.).
3 – Posturas inadequadas
Trabalhos que exigem o alcance ou a manutenção de posições extremas do ombro ou do punho por períodos de 1 hora contínua ou de 2 horas totais no turno de trabalho.
São parâmetros indicativos a este respeito:
• posições das mãos sobre a cabeça e/ou posições do braço levantado na altura dos ombros;
• posições em evidente desvio do punho.
4 – Impactos repetidos
Trabalhos que exigem o uso da mão como uma ferramenta (por exemplo: usar a mão como se fosse um martelo) por mais de 10 vezes por hora por pelo menos 2 horas totais no turno de trabalho.

Quando for registrada, em um grupo de trabalhadores (lugar de trabalho, linha, setor, etc.), a presença de um ou mais sinalizadores, será necessário proceder a uma análise mais articulada da exposição de acordo com os métodos e os critérios que serão descritos mais adiante.

Em caso contrário (sinalizadores negativos) não é necessário proceder a uma avaliação mais detalhada da exposição.

Por outro lado, uma avaliação da exposição é, de qualquer forma, recomendada também quando, mesmo sendo negativos os sinalizadores de possível risco, estejam presentes registros de casos de patologia comprovada.

Deve ser ressaltado que a positividade de um sinalizador de possível exposição não representa *de per si* a presença de um risco, mas deve ser utilizada unicamente para discriminar as situações merecedoras de mais atenção; será a avaliação sucessiva, mais profunda, a definir a eventual existência (e o relativo nível) de uma exposição significativa e a delinear, portanto, as relativas atuações de prevenção necessárias.

3.3. A estimativa (avaliação simples) do risco

O instrumento para a estimativa (ou avaliação simples) do risco que será proposto é o *checklist* OCRA. Trata-se de um instrumento para o *screening*, ágil e pouco oneroso, da presença numa empresa (ou numa linha) do problema tratado e da sua magnitude. A sua utilização não deve ser considerada em alternativa ao mais complexo índice OCRA, mas sim um instrumento de "filtro" em relação à necessidade de uma análise detalhada. Para a utilização do *checklist* é de fundamental importância utilizar pessoal treinado no uso do método e do índice OCRA: a aparente simplicidade do *checklist* não pode esconder o fato que somente uma adequada preparação teórico-prática real pode garantir a plena confiabilidade dos resultados.

Coerentemente com esta colocação, no presente livro, será primeiro apresentado o mais completo método do índice OCRA e só a seguir (no Cap. 13) o instrumento simplificado representado pelo *checklist* OCRA.

O preenchimento do *checklist* requer de 10 a 30 minutos em cada posto de trabalho.

Na prática, a nível empresarial, a equipe técnica devidamente selecionada e treinada para enfrentar o problema, poderá, utilizando o *checklist*, ativar um *screening* de todos os postos de trabalho caracterizados por movimentos repetitivos. Em tempos relativamente breves se obterão informações que permitirão classificar os postos como de risco "ausente", "duvidoso ou muito leve", "presente", "elevado" e conhecer as proporções com que estas aparecem na realidade especifica.

Este tipo de análise vai permitir iniciar uma válida programação das intervenções e dos recursos a serem investidos.

Os postos de trabalho que resultaram de risco elevado serão sucessivamente examinados mais detalhadamente com o método do índice OCRA, na perspectiva de seu reprojeto. Paralelamente os postos que resultaram de risco "ausente" ou "baixo" serão também analisados mais detalhadamente porque poderão permitir a recolocação ocupacional dos sujeitos que resultaram portadores de patologias do membro superior.

Deve ser também ressaltado como pode ser útil proceder a um censo paralelo por intermédio do médico responsável, por meio de instrumentos de *screening* clínico, nos casos de UL-WMSDs junto aos trabalhadores que executam tarefas repetitivas e/ou postos de trabalho caracterizados por movimentos repetitivos: as maiorias obtidas, comparadas com aquelas de populações de referência não expostas a movimentos repetitivos, fornecerão uma ulterior informação válida sobre a magnitude do problema na empresa como um todo, por setor e/ou por área.

3.4. A avaliação analítica do risco

O modelo de análise mais completa, que aqui será apresentado, é aquele do índice OCRA (Ocupational Repetitive Actions) que, entre outras coisas, permite obter:

- dados quantitativos sobre o nível de exposição dos operadores;
- informações precisas sobre quais são os fatores que mais incidem no resultado do índice;

- indicações precisas e úteis para orientar os critérios de projeto correto;
- indicações úteis para a recolocação ocupacional dos sujeitos já portadores de patologias dos membros superiores por sobrecarga biomecânica;
- previsões a respeito de ocorrências de casos de UL-WMSDs em função dos valores encontrados no índice de risco.

O uso do método OCRA requer um profundo treinamento preliminar (curso teórico-prático de pelo menos 16 horas), e deve ser preferivelmente reservado a um pessoal já habituado à análise dos postos de trabalho e da organização do trabalho, mas é necessário que sejam formadas também outras figuras profissionais como os Responsáveis pelo Serviço de Prevenção e Proteção (RSPP), o médico responsável, representantes da engenharia de produção e de produto.

A sua profícua e completa utilização na empresa prevê, de fato, a identificação de um grupo "interdisciplinar" que se ocupe constantemente do assunto, grupo composto pelas figuras profissionais do técnico responsável pela análise organizacional, do projetista das linhas e das instalações, do técnico do serviço de prevenção e proteção, do projetista do produto, do médico responsável. É aconselhável que participe do estudo e da discussão das soluções também o responsável do setor específico em exame.

Os tempos para uma análise com índice OCRA são comparáveis àqueles necessários para uma análise com sistema cronométrico ou com tempos predeterminados. A título de exemplo, a análise de uma tarefa repetitiva com um ciclo de 60 segundos pode requerer cerca de 2 horas, incluindo a necessária filmagem e as eventuais sugestões de melhoramento.

3.5. A redução do risco

Caso a avaliação da exposição e o estudo das patologias musculoesqueléticas relacionadas ao trabalho tenha evidenciado a presença de um risco significativo, surge a necessidade de realizar intervenções para o reprojeto dos postos e dos procedimentos de trabalho. Estas intervenções resultam muitas vezes urgentes e de realização complexa. A sua eficácia depende, de fato, da ação coordenada e quase simultânea em três distintas áreas de intervenção: *estrutural, organizacional e formativa.*

Tendo-se ressaltado que a avaliação do risco por meio do método OCRA oferece notáveis e detalhados critérios para as sucessivas intervenções de prevenção e que estes critérios podem assumir características totalmente peculiares em relação à realidade considerada, serão fornecidos, neste volume, orientações concretas para realizar as intervenções de reprojeto e de prevenção dos distúrbios devidos a movimentos repetitivos dos membros superiores.

Fazendo referência às três áreas de intervenção (*estrutural, organizacional e formativa*) serão também desenvolvidas indicações para cada área, utilizando a rica literatura já existente relativa às intervenções *estruturais* (em grande parte já presente nas normas harmonizadas européias) e abrindo o capítulo sobre as modificações *organizacionais* possíveis (sem influências substanciais sobre a produtividade), já estudadas e validadas em algumas experiências de campo.

Serão, por fim, fornecidas orientações sobre os programas e os percursos de ***formação*** específica e de atualização dos dirigentes, dos executivos e dos funcionários e trabalhadores.

4. *Resenha da literatura sobre diversos índices multifatoriais de avaliação do risco*

Natale Battevi

4.1. Introdução

São muitos os métodos, que podem ser encontrados na vasta literatura disponível, desenvolvidos para determinar e quantificar o risco de exposição a fatores de risco por sobrecarga biomecânica dos membros superiores. Entre estes se distinguem:

- aqueles que destacam de forma qualitativa a presença de características ocupacionais que podem conduzir o "avaliador" em direção à possível presença de um risco;
- aqueles que, com base no *checklist*, permitem uma rápida identificação do problema;
- aqueles que, mais complexos, permitem caracterizar a multifatorialidade da exposição.

Como até hoje não existe uma compreensão total das modalidades fisiopatológicas por meio das quais se determinam os vários quadros patológicos por sobrecarga biomecânica dos membros superiores (tendinites, tenossinovites, tendinose, síndromes neurológicas periféricas por aprisionamento, etc.) não existem métodos de avaliação do risco que possam satisfazer plenamente todos os critérios: apesar disso, alguns destes se apresentam mais completos na sua formulação, seja pelo número e tipo de causadores de risco que levam em consideração, seja pela sua abordagem metodológica.

Alguns destes métodos têm quase vinte anos e são descritos em livros ou enciclopédias dedicadas, em geral, à abordagem ergonômica para a resolução de problemas ligados a patologias ou distúrbios musculoesqueléticos. Todos, em geral, apresentam aspectos positivos ou, pelo menos, foram utilizados para resolver problemas de natureza ergonômica. Poucos, no entanto, possuem todas as características que deveriam estar presentes para uma completa avaliação do risco: a capacidade de identificar todas as determinantes de risco, o estudo da relação dose-resposta, a avaliação da exposição e a identificação do risco entendida como probabilidade de contrair distúrbios/patologias.

Por sua natureza alguns métodos resultam de tipo qualitativo, outros semi-quantitativos ou inteiramente quantitativos. Uma revisão geral de todos os métodos de avaliação do risco por sobrecarga biomecânica dos membros superiores foge dos objetivos deste volume.

Neste trabalho procurou-se identificar e discutir um limitado número de métodos de avaliação do risco que, pelas suas características intrínsecas e pela sua difusão, afiguram-se mais úteis ao leitor e permitem confrontar os seus resultados com o método OCRA. Por este motivo pareceu útil ilustrar estes métodos mais detalhadamente, fornecendo, dentro do possível, as informações necessárias para uma eventual aplicação prática. Ao fim de cada parágrafo foram colocadas também as observações ou os limites que os próprios autores dos diversos métodos identificaram para uma melhor interpretação dos resultados. Quando possível, foram fornecidas também as indicações para encontrar na web os instrumentos de pesquisa propostos.

Na Tab. 4.1, são resumidos alguns dos principais métodos de avaliação do risco propostos na literatura numa ordem cronológica, indicando as características principais e o respectivo campo de aplicação:

Conforme já adiantado, nos parágrafos seguintes é proposta uma breve apresentação crítica e operacional dos métodos mais amplamente difundidos, a saber:

- RULA
- OSHA *CHECKLIST*
- CTD-RISK INDEX
- STRAIN INDEX
- ACGIH-TLV for mono task hand work

Tab. 4.1 – Alguns dos principais métodos de avaliação do risco por sobrecarga biomecânica: características principais e campo de aplicação

Método	Características principais	Tipo de *output*	Campo de aplicação
OWAS (Kartu O, *et al.*, 1977)	Análise das posturas com *checklist* dos diversos segmentos corporais, da força e da freqüência durante um turno de trabalho	Quantitativo	Corpo inteiro
RULA (Mc Atamney and Corlett, 1993)	*Checklist* que fornece um índice de risco e um nível de ação de uma tarefa de trabalho baseada numa análise codificada de posturas estáticas e dinâmicas, da utilização da força e da freqüência de ação	Quantitativo	Membros superiores
REBA (Mc Atamney and Hignett, 1995)	*Checklist* que permite identificar um nível de ação de uma tarefa de trabalho baseada na análise codificada das posturas estáticas e dinâmicas dos diversos segmentos corporais e levando em conta as cargas movimentadas e a força utilizada	Quantitativo	Corpo inteiro
PLIBEL (Kemmelert, 1995)	*Checklist* para a identificação dos fatores de risco por meio de uma análise dos diversos segmentos corporais dos quais se consideram as posturas inadequadas, os movimentos, os equipamentos e os aspectos da organização do trabalho		Corpo inteiro
Strain Index (Moore and Garg 1995)	Método de avaliação de uma tarefa de trabalho que leva em consideração uma série de determinantes de risco: intensidade da força, duração do esforço; esforços feitos a cada minuto, postura do punho e da mão, velocidade (ritmo) de trabalho e duração da tarefa por turno	Quantitativo	Membros superiores
QEC (Buckle P., 1998)	*Checklist* para a estimativa dos níveis de exposição das diversas posturas corporais, da duração da tarefa de trabalho, da força utilizada ou da carga manipulada com uma hipótese de pontuação para avaliar a interação destes fatores de risco	Quantitativo	Corpo inteiro
CTD RISK INDEX (Seth *et al.*, 1999)	Modelo matemático de previsão da incidência dos CTD baseados na análise de dois parâmetros: força-freqüência e posturas.	Quantitativo	Membros Superiores
OSHA CHECK LIST (2000)	*Checklist* apresentado como um dos instrumentos a serem utilizados no padrão proposto. Considera a repetitividade, as posturas, a força e alguns aspectos da organização do trabalho e complementares	Quantitativo	Membros Superiores
TLV ACGIH Mono task hands work (2000)	Método de avaliação do risco para tarefas individuais de pelo menos 4 horas de duração por turno, baseado na análise da freqüência de ação e da força utilizada.	Quantitativo	Membros Superiores
UPPER LIMB EXPERT TOOL (Ketola *et al.*, 2001)	Avaliação da "carga" de trabalho analisando a freqüência de ação, a força, as posturas, a duração da exposição e outros fatores	Semi quantitativo	Membros Superiores

4.2. O método RULA

O método RULA (Rapid Upper-Limb Assessment) é um instrumento ágil e veloz que permite obter uma estimativa da sobrecarga biomecânica dos membros superiores e do pescoço numa tarefa de trabalho. Como os próprios autores (Mc Atamney and Corlet, 1993) frisam, *este método deve ser utilizado em um contexto de avaliação ergonômica geral.* Esta afirmação parece evidente porque *o output principal do método é o de identificar a necessidade de uma análise mais profunda do risco com outros métodos*: é portanto um instrumento de *screening* assim como outros *checklists*.

Os principais objetivos que os autores indicam para este método são:

– Avaliação do risco musculoesquelético, normalmente dentro de uma avaliação ergonômica total;

– Comparação do risco por sobrecarga biomecânica do posto analisado com aquele modificado com base em simulações;

– Avaliação dos resultados também em termos de produtividade e utilização dos instrumentos de trabalho;

– Formação dos trabalhadores.

A determinante de risco fundamental neste método é representada pela postura. Esta diz respeito ao membro superior, o pescoço, o tronco e os membros inferiores. A avaliação da postura também do tronco e dos membros inferiores é analisada porque influencia a sobrecarga do pescoço e dos membros superiores.

Relativamente à postura são também avaliados o número de movimentos por unidade de tempo, o esforço muscular estático e a força empregada.

O critério de base adotado para o desenvolvimento do método RULA deriva estritamente do método OWAS que associa a cada postura individual um código numérico: é um método claro e conciso que pode ser utilizado rapidamente. Os movimentos do corpo foram divididos em oportunos intervalos angulares de acordo com os critérios indicados na literatura. Tais intervalos são numerados de forma que o número 1 corresponda ao intervalo de movimento ou à postura de trabalho em que o fator de risco relacionado é mínimo. Números mais altos são atribuídos aos intervalos de movimento que apresentam posturas mais extremas, que indicam um aumento da presença do fator de risco da seção considerada. Todas as pontuações derivam de observações extraídas da literatura.

Antes de efetuar a avaliação com este método, é necessário observar as posturas assumidas durante o inteiro ciclo de trabalho e, sucessivamente, escolher aquelas posturas que são assumidas por um período de tempo mais longo ou aquelas que parecem mais desfavoráveis. Trata-se, em substância, de uma escolha subjetiva do pesquisador que extrapola a postura a ser analisada como se fosse uma fotografia da tarefa de trabalho analisada.

O cálculo da pontuação RULA é muito simples e está ilustrado no esquema da Tab. 4.2:

Tab. 4.2 – Esquema de cálculo do índice RULA

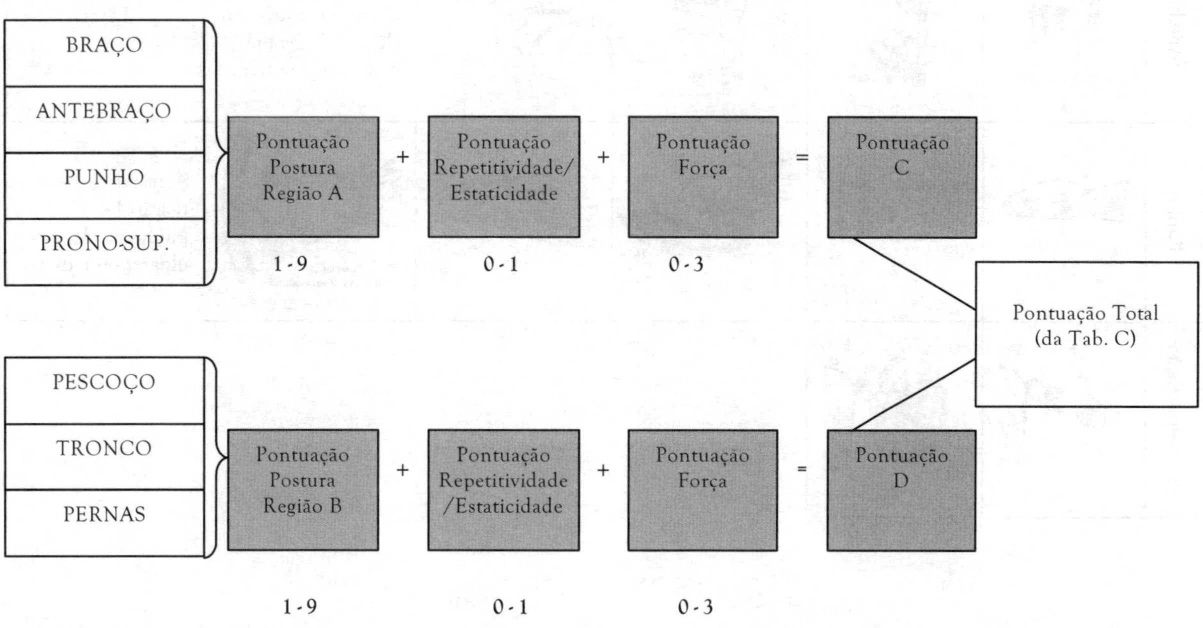

É preciso, antes de tudo, avaliar em separado as posturas de duas regiões distintas do corpo: o membro superior, denominado região A (braço, antebraço, punho e o movimento de prono-supinação do antebraço) e a região B que considera as posturas do pescoço, do tronco e dos membros inferiores.

Na planilha A (Tab. 4.3a) estão indicadas as pontuações que devem ser atribuídas de acordo com as posturas analisadas; para as pontuações posturais do tronco, pescoço e membros inferiores deverá ser consultado o *web site* predisposto para a utilização deste método.

Relativamente à planilha A (Tab. 4.3a) o preenchimento, se necessário, será efetuado para ambos os membros.

As diversas pontuações obtidas devem ser transcritas no esquema da Tab 4.3b para obter a pontuação final da postura da região A (membros superiores). Analogamente, as pontuações das outras regiões corporais consideradas são cruzadas entre si para a obtenção das pontuações finais relativas à planilha B (Tab. 4.4).

Às pontuações das posturas, relativas às duas regiões do corpo analisadas, devem ser somadas as outras duas determinantes de risco consideradas por este método: estaticidade/freqüência dos movimentos (denominada "Muscle use") e a força/carga do pescoço, tronco e membros inferiores.

A pontuação da freqüência /estaticidade é atribuída quando a postura analisada é mantida por pelo menos um minuto ou quando é repetida por pelo menos 4 vezes num minuto. Quando ocorrerem estas condições, individualmente ou de forma combinada, a pontuação relativa será igual a 1.

Tab. 4.3a – RULA planilha A: pontuações para a avaliação das posturas do membro superior denominado região A (braço, antebraço, punho e o movimento de prono-supinação do antebraço)

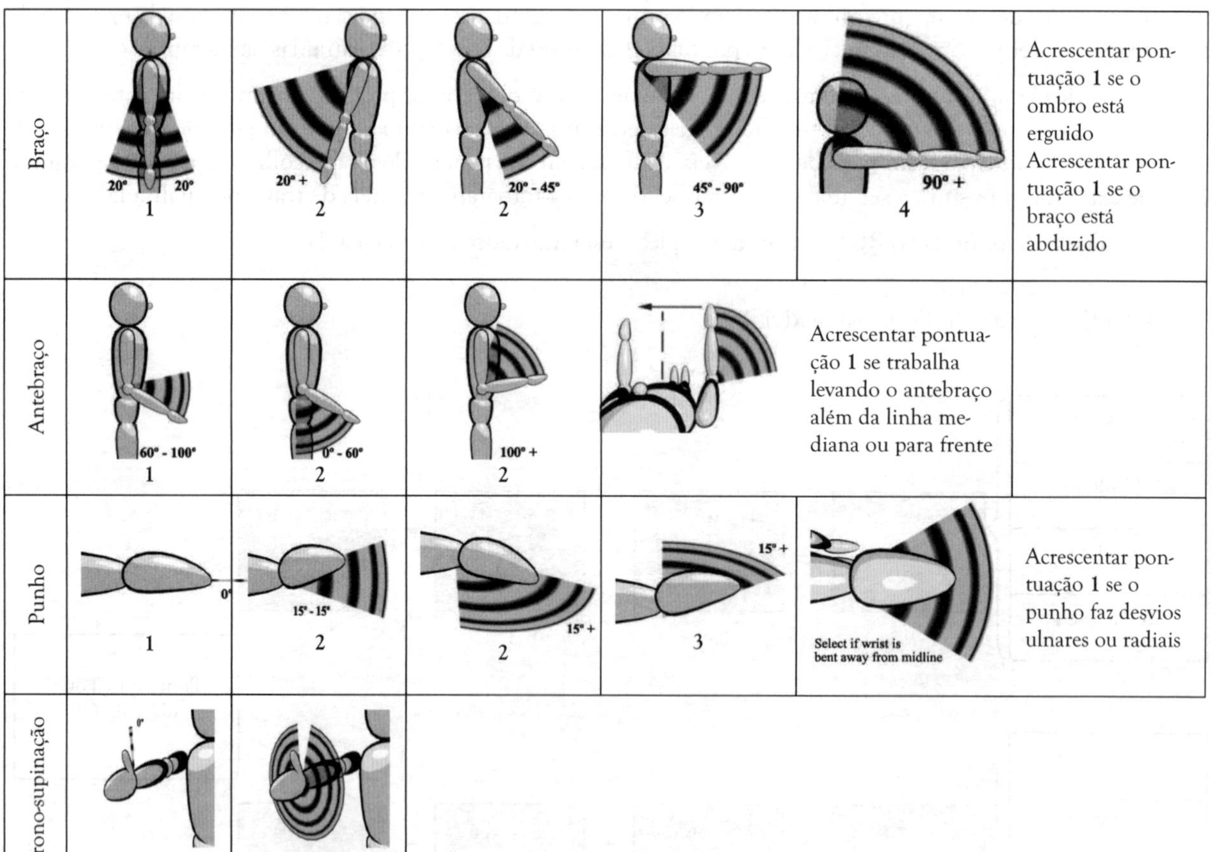

Tab. 4.3b – Esquema de cálculo da pontuação final da postura da região A (membros superiores)

		Pontuação do Punho							
		1		2		3		4	
		Prono/supinação		Prono/supinação		Prono/supinação		Prono/supinação	
braço	antebraço	1	1	1	2	1	2	1	2
1	1	1	2	2	2	2	3	3	3
	2	2	2	2	2	3	3	3	3
	3	2	3	3	3	3	3	4	4
2	1	2	3	3	3	3	4	4	4
	2	3	3	3	3	3	4	4	4
	3	3	4	4	4	4	4	5	5
3	1	3	3	3	4	4	4	5	5
	2	3	4	4	4	4	4	5	5
	3	4	4	4	4	4	5	5	5
4	1	4	4	4	4	4	5	5	5
	2	4	4	4	4	4	5	5	5
	3	4	4	4	5	5	5	6	6
5	1	5	5	5	5	5	6	6	7
	2	5	6	6	6	6	6	7	7
	3	6	6	6	7	7	7	7	8
6	1	7	7	7	7	7	8	8	9
	2	8	8	8	8	8	9	9	9
	3	9	9	9	9	9	9	9	9

Tab. 4.4 – Esquema de cálculo da pontuação final da postura da região B (pescoço, tronco e membros inferiores)

	Pontuação postura do tronco											
	1		2		3		4		5		6	
	Membros inf.		Membros inf.		Membros inf.		Membros inf.		Membros inf.		Membros inf.	
pescoço	1	2	1	2	1	2	1	2	1	2	1	2
1	1	3	2	3	3	4	5	5	6	6	7	7
2	2	3	2	3	4	5	5	5	6	7	7	7
3	3	3	3	4	4	5	5	6	6	7	7	7
4	5	5	5	6	6	7	7	7	7	7	8	8
5	7	7	7	7	7	8	8	8	8	8	8	8
6	8	8	8	8	8	8	8	9	9	9	9	9

Para o último parâmetro considerado, a força utilizada ou a carga imposta, os critérios de atribuição da pontuação seguem o esquema indicado na Tab. 4.5:

Tab. 4.5 – RULA: atribuição das pontuações para a força

PONTUAÇÃO	0	1	2	3
DESCRIÇÃO	*Nenhuma resistência ou força/carga intermitente < 2kg	* Carga ou força intermitente compreendida entre 2 e 10 kg	* Carga estática entre 2 e 10 kg * Carga ou força repetida compreendida entre 2 e 10 kg	*Carga estática > 10 kg * Carga ou força repetida >10 kg *Golpes ou forças impulsivas

Uma vez somadas as pontuações destas últimas duas determinantes de risco para cada uma das regiões do corpo consideradas (A e B), se obtêm as pontuações C e D: resta determinar a pontuação total, inserindo as duas pontuações numa planilha de dupla entrada (chamada Planilha C) reproduzida na Tab. 4.6.

Tab. 4.6 – RULA Planilha C: tabela de dupla entrada para o cálculo da pontuação total entre as pontuações C e D

Pontuação C (membro superior)	Pontuação D (pescoço, tronco, pernas)						
	1	2	3	4	5	6	7+
1	1	2	3	3	4	5	5
2	2	2	3	4	4	5	5
3	3	3	3	4	4	5	6
4	3	3	3	4	5	6	6
5	4	4	4	5	6	7	7
6	4	4	5	6	6	7	7
7	5	5	6	6	7	7	7
8	5	5	6	7	7	7	7

A ação seguinte é a definição dos níveis de intervenção em relação à pontuação totalizada (Tab. 4.7).

Em conclusão, conforme indicado anteriormente, é evidente que o método RULA propõe determinar, em relação às posturas assumidas durante o trabalho, prioridades de intervenção ou a necessidade de ulteriores investigações a serem conduzidas por especialistas em ergonomia.

Por esta razão este instrumento deve ser considerado um *checklist* em sentido estrito, que não visa a oferecer respostas ou indicações válidas em geral, mas como instrumento útil de *screening*. Basta também observar as pontuações atribuídas aos diversos fatores considerados para compreender como este método considera prevalentemente o fator postura (pontuação máxima = 9) enquanto os outros, repetitividade/estaticidade (pontuação máxima = 1) e força (pontuação máxima = 3) têm um impacto decididamente menor em relação à pontuação final.

Tab. 4.7 – RULA: definição dos níveis de intervenção em relação à pontuação totalizada

Nível de ação	Pontuação	Intervenções
1	1-2	A postura é aceitável se não for mantida ou repetida por longos períodos
2	3-4	São necessárias ulteriores investigações: algumas intervenções poderiam ser necessárias
3	5-6	São necessárias ulteriores investigações e intervenções num tempo breve
4	7	É absolutamente necessário intervir urgentemente.

As suas características o tornam, de fato, rápido e facilmente aplicável em situações em que devam ser conduzidas amplas operações de mapeamento do risco relacionado ao WMSDs.

A utilização deste método é facilitado por um suporte informático que se encontra, gratuitamente, na *web* no endereço: <http://www.ergonomics.co.uk/Rula/Ergo/index.html>.

Está disponível também um impresso do método que numa única folha permite determinar as pontuações máximas solicitadas: esta versão está disponível *on line* no endereço: <http://ergo.human.cornell.edu/ahRULA.html>.

Para a análise das posturas dos que trabalham com o VDT existe também uma outra versão, não oficial do método mas igualmente útil, no seguinte endereço web: <http://www.humanics-es.com/files/rula.pdf>.

A aplicação do RULA não requer conhecimentos ergonômicos particulares e o treinamento para a sua utilização é previsto em cerca de 4 horas: os autores, no entanto, sugerem que se façam filmagens das tarefas de trabalho que serão analisadas, para poder escolher cuidadosamente as posturas mais representativas para a análise.

Uma vez que o objetivo dos autores era avaliar se as posturas analisadas resultavam aceitáveis, não foi feita uma análise dose-resposta entre a pontuação final RULA e os distúrbios dos membros superiores/pescoço. Esta análise foi feita apenas nas pontuações das posturas partindo do conceito de que uma pontuação igual a 1 fosse aceitável. Os resultados evidenciaram uma diferença significativa entre estes dois grupos em termos de dores e distúrbios nas regiões do corpo consideradas (A e B).

Vale a pena também sublinhar que este método, amplamente utilizado, não considera algumas determinantes do risco que são tidas como importantes no desenvolvimento de WMSDs tais como os elementos relativos à organização do trabalho como as pausas ou o vínculo imposto pelo ritmo, não controlado, de uma linha.

Entre os chamados fatores complementares se levam em conta os movimentos rápidos ou os golpes mas não, por exemplo, compressões localizadas, vibrações, temperaturas frias etc. Um elemento de importância não irrelevante emerge também do fato de que, no âmbito das posturas, não são levados em consideração os movimentos dos dedos e os tipos de preensão exercida pelas mãos.

Uma consideração ulterior deve ser feita sobre o "peso" que a freqüência dos movimentos assume neste método de avaliação: atribui-se de fato uma pontuação quando uma postura é repetida 4 vezes por minuto. Esta freqüência resulta, também em relação a outros métodos, muito baixa e, presumivelmente, a escolha foi feita neste sentido com o objetivo de evitar subestimativas do risco e, portanto, ter mais falsos positivos, dadas as finalidades explicitadas pelos autores.

Na premissa, deve ser por fim ressaltado que este método permite avaliar o posto de trabalho, mas não a exposição do indivíduo que não permaneça no mesmo posto durante o turno inteiro de trabalho.

4.3. O *checklist* OSHA

O *checklist* da OSHA (Occupational Safety and Health Administration) tem uma colocação particular porque, além de ser citado frequentemente na bibliografia, foi um dos instrumentos de intervenção previstos no "OSHA's DRAFT Standard for Prevention of Work-Related Musculoskeletal Disorders". Este padrão devia constituir um ponto de referência importante nas estratégias dos USA para a prevenção dos distúrbios/patologias dos membros superiores. Pouco após a sua aprovação (2001) foi porém retirado (depois dos resultados das eleições presidenciais).

Independentemente disso, considera-se que o padrão contém um modelo de abordagem ergonômica que deveria ser conhecido: o *checklist* é, de fato, muito fácil e rápido para ser preenchido e, por isso, útil principalmente em fase de *screening*.

No *checklist* OSHA (Tab. 4.8) são levadas em consideração diversas causas de risco por sobrecarga biomecânica dos membros superiores:

- a repetitividade dos movimentos;
- a força;
- a postura;
- as vibrações;
- o microclima;
- alguns elementos da organização do trabalho.

Pode ser utilizada em qualquer ambiente de trabalho e, baseada numa pontuação, permite estabelecer se um posto de trabalho apresenta um risco potencial para o membro superior: uma pontuação maior que 5 deveria ser considerada índice de perigo digno de ser aprofundado com instrumentos analíticos mais complexos.

O preenchimento do *checklist* prevê que, para cada determinante de risco, se deva escolher a situação que melhor caracteriza o trabalho que se está analisando e, portanto, atribuir a relativa pontuação que será diversificada em relação à duração da tarefa no turno de trabalho.

A soma das pontuações relativas a cada seção levará à pontuação final que, se superior a 5, indica uma possível situação de risco.

Pela sua estrutura e em relação ao método de análise proposto por este *checklist*, há algumas observações que merecem atenção e que se resumem nos seguintes pontos:

– é um instrumento indicado para análise de tarefas únicas mas poderia, segundo o critério da média ponderada, resultar útil também para uma avaliação de tarefas múltiplas e, portanto, da função;

– a sua utilização parece apropriada para a análise de ciclos de trabalho de curta duração (inferiores a um minuto);

– das diversas determinantes consideradas, aquela relativa à força poderia ser completada com outras situações de referência para torná-la mais analítica;

– pela forma como nasceu não tem a função de verificar a relação dose-resposta;

– não considera o "tempo de recuperação" embora esta variável represente certamente um fator primário relacionado ao surgimento de WMSDs.

Tab. 4.8 – Checklist OSHA

A Fatores de risco	B Critérios que caracterizam os fatores de risco	C Duração de 2 a 4 horas	D De 4 a 8 horas	E Para mais de 8 horas acrescentar 0.5 para cada hora a mais	F Notas
Repetividade (movimentos dos dedos, punho, cotovelo, pescoço)	1. Movimentos idênticos ou similares efetuados com intervalos de alguns segundos. Movimentos ou gestos repetitivos cada 15 segundos ou menos (utilização de um teclado tem uma avaliação própria, vide abaixo). 2. Digitação num teclado avaliada separadamente das outras tarefas repetitivas com uma cadência regular, como para introdução de dados. 3. Digitação intermitente no teclado, o trabalho sobre o teclado ou outra atividade são alternadas regularmente com outras atividades que correspondem a 50–75 %, do tempo de trabalho.	1 1 0	3 3 1		
Força manual (repetida ou mantida)	1. Elevar uma carga de mais de 5 kg. Elevar um objeto pesado ou fechá-lo forte com a mão com uma forte pressão. 2. Pega digital com força de mais de 1 kg.	1 2	3 3		
Postura inadequada	1. Pescoço: rotação do pescoço de um lado para outro de mais de 20°, flexão do pescoço para frente de mais de 20° ou extensão para trás de mais de 5°. 2. Ombro: Membro superior sem apoio ou cotovelo mais alto do que a metade do tórax. Membro superior sem apoio ou sem suporte para trabalhos de precisão com os dedos. 3. Movimentos rápidos do ante-braço: prono-supinação do ante-braço ou resistência à rotação de uma ferramenta ex: parafusadeira. 4. Punho: flexão do punho com um ângulo de mais de 20° ou extensão de mais de 30°, a flexão/extensão pode ocorrer em função de montagem manual ou inserção de dados. 5. Dedos em pinça digital enérgica para apertar ou segurar um objeto.	1 2 1 2 0	2 3 2 3 1		
Deformação por contato	1. Pressão de um objeto duro ou cortante em contato com a pele (na palma, nos dedos, no punho, no cotovelo, na axila). 2. Utilização da palma da mão como um martelo.	1 2	2 3		
Vibração	1. Vibração localizada (sem amortecer as vibrações) vibração proveniente do contato das mãos com um objeto vibrante. 2. Estar sentados ou em cima de uma superfície vibrante sem amortecedores.	1 0	2 2		
Ambiente	1. Iluminação insuficiente ou ofuscamento impossibilidade de ver distintamente (ex. reflexo num visor). 2. Baixas temperaturas: mãos expostas a uma temperatura do ar inferior a 15° em caso de trabalhos sentados, a 4 graus em caso de trabalho leve, a -6° no caso dum trabalho moderado; ar frio que sopra nas mãos.	0 1	2 1		
Trabalho com freqüência vinculada	1. Cadência de trabalho que não pode ser reduzida, ritmo da máquina, trabalho pago por empreitada, vigilância constante com ordens diárias. 2. Dar 1 ponto se estiver presente um elemento de não redução do ritmo, dois pontos se houver dois ou mais elementos.				
Pontuação total					

4.4. CTD *risk assessment*

Este método de avaliação do risco por CTD (Cumulative Trauma Disorders) (Seth *et al.*, 1999) foi construído para poder obter previsões de índices de incidência das patologias por sobrecarga biomecânica dos membros superiores.

No âmbito dos métodos propostos na literatura é único no seu gênero porque, tendo como base dados quantitativos objetivos, que levam em conta a freqüência de ação associada à força muscular desenvolvida e as posturas das diversas regiões do membro superior, permite calcular, de acordo com uma relação matemática, o índice de incidência dos CTD que poderão ser observados se as condições de trabalho analisadas permanecerem estáveis.

Originalmente, no modelo matemático, eram também considerados outros fatores como as vibrações e as temperaturas dos objetos manipulados ou do ambiente, mas a análise estatística não demonstrou a sua significância.

O modelo matemático se baseia na seguinte fórmula:

$$\text{CTD Risk Index (Incidence Rate)} = -7.80 + 5.33\,F + 3.89\,P$$

onde

F = parâmetro Freqüência / Força

P = valor atribuído à Postura.

O autor, para determinar esta relação, analisou inicialmente as taxas de incidência dos CTD em 24 tarefas de trabalho e, em seguida, calculou o valor das pontuações de "F" e "P".

Para o cálculo destes valores recorreu a algumas expressões matemáticas, que derivaram prevalentemente de conhecimentos biomecânicos, de forma a evitar que eventuais avaliações subjetivas pudessem invalidar o modelo.

Para o primeiro fator (F = Freqüência/Força) considerou o número de preensões em *pinch* ou em *grip*, efetuadas em cada ciclo de trabalho e, com base nas relações bem conhecidas entre a capacidade de força exercida nestes dois tipos de preensão e a postura assumida pelo punho, construiu um modelo de cálculo matemático que permite determinar o valor de "F".

Na construção da relação matemática apta a calcular o segundo fator "P", isto é a Postura, levou em consideração as posições assumidas pelo ombro, pelo cotovelo, pelo pescoço e pelas costas.

Assim como para outros métodos de avaliação do risco, a cada postura das regiões consideradas é atribuída uma pontuação que sucessivamente é ponderada num valor de tolerância definido por *Shutz* (1972).

Os resultados obtidos desta equação de regressão podem explicar 52% da variância, excluindo do modelo os ciclos de trabalho inferiores a 4 segundos e os fatores que o autor define como "miscelâneos" (vibrações e temperatura).

As observações mais imediatas, que dizem respeito a este método, são diversas e podem ser resumidas nos seguintes pontos:

— o modelo previsional se baseia na análise de somente 21 tarefas de trabalho;

— não são indicados os critérios segundo os quais se define a "variável dano" considerada;

— o método não considera alguns aspectos da organização do trabalho (por exemplo a relação entre tempo de trabalho e pausas) que são consideradas importantes na determinação das patologias por sobrecarga biomecânica dos membros superiores;

— a análise das posturas compreende de forma exaustiva todos os segmentos do membro superior aos quais se acrescentam as posturas do pescoço e das costas. É preciso sublinhar, a este respeito, que a postura da mão e do punho estão integradas no fator "F" (freqüência-força) enquanto as outras estão no fator específico "P", ou seja, no fator postural;

— praticamente todos os fatores complementares, reconhecidos pela literatura internacional como modificadores de efeito, e entre os quais podemos incluir as vibrações, a utilização de ferramentas que geram compressões localizadas, a impossibilidade de intervir nos ritmos de trabalho etc., não foram considerados neste modelo;

– para a implementação dos dados, além de um bom conhecimento das funções matemáticas, é necessário efetuar uma análise da tarefa por meio de uma gravação de vídeo e todos os tipos de preensão (em *grip* ou em *pinch*) devem ser avaliados com um instrumento apropriado, dinamômetro. Este procedimento introduz, certamente, especificidade e objetividade ao método mas requer tempos relativamente longos para a análise;

– é aplicável a tarefas de trabalho individuais e, portanto, a avaliação é mais apropriada para o posto de trabalho do que para a função na sua totalidade.

4.5. Strain Index

O Strain Index (A. Garg 1995) é um método semi-quantitativo, elaborado para determinar se os trabalhadores ficam expostos a um risco aumentado de contrair afecções musculoesqueléticas nos membros superiores. Estas afecções, denominadas Distal Upper Extremity (DUE), compreendem patologias dos cotovelos, punhos, mão e a síndrome do Túnel do Carpo.

É oportuno esclarecer que este método nasceu para investigar uma única tarefa de trabalho e que só recentemente foi elaborada a possibilidade de se analisar também funções caracterizadas por mais tarefas.

O Strain Index se fundamenta sobre alguns princípios-guia que derivam de conhecimentos fisiológicos, biomecânicos e epidemiológicos que podem ser assim resumidos:

– as variáveis primárias relativas à tarefa de trabalho são a intensidade da força exigida, a duração do esforço e a relativa recuperação;

– a intensidade da força exigida é expressa como percentual da força máxima exprimível;

– a posição do punho, o tipo de preensão e a velocidade de trabalho são considerados mediante os seus efeitos sobre a força máxima exprimível.

Para o cálculo do Strain Index (SI) se consideram, portanto, as seguintes seis determinantes de risco:

a) intensidade da força;

b) duração do esforço;

c) n. dos esforços realizados a cada minuto;

d) postura do punho e da mão;

e) velocidade (ritmo) de trabalho;

f) duração diária da tarefa.

Cada uma destas variáveis é caracterizada por um *rating*, numa escala de 1 a 5, em que 1 representa a situação ideal e 5 aquela pior (Tab. 4.9).

Tab. 4.9 – Strain Index: critérios de atribuição da pontuação.

Pontuação	Intensidade do esforço	Duração do esforço – % do ciclo	Esforços por minuto	Postura de mão e punho	Velocidade de trabalho (ritmo)	Duração diária – horas
	(A)	(B)	(C)	(D)	(E)	(F)
1	Leve	< 10	< 4	Ótima	Muito lenta	≤ 1
2	Médio	10-29	4-8	Boa	Lenta	1-2
3	Pesado	30-49	9-14	Correta	Média	2-4
4	Muito pesado	50-79	15-19	Má	Veloz	4-8
5	Quase máximo	≥ 80	≥ 20	Péssima	Muito veloz	> 8

Para cada uma das variáveis consideradas se atribui um fator multiplicativo correspondente à pontuação dada, conforme ilustrado na Tab. 4.10.

Tab. 4.10 – Strain Index: os fatores multiplicativos

Rating	Intensidade do esforço	Duração do esforço (% do ciclo)	Esforços por minuto	Postura de mão e punho	Velocidade de trabalho	Duração diária (horas)
	A	B	C	D	E	F
1	1	0.5	0.5	1.0	1.0	0.25
2	3	1.0	1.0	1.0	1.0	0.50
3	6	1.5	1.5	1.5	1.0	0.75
4	9	2.0	2.0	2.0	1.5	1.00
5	13	3.0	3.0	3.0	2.0	1.50

O cálculo da pontuação final do Strain Index (SI), resultará do produto destes seis multiplicadores conforme ilustrado na fórmula seguinte:

$$SI = A \times B \times C \times D \times E \times F$$

Para uma análise mais detalhada deste método são necessários alguns aprofundamentos relativos às variáveis consideradas.

a) O primeiro destes é *a intensidade do esforço* que representa a força exigida para executar a tarefa de trabalho que se está analisando. A sua avaliação deriva da estimativa do esforço subjetivo percebido, utilizando, de uma forma mais grosseira, os valores das diversas escalas de Borg.

Os autores deste método identificam no "avaliador" aquele que atribui a correspondente pontuação à força, mesmo não excluindo que os próprios trabalhadores possam determinar a escolha.

Os critérios para a atribuição das pontuações relativas estão indicados na Tab. 4.11:

Tab. 4.11 – Strain Index: critérios para a atribuição de pontuações relativas à força

Pontuação	Fator multiplicativo correspondente	Intensidade do esforço	Escala de Borg	Esforço percebido
1	1	Leve	<2	Dificilmente perceptível ou estado de relax
2	3	Médio	3	Esforço definido
3	6	Pesado	4-5	Esforço sem mudança da expressão facial
4	9	Muito pesado	6-7	Esforço com mudança da expressão facial
5	13	Quase máximo	>7	Uso do tronco e dos ombros para gerar maior força

No Strain Index a intensidade da força aplicada é a variável mais crítica: a modificação deste valor influencia de forma relevante o inteiro índice de risco. Basta observar o valor dos multiplicadores para perceber isso.

a) Esta escolha indica claramente a hierarquia, determinada pelos autores, para definir a importância atribuída às diversas variáveis.

b) A "duração do esforço" exprime o estresse fisiológico e biomecânico relativo ao percentual do tempo em que o esforço é mantido em relação à duração média do ciclo de trabalho. No caso em que houver mais observações do mesmo ciclo de trabalho, se calcula a média aritmética dos valores cronometrados. Uma vez calculado o percentual se identifica a pontuação correspondente e, em seguida, o valor do multiplicador a ser utilizado para o cálculo do SI.

c) O número dos "esforços por minuto" representa a simples contagem das ações executadas pela mão por unidade de tempo: representa, portanto, uma freqüência de ação. O valor do multiplicador a ser utilizado para o cálculo do SI está indicado na Tab. 4.10.

d) A "postura" se refere à posição anatômica da mão e do punho em relação à posição neutra. A pontuação é dada pelo "avaliador" e representa a média das posições assumidas pela mão/punho durante o ciclo de trabalho: baseia-se, portanto, em considerações qualitativas mais do que estritamente quantitativas, mesmo que tenham sido estabelecidas *a priori* faixas numéricas que indiquem o correspondente valor da pontuação (Tab. 4.12).

Tab. 4.12 – Strain Index: critérios de determinação da pontuação da postura

Pontuação da postura	Extensão do punho (graus °)	Flexão do punho (graus °)	Desvio ulnar (graus °)	Postura percebida
Ótima	0-10	0-5	0-10	Perfeitamente natural
Boa	11-25	6-15	11-15	Quase natural
Correta	26-40	16-30	16-20	Não neutra
Má	41-55	31-50	21-25	Desvio acentuado
Péssima	>55	>50	>25	Quase extrema

e) A "velocidade de trabalho" estima o ritmo percebido do trabalho ou da tarefa de trabalho; esta variável é considerada porque, com o aumento da velocidade de movimento decresce a contração máxima voluntária, aumentando assim, por força solicitada constante, a percentual de MCV (Máxima Contração Voluntária) a ser exercida, como é demonstrado pelo incremento da voltagem da EMG.

A velocidade da ação de esforço é estimada de forma subjetiva por um analista do trabalho ou por um ergonomista que, para atribuir o correspondente valor de pontuação, pode valer-se das indicações contidas na Tab. 4.13:

Tab. 4.13 – Strain Index: critérios de determinação da pontuação da velocidade de trabalho

	Velocidade de trabalho	Velocidade percebida	Duty cycle %
1	Muito lenta	Ritmo muito calmo	0 - 20
2	Lenta	Calmo	20 - 40
3	Média	Ritmo normal	40 - 60
4	Veloz	Veloz, mas em condição de acelerar	60 - 80
5	Muito veloz	Máxima velocidade possível	> 80

f) A "*duração diária*" da tarefa procura levar em conta o benéfico efeito da rotatividade das tarefas de trabalho e do efeito negativo que deriva do contínuo exercício dos próprios grupos musculares: de fato, o multiplicador é menor que 1 se a tarefa é executada por menos de 4 horas por dia e começa a ser prejudicial se executada por 5 ou mais horas por dia.

Seja para o cálculo seja para a aprendizagem do método os autores colocaram à disposição na *web* um programa específico (Win-SI) que é possível descarregar gratuitamente no *site*: <http://ergocerter.tamu.edu/win-si>.

Este método foi considerado aceitável para a avaliação do risco por DUE (Distal Upper Extremity), inicialmente adotado pelo padrão OSHA no Estado de Washington e depois abolido com a eleição de um novo presidente dos EUA.

Os autores apóiam a utilização de uma câmera de vídeo para a análise da tarefa de trabalho e acham suficiente um dia de formação para poder efetuar uma avaliação do risco.

No estágio atual, a interpretação da pontuação final do Strain Index permite identificar trabalhos/tarefas de risco para pontuações superiores a 5. Esta análise foi realizada considerando tanto patologias claramente identificadas como distúrbios não específicos dos membros superiores.

Os próprios autores identificaram alguns pontos críticos no método que podem ser assim resumidos:

– Aplica-se somente na região distal dos membros superiores (mão, punho, antebraço).

– Prediz um amplo espectro de distúrbios dos membros superiores entre os quais estão incluídos distúrbios não específicos.

– Permite calcular o risco relativo de um posto de trabalho, não o risco de exposição ao qual é submetido um trabalhador (este limite está para ser superado pela recente proposta apresentada no congresso científico internacional PREMUS 2004).

– As relações entre a exposição e os valores dos diversos multiplicadores não estão baseados numa explícita relação matemática definida com base nas respostas fisiológicas, biomecânicas ou clínicas.

Ao lado destas observações merecem um destaque especial outros aspectos do método que devem ser levados em consideração na interpretação dos resultados:

– A abordagem metodológica do "avaliador" não prevê, a não ser para a "avaliação do esforço", uma fase participativa típica da ergonomia. Este aspecto poderia resultar crucial se vierem a ser propostas soluções de melhoria que resultariam não compartilhadas e, portanto, dificilmente implementáveis.

– O critério utilizado para avaliar a freqüência das ações (*esforços por minuto*) poderia superestimar o risco tendo em vista que a pontuação máxima (igual a 5) é atribuída para freqüência de ações superiores a 20/minutos, condição muito freqüente na indústria de manufaturados;

– Muitos fatores complementares, citados na literatura como modificadores de efeito, não são considerados (contragolpes, uso de instrumentos vibratórios, frio, compressões localizadas, etc.).

– A "*postura*" leva em conta principalmente os desvios do punho negligenciando em parte aqueles das mãos e não considerando a avaliação dos movimentos de flexo-extensão do antebraço em relação ao braço.

– Uma das principais determinantes do risco de DUE, o tempo de recuperação, é parcialmente considerado apenas dentro do ciclo de trabalho (como percentual de tempo do esforço exigido em relação à duração do ciclo de trabalho).

– Dificilmente é aplicável em ciclos de trabalho longos e complexos.

4.6. O Índice ACGIH-TLV for monotask hand work (HAL)

Antes de ilustrar em detalhe este método de avaliação do risco é oportuno lembrar algumas das premissas, gerais para todos os TLV, que devem ser sempre levadas em grande consideração quando se interpreta o dado numérico associado ao TLV:

– os TLV para os agentes físicos (e químicos) são um guia a respeito do nível de exposição e das condições às quais se presume que os trabalhadores possam estar expostos repetidamente dia após dia, sem que se verifiquem efeitos sobre a saúde;

– por causa da diversa susceptibilidade individual, a exposição ao valor do TLV, ou também abaixo deste, pode induzir distúrbios, agravamento de alterações preexistentes ou ocasionalmente danos fisiológicos;

– os TLV não devem ser utilizados:

- na avaliação ou no controle dos níveis de exposição na comunidade;
- como prova de uma doença profissional;
- como padrão de referência;
- como limite de proteção para os indivíduos que sofrem de artrite reumatóide, desordens endocrinológicas, traumas agudos, obesidade, gravidez, etc.

O TLV proposto pela ACGIH, já em 2000, é baseado em estudos epidemiológicos, psicofísicos e biomecânicos e a sua utilização está limitada às atividades constituídas por uma única tarefa repetida por 4 horas ou mais durante um turno de trabalho. Além disso, considera os distúrbios e as patologias das seguintes regiões: mão, punho e antebraço.

As variáveis que permitem definir o TLV são:

– o nível médio de atividade da mão ("hand activity level" ou HAL);

– o valor da força de pico, normalizado, expressa pela mão (Fp).

Uma vez obtidos estes dois indicadores é possível determinar a posição dentro do gráfico de referência, no qual estão indicadas as áreas de perigo (em vermelho) e de aceitabilidade (verde); a região transitória é caracterizada pela cor amarela.

A linha que separa a região verde daquela amarela (a área intermediária na Fig. 4.1) corresponde ao "Limite de Ação".

Fig. 4.1 – O gráfico do TLV

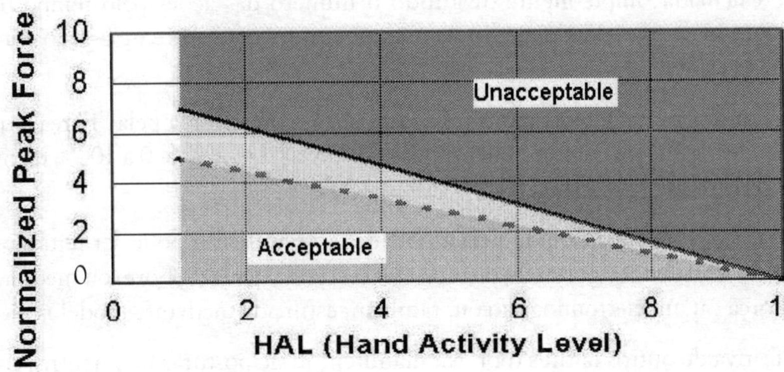

O nível médio de atividade (HAL) é calculado sobre a freqüência de ações executadas pelas mãos e pela composição do ciclo de trabalho (período de trabalho efetivo e períodos de recuperação): este nível pode ser determinado também por meio de avaliações fornecidas por um observador experiente ou pelo próprio trabalhador, numa escala ordinal de 0 a 10.

A título de exemplo é apresentada a escala de medição da repetitividade proposta por *Latko* e *Armstrong* em 1997, que considera a duração e a freqüência dos períodos de repouso e a velocidade dos movimentos das mãos (Tab. 4.14).

Tab. 4.14 – A escala de Latko e Armstrong para a medição do HAL

0	2	4	6	8	10
Mãos inativas pela maior parte do tempo; nenhum esforço regular	Longas pausas ou movimentos muito lentos	Movimentos e esforços regulares e lentos: pausas breves e freqüentes	Movimentos e esforços regulares: pausas não freqüentes	Movimentos e esforços contínuos e rápidos: pausas não freqüentes	Movimentos e esforços contínuos e rápidos ou esforços contínuos, dificuldade em manter o ritmo e a atividade

O Hand Activity Level pode ser calculado também partindo do conhecimento do número de ações por unidade de tempo (freqüência) e pelo chamado "duty cycle" que representa o percentual do tempo de ciclo gasto em ações que exigem uma força maior que 5% da Máxima Contração Voluntária. Esta variável apresenta algumas similaridades com o percentual de esforço por ciclo do Strain Index.

Na Tab. 4.15 são ilustradas as variáveis necessárias para a estimativa do HAL.

Tab. 4.15 – As variáveis necessárias para a estimativa do HAL

Freqüência (ações por segundo)	Período (segundos)	Duty Cicle (%)				
		0 - 20	20 - 40	40 - 60	60 - 80	80 - 100
0.125	8.0	1	1	-	-	-
0.25	4.0	2	2	3	-	-
0.5	2.0	3	4	5	5	6
1.0	1.0	4	5	5	6	7
2.0	0.5	-	5	6	7	8

A "Freqüência" é calculada simplesmente dividindo o número das ações pelo tempo de ciclo médio, o "Período" representa o tempo de inatividade médio da mão que transcorre entre uma ação e a outra: é, de fato, o recíproco da "Frequência".

A segunda variável que permite determinar o nível de TLV é representada pela "Força", que é considerada normalizada numa escala de 0 a 10, em correspondência com os níveis de força de 0 a 100% da máxima, que pode ser exercida por uma população de referência.

Trata-se de avaliar a força máxima exigida pela atividade: esta avaliação pode ser feita por um observador experiente, ou pelo próprio trabalhador por meio de uma escala como aquela de Borg, ou medida diretamente por meio de uma célula de força ou um eletromiógrafo ou, também, estimada mediante modelos biomecânicos.

A presença significativa de outros fatores (por ex.: manutenção de posturas não neutras como flexão-extensão ou desvio do punho, rotação do antebraço; compressão por contato localizado; baixas temperaturas; vibrações) não permite aplicar o método de forma simplificada mas é preciso apoiar-se no parecer de um especialista para reduzir a exposição abaixo dos limites indicados pelo TLV.

É preciso ressaltar, de fato, que o cálculo da força exigida é substancialmente baseado na força expressa pelas diversas preensões das mãos (*grip, pinch*, etc.).

Para o seu cálculo são fornecidas algumas instruções básicas como:

– observar um ciclo de trabalho representativo;

– identificar os elementos e as fases que exigem mais força;

– não considerar as ações espúrias ou irregulares;

– identificar o nível de força exigido;

– o nível de força obtido pode ser corrigido em função da população de referência (homens/mulheres, idade, etc.).

O analista experiente deve também levar em conta uma série de fatores que podem influenciar esta variável: o peso, a resistência de oposição, as forças de reação, o tamanho e a forma do material manipulado, as luvas, a presença de ferramentas e as suas características, o ritmo de trabalho, etc.

O risco, como muitas vezes acontece na realidade industrial, é confiar nos pareceres subjetivos da chamada "pessoa experiente" com um significativo aumento da variabilidade entre indivíduos e com a possibilidade concreta de subestimar outros fatores que se têm demonstrado importantes para determinar o nível de risco.

Uma vez obtidos estes dois parâmetros, *o Hand Activity Level* e o *Pico de Força Normalizada*, cruzando os dois valores no diagrama apresentado se obtém o valor de TLV. Este procedimento deve ser efetuado, se necessário, para ambos os membros superiores.

Para se exercitar na utilização deste método de avaliação pode-se recorrer ao endereço *web*: <http://umrerc.engin.umich.edu/jobdatabase/RERC2/HAL/ApplyingTLV.htm> onde se encontram também informações bibliográficas das quais foram obtidos os valores de força de referência.

Na avaliação dos resultados obtidos com este método devem ser levados em consideração os seguintes fatores:

– pode-se analisar somente tarefas de trabalho individuais que durem pelo menos 4 horas por turno de trabalho. Não pode ser utilizado, portanto, para avaliar a exposição de trabalhadores empregados em mais de uma tarefa repetitiva (exposição por função);

– não são fornecidos dados epidemiológicos que permitam obter uma relação dose-resposta entre magnitude da exposição e danos/patologias nos membros superiores;

– não se leva em conta a distribuição das pausas mesmo que, em outra parte do TLV, seja sugerido que pelo menos a cada hora de trabalho deve se seguir um período de recuperação (cuja duração não está especificada);

– o avaliador deve ter uma formação em ergonomia muito ampla e profunda, em particular para considerar de forma adequada todos os fatores que não são explicitamente levados em consideração pelo método;

– as posturas de trabalho que são levadas em consideração são aquelas das mãos (as preensões) ao passo que não são explicitados os critérios com que devem ser consideradas também as posturas do punho e do cotovelo;

– a análise é muito simples para ciclos breves (de duração inferior ao minuto) enquanto que para ciclos mais longo se torna realmente mais complexa;

– o método, se se exclui a possibilidade de identificar a força máxima normalizada com a contribuição dos trabalhadores, não é do tipo participativo.

Para que se possa ter uma visão de conjunto dos diversos métodos de avaliação de risco da sobrecarga biomecânica dos membros superiores, foram indicadas, na Tab. 4.16, as características salientes e em particular: os fatores que consideram, o fator impulsionador, a possibilidade de prever alguns efeitos, as vantagens e os limites e, finalmente, o tipo de uso indicado.

Tab. 4.16 – Principais métodos de avaliação e suas características fundamentais

Método	Fatores Quantificados	Fator Impulsionador	Previsão efeitos	Vantagens	Limite	Tipo de uso
OWAS (Kartu O, *et al.*, 1977)	Posturas do corpo inteiro, força e freqüência	Postura de todos os segmentos corporais	Não efetuados estudos de associação entre as pontuações do método e a incidência ou prevalência dos distúrbios/patologias musculoesqueléticas	Determinação das pontuações, velocidade de análise, considera todos os segmentos corporais, útil para o reprojeto. Adapta-se à análise de quase todas as tarefas de trabalho	Não considera os aspectos ligados à organização do trabalho e os fatores considerados como complementares	*Screening*
RULA (Mc Atamney and Corlett, 1993)	Posturas dos membros superiores, do pescoço e do tronco, força e freqüência	Postura dos membros superiores, pescoço e tronco	Não efetuados estudos de associação entre as pontuações do método e a incidência ou prevalência dos distúrbios/patologias dos membros superiores	Determinação de pontuações, velocidade de análise, útil para identificar problemas ergonômicos ligados a posturas inadequadas e sugerir soluções também simuladas	Os fatores freqüência e força tem uma escassa relevância na determinação da pontuação final. Não considera os aspectos ligados à organização do trabalho e dos fatores complementares	*Screening*
REBA (Mc Atamney and Hignett, 1995)	Posturas do corpo inteiro, força determinada em prevalência por cargas movimentadas	Postura de todos os segmentos corporais	Não efetuados estudos de associação entre as pontuações do método e a incidência ou prevalência dos distúrbios/patologias musculoesqueléticas	Determinação de pontuações, velocidade de análise, útil para identificar problemas ergonômicos ligados a posturas inadequadas e à movimentação de cargas. Particularmente útil em âmbito hospitalar	A freqüência das ações está praticamente ausente da análise assim como a organização do trabalho	*Screening*
Strain Index (Moore and Garg 1995)	Intensidade da força, duração do esforço, freqüência de ação, postura do punho e da mão, velocidade de trabalho e duração da tarefa por turno	Intensidade do esforço exigido no ciclo de trabalho	Nas avaliações de preditividade foram consideradas como variáveis dano, seja as patologias que os distúrbios inespecíficos dos membros superiores	Determinação de uma pontuação dicotômica que separa nitidamente os trabalhos considerados de risco daqueles em que o risco não está presente	Não considera as posturas inadequadas do ombro e do cotovelo. Permite análise de tarefas individuais. O fator "recovery" é levado em consideração somente dentro do ciclo	Mapeamento grosseiro do risco
OSHA *CHEK LIST* (2000)	Freqüência de açãc posturas, força, vibrações, alguns aspectos da organização do trabalho e complementares	Posturas do membro superior e força	Não é um método criado para avaliar a associação entre as pontuações obtidas e a incidência ou prevalência dos distúrbios/patologias musculoesqueléticas	Determinação de pontuações, velocidade de análise, útil para identificar problemas ergonômicos em particular para posturas inadequadas de todas as regiões do membro superior. Pode ser utilizado também para análise multi-task	Não leva em consideração um dos fatores importantes na análise do risco: o "recovery"	*Screening*
TLV ACGIH Mono task hands work (2000)	Freqüência de ação, força normalizada, posturas da mão	Freqüência de ação, força normalizada	Não efetuados estudos de associação entre as pontuações do método e a incidência ou prevalência dos distúrbios/patologias musculoesqueléticas	Determinação de um índice com identificação de um nível de ação e de um nível máximo	Pode ser aplicado somente para tarefas individuais que durem pelo menos quatro horas por turno. As posturas consideradas são somente aquelas da mão e o fator "recovery" está ausente no método	*Screening*

5. *O quadro conceitual para a análise da exposição: definições e interações com a análise do trabalho por meio de sistemas de tempos e métodos*

Giovanni Butturini

5.1. História e origem do *work design*

Nestes parágrafos serão delineadas, também para a análise do risco ligado a movimentos repetitivos, as motivações que tornaram e tornam necessário o estudo sistemático do trabalho, a evolução histórica desta disciplina e das principais técnicas hoje em uso em nível internacional.

Antes de tudo é oportuno definir os limites da disciplina que se define como "estudo do trabalho", também a fim de avançar com um estudo conceitualmente respeitável das distinções lógicas das quais derivam as técnicas hoje em uso.

Pode-se definir uma "instalação industrial" como um conjunto ordenado de meios de trabalho interligados fisicamente ou, para além da mera dimensão física, justapostos de forma organizada.

Como se sabe, os principais *fatores de produção* que influem no modo como ocorre a produção de bens ou serviços dentro da planta industrial e, em particular, dentro do setor de produção, são:

- Fator humano ou recursos humanos;
- Fator: materiais em estoque;
- Fator capital (fixo ou circulante);
- O Estado, ou outros órgãos reguladores, por meio da emissão de normas e leis que dizem respeito à atividade desenvolvida dentro da empresa em geral e nas instalações industriais em particular.

O quarto ponto é externo à empresa e deve ser separado dos fatores de produção propriamente ditos.

Naturalmente, desta esquematização sintética emerge de forma evidente a necessidade, desde sempre procurada nas empresas, econômicas ou não, de encontrar indicadores que descrevam de modo eficaz o emprego dos fatores de produção em relação ao *output* realizado pela empresa, isto é os produtos finais pelos quais a empresa inicia a atividade, sejam eles bens ou serviços.

A relação entre produção efetuada e os recursos empregados (fatores de produção) é a grandeza conhecida como *produtividade.*

É notório que se pode falar de produtividade referindo-se aos diversos fatores produtivos, mas não é este o lugar para aprofundar este assunto: a área de maior interesse no âmbito do presente trabalho é sem dúvida representada pelo fator humano, sendo este o verdadeiro protagonista do estudo do trabalho desde as suas origens, ainda que com nuances e concepções ideológicas diferentes.

Durante as últimas três décadas, e em particular na última, o contexto em que as empresas atuam apresentou mudanças radicais que as próprias empresas são obrigadas a enfrentar para continuar a existir e alcançar os objetivos de lucro que são a base de sua atuação econômica. Num âmbito de altíssima competitividade internacional e de rapidíssima evolução das tecnologias da informação e da comunicação, também os métodos para projetar de forma eficiente um posto de trabalho devem se atualizar e manter o passo da rápida inovação.

Pode-se definir, com referência à maior parte da literatura internacional (Kanawaty G. 1970), *work design* ou *work system design* o processo que leva à criação ou à revisão do sistema que compreende como principais componentes:

- o trabalhador;
- a tarefa que é chamado a executar;
- as eventuais máquinas que são utilizadas;
- o ambiente físico de trabalho;
- o contexto organizacional no qual a tarefa de trabalho foi inserida.

Somente uma abordagem sistêmica no conjunto destes componentes pode oferecer um resultado que garanta o alcance dos objetivos de eficácia e eficiência que um procedimento analítico de projeto do trabalho se prefixa, compreendendo naturalmente as interações recíprocas entre os elementos acima indicados.

Tradicionalmente, o *work design* tem sido centrado na divisão do trabalho, um conceito praticado durante séculos, mesmo antes da sua teorização por parte de *Adam Smith* (1776) e *Charles Babbage* (1832), os quais observaram um incremento da produtividade do trabalho após a especialização do trabalho e à conseqüente redução dos tempos de trabalho; *Babbage* foi o primeiro a perceber também que esta prática era vantajosa porque permitia reduzir os tempos de aprendizagem dos trabalhadores, aos quais era solicitado um número menor de competências diversas (Beardwell I., Holden L. 2001).

Foi, porém, somente com a Revolução Industrial que a necessidade de racionalizar o trabalho humano impôs de forma vinculante o princípio da separação do trabalho em tarefas diversas e confiadas a operadores diversos: com o sucessivo crescimento da mecanização e automação do trabalho se verificaram mudanças na gestão industrial, em cada época, até quando a organização do trabalho acabou ficando no centro de uma jovem disciplina: *a Organização Científica do Trabalho* (OCT).

5.1.1. Os estudos de Frederick Taylor

O momento chave na evolução do Estudo do Trabalho se deve a *Frederick Taylor* (1856-1915), que estabeleceu os princípios da Análise Científica do Trabalho na busca de novos métodos para maximizar a eficiência do trabalho humano em lugar dos métodos anteriores, pelos quais os trabalhadores executavam tarefas sem supervisão ou treinamento.

Frederick Taylor foi o fundador do chamado *Scientific Management*, que "consiste fundamentalmente num certo número de princípios gerais de grande importância, numa bem definida concepção teórica que pode ser aplicada de muitas formas" (Taylor F., 1911).

A obra de *Taylor* teve início quando se colocou o problema de determinar o chamado *fair day's work*, ou seja, o máximo conteúdo diário de trabalho que um operador treinado e gozando de boa saúde pudesse suportar por um período de tempo indefinido.

A sua experiência profissional lhe sugeriu que boa parte dos operários trabalhavam com eficiência absolutamente inferior às suas possibilidades e que seus supervisores não tinham geralmente condição de corrigir os métodos de trabalho utilizados pelos seus subordinados (Beardwell I., Holden L., 2001).

Na base da teoria da *Organização Científica do Trabalho* vigora um princípio metodológico geral: a chamada *one best way*, ou seja, a admissão de que existe sempre um método único e melhor para resolver problemas ou executar tarefas de qualquer natureza; este postulado garante a possibilidade de se alcançar uma otimização absoluta das atividades produtivas.

Como já amplamente observado, para *Taylor* a racionalização dos sistemas produtivos se persegue adotando instrumentos e métodos científicos que, baseando-se na sua intrínseca respeitabilidade, servem primeiramente para conquistar o consenso deliberado de todos, do empresário (entendido como o *dominus* da empresa) e das classes potencialmente portadoras de interesses contrapostos àqueles da classe empresarial, ou seja, funcionários e operários.

Só de tal forma é possível, para *Taylor*, encontrar uma convergência comum dos interesses das diversas classes sociais envolvidas no trabalho de uma empresa, em direção ao único objetivo de melhorar a produção industrial.

Os princípios e os critérios organizacionais propostos para este fim por *Taylor* são essencialmente estes:

• *O estudo científico dos métodos de trabalho*, relativo tanto às modalidades de utilização do serviço humano quanto ao correspondente funcionamento das máquinas, a fim de eliminar os empirismos aos quais nos referimos.

• *A seleção do trabalhador* mais apto para cada tarefa específica, seguida por uma fase de treinamento e formação que se fundamenta na metodologia científica que inspira todo o projeto de *Taylor*. Este princípio substitui a prática anterior na qual o operador selecionava autonomamente o trabalho a ser realizado e se adestrava, dentro do máximo de suas possibilidades, na prática produtiva.

• *A instauração de relações de estima e de cordial colaboração* entre direção e mão-de-obra. Na perspectiva taylorista a remuneração econômica é certamente o incentivo primário do trabalhador e constitui o meio principal à disposição do empresário para adquirir o consenso de seus empregados: dentro desta ótica o auspício de colaboração acaba sendo ingenuamente simplista e de difícil realização no âmbito de uma relação empregados-empresa reduzida ao plano econômico e de um mecanismo de incentivo talvez elementar demais para se obter o consenso do operariado em relação a uma carga de trabalho mais elevada.

No campo puramente executivo, a OCT tem sido muito menos popular de quanto o tenha sido no campo teórico e acadêmico: de fato, muitos autores sustentam em seus estudos que é muito difícil encontrar exemplos de uma aplicação integral da doutrina de *Taylor*, com ênfase particular na extrema fragmentação das tarefas produtivas e na sua despersonalização. De fato, a existência de fortes tradições trabalhistas que antecederam a revolução sugerida por *Taylor* fez com que as suas conclusões extremas não fossem verificadas integralmente e de forma ortodoxa, mas sim mediadas até alcançar uma forma compatível com o contexto produtivo preexistente.

Foram, de fato, realmente poucas as empresas dispostas a experimentar a OCT em sua totalidade, por causa da resistência dos operários e de certa relutância até mesmo dentro dos dirigentes; estes, muitas vezes, estavam relutantes em ceder o controle da inteira produção a homens "novos": os consultores encarregados do estudo científico. De seu lado, os operários consideravam desqualificante submeter-se a acurados estudos sobre o trabalho e, ademais, procuravam defender a exclusividade de seus conhecimentos técnicos.

De fato, o taylorismo permaneceu à margem do mundo industrial até a obra que produziu um grande inovador como *Henry Ford*.

A grande intuição do construtor americano de tornar o automóvel um bem alcançável para a maioria trouxe consigo a necessidade de reorganizar radicalmente as realidades produtivas.

Passou-se, assim, da obsoleta montagem num lugar fixo à linha de montagem, na qual os chassis dos automóveis avançavam numa esteira rolante para receber as operações das quais eram encarregados os operários, em diversos pontos sucessivamente dispostos ao longo da linha.

Desta forma se realizava uma produção em massa, com algumas características que diferenciam o chamado *fordismo* da OCT elaborada por *Taylor*.

No fordismo, de fato, o trabalhador é inserido num âmbito produtivo de vastas dimensões, dentro do qual a produtividade é regulada de forma vinculante pela cadência da esteira: neste contexto vem a faltar a idéia de *Taylor* de garantir, mediante a elaboração de refinados sistemas de empreitada, uma retribuição proporcional à tarefa individual do operário.

A única maneira possível para exercer realmente o controle sobre os métodos utilizados pelos trabalhadores se revela a linha de montagem, a cuja cadência estão vinculados os operadores que, para respeitar os tempos impostos, são chamados a executar as tarefas de acordo com o que foi projetado pelos analistas do trabalho.

Querendo observar os instrumentos técnicos elaborados por *Taylor* para o estudo do trabalho, talvez o único que teve uma significativa utilização prática foi o *Time Study*, isto é o estudo sistemático dos tempos de trabalho mediante uma acurada medição cronométrica.

Trata-se, com certeza, de uma interpretação redutiva da doutrina de *Taylor*, mas historicamente a utilização deste instrumento levou a resultados tão relevantes que fizeram esquecer o resto. *Taylor* è lembrado até hoje quase unicamente como o precursor desta técnica, não obstante a sua obra contenha assuntos bem mais amplos e complexos, embora amplamente discutíveis.

5.1.2. Os estudos de Frank Bunker Gilbreth

A obra de *Frank Bunker Gilbreth* (1868-1924) e de sua mulher *Evelyn Moller* foi em grande parte contemporânea da obra de *Taylor*, mas a sua formação e cultura os levou a desenvolver experiências e trabalhos muito diversos daqueles do ilustre contemporâneo.

Na sua longa carreira eles estudaram uma vastíssima gama de atividades, incluindo notáveis invenções e inovações no campo dos trabalhos da construção civil, de estudo da fadiga e da monotonia causados pelo trabalho humano, até o estudo considerado fundamental, dos micromovimentos.

O estudo dos métodos de trabalho originou-se do campo de atuação originário de *Gilbreth*, isto é, o trabalho na construção civil, e em particular o trabalho dos pedreiros.

Foi observando e filmando o trabalho dos pedreiros que *Gilbreth* teve a intuição revolucionária que inspirou todos os seus trabalhos seguintes: conseguir isolar os micromovimentos fundamentais que compõem todas as atividades, inclusive as mais complexas, que um operário é chamado a executar durante o seu trabalho.

Desta divisão em micro-movimentos originou-se o processo que leva ao projeto ideal do ato do trabalho a fim de eliminar todos os movimentos supérfluos e de determinar a seqüência de movimentos mais favorável em termos de eficiência.

A sua obra fundamental foi publicada em 1911 com o título *Motion Study*: neste livro eram descritos os movimentos fundamentais que compõem todas as ações observadas nos trabalhadores submetidos ao estudo.

De suas observações surgiu um sistema de classificação composto de 17 movimentos-base da mão e do braço (Tab. 5.1):

Tab. 5.1 – Os movimentos fundamentais segundo Gilbreth (AMTMI, 1999)

Procurar	Soltar a carga	Utilizar
Escolher	Posicionar	Atraso inevitável
Pegar	Pré-posicionar	Atraso evitável
Transportar vazio	Inspecionar	Planejar
Transportar cheio	Juntar	Repousar
Segurar	Separar	

Tais movimentos se tornaram famosos com o nome de *therblig* (anagrama de *Gilberth* ao contrário) e muito cedo foram reconhecidos universalmente como os *movimentos elementares* para a descrição das ações humanas no posto de trabalho.

Na Tab. 5.2 é mostrado o exemplo de um esquema com a divisão de uma ação simples como parafusar: note-se a divisão dos movimentos entre as duas mãos.

Cada um destes micro-movimentos foi observado e cronometrado por especialistas no estudo do movimento e dos tempos a ele associados, usando cronômetros e outros aparelhos como filmadoras especiais de alta precisão.

O postulado teórico fundamental apresentado por *Gilbreth* foi que, dentro de limites razoáveis, os tempos necessários para a realização de uma operação por parte de operários dotados de igual habilidade, força e experiência, dependem somente do método utilizado, isto é dos micromovimentos empregados para executar a tarefa solicitada, para cada um dos quais pode ser estabelecido um *tempo padrão*.

Tab. 5.2 – Divisão em micromovimentos do "parafusar um parafuso"

Nr	Mão Esquerda	Mão Direita
1	Movimento vazio até o parafuso	
2	Pegar	
3	Transportar parafuso	
4	Posicionar parafuso	
5		Movimento vazio até a chave de fenda
6		Pegar
7		Transportar chave de fenda até o parafuso

Esta evolução levou a sucessivas aplicações em que se descreveu o movimento humano com cada vez maior precisão: chegou-se a utilizar filmadoras especiais para cronometragens com precisão de até um mili-segundo, em alguns casos de até um microsegundo.

Estas análises foram utilizadas para o projeto das atividades e dos postos de trabalho, levando em conta os elementos de segurança do trabalho e da determinação dos ritmos-padrão de trabalho: de fato, considerando conjuntamente o fator movimento (isto é, o método de trabalho) e o fator tempo, era possível reprojetar as tarefas confiadas ao trabalhador melhorando tanto a produtividade do trabalho humano quanto o conforto e a segurança do próprio trabalhador.

Obviamente, uma vez estabelecidos os tempos-padrão para os tipos-base de movimento, tornou-se evidente que nem todos os trabalhadores possuíam a mesma habilidade: por esta razão a atenção foi dirigida para uma seleção acurada dos trabalhadores, baseando-se em padrões precisos já estabelecidos.

A obra de *Gilbreth* teve uma importância decisiva para o desenvolvimento da análise do trabalho humano, e a sua idéia original permanece ainda válida, mesmo com as inevitáveis modificações ocorridas nos anos seguintes à sua formulação.

De fato, os sistemas com tempo predeterminado (PTS), tão difundidos hoje, estão baseados nas observações de *Gilbreth*, ainda que a associação entre o movimento-base e o relativo tempo padrão resulte muito mais evidente nas aplicações modernas do que nas observações originais de *Gilbreth*.

De fato, o *foco* principal da obra de *Gilbreth* é, sem dúvida, sobre o Método de trabalho, ou seja, sobre a seqüência de movimentos necessários para efetuar um determinado trabalho otimizando o emprego do esforço humano e conseqüentemente também o tempo necessário; mas o tempo na obra de *Gilbreth* não é tão importante como o foi na análise efetuada por *Taylor*.

Por isso, a título de exemplo, considera-se comumente Taylor como o fundador do *Time Study* e *Gilbreth* do *Motion Study*, sem por isso excluir, pelo que foi dito anteriormente, interpretações menos drásticas na subdivisão.

A difusão do Estudo do Trabalho foi dificultosa e não unívoca: de fato, nos anos imediatamente seguintes à publicação das obras de *Taylor* e *Gilbreth* (de 1910 até 1930 aproximadamente) assistiu-se a um fenômeno de polarização em que os partidários das duas diferentes teorias trabalhavam em separado, cada um reivindicando a supremacia sobre o ponto de vista dos outros.

Somente depois se compreendeu que a utilização apenas do cronômetro, mesmo sendo um componente essencial do estudo do trabalho, não podia otimizar totalmente o trabalho humano, por isso começou-se a falar, de forma composta, de *motion and time study*: percebeu-se, de fato, que só um sistema orgânico e organizado dos conhecimentos e técnicas das duas disciplinas podia oferecer a possibilidade de agir de forma eficaz na análise do trabalho.

5.1.3. Os estudos de Ralph Barnes

Entre aqueles que compreenderam logo a necessidade de uma síntese estava *Ralph Barnes*, que desde 1937 (*Barnes*, 1980), ano da primeira edição da sua obra fundamental já em sua oitava edição, propôs uma disciplina que integrasse as técnicas e os conhecimentos típicos do estudo dos métodos e da medição dos tempos de trabalho. *Barnes* batizou de Estudo do Movimento e do Tempo a união das duas disciplinas, prefixando os objetivos a seguir ilustrados (Barnes, 1980):

– **Desenvolvimento do sistema ou do método preferido** ou mais propriamente "Elaboração do Projeto do Sistema de Trabalho". Nesta fase se leva em conta tanto o sistema no seu todo, como cada operação que o compõe ou de que faz parte. O objetivo desta fase é organizar um sistema seqüencial de operações que atenda, da melhor forma possível, às especificações.

– **Padronização do sistema ou método**: ou seja, a redação e a formalização. De fato, após ter determinado o Sistema de Trabalho ideal, este deve ser padronizado: normalmente se divide o sistema inteiro em operações elementares, que podem ser os materiais e as ferramentas usadas, os movimentos efetuados, assim como as máquinas que participam da operação e todos os possíveis componentes do sistema. Todos estes fatores devem ser definidos com precisão e mantidos depois que o Método for usado de forma operacional.

– **Cálculo do Tempo Padrão**: Medição do Trabalho, ou seja, determinação do tempo necessário para que um operador qualificado, com experiência adequada e formação, possa executar uma determinada tarefa trabalhando num ritmo normal. Entre os métodos existentes, o mais popular é até hoje a cronometragem, não obstante sejam difundidos outros métodos para calcular os tempos-padrão: devem ser lembrados o uso de tempos históricos, a amostragem e os sistemas com tempos predeterminados (ver mais adiante).

– **Formação do operador**: mesmo o melhor dos métodos possíveis é inútil se não se encontra a maneira de colocá-lo em prática: é, de fato, necessário planejar o aprendizado dos operadores que devem aprender um método novo ou rever um já em uso.

O trabalho de *Barnes* lançou as bases do sucessivo desenvolvimento do Estudo do Movimento, com a definição das leis que regulam o uso eficaz do movimento (os Princípios da Economia dos Movimentos) e uma eficiente organização do posto de trabalho, também em relação ao *design* de ferramentas e equipamentos.

Na obra de *Barnes* o fator humano começa a ser considerado de forma revolucionária em relação ao que era antes: são relatadas, de fato, observações sobre a fisiologia humana, o estudo da fadiga associada à atividade ocupacional e também considerações a respeito do aspecto motivacional em relação ao projeto de um posto de trabalho. Pela primeira vez o fator humano é considerado não mais como um mero meio de produção que deve ser submetido a um procedimento objetivo de otimização a fim de obter a máxima produtividade possível.

O homem aparece com a bagagem de toda a sua complexa personalidade: de fato, "não é possível projetar eficazmente um posto de trabalho prescindindo dos componentes fisiológicos e psicológicos típicos do ser humano".

Está sendo preparada uma verdadeira revolução que, porém, na obra de *Barnes* permanece no estado embrionário.

5.2. A evolução do Work Design

A evolução do *Work Design* nestas últimas décadas foi caracterizada por uma relativa estabilidade no que diz respeito às técnicas de base (obviamente enriquecidas pelo uso de instrumentos tecnológicos cada vez mais potentes e acurados que, porém, não desfiguraram a estrutura originária já identificada por *Barnes*), e por uma simultânea tendência à multidisciplinariedade. A forma com que se encara o projeto do posto de trabalho ampliou-se consideravelmente, chegando a incluir competências relativas a disciplinas diversas daquelas típicas da Engenharia Industrial.

Na construção concebida por *Barnes* o estudo das exigências ergonômicas não aparece de forma evidente, é apenas brevemente mencionado na sua obra quando se analisam os estudos antropométricos relativos ao projeto do *layout* do posto de trabalho. Hoje nenhuma empresa atenta e previdente projetaria um posto de trabalho negligenciando as exigências de ergonomia, segurança e saúde.

Um outro assunto a respeito do qual se concentra a pesquisa e a inovação da abordagem do projeto é aquele relativo ao aspecto psicológico e comportamental do trabalhador, com ênfase particular nas conseqüências que estas variáveis podem ter sobre a motivação e, em última análise, na tarefa humana.

Obviamente os estudos ergonômicos e comportamentais não têm uma origem tão recente: relativamente recente é, no entanto, a difusão de um modelo de projeto único que integre as técnicas já conhecidas e mencionadas por *Barnes* com o estudo do Fator Humano em sua totalidade e complexidade.

Pode-se dizer, em resumo, que a disciplina do estudo do trabalho tenha crescido por integração, ou seja, graças à assimilação de experiências e conhecimentos multidisciplinares, que vão bem além das competências do já obsoleto modelo do Setor Tempos e Métodos. Será, portanto, apresentada uma rápida síntese das principais mudanças que caracterizaram o estudo da Organização do Trabalho, especialmente naqueles fatores que provocaram maior impacto no projeto dos postos de trabalho e nas relações entre o trabalhador e o contexto organizacional dentro do qual ele está trabalhando.

Como vimos anteriormente o estudo científico do trabalho e a sua aplicação tendem a focalizar-se na *seleção do trabalhador idôneo para a tarefa*, tratando-o de fato como *fator produtivo intercambiável*: esta visão encontrou historicamente vasta oposição e pode-se dizer que atualmente esteja superada pelo menos do ponto de vista conceitual.

Os passos fundamentais desta revolução se desenvolvem ao redor de pesquisas psicológicas e motivacionais, e também da evolução dos aspectos organizacionais, em particular na superação da lógica da especialização do trabalho levada ao extremo.

Este não é o estudo mais apropriado e qualificado para desenvolver uma análise completa da problemática, e por esta razão nos limitaremos a uma breve exposição das experiências que mais diretamente influíram na mudança do "ponto de vista" no *Work Design*, e que são:

- Os estudos em Hawthorne
- A teoria hierárquica de *Maslow*
- As teorias higiênico-motivacionais de *Herzberg*
- A escola do Job Design

5.2.1. Os estudos em Hawthorne e na Escola de Mayo (Beardwell I., Holden L., 2001)

Como vimos anteriormente, no âmbito do OCT taylorista a motivação da força de trabalho era perseguida unicamente por meio de um sistema específico de empreitada diferencial, no âmbito de uma relação de recíproca confiança entre o empregador e os trabalhadores.

Bem cedo esta concepção se chocou com uma realidade diferente, na qual a Organização Científica do Trabalho era rejeitada pelos trabalhadores, para os quais a mera satisfação econômica não era suficiente para seguir o caminho proposto por *Taylor*.

A psicologia do trabalho desferiu os primeiros golpes no modelo motivacional utilitarista pressuposto por *Taylor* e por seus seguidores, enquanto a "redescoberta do pequeno grupo" dentro da organização formal da empresa, elaborada por *Elton Mayo* (1880-1949) e a sua escola de sociologia industrial, fornecem uma nova e coerente base conceitual para o estudo da empresa como sistema social e, portanto, para a reestruturação das relações dentro da fábrica também levando em conta o aumento da produtividade.

De fato, percebeu-se muito rapidamente que era inútil, e, em definitivo, contraproducente, abreviar os tempos das operações padronizadas do operário e incentivar a produtividade individual se com isso se gerava um clima de tensão e de conflito que, com o passar do tempo, se revelava prejudicial.

Obviamente a ação dos sindicatos teve um papel de destaque em favorecer o abandono do sistema taylorista em favor de uma abordagem baseada na satisfação do trabalho e na identificação do trabalhador com a empresa, ou com grupos que se constituíram em seu interior, enquanto os resultados dos estudos realizados por *Mayo* e colaboradores forneceram a base para a definição de uma racionalidade funcionalmente mais adequada à lógica da indústria moderna.

Em 1927 na planta de Hawthorne (perto de Chicago) da Western Electric Company deu-se início a uma pesquisa com a finalidade de encontrar novas formas de motivar a força de trabalho e aumentar a eficiência: em particular procurava-se verificar a hipótese de que houvesse uma relação entre o grau de iluminação do ambiente e a produtividade do trabalho. Após cerca de dois anos e meio concluiu-se que entre os dois fatores considerados na hipótese não existia virtualmente nenhuma relação.

Todavia, no período da pesquisa, para cujo desenvolvimento *Elton Mayo* e os seus colaboradores tinham se estabelecido em Hawthorne instaurando um relacionamento diário com os operários, a produtividade tinha aumentado.

A circunstância era paradoxal, porque invalidava o princípio científico da relação causa-efeito, em cuja óptica se moviam os analistas das empresas.

Elton Mayo se convenceu de que, sem ter que colocar em dúvida o princípio científico de relação causa-efeito, a explicação do fenômeno paradoxal consistia nisso: durante o teste os trabalhadores se sentiam gratificados pela atenção prestada ao seu trabalho, assim a relação de causa-efeito devia ser estabelecida não entre a variação dos fatores ambientais de trabalho e do incremento da produtividade, mas sim entre as condições de gratificação dos funcionários e o aumento da eficiência no trabalho.

Mas este não era o fato mais importante. A experiência do *grupo artificial*, constituído para fins experimentais, havia sido tão estimulante para os pesquisadores que estes elaboraram o esboço de uma teoria da empresa como sistema social caracterizado significativamente pela formação, no seu interior, de grupos espontâneos, de alguma forma relevantes em relação ao nível de produtividade.

Sucessivamente a experiência adquirida e o modelo comportamental elaborado foram aplicados aos trabalhadores do *grupo natural* e foi relativamente fácil descobrir que este grupo constituía, de fato, um grupo informal, com a sua "tradição", os seus líderes, as normas e os modelos de comportamento sancionados. Obviamente, o grupo tinha elaborado comportamentos comuns também em relação à produção. Só que, à diferença do grupo artificial, os pesquisadores encontraram aqui regras bem definidas que tendiam a baixar a produção.

Com isso "descobria-se" a existência de relacionamentos primários dentro da empresa, vislumbravam-se as inter-relações com as estruturas institucionais da mesma, estabelecia-se a relevância em relação aos fins essenciais da própria empresa, ou seja produção (e lucro). Assim como no mais amplo sistema social, delineava-se uma complexa trama de inter-relações e conflitos entre configurações hierárquicas informais e hierarquias institucionais, entre normas desenvolvidas autonomamente por grupos espontâneos, e portanto aceitas e respeitadas porque percebidas como próprias, e normas impostas do alto, ou de fora.

Daqui a exigência de uma abordagem radicalmente nova no estudo da empresa e o delinear-se de uma nova estratégia empresarial, orientada no sentido das "relações humanas" e baseada não mais num sistema de incentivos individuais, mas na maior "satisfação do trabalho" possível.

De fato, a pesquisa em Hawthorne demonstrava dois dados realmente surpreendentes:

- O aumento da produtividade dependia, de forma quase exclusiva, da instauração de um clima satisfatório no âmbito da empresa, situação que exigia uma supervisão não opressiva.
- O incentivo econômico, quando não acompanhado de outras medidas que visam a melhorar a satisfação dos trabalhadores, tem resultados modestos em termos de aumento da produtividade. *Nisso Mayo* sustenta com força que os trabalhadores não são indivíduos dotados exclusivamente de racionalidade econômica, mas sim portadores de uma série de necessidades psicológicas e sociais que devem ser levadas em conta na relação entre o trabalhador e a organização na qual está inserido.

A conseqüência dos estudos de *Mayo* foi de grande importância para quem procurasse desenvolver um modelo de *Work Design* que permitisse elaborar sistemas de trabalho que alcançassem os objetivos de produtividade exigidos pela empresa: ao lado deste objetivo se consolida a necessidade de que um sistema de trabalho eficazmente projetado deva levar em conta as exigências dos trabalhadores e contribuir para sua satisfação e bem-estar.

5.2.2. As teorias motivacionais de Maslow (Beardwell I., Holden L., 2001)

Para o estudo dos aspectos que regulam a motivação humana, o psicólogo *Abraham Maslow* deu uma importante contribuição, que pressupôs que todos os indivíduos têm necessidades essenciais e que os mesmos se organizam de acordo com uma estrutura hierárquica: só depois que uma necessidade for satisfeita, aquela sucessiva na escala hierárquica faz sentir a sua influência motivacional.

No primeiro degrau estão as *necessidades fisiológicas*, que são as necessidades imediatas para subsistência física da pessoa; no nível seguinte se encontram as necessidades de segurança, isto é, a necessidade de se sentir protegido contra os perigos físicos ou psicológicos, assim como de ter um trabalho garantido, em última análise à sobrevivência no médio-longo período.

A necessidade sucessiva faz referência à *esfera social*, que consiste na inata tendência a sentir-se parte de um grupo; uma vez satisfeita esta necessidade é a vez das *necessidades da esfera do ego*, isto é a necessidade de sentir-se reconhecido e de melhorar o próprio *status* econômico; no topo da hierarquia há as *necessidades de auto-realização*, que expressam o desejo de um indivíduo de poder demonstrar as próprias capacidades pessoais.

Uma das descobertas interessantes de *Maslow* consiste em ter teorizado a *necessidade de afiliação dos indivíduos* e isto explica o surgimento de grupos informais, dos quais se falou no parágrafo dedicado às experiências em Hawthorne. Esta noção terá implicações importantes nas tendências de projetos ligados ao mundo do trabalho, inspirando o surgimento dos *grupos de trabalho*, que tendem a repropor de forma organizada e sistemática os grupos informais que nascem espontaneamente nos ambientes de trabalho.

De fato, a hierarquia proposta por *Maslow* pode ser usada, obviamente com o necessário cuidado, para planejar as intervenções que visam a melhorar o clima de trabalho e a motivação dos trabalhadores; por exemplo seria inútil, conforme a ordem proposta por *Maslow*, procurar motivar os trabalhadores com trabalhos mais estimulantes ou com um ambiente social mais satisfatório se não tiverem sido primeiro satisfeitos problemas de ordem inferior, como por exemplo a segurança pessoal ou a satisfação econômica.

Os méritos principais que foram reconhecidos à teorização de *Maslow* são dois:

- Ter indicado uma escala de valores com a qual mensurar as necessidades dos trabalhadores, muito mais amplas do que apenas o interesse econômico da retribuição (*Taylor*) e da própria solicitação de valorização pessoal (*Mayo*).

- Ter identificado algumas claras prioridades para a satisfação das necessidades econômicas do trabalhador, fornecendo assim à direção da empresa um instrumento para escolher as intervenções incentivadoras mais oportunas e adequadas: de fato a intervenção realmente incentivadora é somente aquela que satisfaz as exigências próprias do estado de necessidade imediatamente sucessivo àquele já satisfeito.

5.2.3. As teorias higiênico-motivacionais de Herzberg

A pesquisa de *Herzberg* teve origem na simples constatação de que existem situações que satisfazem o trabalhador, assim como há outras que trazem um certo grau de insatisfação.

O seu objetivo foi demonstrar a teoria segundo a qual os homens são portadores de dois tipos de necessidades: um primeiro conjunto se refere à esfera "animal", que o leva a evitar situações negativas e desagradáveis, enquanto uma segunda série de necessidades o leva ao crescimento psicológico e à auto-realização no próprio trabalho.

Depois de centenas de entrevistas a trabalhadores de nível médio-alto (funcionários e técnicos), *Herzberg* chegou à conclusão de que:

- Existem cinco fatores, chamados motivacionais, que determinam a satisfação no próprio trabalho, que são: o sentido de responsabilidade, a possibilidade de carreira no próprio trabalho, a qualidade do próprio trabalho, a auto-realização e o reconhecimento das capacidades individuais.

- Existem outros fatores, ditos higiênicos (ou de manutenção) que são, potencialmente, origem de insatisfação, a saber: o tratamento econômico, a política da empresa em relação aos recursos humanos, o tipo de supervisão aos quais se é submetido, as relações interpessoais, as condições de trabalho.

- A relação entre a classificação de *Maslow* e aquela de *Herzberg* pode ser visualizada numa simples tabela (Tab. 5.3).

Tab. 5.3 – A tabela das necessidades de Maslow e Herzberg

NECESSIDADES DO TRABALHADOR		INCIDÊNCIA NA ORGANIZAÇÃO
Necessidades extrínsecas à atividade ocupacional	1 Necessidades fisiológicas	Fatores higiênicos
	2 Necessidades de segurança	
	3 Necessidades sociais	
Necessidades intrínsecas à atividade ocupacional	4 Necessidades do ego	Fatores motivacionais
	5 Necessidades de auto-realização	

Os fatores motivacionais têm tudo a ver com o trabalho: por exemplo, a oportunidade de desenvolver uma tarefa considerada difícil, a liberdade de fazer uso da própria inventividade e capacidade, o estímulo para aprender e qualificar-se, a possibilidade de ser promovido e a possibilidade de ganhar mais, como prêmio por um objetivo alcançado. Todas estas situações encorajam, de fato, os trabalhadores a ter uma maior produtividade, e incluem sensações de satisfação no trabalho.

Por outro lado, os fatores higiênico-ambientais não têm um efeito diretamente positivo, mas representam as condições de contorno necessárias para que os fatores motivacionais ajam com eficácia.

Este é um ponto importante: políticas de valorização das relações humanas, estruturas recreativas, incentivos econômicos e benefícios não têm um efeito motivacional, são de fato unicamente fatores ambientais que favorecem a ação eficaz das medidas dirigidas diretamente ao aumento da motivação.

A diferença entre fatores higiênicos e motivacionais pode parecer irrelevante, mas é essencial levá-la em conta para poder elaborar políticas que permitam, de forma duradoura, progresso na motivação dos trabalhadores e na sua produtividade; uma escassa atenção para a diferença que existe entre as duas ordens de fatores levaria a uma provável falência das iniciativas de incentivo, com grave prejuízo para a empresa.

5.2.4. *A escola do job design*

A partir dos anos 60 uma nova tendência começou a se contrapor à extrema especialização e subdivisão típica da abordagem taylorista ao *work design*: era a tendência a projetar tarefas mais ricas, a fim de organizar o trabalho de forma que o trabalhador não acabasse tendo que desenvolver operações monótonas e repetitivas: de fato, nestes casos os benefícios da *maior especialização* eram amplamente contrabalanceados por uma desafeição do trabalhador e por uma série de conseqüências negativas que podem ser esquematizadas conforme segue (Tab. 5.4).

A especialização do trabalho se pode reduzir recorrendo principalmente ao *job expansion*, uma categoria que compreende alguns dos instrumentos organizacionais mais difundidos na prática industrial:

- *Job enlargement* (horizontal), ou seja, o aumento da faixa de funções às quais um trabalhador é responsável por meio do remanejamento das funções dentro do mesmo papel ocupacional.
- *Job enrichment* (vertical), que consiste em conceder ao trabalhador um maior grau de controle sobre a atividade que está desenvolvendo, concedendo maior autonomia e responsabilidade.
- *Job rotation*, que consiste na alternância de funções diversas atribuídas ao mesmo trabalhador.

Tab. 5.4 – Vantagens e desvantagens da especialização das funções de trabalho

	Vantagens	Desvantagens
Direção	Formação mais simples Alta produtividade Baixo custo do trabalho	Escassa atenção à qualidade Desafeição dos trabalhadores Alto absenteísmo Alto *turn over*
Trabalhadores	Baixos requisitos de formação Mínima responsabilidade Esforço mental mínimo	Trabalhos monótonos Limitadas possibilidades de carreira Escassa realização Mínimo controle sobre o trabalho executado

Um ulterior e decisivo passo que leva à responsabilização do operador é o surgimento dos grupos autônomos de trabalho, formados por um conjunto qualificado de indivíduos que gozam de amplo poder discricionário e que estão reunidos em prol de um objetivo comum.

Esta organização de tipo celular teve várias aplicações industriais, em primeiro lugar na *fábrica integrada*, baseada fundamentalmente na descentralização e na passagem das responsabilidades para os níveis mais próximos dos processos produtivos, ao redor dos quais se movimentam grupos de trabalho que permitem a identificação de um objetivo comum, para cuja concretização é necessária uma completa integração dos conhecimentos e uma estreita comunicação entre profissionais das diversas áreas.

Está confirmado que uma organização como esta tem incidências positivas na motivação do pessoal e nos resultados operacionais, graças a uma série de fatores que se podem brevemente enumerar:

- A ênfase é colocada nos recursos humanos, que devem oferecer a sua decisiva contribuição em termos de flexibilidade, ao passo que grande importância adquirem as relações sociais, mesmo as informais, no inte-rior do grupo: isto atende à necessidade de afiliação dos trabalhadores.
- O fluxo informativo invade a linha de produção toda, permitindo um alto grau de participação e consciência.
- O controle hierárquico diminuiu, substituído por uma colaboração mais ampla dentro das equipes de produção.
- A organização por grupos tende a valorizar ao máximo as capacidades profissionais e a criatividade do capital humano, enquanto o forte direcionamento para os resultados obriga ao confronto com objetivos desafiadores.

Na Tab. 5.5 foram resumidas as características principais que diferenciam a Organização Científica do Trabalho da nova Escola do *Job Design*.

Querendo sintetizar a evolução que caracterizou a forma de conceber a organização na qual inserir a tarefa de trabalho e os critérios que inspiraram a atribuição das funções aos indivíduos, poderíamos tomar como linha de divisão cronológica os anos 60, que viram o declínio da OCT em favor de novas formas organizacionais.

5.3. A medida do tempo e os padrões de tarefa

Na síntese aqui proposta será dedicado maior espaço à analise das técnicas de medição do trabalho, das quais é útil, sobretudo, definir natureza, finalidade e aplicações principais.

A "Medição do Trabalho" consiste prevalentemente na utilização de um *padrão de tarefa* para medir e controlar o tempo exigido para a execução de uma determinada tarefa de trabalho.

Os padrões de tarefa são os protagonistas deste processo: a sua definição é a chave de todo o processo, já que definir o padrão de tarefa corresponde a estabelecer um ritmo operacional de referência (e, por conseguinte, também um operador médio).

É fácil compreender que definir um *trabalhador médio* é muito difícil, encontrando-se frente a uma multidão de operadores, cada um dos quais diferente dos outros: de fato, a definição de um comportamento médio que represente a todos é o maior problema que aflige todos os analistas de trabalho.

Tab. 5.5 – OCT e Escola do Work Design *em comparação*

Organização Científica do Trabalho	Escola do *Job Design*
Especialização das funções Exigidas competências mínimas Supervisão estreita Responsabilidade mínima do trabalhador Necessária formação mínima Produções em massa Eficiência calculada sobre o tempo de trabalho Incentivos para empreitada Repetitividade e tédio	"Enlargement" horizontal "Enlargement" vertical Rotatividade das funções Exigidas maiores competências Responsabilidade do trabalhador em relação ao próprio trabalho Controle confiado aos trabalhadores Foco na formação Foco na qualidade Interação entre os trabalhadores Organização em grupos de trabalho

Um programa estável de medição do trabalho representa um instrumento gerencial adequado para analisar cada operação, estabelecendo para ela um padrão e controlando que este seja respeitado, a fim de conseguir uma melhoria contínua. Esta melhoria contribui para diminuir o conteúdo de trabalho das operações, reduzindo assim os custos produtivos.

Os padrões elaborados por meio da medição são também os dados mais eficazes para funções de controle da produtividade, de planejamento e de política dos recursos humanos.

Em definitivo, a medida do trabalho não deve ser vista somente como um instrumento coercitivo nas mãos da direção da empresa que o utiliza, com a mera finalidade de maximizar a produtividade: é também e sobretudo um instrumento que deve dar indicações acessíveis a todos os *stakeholder*, a fim de facilitar decisões e análises baseadas em dados concretos e compartilhados.

As técnicas usadas são inúmeras e dependem do tipo de empresa, da produção realizada e da utilização dos dados provenientes da medição do trabalho.

Uma primeira classificação possível, entre os métodos disponíveis, faz a distinção entre técnicas de produção planejada e não planejada.

A diferença reside no fato de que as técnicas de produção não planejadas, definidas na literatura anglo-saxônica com a eficaz expressão "*quick and dirty*", fornecem informações de forma rápida e aproximativa e não são precedidas por cuidadosas análises dos Métodos de Trabalho, sendo de fato técnicas de observação, não de prevenção.

As técnicas de medição de produção planejada são:

- Levantamento cronométrico;
- Sistemas com tempos predeterminados (abreviados em PTS);
- Dados padrão (elaborados a partir de um dos dois métodos anteriores);
- As técnicas de produção planejada oferecem estimativas mais acuradas, ao custo de um processo mais longo e rigoroso.

Os parâmetros que direcionam a escolha de um sistema de medição referem-se geralmente ao trabalho que o sistema deve medir: as operações de trabalho diferem de fato por tempo do ciclo, freqüência de trabalho, precisão exigida na medição, métodos de trabalho, padronização dos métodos e dos equipamentos, produção anual.

Um parágrafo específico será a seguir dedicado a cada uma das seguintes técnicas de medição do trabalho.

Antes de ilustrar, com algum detalhe, as várias técnicas de medição do trabalho, transcrevemos no esquema seguinte, livremente adaptado por *Salvendy* (2002) e *Konz* (1995), a definição e os âmbitos de aplicação de cada um dos métodos que serão analisados a seguir (Tab. 5.6).

Tab. 5.6 – Definição e âmbitos de aplicação das técnicas de medição do trabalho

Método de medição	Definição e âmbito de aplicação
Estudo do Tempo (cronometragem)	Técnica para registrar os tempos necessários à execução de um determinado trabalho ou dos seus elementos sob condições fixadas, para analisar os dados e determinar o tempo necessário para a sua realização, por parte de um operador, num determinado ritmo de trabalho. Utiliza-se em presença de ciclos repetitivos de trabalho de curta ou longa duração; quando se apresenta uma grande variedade de tarefas de trabalho; quando elementos de tempo controlados por uma máquina ou um processo fazem parte integrante do tempo de trabalho.
Amostragem Estatística	Técnica usada para verificar a porção de tempo, do tempo total, dedicada a várias atividades que constituem a tarefa ocupacional. Utiliza-se quando existem importantes diferenças no conteúdo de trabalho de ciclos diferentes, por exemplo nas atividades de expedição, gestão dos materiais, atividade empregatícia; quando há dificuldade no uso de sistemas de cronometragem.
Sistemas com tempos Predeterminados (PTS)	Técnica que usa tempos padrão associados aos movimentos humanos elementares (em função da natureza do próprio movimento e das condições nas quais é realizado) que são reunidos para calcular o tempo de trabalho padrão num determinado ritmo de execução. Utiliza-se nos casos em que o trabalho seja em sua maior parte controlado pelo operador; quando existem ciclos de trabalho de média ou longa duração; quando seja necessário planejar os métodos de trabalho antes que a produção inicie; quando há controvérsias a respeito dos tempos de trabalho.
Dados padrão	Técnica que utiliza tempos tabulados, curvas, tabelas elaboradas por meio do Estudo do Tempo ou PTS para permitir a medição de uma determinada tarefa de trabalho sem o uso de instrumentos de medição cronométrica. A preparação de fórmulas representa uma simplificação dos Dados Padrão: consiste na elaboração de expressões algébricas ou sistemas de curvas que, em correspondência de alguns fatores variáveis, estabelecem antecipadamente o tempo de trabalho em relação ao início da produção. Utiliza-se quando existem ciclos de trabalhos parecidos mas com durações muito diversas; quando tenha havido discordância sobre os resultados do estudo do tempo.

5.3.1. O estudo de tempos de trabalho por meio da cronometragem (Barnes 1980)

O cronômetro é provavelmente o primeiro instrumento aplicado no estudo científico do trabalho, tanto que o estudo do tempo por meio da cronometragem é conhecido também mais simplesmente como Estudo do Tempo.

O processo de cálculo do tempo é muito simples, de fato após ter estabelecido o método seguem-se estes passos:

- prepara-se o equipamento e se seleciona o operador;
- cronometra-se o operador durante a execução do trabalho, e se encontra o chamado *tempo observado*;
- o analista julga o nível de tarefa observado e lhe atribui um *rating*: corrigindo o tempo observado com o *rating* atribuído, se obtém o *tempo normal*;
- o *tempo normal* deve ser corrigido ulteriormente levando em conta que a operação observada deve ser executada ao longo de um turno inteiro de trabalho, por isso se atribuem as chamadas *majorações*. Uma vez atribuídos tais fatores corretivos chega-se ao verdadeiro *tempo padrão.*

Na análise cronométrica é possível identificar as seguintes fases operacionais:

a) Identificação dos Elementos: se procede antes à divisão da tarefa de trabalho em grupos de movimentos chamados *elementos*, cada um dos quais representa uma parte distinta do próprio trabalho.

A divisão deve seguir critérios lógicos e deve oferecer uma fácil identificação dos pontos de passagem ditos "pontos de ruptura" entre um elemento e o seguinte.

A esta altura se escolhem um ou mais operadores que serão observados e cronometrados: é aconselhável escolher operadores experientes e que trabalhem num ritmo próximo do padrão, a fim de obter uma amostra representativa da população dos trabalhadores.

b) Cronometragem. Considerando um processo de amostragem do tempo, é importante escolher uma dimensão da amostra suficiente para garantir que o padrão elaborado seja suficientemente exato.

Obviamente o modo de calcular este número pode mudar conforme a política da empresa: freqüentemente, de fato, se diferencia o número de cronometragens não apenas em relação aos parâmetros estatísticos acima destacados mas também e sobretudo com base na importância do elemento a ser cronometrado, isto é, do número de ciclos previstos pelo plano de produção.

É evidente que, à paridade de parâmetros estatísticos, é justificável uma utilização de recursos na atividade de cronometragem somente para uma operação que se repete com altas freqüências (por exemplo numa produção em massa); se, no entanto, a operação se realiza mais raramente, poucas cronometragens são consideradas suficientes.

Estas considerações não têm uma formalização analítica: são confiadas, de fato, à experiência e à prática da empresa.

Terminados os ciclos de cronometragem, procede-se ao cálculo do chamado *tempo observado* (*TO*), que é a média aritmética de todos os tempos levantados.

c) A avaliação do rendimento. A esta altura procede-se à fase mais delicada da operação de cronometragem inteira, isto é a avaliação por parte do analista da tarefa observada, e, portanto, uma implícita avaliação do próprio operador.

A avaliação consiste na comparação mental, feita pelo analista, entre a tarefa do operador que ele observa e a tarefa padrão relativa ao método utilizado.

Dois são os pontos críticos da atividade de avaliação: o primeiro consiste na definição da tarefa padrão, ou seja, na definição da escala de comparação; o segundo é o critério com que se coloca uma tarefa na escala definida.

Fixar os critérios que caracterizam a tarefa padrão é relativamente fácil: *Salvendy* (2002) a define como "o ritmo produtivo que um operador qualificado mantém naturalmente sem excessiva fadiga durante um dia ou turno de trabalho, com a condição de que ele conheça o método, o aplique e seja motivado na execução do próprio trabalho".

Ao ritmo padrão de trabalho é atribuído um valor que pode ser diferente para diferentes sistemas de avaliação, os mais freqüentes valores são: 75; 100; 133.

Referindo-se a uma escala em que o valor de rendimento normal seja 100, o analista exprime o próprio critério de *rating* (R) colocando a tarefa observada acima ou abaixo da média: por exemplo atribuindo respectivamente uma pontuação de 120 ou 90.

O *rating* deve ser atribuído em relação a uma série de fatores que podem estar ou não sob o controle do operador.

Por meio do *rating*, encontra-se o *tempo normal* TN (ou normalizado) da operação: desta forma se relaciona o tempo observado com o tempo que um operador médio teria levado para executar a mesma operação.

É inútil sublinhar os problemas ligados a uma avaliação subjetiva como aquela que o analista é obrigado a fazer: neste caso o cálculo dos padrões de tarefa é uma matéria fortemente influenciada pelas escolhas do analista e por isso muitas vezes provoca conflitos e contrastes entre as partes interessadas, contrastes que dificilmente podem ser solucionados com base em realidades concretas e processos reconhecidos universalmente.

Os limites mais importantes não são, portanto, relacionados com a inevitável variabilidade do juízo humano, mas sim com a impossibilidade de implementar processos fixos e invariados no tempo e de oferecer uma referência universal aos padrões elaborados, que permanecem ligados ao analista que os estabeleceu.

d) A atribuição das majorações. Uma vez determinado o tempo normalizado, o último passo antes de alcançar o tempo padrão, isto é aquele que efetivamente é atribuído ao trabalho observado, é a atribuição das majorações.

Estes fatores, atribuídos com percentuais, podem variar de empresa para empresa e incluem vários ítens, como imprevistos, abastecimentos, fatores fisiológicos, fatores descanso, etc.; as várias percentuais, transformadas em tempo, se somam ao TN, de forma que um trabalhador qualificado possa respeitar os tempos de trabalho. Neste ponto o cálculo dos Tempos Padrão pode-se dizer completado.

5.3.2. A Amostragem Estatística

Entre as diversas técnicas de medição do trabalho, a técnica da "amostragem" é uma das mais simples, por isso pode ser proficuamente aplicada com dispêndio limitado de tempo: esta técnica consiste num processo para calcular a relação entre o tempo de presença total e o tempo de trabalho produtivo, por meio de amostragens casuais.

O estudo por amostragem normalmente se estende por um período de tempo bastante longo, mesmo de várias semanas, para que se possa efetuar um bom número de observações.

A percentual de tempo em que um processo está numa determinada condição se obtém simplesmente por meio da relação aritmética entre os casos em que a amostragem o encontrou na mesma condição e o número total de observações.

Considere-se o exemplo em que, em 100 observações sobre o estado de uma máquina, 25 vezes a mesma seja encontrada inutilizada: neste caso se poderá dizer que o coeficiente de utilização da máquina é de 75%.

A amostragem tem três aplicações principais:

- Determinação dos tempos de trabalho e de não utilização de máquinas e pessoal.
- Determinação do nível de desempenho de um operador ocupado numa atividade manual.
- Medição do trabalho, ou seja, elaboração dos padrões de tempo para uma determinada tarefa de trabalho.

5.3.3. Os sistemas com tempos predeterminados (PTS – Predetermined Time System)

Um sistema com tempos predeterminados (indicado com o acrônimo inglês PTS Predetermined Time System) consiste num conjunto de tempos e num processo sistemático que analisa e divide cada possível operação humana em movimentos dos membros ou do corpo ou em outras ações humanas, para atribuir a cada uma destas um apropriado valor em termos de tempo.

Uma parte importante deste processo é a definição, para cada PTS, do ritmo padrão de tarefa sobre o qual são calibrados os tempos predeterminados: este assunto de debate é relativo à origem e à definição dos tempos-padrão que formam o PTS, de maneira totalmente análoga ao que acontece no Estudo do Tempo de Trabalho, quando o analista está avaliando o nível de tarefa do trabalho observado com o objetivo de determinar o tempo padrão.

A vantagem principal que deriva do uso de um PTS é que o problema da avaliação subjetiva se apresenta e se esgota completamente na fase de preparação do sistema: o PTS consiste, de fato, num processo sistemático que exclui a necessidade de avaliações subjetivas por parte de quem é responsável pelo levantamento dos tempos de trabalho.

Não pode passar despercebida a grande proximidade que existe entre o surgimento do PTS e a doutrina de *Gilbreth*: foi, de fato, sua a idéia original de buscar no movimento humano os movimentos elementares que compõem todos os outros mais complexos.

O trabalho de *Gilbreth* se limitou porém à consideração de que o método melhor e, também, aquele que requer um tempo menor, é composto pelos micro-movimentos mais simples: a contribuição adicional dos PTS foi a de determinar uma relação unívoca entre um determinado micro-movimento e o tempo padrão a este associado.

Pode-se dizer que as doutrinas de *Gilbreth* e *Taylor* estejam direcionadas para uma elaboração original que une inseparavelmente as duas dimensões fundamentais do estudo do trabalho: o método e o tempo a este associado.

Os PTS se apresentam como tabelas que listam os movimentos-base escolhidos para um determinado sistema e que, em relação aos fatores que podem influir sobre o próprio movimento, oferecem o tempo padrão associado ao caso particular do movimento analisado.

Foram desenvolvidos muitos tipos de PTS conforme a finalidade para a qual surgiram e conforme a precisão exigida por parte de quem os aplica.

Obviamente um fator ligado de forma direta à precisão é o tempo necessário para preparar a análise de uma tarefa de trabalho: quanto mais detalhado e preciso é um sistema, maior será o tempo necessário para levar a termo a análise de uma mesma tarefa de trabalho.

O desenvolvimento dos PTS remonta aos anos 30, quando três destes já tinham sido experimentados e utilizados no campo industrial: MTA (Motion-Time Analysis), Work-Factor e MTS (Motion-Time System). Na Tab. 5.7 pode-se observar a cronologia do desenvolvimento dos principais PTS:

Tab. 5.7 – Cronologia desenvolvimento das famílias de sistemas MTM *e* WF

PERÍODO	SISTEMAS
1929-1930	MTA
1930-1940	Início do desenvolvimento do Work Factor Início do desenvolvimento do MTM
1940-1950	Publicação procedimento básico WF Publicação procedimento básico MTM
1950-1960	Publicação procedimento rápido WF
1960-1970	Publicação MTM-2 Publicação MTM-3 Desenvolvimento MTM-V
1970-1980	Publicação MTM para atividades oficiais Publicação MTM-MEK Publicação MTM-UAS

Os anos que viram uma aceleração da relativa pesquisa e utilização foram aqueles da II Guerra Mundial e os imediatamente sucessivos, ocasião em que o esforço produtivo bélico obrigou as empresas a perseguir com determinação o objetivo de melhorar a eficiência produtiva.

Neste mesmo período foi concluída também a primeira versão do sistema MTM (Method-Time Measurement), que irá se tornar um dos PTS mais usados em nível internacional.

Os sistemas com tempos predeterminados podem ser descritos de várias formas, mas a mais eficaz e difundida se refere à estrutura dos seus elementos-padrão.

O nível de agregação de um PTS é substancialmente o nível de detalhamento com o qual são definidos os seus elementos-base.

O Method-Time Measurement (MTM) é um processo que analisa e decompõe qualquer operação manual ou método nos movimentos elementares necessários para executar a própria operação e atribuir a cada movimento um tempo padrão predeterminado que é estabelecido com base na natureza do movimento e nas condições sob as quais é realizado.

Na Tab. 5.8 são mostrados esquematicamente os sistemas que compõem a família MTM.

As questões fundamentais a serem colocadas caso seja necessário escolher um PTS são relativas à precisão exigida da análise e ao custo da análise que se pretende fazer. Usando o sistema MTM-1 o tempo necessário à análise corresponde aproximadamente a 250 vezes a duração do ciclo analisado, enquanto MTM-2 e MTM-3 são menos onerosos, fixando-se em valores respectivamente de 100 e 25 vezes o tempo ciclo.

No presente trabalho escolheu-se aprofundar, entre os sistemas MTM disponíveis, MTM-1 e MTM-UAS, procurando ressaltar analogias e diferenças.

Além destes sistemas estão presentes alguns sistemas que derivam também do MTM e que no presente estudo se considera útil mencionar sumariamente:

- O sistema 4 M : é um sistema de segundo nível de agregação, usado e desenvolvido pela Associação MTM USA para aplicações ligadas ao tratamento dos dados simultaneamente aos *softwares* de análise do trabalho.
- MTM-HC (Health Care): um sistema utilizado para atividades de caráter médico e hospitalar.
- MTM-C (Clerical): um sistema utilizado para atividades de trabalho e de secretaria.
- MTM-M (Microscope): o único sistema capaz de medir atividades realizadas com o emprego do microscópio.

A unidade de medida dos tempos-padrão é única para toda a família MTM e deriva do modo com o qual originariamente os tempos eram levantados, isto é contando os fotogramas das películas da filmadora.

Maynard, Stegemarten e *Schwab* optaram por uma unidade de medida arbitrária, como aliás o são todas as unidades de medidas, que tivesse o mérito de ser facilmente convertida em outras unidades de medida do tempo cronométrico: atribuíram assim ao Time Measurement Unit (TMU) um valor de 1/100000 de hora, portanto 1 TMU = 0.00001 horas.

A unidade de medida dos tempos que aparecem nas tabelas é extremamente curta, e isso permite atribuir valores inteiros a muitos movimentos elementares que exigem tempos limitados.

Como já dito, estes tempos representam o *número de TMU necessário a um operador médio que trabalhe com habilidade e esforço médios, para executar um determinado movimento elementar em condições normais*: estes tempos não incluem nenhum tipo de fator ou coeficiente como, por exemplo, os fatores de fadiga, de atraso ou os fatores de necessidade fisiológica (majorações).

Os analistas de Tempos e Métodos sabem bem como é difícil definir corretamente um padrão: o sistema MTM, assim como os outros PTS, superou o problema de forma análoga ao que foi feito com todas as outras unidades de medida: definiu, de uma vez por todas, a unidade de comparação.

Hoje ninguém discute o comprimento do metro linear, assim come não se discute se realmente o tempo necessário para alcançar um objeto isolado a 20 cm de distância seja realmente 10.5 TMU (MTM-1).

5.3.4. O MTM-1 e o MTM-UAS

O MTM-1 se baseia numa análise muito detalhada dos movimentos em que a unidade de estudo é o *Movimento Elementar* que é tal porque não pode ser ulteriormente decomposto.

Os *Movimentos Elementares* (Elementary Motions) do MTM-1 referidos aos membros superiores são:

- Alcançar (*Reach*)
- Pegar (*Grasp*)
- Mover (*Move*)
- Girar (*Turn*)
- Posicionar (*Position*)
- Aplicar Pressão (*Apply Pressure*)
- Soltar (*Release*)
- Desprender (*Disengage*)

Tab. 5.8 – Sistemas da família MTM

SISTEMA	DESCRIÇÃO	SETOR DE TRABALHO TÍPICO
MTM-1	É um sistema MTM preciso e detalhado. O sistema permite uma ótima descrição do método de trabalho. O cálculo do tempo com MTM-1 é útil somente para um posto de trabalho bem organizado. Velocidade de uso: 300 min por minuto de trabalho analisado.	• Racionalização dos métodos de trabalho. • Configuração do produto (análise do valor). • Cálculo do Tempo de fabricação para produções de massa. • Ensino-base MTM.
MTM-2	Sistema concentrado, baseado no MTM-1. A concentração de dados é feita em base estatística, é uma análise a duas mãos, que em tempos-ciclo de 1 min oferece um grau de aproximação de ± 5% em relação ao MTM-1. Velocidade de uso: 150 min por minuto de trabalho analisado.	• Racionalização dos métodos de trabalho. • Cálculo do Tempo de fabricação para produções em série.
MTM-3	Sistema concentrado, baseado no MTM-1. A concentração de dados é feita em base estatística, é uma análise a duas mãos, que em tempos-ciclo de 6 min oferece um grau de aproximação de ± 5% em relação ao MTM-1. Velocidade de uso: 50 min por minuto de trabalho analisado.	• Cálculo do Tempo de fabricação para produções em pequena série.
MTM-V	Sistema concentrado, baseado no MTM-1. A concentração de dados é feita em base estatística. Sistema específico para a utilização de máquinas-ferramenta, com o auxílio de modelos decisionais para ajuda nas análises. Em tempos-ciclo de 35 min oferece um grau de aproximação de ± 5% em relação ao MTM-1. Velocidade de uso: 50 min por minuto de trabalho analisado.	• Cálculo do Tempo para a fabricação de peças individuais e em pequena série em setores de utilização de máquinas-ferramenta. • Cálculo do tempo de reequipamento de uma máquina.
MTM-MEK	Um dos mais recentes desenvolvimentos de dados. A concentração de dados MTM-1 é feita em base estatística. Alta velocidade de aplicação: 20 min por minuto de trabalho analisado.	• Cálculo do Tempo para a fabricação de peças individuais e em pequena série. • Sistema particularmente indicado para a preparação de documentação para o cálculo dos tempos.
MTM-UAS	O mais recente desenvolvimento de dados baseado no MTM-1. Concentração de dados em base estatística, com precisão relativamente alta; adequado para o estudo de operações com uma variabilidade do método médio-alta. Velocidade de emprego: 50 min por minuto de trabalho analisado.	• Cálculo dos dados para a fabricação em série. • Sistema particularmente indicado para a preparação de documentação para o cálculo dos tempos. • Planejamento da produção.

O MTM-1 descreve também os movimentos do corpo, das pernas, do pé e as funções da visão, que não envolvem os membros superiores.

O processo MTM-1 exige do analista a atribuição de tempos mais altos para movimentos que requerem distâncias elevadas ou maior força ou dificuldade de preensão, reagarramentos do objeto, reajustamentos da preensão ou aplicação de pressão/esforço. Estas considerações são já, por si sós, sinais da necessidade de melhorias do método de trabalho que o analista hábil prevê em fase de elaboração do projeto.

O UAS (Universal Analisys System, ou seja Sistema Universal de Análise) é um sistema MTM que utiliza *agregamentos de movimentos elementares* predeterminados para descrever *seqüências de operações elementares*. Os tempos atribuídos às agregações são resultados de estudos estatísticos de casos de movimentos elementares MTM-1.

MTM-UAS foi desenvolvido para a descrição das seqüências de trabalho e para a definição dos tempos preventivos na fabricação em série.

As seqüências de movimentos UAS que envolvem os membros superiores são em resumo:

- Pegar e Colocar
- Colocar
- Manusear Meios Auxiliares
- Acionar
- Ciclos de Movimentos

Também neste caso, além dos movimentos dos membros superiores, o sistema descreve movimentos do corpo e ações visuais.

5.4. Relações entre o MTM e o método OCRA

Como foi destacado, a finalidade da análise MTM é identificar *o método e os relativos movimentos elementares* para determinar o *tempo* necessário para executar uma operação. Isto é fundamentalmente diverso da análise OCRA (ver capítulos seguintes), que tem como objetivo identificar o *número* e a *duração* de *ações técnicas* para analisar a freqüência na unidade de tempo.

De fato, o material utilizado durante a fase de análise MTM (isto é filmes, descrições, croquis, a divisão em movimentos elementares e a atribuição de tempos) torna-se uma fonte preciosa também para uma análise ergonômica: a simplificação dos movimentos muito complexos e a redução dos movimentos inúteis são, de fato, objetivos adequados para se obter uma melhoria, seja da produtividade, seja da ergonomia.

A definição de *ação técnica* (típica do método OCRA) é semelhante, mas não idêntica aos *movimentos elementares* MTM-1 e às *seqüências* ou *agregamentos de movimentos* do UAS. Uma ação técnica é definida como uma ação executada pelos membros superiores, que comporta uma atividade mecânica complexa.

Isto significa que uma ação técnica compreende um certo número de movimentos individuais de músculos, tendões, ligamentos, etc.

Em geral o método OCRA se ocupa apenas das ações que envolvem os membros superiores, deixando de lado as ações visuais ou as ações que envolvem outras partes do corpo (por exemplo os membros inferiores). Tendo que estimar a sobrecarga biomecânica dos membros superiores e, em particular, a freqüência da ação, a principal modalidade de estudo das ações técnicas é a de identificar quantas ações técnicas dos membros superiores são realizadas na unidade de tempo.

Nos capítulos seguintes serão examinadas, em detalhe, divergências e analogias entre MTM e OCRA para permitir ao técnico analista uma correta avaliação do risco, partindo dos seus conhecimentos de análise do trabalho.

Ao final do capítulo, na Tab. 5.9, é fornecida uma série de definições recorrentes e úteis para o desenvolvimento da análise organizacional.

Tab. 5.9 – Algumas terminologias recorrentes na análise organizacional

Unidade de medição do tempo
TMU (Time Measurement Unit) é a unidade de medição do sistema MTM:
1 TMU = 0,036 s = 0,060 cts é a sexagésima parte do minuto:
1 s = 27,8 TMU = 1,67 cts
cts (centésimos) é a centésima parte do minuto:
1 cts = 16,7 TMU = 0,60 s

Movimento elementar (MTM)
A parte menor e não ulteriormente decomponível de uma operação manual; a cada movimento elementar corresponde um tempo predeterminado que é estabelecido em base à natureza do movimento e às condições com que é executado. É usado somente no método MTM.

Operação ou fase de trabalho
Conjunto de movimentos elementares necessários para realizar uma transformação no produto: descrevem e medem uma atividade de trabalho.

Ciclo de trabalho
Conjunto de operações ou fases de trabalho necessárias para completar um subconjunto que será passado para a tarefa seguinte, é utilizado para os postos não vinculados à linha de montagem; compreende os vários fatores/coeficientes/majorações que contratualmente cabe ao posto de trabalho.
Ciclo de montagem
Conjunto de operações ou fases de trabalho necessárias para realizar uma transformação no produto e permitir ao mesmo de ser trabalhado no posto sucessivo, é utilizado para os postos vinculados à linha de montagem; compreende os vários fatores/coeficientes/majorações que contratualmente cabem ao posto de trabalho.

Posto de trabalho individual
Em geral é constituído por uma mesa de trabalho ou por uma forma sobre a qual é preparado um subconjunto pronto para ser trabalhado no posto sucessivo; não está ligado aos postos precedentes/sucessivos devido aos pulmões (*buffer* com peças semitrabalhadas) colocados antes e depois. Trabalha, geralmente, um só operador; por definição não tem insaturação.
Posto na linha de trabalho
É assim definido um posto de trabalho numa linha de montagem onde se efetua uma transformação do produto com um vínculo de cadência com as operações anteriores e/ou seguintes; os buffer de peças entre os postos é inexistente ou pequeno. Por definição tem insaturação.

Cadência
Tempo máximo para realizar um ciclo de trabalho ou de montagem; se obtém dividindo um intervalo de tempo pelas peças previstas no próprio intervalo (a unidade de medida é estabelecida pelo analista).
Cadência da linha
É o tempo que transcorre, em relação a um posto de trabalho, entre uma peça e a seguinte.

Linha de montagem
Linhas de produção constituídas por postos em série (eventualmente também paralelos) onde, para cada posto, é repetida em cada peça a mesma operação.
Passo da linha
Espaço ocupado pela peça + interespaço entre as próprias peças. Aplicado em linhas de transferência contínua para calcular a cadência da linha, enquanto o tempo ciclo do posto depende da velocidade da linha e do passo da linha.
Velocidade da linha
Tempo empregado pelo produto para percorrer uma distância na unidade de tempo predeterminado pelo analista (em geral se mede em m/s). Aplicado em linhas de transferência contínua para calcular a cadência da linha.

Rendimento do operador
É um número adimensional que indica a habilidade de um operário em executar uma tarefa repetitiva; leva em conta a velocidade de execução, a eficácia na execução e o esforço da pessoa.
È um juízo subjetivo do analista e é aplicado somente nos tempos de trabalho levantados com cronômetro (*stopwatch*) para normalizá-los. Não é um parâmetro do método MTM.
Velocidade de trabalho normal
Velocidade de trabalho de um operário treinado para executar um determinado trabalho em condições normais, que pode ser mantida por um inteiro turno de trabalho; é utilizada para os levantamentos com cronômetro, e é já considerado como base para os tempos atribuídos no MTM.

Saturação e insaturação
É usada para os postos de linha. A saturação de um posto de trabalho e, por conseguinte, da pessoa que trabalha, se define como a *quantidade de trabalho (o tempo ciclo) prevista em relação à cadência da linha*, é expressa em %; a insaturação é o complemento ao 100%..

MF máquina parada: conjunto de atividades executadas pelo homem sem o auxílio do meio mecânico funcionando em modo automático.
TM, PT tempo máquina ou *process time*
Conjunto das atividades executadas pela máquina ou pelo equipamento em modo automático e independente das atividades do homem.
TA tempo ativo
É o tempo trabalhado pelo operador no ciclo de trabalho, corresponde com a TA dos MF e a TA dos ML.
TP tempo passivo
É o tempo não trabalhado pelo operador no ciclo de trabalho, corresponde à diferença entre o TC e o TA.
TC tempo ciclo
É a Σ da operações manuais e dos tempos máquina que determinam o tempo mínimo necessário para a transformação do produto.
Produção horária (peças/h)
É o número de peças que podem ser produzidas em 1 hora de trabalho; é obtido dividindo-se a quantidade dos TMU, segundos, ou cts contidos em 1 hora com os relativos de 1 TCT.

Produtividade
É a relação entre o custo de *budget* do produto e o custo do mesmo após as modificações para a redução do valor de mão-de-obra e dos materiais necessários.
Eficiência
É o índice de utilização da mão-de-obra direta em relação ao *budget*.

6. *O quadro geral para a análise da exposição a movimentos repetitivos: definições e análise organizacional*

6.1. O modelo geral de análise da exposição e as relativas definições

Levando-se em consideração as orientações da literatura mais qualificada sobre o assunto, é possível afirmar que, para a descrição e a avaliação do trabalho que comporta uma potencial sobrecarga biomecânica por movimentos e/ou esforços repetidos dos membros superiores, devem-se identificar e quantificar os seguintes principais fatores de risco que, considerados em seu conjunto, caracterizam a exposição ocupacional em relação à respectiva *duração dentro do tempo real de trabalho repetitivo*:

– freqüência de ação elevada;

– uso excessivo de força;

– posturas e movimentos dos membros superiores inadequados e/ou estereotipados;

– carência de períodos de recuperação adequados.

A estes devem ser acrescentados alguns fatores "complementares" que, sempre em relação à relativa duração, podem ser considerados como amplificadores do risco.

O estudo do trabalho com movimentos repetitivos dos membros superiores, entrando no mérito dos aspectos inerentes a cada gesto, deverá por um lado ser muito detalhado e por outro capaz de resumir, numa visão de conjunto do inteiro trabalho, os dados que derivam da análise do detalhe.

Para este estudo valem as notas de definição indicadas na Tab. 6.1: elas dizem respeito tanto às variáveis para a análise do trabalho organizado, quanto aos principais fatores de risco considerados.

Por outro lado, o percurso de análise aqui proposto deverá articular-se nos seguintes pontos gerais:

– identificação das tarefas que caracterizam um trabalho e, entre elas, daquelas que são executadas (em tempos significativos) de acordo com *ciclos repetidos* iguais a si mesmos ou *gestos repetidos iguais a si mesmos por mais da metade do tempo*: as *tarefas repetitivas;*

– identificação, em um ou mais *ciclos* representativos ou em *períodos representativos* de cada tarefa repetitiva, da seqüência e do número das *ações técnicas;*

– descrição e quantificação, em cada ciclo ou período representativo, dos fatores de risco: *freqüência, força, posturas inadequadas, estereotipia e fatores complementares;*

– recomposição dos dados referentes aos ciclos, em relação às tarefas e ao turno de trabalho, considerando a duração das diferentes tarefas e dos períodos de recuperação;

– avaliação sintética e integrada dos fatores de risco para o inteiro turno de trabalho.

Tab. 6.1 – Significado das principais definições de termos recorrentes na avaliação da exposição

DEFINIÇÕES ORGANIZACIONAIS
TRABALHO ORGANIZADO OU FUNÇÃO: o conjunto organizado de atividades ocupacionais, executadas num turno ou período de trabalho; pode ser composto por uma ou mais tarefas de trabalho, denominado, ainda de forma não apropriada, "função".
TAREFA DE TRABALHO: atividade ocupacional específica cuja finalidade é obter um resultado específico (ex. costura de uma parte de uma peça de roupa, carregamento e descarregamento de um *pallet*, etc.). Dividem-se em: **TAREFAS REPETITIVAS:** caracterizadas por ciclos (independentemente de sua duração) com ações dos membros superiores ou da repetição do mesmo gesto de trabalho por boa parte do tempo (mais da metade). **TAREFAS NÃO REPETITIVAS:** caracterizadas pela presença não cíclicas de ações dos membros superiores.
CICLO: seqüência de ações técnicas dos membros superiores que é repetida mais vezes sempre igual a si mesma.
TEMPO DE CICLO: tempo total atribuído para a execução da seqüência das ações técnicas que caracterizam o CICLO: compreende tempos ativos e tempos passivos e todos os outros parâmetros eventualmente utilizados para determinar a CADÊNCIA.
AÇÃO TÉCNICA: ação que comporta atividades dos membros superiores; não deve ser identificada como cada movimento articular mas com o conjunto de movimentos de um ou mais segmentos corporais que permitem a execução de cada operação de trabalho.
FATORES DE RISCO PRINCIPAIS
FREQÜÊNCIA: número de ações técnicas por unidade de tempo (n. ações por minuto).
FORÇA: esforço físico exigido do trabalhador para a execução das ações técnicas.
POSTURA: o conjunto das posturas e dos movimentos utilizados por parte de cada articulação principal dos membros superiores para executar a seqüência de ações técnicas que caracterizam um ciclo. O fator de risco é determinado pela presença de posturas e movimentos inadequados por um tempo significativo.
ESTEREOTIPIA: é determinada pela repetição do mesmo gesto ou grupos de gestos de trabalho por boa parte do tempo
CARÊNCIA DE PERÍODOS DE RECUPERAÇÃO: o período de recuperação é um período de tempo, dentro de um turno de trabalho, com inatividade substancial dos membros superiores (na prática os membros não executam ações técnicas). O fator de risco é a falta ou a insuficiência da duração e distribuição dos períodos de recuperação.
FATORES COMPLEMENTARES: são fatores que não estão necessariamente sempre presentes nas tarefas repetitivas. A sua tipologia, intensidade e duração determina um incremento do nível de exposição total.

6.2. A análise do trabalho organizado

A primeira fase de análise do trabalho organizado, que tem por objetivo o estudo dos riscos devidos a sobrecarga biomecânica dos membros superiores aos quais está exposto um determinado trabalhador, comporta a identificação, no turno de trabalho, de:

– horário de trabalho;

– tarefas de trabalho executadas no turno (uma ou mais);

– presença de pausas programadas ou de outras interrupções da atividade;

– presença de tempos significativos de espera ou tempos passivos dentro do ciclo.

6.2.1. O horário de trabalho

A descrição do dia de trabalho inclui a identificação da distribuição horária dos turnos: o turno único (um só turno diário, em geral de 8 horas (480 minutos) com pausa central para refeição, não incluída no horário de trabalho) ou mais de um turno (2, 3 ou também 4).

É útil, para uma posterior análise detalhada dos tempos de exposição ao trabalho repetitivo, destacar não apenas o horário oficial de início e término do turno, mas também o horário efetivo: pode acontecer, de fato, que a linha comece efetivamente a funcionar 5-10 minutos depois da marcação do cartão de ponto ou, com mais freqüência, que o trabalhador termine o trabalho muitos minutos antes do horário de encerramento (na Planilha 6.1 é possível anotar estes dados).

6.2.2. *As tarefas de trabalho*

O estudo da exposição ocupacional a sobrecarga biomecânica dos membros superiores de um trabalhador, ou de um grupo homogêneo de operadores, necessita prioritariamente da identificação da presença de *tarefas repetitivas*, isto é, de tarefas caracterizadas por:

– *ciclos* com presença de ações técnicas por parte dos membros superiores;

– tarefas que comportam a repetição da mesma postura de trabalho por mais da metade do tempo.

Ressalta-se que com esta definição de trabalho repetitivo não se quer enfatizar que estes trabalhos comportem intrinsecamente um risco: esta definição serve para distinguir as tarefas que merecem uma análise, de outras, não repetitivas, que entram neste estudo somente para fins de cálculo dos tempos reais de trabalho das tarefas repetitivas.

Durante o turno de trabalho o trabalhador pode executar uma ou mais tarefas repetitivas: estas devem ser individualmente identificadas e descritas em termos de *duração real (em minutos) no turno.*

Da mesma forma devem ser identificadas as tarefas *de trabalho não repetitivas* (ou sem ciclos ou que não comportam a repetição das mesmas posturas de trabalho por mais da metade do tempo) e devem ser descritos os relativos minutos de duração no turno. Estas tarefas podem ser, por exemplo, representadas por tarefas ocasionais de abastecimento, preparação, limpeza, transporte. Tais tarefas não são consideradas repetitivas e não devem ser contabilizadas nem como pausas nem como tempos de recuperação.

Existem também algumas tarefas de trabalho (ex.: *controle visual*) que não comportam ações dos membros superiores. Estas tarefas (se forem de duração significativa: ver Cap. 11) podem ser consideradas como *períodos de recuperação para os membros superiores* que devem ser cuidadosamente quantificados por freqüência e duração.

6.2.3. *Presença de pausas e interrupção da atividade*

No que diz respeito à presença, durante o turno, das pausas "contratuais" (refeição e pausas fisiológicas) e/ou de outras interrupções de atividade, é importante estudar não apenas a sua duração total, mas também a duração efetiva de cada interrupção e a distribuição no turno.

Caso exista uma distribuição não programada das pausas e/ou das interrupções de atividade é importante referir pelo menos as características comportamentais médias dos trabalhadores durante o turno: estes dados importantes podem ser obtidos por observação direta ou por entrevista de uma amostragem significativa de trabalhadores.

O fator fisiológico e/ou fator repouso ou todos os outros elementos introduzidos no tempo de ciclo devem ser destacados, mas podem ser considerados tempos de recuperação somente quando se trata de pausas e/ou interrupções de atividades recorrentes que durem pelo menos oito/dez minutos consecutivos.

Em resumo, no esquema descritivo da distribuição das pausas e das outras interrupções de atividade proposto na Planilha 6.1 devem ser evidenciadas, portanto, não apenas as pausas oficiais, mas também, por freqüência e duração, todas as interrupções significativas de atividade que os trabalhadores desfrutam mediamente no turno.

6.2.4. *Presença de tempos de espera ou tempos passivos*

Os tempos de espera de uma máquina (ou tempos passivos) em geral não devem ser contabilizados, mas incluídos no *tempo de ciclo* (conforme definido no método OCRA) ou *cadência* (conforme definido pelos técnicos de empresas), a menos que cada tempo passivo se reapresente ciclicamente e dure pelo menos dez segundos consecutivos dentro de cada minuto de trabalho repetitivo (relação mínima 5:1 entre tempo de trabalho e tempo de recuperação). Neste caso este período justifica a necessidade de tempos de recuperação dentro do turno (ver mais adiante no capítulo específico dedicado ao tratamento dos tempos de recuperação: Cap. 11). É preciso, finalmente, somar o inteiro montante destes tempos de recuperação assim calculados e colocá-los na casa específica na Planilha 6.2: estes minutos deverão ser também subtraídos da duração total do turno para se obter os tempos reais de trabalho repetitivo.

6.2.5. *As planilhas para a análise organizacional e o cálculo do tempo real do ciclo*

A análise organizacional aqui sugerida pode ser feita utilizando as Planilhas 6.1, 6.2 e 6.3 anexas ao presente capítulo.

Na Planilha 6.1 estão descritas: a duração do(s) turno(s) de trabalho, a distribuição no(s) turno(s) das pausas e/ou interrupções de atividades programadas, a presença e duração da pausa para refeição, a distribuição media/subjetiva de eventuais outras pausas e/ou as interrupções de atividade.

Na Planilha 6.2 devem ser identificados e cronometrados os diversos tipos de tarefas (repetitivas, não repetitivas e de recuperação). Esta planilha tem por objetivo principal identificar os *tempos reais de trabalho repetitivo* dentro de um turno de trabalho e identificar a distribuição e a duração dos tempos de recuperação devidos às pausas oficiais ou a outras interrupções de atividade ou tarefas consideradas como recuperação (controle visual, tempos passivos significativos por duração e freqüência).

A pausa para refeição, quando houver um turno único, em geral não é contabilizada no tempo de trabalho, mas, também neste caso, deve ser descrita pela presença e duração real. Em resumo o tempo real de trabalho repetitivo é obtido por meio do seguinte cálculo:

Duração do turno (duração efetiva)

– Duração de tarefas não repetitivas (limpeza, abastecimentos, etc., não cíclicos)

– Duração das pausas e de outras interrupções de atividade, da duração de pelo menos 8/10 minutos e recorrentes no turno

– Minutos acumulados no início ou no fim do turno, aumento do tempo da pausa para refeição

– Duração total dos tempos passivos quando considerados como tempos de recuperação

– Tarefas com conteúdo prevalente de controle visual com as características dos tempos de recuperação

Tempo real de trabalho repetitivo

Para cada tarefa repetitiva, uma vez identificada a duração efetiva, é preciso definir quantas peças (ou conjunto de peças que caracterizam um ciclo) devem ser completadas num turno por um trabalhador.

Em geral na empresa é conhecido o número de peças (ou dos ciclos) por hora.

Para obter o *tempo real do ciclo* necessário para a análise com o método OCRA, é indispensável conhecer o número de peças (ou ciclos) que o trabalhador executa "efetivamente" no turno de trabalho.

A divisão do *tempo real de trabalho repetitivo* (calculado na Planilha 6.2) pelo *número de peças (ciclos) trabalhadas no turno*, permite obter o *tempo real do ciclo* expresso em segundos (Planilha 6.3): este dado é fundamental para o cálculo posterior da freqüência de ação:

$$\text{TEMPO REAL DO CICLO (seg.)} = \frac{\text{TEMPO REAL DE TRABALHO REPETITIVO}}{\text{N. PEÇAS (O N. CICLOS)}}$$

Ressalta-se que o número de peças num turno é aquele realizado por cada trabalhador e não aquele realizado pela linha. De fato, caso durante o trabalho na linha o trabalhador seja substituído por um curinga, durante as pausas, o número de peças/turno a ser considerado é aquele realmente realizado pelo trabalhador, deduzindo delas aquelas realizadas pelo curinga.

É útil notar uma importante diferença de significado entre *tempo de ciclo*, assim como é normalmente definido na análise organizacional da empresa, termo que descreve somente a componente "ativa" dentro da cadência (Tab. 6.2) e o *tempo de ciclo* na análise com o método OCRA que equivale substancialmente à cadência: na análise com o método OCRA todas as referências para o cálculo das pontuações expositivas farão referência ao *tempo de ciclo conforme definido pelo próprio método OCRA*.

Tab. 6.2 – Definições de "tempo de ciclo" normalmente usadas na análise organizacional

Ciclo de trabalho
Conjunto de operações ou fases de trabalho necessárias para completar um subconjunto que será passado para a fase seguinte de trabalho, é utilizado nos postos não vinculados à linha de montagem; inclui os vários fatores/coeficientes/majorações que contratualmente cabem ao posto.
Ciclo de montagem
Conjunto de operações ou fases de trabalho necessárias para realizar uma transformação no produto e permitir ao mesmo ser trabalhado no posto seguinte, é utilizado para os postos vinculados à linha de montagem; inclui os vários fatores/coeficientes/majorações que contratualmente cabem ao posto.
Cadência
Tempo máximo para completar um ciclo de trabalho ou de montagem; é obtido dividindo um intervalo de tempo (por exemplo uma hora), medido em TMU, em centésimos de minuto (cts) ou em segundos para as peças previstas no próprio intervalo (a unidade de medida é estabelecida pelo analista).
Tempo de ciclo
Tempo ativo dentro da cadência.

Considerando agora o *tempo real* de ciclo, neste caso não se consideram os tempos teóricos à disposição do trabalhador para realizar o seu trabalho, mas os *tempos reais efetivos de trabalho repetitivo* e, conseqüentemente, os *tempos reais de ciclo.*

Um passo importante antes de tratar da análise da *freqüência de ação* (Cap. 7) é o de proceder à comparação entre a duração do *tempo real de ciclo* assim calculado e a duração do *tempo real de ciclo observado,* este último obtido observando e cronometrando um ou mais trabalhadores durante o seu trabalho normal.

A existência de uma significativa diferença (maior do que 5%) entre estes dois tempos de ciclo, deve levar o pesquisador a reconsiderar os conteúdos reais do turno em termos de duração das pausas, dos trabalhos não repetitivos etc., até reconstruir corretamente o comportamento do trabalhador no turno. Esta diferença (5%), por exemplo num turno de trabalho de 8 horas (480 minutos), se concretiza em período de cerca de 20 minutos: pode ser útil, investigando a utilização destes minutos, proceder à sua correta alocação, a fim de utiliza-los da melhor maneira, possivelmente como tempos efetivos de recuperação.

Quando a análise dos comportamentos do trabalhador no turno for conduzida corretamente, o tempo real de ciclo teórico e o observado devem, de fato, coincidir. É oportuno lembrar que a análise organizacional que se propõe aqui, visa exclusivamente à avaliação do risco por sobrecarga biomecânica: freqüentemente aumenta também na presença de comportamentos recorrentes dos trabalhadores, mas incorretos devido à carência de informação preventiva. Observa-se facilmente, de fato, a tendência a acelerar o ritmo de trabalho para terminar o quanto antes possível as peças e preparar-se logo para sair ou para aumentar o tempo das pausas, etc. Um dos objetivos da análise organizacional aqui proposta é destacar estes comportamentos para medir seu peso em termos de risco e corrigi-los se for necessário ou estendê-los se introduzirem melhorias.

Em presença de incentivos é preciso estimar o tempo real de ciclo em função do desempenho estimado (maior o número de peças por turno, menor o tempo de ciclo); em alguns casos pode resultar importante calcular o tempo de ciclo em *desempenho estimado* (positivo ou negativo) seja por grupo de trabalho seja, eventualmente, por trabalhador.

A Planilha 6.3 oferece um instrumento útil para registrar estes dados seja para o cálculo do tempo real de ciclo para cada tarefa repetitiva seja para a quantificação do tempo de ciclo em desempenho estimado para cada tarefa de trabalho repetitiva.

É oportuno expor agora alguns exemplos práticos de preenchimento das 3 Planilhas de análise apresentadas.

Planilha 6.1 – Horário de trabalho e distribuição das pausas

INFORMAÇÕES SOBRE A ORGANIZAÇÃO DO TRABALHO RELATIVA AO(S) TRABALHADOR(ES)

NOME(S) ________________ PERÍODO ________

OPERAÇÃO ________ MODELO ________________

Duração do(s) turno(s) de trabalho 1° turno de ____ a ____ minutos____

2° turno de ____ a ____ minutos____

3° turno de ____ a ____ minutos____

turno único de ____ a ____ minutos____

Duração efetiva do(s) turno(s) de trabalho 1° turno de ____ a ____ minutos____

2° turno de ____ a ____ minutos____

3° turno de ____ a ____ minutos____

turno único de ____ a ____ minutos____

É aplicada uma distribuição subjetiva das recuperações fisiológicas e/ou fatores repouso?

☐ SIM ☐ NÃO

Se houver uma distribuição subjetiva dos fatores fisiológicos e/ou fatores repouso e/ou das pausas referir uma média de comportamento em sua utilização.

____

____

Descrever a distribuição temporal das pausas mais representativas entre aquelas realmente adotadas pela maioria dos trabalhadores

	Duração	De	a	Duração	De	a	Duração	De	a	Duração	De	a
Pausa refeição												
1ª pausa												
2ª pausa												
3ª pausa												
4ª pausa												
5ª pausa												
6ª pausa												
	1° turno			**2° turno**			**3° turno**			**Turno único**		

Planilha 6.2 – Cálculo do tempo real de trabalho repetitivo e distribuição das pausas

LISTA DAS TAREFAS EXECUTADAS NO TURNO

Lista operações executadas no turno (☐ 1° ☐ 2° ☐ 3° ☐ Turno único)

Com ciclos	A ______ B ______ C ______ D ______	______ ______ ______ ______	______ Tempo real do de trabalho repetitivo
Sem ciclos	X abastecimento ______ Y preparação ______ Z limpeza ______ W transporte ______	______ ______ ______ ______	______ Tempo real de trabalho não repetitivo
Trabalho considerado como recuperação	Tarefas com prevalente conteúdo de controle visual Tempos de espera significativamente longos: tempos passivos da duração mínima de 10 seg. consecutivos em ciclos de 60 seg.	______ ______	______ Tempos de trabalho considerados como recuperação

das ______ às ______

1ª hora | 2ª hora | 3ª hora | 4ª hora | 5ª hora | 6ª hora | 7ª hora | 8ª hora | 9ª hora — 1° TURNO

das ______ às ______

1ª hora | 2ª hora | 3ª hora | 4ª hora | 5ª hora | 6ª hora | 7ª hora | 8ª hora | 9ª hora — 2° TURNO

das ______ às ______

1ª hora | 2ª hora | 3ª hora | 4ª hora | 5ª hora | 6ª hora | 7ª hora | 8ª hora | 9ª hora — 3° TURNO

das ______ às ______

1ª hora | 2ª hora | 3ª hora | 4ª hora | 5ª hora | 6ª hora | 7ª hora | 8ª hora | 9ª hora — TURNO diário único

______ Duração total efetiva das pausas

______ Duração efetiva do turno

Descrever a distribuição das diversas tarefas de trabalho ou não, das pausas e/ou interrupções de atividade, da própria pausa.

Planilha 6.3 – Cálculo do tempo real de ciclo

DESCRIÇÃO DA PRODUÇÃO E DOS TEMPOS DE CICLO REAL

NOME(S) ____________ OPERAÇÃO ____________ PERÍODO ____________

	Duração real da tarefa repetitiva (minutos) (A)	N. Peças pessoa/ turno (B)	Tempo de ciclo real (A / B) x 60
A			
B			
C			
D			

Presença de incentivos: ☐ SIM, de 100 a ______ ☐ NÃO

Desempenho médio: ☐ de cada trabalhador ______
☐ do grupo de trabalhadores ______

Tempos de ciclo reais levando em conta o nível de desempenho:

☐ de cada trabalhador ______
☐ do grupo de trabalhadores ______

	Duração (minutos) (A)	Desempenho estimado		N. peças/turno incrementadas ou decrementadas		Tempo ciclo em desempenho estimado (seg)	
		pessoal	do grupo	pessoal	do grupo	pessoal	do grupo
A							
B							
C							
D							

Data de preenchimento ____________ Assinatura ____________

6.3. Exemplos de aplicação

Exemplo 6.3.1

Nas planilhas 6.4, 6.5, e 6.6 está descrito o trabalho executado por um grupo de trabalhadores que se revezam em duas tarefas de trabalho: a tarefa A (soldagem peça) e a tarefa B (executar furação).

O trabalho é realizado em dois turnos de 480 minutos cada: está prevista uma interrupção, para a pausa refeição, de 30 minutos em cada turno (a pausa refeição não está incluída no horário de trabalho). O fator repouso utilizado é de 8%, igual a 38 minutos que são distribuídos em 3 pausas, 2 de 15 minutos (na primeira metade do turno) e uma de 8 (na segunda metade do turno), conforme detalhado na Planilha 6.4:

Duração do turno	480 min.
Duração dos trabalhos não repetitivos	120 min.
Duração das pausas	38 min.
DURAÇÃO LÍQUIDA DO TEMPO DEDICADO A TAREFAS REPETITIVAS	322 min.

A planilha 6.5 ajuda a calcular o tempo real de trabalho repetitivo: este tempo é, neste caso, de 322 minutos obtidos do horário de trabalho "bruto" do qual foram subtraídas as pausas (38 minutos) e as outras tarefas não repetitivas (abastecimento, preparação, limpeza = 120 minutos).

Uma vez estimado o tempo real de trabalho repetitivo total (de 322 minutos) é necessário levantar também o tempo real de trabalho repetitivo mediamente gasto para cada uma das 2 tarefas repetitivas: no exemplo, para a tarefa A são gastos 226 minutos e para a tarefa B 96 minutos.

Sendo conhecido o número de peças/turno para cada tarefa executada pelo trabalhador (tarefa A = 1500, tarefa B = 964), é calculado o *tempo real de ciclo* para cada uma das 2 tarefas (Planilha 6.6):

Tarefas repetitivas	Duração real da tarefa (min.)	N. peças turno	Fórmula de cálculo	Tempo real de ciclo (seg.)
Tarefa A	226	1500	226x60/1500	9
Tarefa B	96	964	96x60/964	6

Em caso de trabalhadores que apresentarem um desempenho melhor (por exemplo com desempenho 120 significa que produzem 20% de peças a mais) será avaliado o número de peças/turno aumentado (no caso, 1800 para a tarefa A e 1157 para a tarefa B); conseqüentemente o tempo de ciclo real em desempenho estimado se reduzirá para 7,5 seg. para A e 5 seg. para B:

Tarefas repetitivas	Duração real da tarefa (min.)	N. peças turno	Fórmula de cálculo	Tempo real de ciclo (seg.)
Tarefa A	226	1800	226x60/1800	7,5
Tarefa B	96	1157	96x60/1157	5

Planilha 6.4 – Descrição do horário de trabalho e da distribuição das pausas no exemplo 6.3.1

INFORMAÇÕES SOBRE A ORGANIZAÇÃO DO TRABALHO RELATIVA AO(S) TRABALHADOR(ES)

NOME(S) ______________________ PERÍODO ______________

OPERAÇÃO __________ MODELO ______________

Duração do(s) turno(s) de trabalho	**1° turno**	das	6,00	às	14,30	minutos	**480**
	2° turno	das	14,30	às	23,00	minutos	**480**
	3° turno	das		às		minutos	
	turno único	das		às		minutos	
Duração efetiva do(s) turno(s) de trabalho	1° turno	das	6,00	às	14,30	minutos	**480**
	2° turno	das	14,30	às	23,00	minutos	**480**
	3° turno	das		às		minutos	
	turno único	das		às		minutos	

É aplicada uma distribuição subjetiva das recuperações fisiológicas e/ou fatores repouso?

☐ SIM ☒ NÃO

Se houver uma distribuição subjetiva dos fatores fisiológicos e/ou fatores repouso e/ou das pausas referir uma média de comportamento em sua utilização.

Descrever a distribuição temporal das pausas mais representativas entre aquelas realmente adotadas pela maioria dos trabalhadores

	Duração	Das	às	Duração	Das	às	Duração	Das	às	Duração	Das	às
Pausa refeição	**30**	11,00	11,30	**30**	19,30	20,00						
1ª pausa	**15**	7,30	7,45	**15**	15,45	16,00						
2ª pausa	**15**	9,30	9,45	**15**	17,45	18,00						
3ª pausa	**8**	12,40	12,48	**8**	21,20	21,28						
4ª pausa												
5ª pausa												
6ª pausa												
	1° turno			**2° turno**			**3° turno**			Turno único		

Planilha 6.5 – Cálculo do tempo real de trabalho repetitivo no exemplo 6.3.1

LISTA DAS ATIVIDADES EXECUTADAS NO TURNO

Lista atividades executadas no turno (☐ 1° ☐ 2° ☐ 3° ☐ Turno único)

Em ciclos	A SOLDAGEM PEÇA	226		
	B EXECUÇÃO FURAÇÃO	96		
	C			Tempo real de
	D		**322**	trabalho repetitivo
Sem ciclos	X abastecimento (10%)	48		
	Y preparação (10%)	48		
	Z limpeza (5%)	24		Tempo real
	W transporte		**120**	de trabalho não repetitivo
Trabalho considerado como recuperação	Tarefas com prevalente conteúdo de controle visual	ausentes	não	Tempos de trabalho considerados como recuperação
	Tempos de espera significativamente longos: tempos passivos da duração mínima de 10 seg.consecutivos em ciclos de 60 seg.	ausentes		

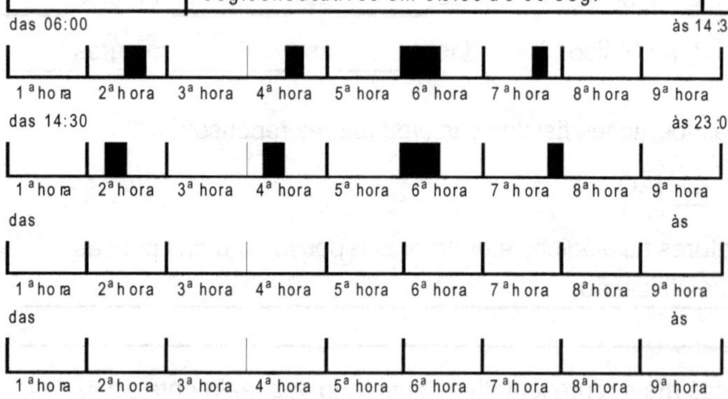

1° TURNO — **38** Duração total efetiva das pausas

2° TURNO

3° TURNO — **480** Duração efetiva do turno

TURNO diário único

Descrever a distribuição das diversas tarefas de trabalho repetitivas ou não, das pausas e/ou interrupções de atividade, da pausa para refeição.

Planilha 6.6 – Cálculo do tempo real de ciclo no exemplo 6.3.1

DESCRIÇÃO DA PRODUÇÃO E DOS TEMPOS DE CICLO LÍQUIDOS

NOME(S) ________________ OPERAÇÃO __________ PERÍODO __________

	Duração real da tarefa repetitiva (minutos) (A)	N. Peças pessoa/ turno (B)	Tempo de ciclo real (A / B) x 60
A	226	1500	9
B	96	964	6
C			
D			

Presença de incentivos: [X] SIM, de 100 a ________ [ ] NÃO

Desempenho médio: [X] de cada trabalhador 120
[ ] do grupo de trabalhadores ________

Tempos de ciclo reais levando em conta o nível de desempenho:

[X] de cada trabalhador ________
[ ] do grupo de trabalhadores ________

	Duração(minutos) (A)	Desempenho estimado		N. peças/turno incrementadas ou decrementadas		Tempo ciclo em desempenho estimado (seg)	
		pessoal	do grupo	pessoal	do grupo	pessoal	do grupo
A	226	120		1800		7,5	
B	96	120		1157		5	
C							
D							

Data de preenchimento ________________ Assinatura ________________

Exemplo 6.3.2

Em algumas situações ocupacionais são executadas também 10 ou mais tarefas em revezamento para cada trabalhador, cuja sucessão não é o ciclo diário, mas sim semanal, ou mensal e até mesmo sazonal. Neste caso é necessário identificar as tarefas mais representativas tanto por duração quanto por intensidade (até 10 tarefas é ainda possível realizar uma análise total) e avaliar percentualmente a distribuição semanal ou mensal ou sazonal.

Pelo cálculo do índice de exposição esta distribuição será considerada para um hipotético turno de trabalho, recalculando, para cada tarefa, pelas percentuais estimadas, os "possíveis" minutos num turno "teórico".

Na Planilha 6.7 é mostrada uma reconstrução de tarefas com turnos sazonais numa fictícia e representativa distribuição diária observada numa empresa alimentar de preparação e acondicionamento de produtos alimentares em pote.

Planilha 6.7 – Identificação dos tempos reais de trabalho repetitivo em tarefas múltiplas a cadência sazonal

LISTA DAS TAREFAS EXECUTADAS NO TURNO

Lista operações executadas no turno (☐ 1° ☐ 2° ☐ 3° ☒ Turno único)

Em ciclos	A escolha azeitonas	(20%) 86 min		
	B escolha berinjelas	(20%) 86 min		
	C escolha alcachofrinhas	(20%) 86 min		Tempo real de
	D enchimento vasinhos	(30%) 129 min	430	trabalho repetitivo
	D preparação atum	(5%) 21 min		
	D preparação entrada	(5%) 21 min		
Não em ciclos	X abastecimento	15		
	Y preparação			
	Z limpeza	15		Tempo real
	W transporte		30	de trabalho
	outros			não repetitivo

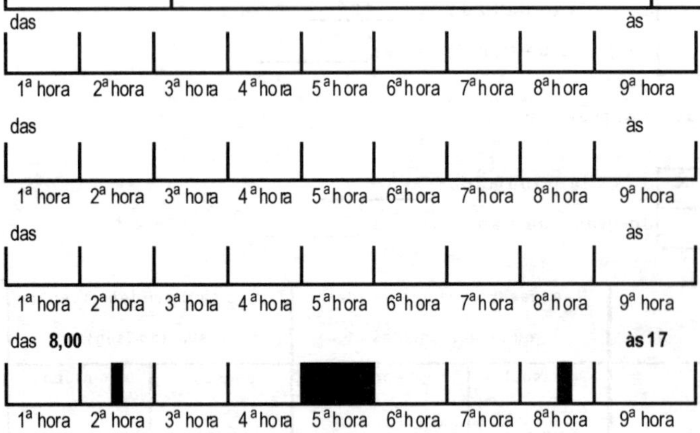

1° TURNO	20	Duração total efetiva das pausas
2° TURNO		
3° TURNO	480	Duração efetiva do turno
TURNO diário único		

Descrever a distribuição das diversas tarefas de trabalho repetitivas ou não, das pausas e/ou interrupções de atividade, da própria pausa.

Exemplo 6.3.3: detalhes para o cálculo do tempo de ciclo

Vimos como, em geral, para cada tarefa repetitiva é fundamental conhecer o número de peças trabalhadas e, portanto, o número de ciclos e a duração real de cada ciclo. Freqüentemente o número de ciclos coincide com o número de peças que serão trabalhadas no turno.

Por exemplo, num tempo real de trabalho repetitivo de 220 min. devem ser montados 440 pistões: a montagem de cada pistão deve ser considerada, neste caso, como um ciclo. O ciclo dura 30 seg.:

TEMPO CICLO = 220 min x 60/440 pistões= 30 seg.

Às vezes um ciclo é caracterizado pelo trabalho simultâneo de um número fixo de mais peças. Neste caso o tempo de ciclo não coincidirá com o número de peças, mas será preciso calcular antes o número de ciclos realizados no tempo real de trabalho repetitivo e depois o tempo de ciclo.

Por exemplo, num tempo real de 400 min. devem ser trabalhados 800 componentes: estes componentes chegam, no posto de trabalho da linha, 4 de cada vez: o número de ciclos será de 200 (800 peças dividido por 4) o tempo real do ciclo será igual a 120 seg.:

TEMPO CICLO = 400 min x 60/200 ciclos (4 peças por ciclo)= 120 seg.

Em alguns casos a identificação do ciclo, quando este não se identifica claramente com o trabalho de uma única peça, pode se tornar difícil e é, de qualquer forma, confiada ao discernimento e à experiência do trabalhador. Deve ser ressaltado, todavia, que a escolha efetuada tem somente valor para a sucessiva reagregação dos dados e não influencia a estimativa da freqüência de ação.

Este conceito será melhor desenvolvido em alguns exemplos a seguir e de forma mais detalhada no capítulo relativo ao estudo das freqüências de ação (Cap. 7).

Exemplo 6.3.4: escolha do ciclo para trabalhos de confecção de curta duração

Considere-se a tarefa que consiste em confeccionar em 43 segundos uma caixa com vários objetos, fechá-la e, a seguir, colocá-la no pallet: é aconselhável neste caso (tendo em vista o curto tempo de confecção da caixa) considerar como um ciclo o tempo total de confecção e colocação da caixa no pallet ao invés do tempo necessário para colocar cada objeto dentro da caixa (Tab. 6.3):

Tab. 6.3 – Exemplo 6.3.4: confecção de pequenos objetos numa caixa

<table>
<tr><td rowspan="2">CONFECÇÃO DA CAIXA
=
1 CICLO (tempo : 43 seg.)</td><td>Pega o objeto
(1 segundo)
Põe o objeto na caixa
(1 segundo)</td><td>Repete
20 vezes</td></tr>
<tr><td>Fecha a caixa
Pega a caixa
A coloca no pallet</td><td>3 segundos</td></tr>
</table>

Exemplo 6.3.5: escolha do ciclo para trabalhos de confecção de longa duração

Considere-se uma tarefa que consiste em confeccionar uma caixa com 20 ovos de Páscoa, sendo que a confecção de cada ovo requer 60 segundos. Cada caixa cheia é pega e depositada sobre o pallet aproximadamente a cada 20 minutos.

Quando, para cada objeto a ser confeccionado e sucessivamente colocado numa caixa, se requer um trabalho com uma sucessão complexa de ações técnicas (e relativos tempos mais longos), torna-se mais significativo considerar o trabalho de cada peça como ciclo e as operações restantes (por exemplo: "colocar a caixa no pallet") como ações adicionais distribuídas em cada peça individual (neste caso 1/20). Quando o tempo de ciclo for particularmente longo, é possível considerar o momento de transporte e de fechamento da caixa como *tarefa não repetitiva* e, portanto, contabilizá-la como tempo a ser deduzido do tempo real de trabalho repetitivo (Tab. 6.4):

Tab. 6.4 – Exemplo 6.3.5: confecção de ovos de Páscoa numa caixa

<table>
<tr><td>TRABALHO
REPETITIVO</td><td>1 CICLO
(tempo 60 segundos):
confecção
de um ovo de Páscoa</td><td>pega uma peça
pega uma folha
põe a folha sobre a mesa
põe a peça sobre a folha
fecha a folha
embrulha o objeto
pega uma fita
corta a fita
passa a fita
ata a fita
fixa a fita
pega a confecção
coloca na caixa</td><td>13 ações técnicas
a cada
60 segundos</td></tr>
<tr><td>TRABALHO
NÃO
REPETITIVO</td><td>5 segundos a
cada 20 minutos:
fechamento caixa</td><td>fecha caixa
pega caixa
coloca no pallet
pega nova caixa
coloca nova caixa</td><td>5 ações técnicas
a cada 20 minutos
de duração
de 5 segundos</td></tr>
</table>

Exemplo 6.3.6: contagem dos tempos de inatividade

Num turno de 480 minutos é executada uma única tarefa repetitiva e não estão presentes outras tarefas não repetitivas: a pausa para refeição está inclusa no horário de trabalho e é de 30 minutos. Não existem outras pausas programadas.

O tempo real de trabalho repetitivo é aparentemente de 450 minutos. Falando com os trabalhadores verifica-se que são observadas "pausas fisiológicas", durante o turno, de 20 minutos em média (aproximadamente 10 pausas durante o período da manhã e 10 pausas durante o período da tarde). Pela observação dos comportamentos mais comuns constata-se que, pela localização do refeitório, esta pausa é aumentada em 15 minutos e o horário de fechamento é antecipado em 10 minutos. No total a pausa para a refeição é de 45 minutos, as outras interrupções de atividade são 2, por um total de 20 minutos, e a hora de encerramento do turno se reduz em 10 minutos (Tab. 6.5).

Deve ser observado que os tempos que serão considerados para a aplicação do índice OCRA não são os tempos teóricos, mas aqueles efetivos que representam o comportamento médio (ou, melhor, modal) dos trabalhadores.

Tab. 6.5 – Exemplo 6.3.6: contagem dos tempos de inatividade

	TEMPOS TEÓRICOS	TEMPOS MÉDIOS EFETIVOS OBSERVADOS
DURAÇÃO TURNO	480 min.	470 min.
Pausa refeição	30 min.	45 min.
Outras pausas	0	20 min.
Tempo real trabalho repetitivo	450 min.	405 min.
N. peças/turno	810	
Tempo de ciclo	33 seg.	30 seg.

Exemplo 6.3.7: presença de tempos passivos considerados como tempo de recuperação

Num turno de 7 horas e 30 minutos é executada uma única tarefa repetitiva: a pausa para refeição está incluída no horário de trabalho e é de 30 minutos. Existem outras 2 pausas programadas de 10 minutos cada. Os tempos de pausa e de turno são aqueles efetivos: 20 minutos em cada turno são dedicados também a tarefas não repetitivas.

O trabalho consiste em carregar um torno com uma peça a cada 2 minutos: o trabalho de carregamento propriamente dito (tempo ativo) dura 100 segundos: nos 20 segundos restantes o trabalhador aguarda que a máquina execute o trabalho (tempo máquina, passivo para o trabalhador), antes de descarregá-la e recarregá-la com uma outra peça.

No esquema da Tab. 6.6 é mostrado o cálculo do tempo real de trabalho repetitivo:

Tab. 6.6 – Exemplo 6.3.7: presença de tempos passivos considerados como tempo de recuperação

DESCRIÇÃO ATIVIDADE	TEMPOS OBSERVADOS
DURAÇÃO TURNO	450 min.
Pausa refeição	30 min.
Outras pausas	20 min.
Tarefas não repetitivas	20 min.
Tempo de trabalho para as 190 peças	380 (450 min. - 30 min. - 20 min. - 20 min.)
N. peças turno	190
Tempo de ciclo	120 seg. dos quais 100 ativos e 20 seg. consecutivos de inatividade
Tempos passivos considerados como recuperação	63 min. (20 seg. x 190 ciclos/60)
Tempo real de trabalho repetitivo	317 min. (380 min. -63 min. de tempos de recuperação dentro do ciclo)

A contagem dos 20 seg. de espera (descritos como tempo passivo pelo trabalhador) é considerada como recuperação porque respeita uma relação particular que está bem descrita no Cap. 11, relativa ao cálculo dos tempos de recuperação.

7. *A análise da repetitividade, da freqüência de ação e da saturação*

7.1. A identificação das "ações técnicas"

A repetitividade é a condição de risco de maior importância, tanto que as síndromes em questão foram freqüentemente definidas por meio deste elemento (Repetitive Strain Injuries).

Uma vez determinado quais são as *tarefas repetitivas* que devem ser submetidas à análise, surge o problema mais importante, o da quantificação/avaliação da repetitividade. Na literatura, com base em alguns trabalhos de *Silverstein et al.* (1986;1987), existe uma proposta de caracterização da repetitividade baseada na duração do ciclo. Em particular a alta repetitividade foi postulada em presença de ciclos de duração inferior a 30 segundos e/ou quando mais de 50% do tempo (de ciclo) tenha sido gasto repetindo o mesmo tipo de gestos. Na realidade, é possível que ciclos muito curtos não exijam gestos muito freqüentes e que, ao contrário, ciclos mais longos sejam realizados com altas freqüências de ação.

Uma vez que o mecanismo de desenvolvimento das patologias tendíneas parece estar ligado à freqüência dos movimentos, significa que a *freqüência de ação* é um avaliador muito acurado deste fator de risco.

Para fins de avaliação poderia ser preferível, como propõem alguns Autores, medir a freqüência de cada movimento articular: o maior risco ocorre, de fato, quando o mesmo tipo de movimento é repetido freqüentemente pela mesma articulação. Optando por medições realizadas diretamente no campo e gerenciadas pelo pessoal técnico da empresa, a medição direta da freqüência dos movimentos de cada uma das articulações resulta inviável. Neste caso precisaria, de fato, medir a freqüência de cada tipo de movimento (flexão, extensão, inclinação, etc.) em cada uma das principais articulações e, muitas vezes, em ambos os membros superiores.

Outros Autores propõem descrever somente a freqüência dos movimentos do punho, considerando o resultado como preditivo das síndromes do túnel do carpo. É preciso lembrar que em algumas tarefas ocupacionais foram descritas altas prevalências de outras patologias dos membros superiores, como as epicondilites e as periartrites escápulo-umerais, claramente devidas à presença de movimentos repetitivos de outras articulações como o cotovelo e o ombro. É, portanto, mais oportuno observar todas as articulações de ambos os membros superiores.

Uma proposta "aplicável em campo" para medir a freqüência de "eventos mecânicos" dos membros superiores dentro do ciclo é a de contar, de forma extremamente analítica, as *ações técnicas num ciclo* e de relacioná-las à unidade de tempo (n. ações técnicas/minuto = *freqüência das ações técnicas*).

Posteriormente, a análise das *posturas inadequadas* (tipo de envolvimento articular qualitativo e quantitativo, componente estática ou dinâmica do movimento) permitirá ter uma estimativa preliminar da repetição e duração inclusive de cada movimento articular dentro da seqüência descrita de ações técnicas.

Como já exposto anteriormente, o objetivo da análise organizacional dentro de uma empresa é identificar as fases ou os movimentos elementares para determinar o tempo necessário para executar uma operação. O tempo será de duração tanto mais longa quanto mais inadequada for a postura exigida (ex.: por causa da distância, etc.) ou quanto maior for a força necessária (ex.: peso do objeto, precisão solicitada; dificuldade no manuseio, etc.); a presença, portanto, de fatores de risco que possam sobrecarregar os membros superiores pressupõe o prolongamento da duração dos tempos de execução.

Na análise OCRA parte-se da necessidade de examinar individualmente cada fator de risco para depois recompor o estudo da exposição por meio de uma única fórmula que permite estudar o resultado das mais diversas combinações de cada fator de risco. Isto permite, não somente na fase de reprojeto, mas também já na fase de projeto do posto de trabalho e da organização das modalidades de execução da tarefa, identificar quais os elementos críticos que devem ser evitados ou reduzidos, para reduzir a exposição ao risco por sobrecarga biomecânica.

Para estudar a *freqüência de ação* se identificam, portanto, as ações técnicas realizadas na unidade de tempo: posteriormente, para cada uma delas, será analisada a presença de *posturas inadequadas*, o nível de *força* e a presença de *fatores complementares de risco*.

É quase indispensável, para se ter uma descrição/avaliação acurada das ações técnicas, filmar a atividade de trabalho e reexaminá-la a seguir em câmara lenta.

No caso em que a tarefa executada seja tecnicamente complexa é indispensável proceder à descrição das ações junto com o pessoal especializado na execução desta tarefa.

Freqüentemente estão disponíveis na empresa documentos muito úteis de análise do trabalho organizado (ex.: análises cronométricas do trabalho ou com métodos de tempos predeterminados) em que a execução da tarefa já está amplamente descrita: tais documentos incluem, de fato, a numeração e a temporização de fases ou de elementos presentes no ciclo, descritos em sucessão.

Para enfrentar o estudo das tarefas com movimentos repetitivos e, em particular, para identificar e contar as ações técnicas, sugerimos proceder de acordo com a ordem indicada a seguir:

a) filmagem

Pela análise do trabalho realizado no turno pelo trabalhador ou por um grupo homogêneo de trabalhadores, são identificadas as *tarefas repetitivas*. É suficiente filmar, para cada tarefa repetitiva realizada, poucos ciclos (3 ou 4). Se a modalidade de desenvolvimento do ciclo permite variações de execução, pode ser útil filmar também 2-3 trabalhadores enquanto realizam o mesmo ciclo. Quando houver obstáculos técnicos para a filmagem frontal do trabalhador, para filmar simultaneamente os dois membros, é conveniente filmar primeiro o membro direito e depois o esquerdo. O campo de filmagem deve abranger o ombro, o tronco, a mão (sugere-se não efetuar "zooms" durante a filmagem, mas fazer outras filmagens para destacar posturas particulares);

b) identificação das ações técnicas

A ação técnica é definida como ação que pressupõe atividades artro-musculotendineas dos membros superiores: não deve ser identificada em cada movimento articular, mas no conjunto de movimentos, de um ou mais segmentos articulares, que permitem a realização de uma operação simples de trabalho.

Ao rever o filme em câmara lenta, devem ser listadas em ordem de execução, separadamente para o membro superior direito e para o esquerdo, as ações técnicas realizadas num ciclo.

Conforme já ressaltado, a ação técnica não se identifica nem com o movimento articular próprio da análise biomecânica, nem com o movimento elementar próprio da análise MTM.

Convencionalmente, a fim de tornar mais acessível a análise da freqüência de ação, escolheu-se como unidade de medição "a ação técnica" do membro superior porque, de fato, tem por objetivo a descrição do gesto técnico realizado pelo trabalhador e é, portanto, mais facilmente reconhecível por um observador externo.

Esta definição é muito semelhante, ainda que não idêntica à descrição das seqüências de movimentos da técnica de análise organizacional de tempos predeterminados MTM-UAS.

Na Tab. 7.1 são fornecidos os critérios para a definição e para a contagem das ações técnicas em relação ao método de análise organizacional citado anteriormente.

Tab. 7.1 – Critérios para a definição e a contagem das ações técnicas

ALCANÇAR MOVER	Entende-se por ALCANÇAR o deslocamento da mão em direção a uma destinação prefixada. Entende-se por MOVER o transporte de um objeto para uma determinada destinação com o membro superior. O ato ALCANÇAR um objeto deve ser contado como uma ação somente quando o objeto está colocado além do comprimento do braço estendido do trabalhador e não é alcançável caminhando. O trabalhador executa um movimento do tronco e do ombro para alcançar o objeto. O ato de MOVER um objeto deve ser contabilizado se o percurso do objeto é superior a um metro e se o seu peso é ≥ 3 kg (preensão em *grip*) ou ≥ 1 kg (preensão em *pinch*) ou se o objeto é muito volumoso com necessidade de movimentos amplos dos membros superiores.
AGARRAR, PEGAR	O ato de pegar um objeto com a mão ou com os dedos, com o objetivo de realizar uma atividade é uma ação técnica. SINÔNIMOS: pegar, empunhar, agarrar de novo, pegar de novo.
PEGAR COM UMA MÃO E PEGAR DE NOVO COM A OUTRA MÃO	As ações de pegar com a direita e pegar de novo com a esquerda devem ser contabilizadas como ações individuais e atribuídas ao membro que efetivamente as executou. Não usar o termo "passar o objeto para a outra mão" porque é difícil estabelecer que membro o executou.
COLOCAR, POSICIONAR	O ato de posicionar um objeto ou uma ferramenta num ponto preestabelecido é uma ação técnica. SINÔNIMOS: posicionar, apoiar, colocar, dispor, pôr; o mesmo para reposicionar, recolocar, repor, etc.
INSERIR/RETIRAR	O ato de inserir ou tirar deve ser contabilizado como ação técnica, somada à ação "posicionar", quando é exigido o uso de força ou quando exigido pela forma dos objetos que estão sendo trabalhados. SINÔNIMOS: extrair.
PRESSIONAR/TIRAR	Devem ser contabilizadas como ações porque nascem da necessidade de aplicar uma força, ainda que leve, com o objetivo de se obter um resultado específico. SINÔNIMOS: desacoplar, apertar.
RECOLOCAR	A ação não deve ser contabilizada como ação técnica quando um objeto ou uma ferramenta, uma vez usado, não é posicionado num ponto determinado, mas "deixado" por simples abertura da mão ou dos dedos (retorno passivo ou por queda).
ACIONAR	Deve ser contabilizada como ação quando o acionamento de uma ferramenta requer o uso de um botão ou alavanca por partes da mão ou de um ou mais dedos. Se o acionamento é executado várias vezes sem deslocar a ferramenta, contabilizar uma ação para cada acionamento. Deve-se tomar o cuidado, especialmente se se trata de acionar uma alavanca ou outra ferramenta que precise ser empunhada, de contabilizar a ação "*pegar*" antes e a *ação* "acionar" *depois*. SINÔNIMOS: apertar botão, abaixar alavanca.
AÇÕES ESPECÍFICAS DURANTE UM TRABALHO	Há muitas ações técnicas, além daquelas até aqui listadas que descrevem especificamente a confecção de um objeto, por exemplo: dobrar ou redobrar; curvar ou recurvar, desviar; apertar, rodar, girar; desferir; moldar; abaixar, bater, golpear;lançar; pincelar (contar cada "passada" no objeto a ser pintado) raspar (contar cada passagem no objeto a ser raspado) polir (contar cada passagem no objeto a ser polido) limpar (contar cada passagem no objeto a ser limpado) Martelar (contar cada golpe no objeto) Cada uma destas ações deve ser descrita e contabilizada a cada sua repetição: ex: apertar 2 vezes = 2 ações técnicas abaixar 3 vezes = 3 ações técnicas dar 4 pinceladas = 4 ações técnicas
CAMINHAR, CONTROLAR VISUALMENTE	Não devem ser contabilizadas como ações técnicas porque não comportam atividades dos membros superiores.
TRASPORTAR OU MOVER	Se for transportado um objeto de peso igual ou superior a 3 kg por pelo menos 1 metro, a ação "transportar" deve ser atribuída ao membro superior que sustenta o peso. O metro denota ou um transporte efetivo (2 passos) ou um percurso do braço.

P.S. = as ações técnicas idênticas são sempre contadas todas as vezes que se repetem: note-se que neste método de análise de risco, para se chegar a definir uma freqüência de ação (n. ações por minuto), se contabiliza cada ação técnica de cada membro; para análises que exigem mais esmero serão necessários também os seus tempos de duração.

7.2. Alguns exemplos comparativos entre definição de "elemento" nos métodos de análise MTM e "ação técnica" no método OCRA

Para evidenciar as analogias e as diferenças entre "ação técnica" e "elemento" MTM, foram preparados 6 exemplos "chave" de combinações de ações técnicas e comparados com os dois mais clássicos métodos de avaliação organizacional de distribuição dos "elementos" em ciclos de trabalho: o MTM 1 original e o MTM-UAS com agregação de elementos.

Foram analisadas, à luz dos fatos, algumas tarefas simples (ou, melhor, agregações de ações) fornecendo uma leitura comparada dos três métodos de análise de forma a sublinhar as diferenças e as semelhanças.

Exemplo 7A (Tab. 7.2): pegar e colocar

A operação descrita consiste em pegar um objeto (cilindro) de um contêiner para posicioná-lo num furo sobre a bancada de trabalho.

Trata-se, na realidade, de *pegar e colocar* um objeto que está sendo trabalhado.

O mais clássico método MTM identifica 5 elementos: alcançar cilindro, pegar cilindro, movê-lo em direção à bancada, posicionar no furo, deixar.

O MTM-UAS agrega num único elemento o "pegar ou colocar".

A contagem das ações técnicas, para se estimar a freqüência de ação, identifica somente 2 ações: pega o cilindro (*pegar*) e insere o cilindro (*colocar*). É fundamental atribuir às ações identificadas ao membro que efetivamente as realizou.

Neste caso o pegar ou colocar comporta a identificação de 2 ações técnicas realizadas pelo membro direito.

É oportuno lembrar que, enquanto o MTM-UAS ao considerar como um único elemento o *pegar e colocar* lhe atribui um tempo que resulta da soma dos correspondentes tempos do MTM-1, a contagem das ações técnicas é, no entanto, "numérica". Por este motivo se atribui ao "pegar e colocar" o valor 2, isto é, 2 ações técnicas.

Exemplo 7B (Tab. 7.3): pegar e colocar com troca de mão e controle visual

Neste caso é descrita uma operação de pegar e colocar com troca de mão e controle visual. O indivíduo pega o cilindro com a mão esquerda, pega-o de novo com a direita, gira-o para efetuar o controle visual, posiciona-o no ponto previsto, sempre com a mão direita.

O trabalhador executou, portanto, uma ação técnica com a esquerda e três com a direita. O MTM 1 identifica 12 elementos dentro do controle visual, o MTM-UAS somente 3 elementos dentro do controle visual.

Na contagem das *ações técnicas* não é considerado o "controle visual" porque não comporta ações mecânicas dos membros superiores. Neste caso o trabalhador, para efetuar o controle visual, "gira" efetivamente o cilindro: esta ação de "controle" se explica numa ação "mecânica" que deve ser, por esta razão, contabilizada *(rotação)*.

Tab. 7.2 – Exemplo 7A: pegar e colocar

Descrição da operação: Pegar um cilindro de um *contêiner* posto à direita do trabalhador, perto do corpo, e posicioná-lo inserindo-o num furo da peça que está chegando na bancada (perto do corpo = distância do ombro inferior até o comprimento do braço estendido).

ELEMENTOS MTM1		ELEMENTOS MTM-UAS		AÇÕES TÉCNICAS OCRA Esquerda			Direita
1	alcançar cilindro	1	pegar e colocar			1	pegar o cilindro
1	pegar cilindro					1	colocar o cilindro no furo
1	mover em direção à bancada			P.S. = Pegar e colocar devem ser contadas como duas ações do membro que as executa. *Alcançar* não deve ser contada como ação porque o objeto está perto do corpo, isto é, a uma distância máxima dos ombros inferior ao comprimento do braço estendido. Se for necessário pegar de novo a peça antes de posicioná-la, o "pegar de novo " deve ser contado como ação.			
1	posicionar no furo						
1	deixar						
Total n. 5		Total n. 1		ESQ.		DIR.	Total n. 2

Tab. 7.3 – Exemplo 7B: pegar e colocar com troca de mão e controle visual

Descrição da operação: Pegar um cilindro posto à esquerda do trabalhador com a mão esquerda (perto do corpo), pegá-lo de novo com a direita, efetuar um controle visual da parte a ser inserida e inseri-lo com a direita depois de tê-lo girado (perto do corpo)

ELEMENTOS MTM1		ELEMENTOS MTM-UAS		AÇÕES TÉCNICAS OCRA Esquerda		Direita	
1	alcançar cilindro (esquerda)	1	pegar e col. (esq.) a olhos	1	pegar o cilindro		
1	pegar cilindro (esquerda)	1	controle visual			1	pegar o cilindro
1	levar para mão direita	1	posicionar (direita)			1	girar o cilindro
1	alcançar com mão direita					1	posicionar cilindro
1	pegar com mão direita			P.S.=	pegar com a esquerda e pegar de novo com a direita devem ser		
1	deixar com mão esquerda				contadas como duas ações do membro que efetivamente as executou		
1	mover em direção aos olhos				Girar é ação efetuada parar ativar o controle visual.		
1	efetuar controle visual				Se for girado mais de uma vez deve ser contado um número de ações		
1	girar para orientar				igual ao número de rotações.		
1	levar para o local						
1	posicionar						
1	deixar com mão direta						
	Total n. 12		Total n. 3	ESQ.	Total n. 1	DIR.	Total n. 3

Exemplo 7C (Tab. 7.4): pegar e colocar deslocando-se (dar passos) e usando ferramenta

Um cilindro metálico é posto num contêiner colocado a 3-4 passos da bancada de trabalho: o cilindro pesa menos de meio quilo.

O trabalhador pega o cilindro com a esquerda, faz 2 passos e em seguida insere o cilindro no furo sempre com a mão esquerda.

São contadas somente 2 ações técnicas do membro superior esquerdo: pega e insere.

A ação do *caminhar* não é contada porque não é realizada pelos membros superiores. Nos métodos MTM 1 e MTM-UAS é, no entanto, contada justamente porque o objetivo é estimar os tempos para executar toda a operação.

Em geral o *caminhar,* se o objeto transportado não é pesado (peso igual ou superior a 3 kg por "preensão de força": *grip*) não interrompe as ações técnicas de *pegar e colocar.*

A mão direita deve pegar uma parafusadeira e parafusar 3 vezes a peça inserida (isto é para acionar a parafusadeira deve-se apertar 3 vezes um botão). As ações técnicas identificadas são: *pega* a ferramenta, *posiciona* a ferramenta sobre o cilindro, *parafusa* 3 vezes (aperta 3 vezes o botão), *recoloca* a ferramenta. As ações técnicas da mão direita são 6.

Observa-se que, em geral, a utilização de uma ferramenta compreende o *pegar*, o *posicionar* a ferramenta no local de uso, o *pôr em funcionamento* a ferramenta (se for previsto), o *recolocá-la* depois de sua utilização.

Se a ferramenta está suspensa por meio de suspensões elásticas sobre a bancada de trabalho e pode voltar à sua posição de partida pela simples "abertura da mão", a ação de abrir a mão no fim da operação não deve ser contada como ação técnica (não é levada em conta, de fato, a ação de "recolocar").

Tab. 7.4 – Exemplo 7C: pegar e colocar deslocando-se (dar passos) e usando ferramenta

Alcançar caminhando um *contêiner* (2 passos) posto à esquerda, pegar com a esquerda um cilindro, voltar com 2 passos ao posto de trabalho, posicionar o cilindro com a esquerda, pegar com a direita uma ferramenta, posicioná-la sobre o cilindro, parafusar 3 vezes, recolocar a ferramenta (os pontos de retirada e depósito estão todos perto do corpo).

ELEMENTOS MTM-UAS		AÇÕES TÉCNICAS OCRA Esquerda		Direita	
1	caminhar por metros	1	pegar o cilindro		
1	pegar e colocar na bancada	1	inserir o cilindro		
1	caminhar até a bancada			1	pegar a ferramenta
1	manusear ferramenta			1	posicionar ferramenta sobre o cilindro
3	parafusar cilindro com ferramenta			3	parafusar cilindro com ferramenta
				1	recolocar ferramenta
		P.S.=	o caminhar, se o objeto que se transporta (em *grip*) pesa menos de 3 kg, não deve ser contado como ação técnica (transportar) Se a ferramenta não é mais deslocada do seu ponto de trabalho, nem visivelmente utilizada outra vez, contar como ações técnicas o número de aparafusamentos ou utilizações da ferramenta . Se for utilizada outra vez contar quantas vezes reutiliza e parafusa Se for reposicionado, contar quantas vezes reposiciona e parafusa		

Total n. 7 — ESQ. Total n. 2 — DIR. Total n. 6

Exemplo 7D (Tab. 7.5): pegar e colocar transportando uma carga

Neste caso o trabalhador deve transportar uma carga de peso superior (ou igual) a 3 kg retirando-a de um contêiner posto a mais de 1 metro da bancada de trabalho. As ações técnicas identificadas são: *pegar* a peça, *transportar* a peça, *colocar* a peça.

O termo *transportar* aparece somente quando a carga pesa 3 kg ou mais, para transportes com preensão tipo *grip* ou 1 kg ou mais para transportes com preensão tipo *pinch* (ver Cap. 9 relativo às posturas) e quando a distância entre o ponto de preensão e o ponto de depósito é de pelo menos 1 metro (2 passos).

Tab. 7.5 – Exemplo 7D: pegar e colocar transportando uma carga

Descrição da operação: Alcançar, caminhando (2 passos) um contêiner, retirar com a mão direita uma peça de 6 kg de peso e transportá-la até a bancada de trabalho

ELEMENTOS MTM1		ELEMENTOS MTM-UAS		AÇÕES TÉCNICAS OCRA Direita		Esquerda	
2	caminhar a passos	1	caminhar por mt.	1	pegar a peça		
1	alcançar a peça (direita)	1	pegar e colocar no corpo	1	transportar o objeto		
1	pegar a peça (direita)	1	caminhar até a bancada	1	posic. peça sobre bancada	P.S.	o termo transportar aparece somente quando a carga pesa mais de 3 kg.em *grip* ou pelo menos 1 Kg em *pinch* e é transportada pelo menos por 1 metro (2 passos)
1	mover em direção ao corpo	1	posic. peça na bancada				
2	caminhar até a bancada						
1	mover para depositar						
1	posicionar sobre bancada						
1	deixar a peça (direita)						

Total n. 10 — Total n. 4 — DIR. Total n. 3 — ESQ.

Exemplo 7E (Tab. 7.6): pegar e colocar um objeto "longe" de ser alcançado sem caminhar

Pode ser necessário pegar um objeto posto a uma distância, do ombro, superior à do comprimento do braço estendido, sem possibilidade de andar alguns passos.

Quando o objeto a ser pego está a uma distância superior à do comprimento de um braço e a distância não pode ser reduzida caminhando, mas com um esticamento para frente ou para o alto do corpo, às duas ações técnicas, pegar e colocar, deve ser acrescentada a ação *alcançar*. A distância mínima a ser considerada é de aproximadamente 50 cm (5° percentil feminino).

Exemplo 7F (Tab. 7.7): uso cíclico de ferramenta com ações repetidas idênticas

O trabalhador deve fazer, com uma furadeira, 3 perfurações em 3 pontos diferentes. Depois de ter pego a furadeira, (1ª ação) com a direita, posiciona no local a ser furado, aciona botão, exerce pressão para obter a perfuração e extrai a furadeira. Estas últimas 4 ações são repetidas 3 vezes (para um total de 12 ações para obter as perfurações); no fim a furadeira é recolocada. O total das ações técnicas é, portanto, igual a 14, todas executadas pelo membro superior direito.

A ação de *exercer pressão* deve ser destacada quando a operação requer, para se obter o resultado desejado, a aplicação de força. Também a ação de *extrair* deve ser contada quando a profundidade alcançada do furo exija a execução desta ação antes de poder executar as seguintes, por exemplo, um novo posicionamento e a recolocação da ferramenta.

Tab. 7.6 – Exemplo 7E: pegar e colocar um objeto longe de ser alcançado sem caminhar

Descrição da operação: Pegar um cilindro posto num contêiner a uma distância maior que o comprimento de um braço estendido e posicioná-lo no furo sobre a bancada (não é possível alcançar o cilindro deslocando-se com os pés)

ELEMENTOS MTM1 Direita		ELEMENTOS MTM-UAS Direita		AÇÕES TÉCNICAS OCRA		Direita
1	alcançar cilindro	1	pegar e colocar	P.S. quando um objeto é posto a uma distância superior ao comprimento de um braço estendido (distância que não pode ser diminuída caminhando) é considerado ação técnica também o "alcançar"	1	alcançar o cilindro
1	pegar cilindro				1	pegar o cilindro
1	mover em direção à bancada				1	posicionar cilindro no furo
1	posicionar no furo					

Total n. 5 — Total n. 1 — ESQ. [ ] — DIR. Total n. 3

Tab. 7.7 – Exemplo 7F: uso cíclico de ferramenta com ações repetidas idênticas

Descrição da operação: Pegar uma furadeira com a mão direita e executar 3 perfurações, e depois recolocar a furadeira.

ELEMENTOS MTM-UAS		AÇÕES TÉCNICAS OCRA Direita	
1	manusear a furadeira	1	pegar furadeira
	P.T. (1ª perfuração)	1	posicionar-se sobre 1º furo
1	posicionar-se sobre 2º furo	1	**acionar botão**
1	acionar para 2ª perfuração	1	exercer pressão para executar 1ª perfuração
	P.T. (2ª perfuração)	1	extrair furadeira
1	posicionar-se sobre 3º furo	1	posicionar-se sobre 2º furo
1	acionar per 3ª perfuração	1	**acionar botão**
	P.T. (3ª perfuração)	1	exercer pressão para executar 2ª perfuração
		1	extrair furadeira
		1	posicionar-se sobre 3º furo
		1	**acionar botão**
		1	exercer pressão para executar 3ª perfuração
		1	extrair a furadeira
		1	recolocar a furadeira

Total n. 5 — DIR. **Total n. 14**

7.3. O cálculo da freqüência de ação

Pela análise do trabalho, da forma como foi efetuada no Cap.6 anterior, são já conhecidos:

– o tempo real da tarefa repetitiva;

– o número de ciclos da tarefa repetitiva (ou número das peças trabalhadas no turno);

– a duração real de cada ciclo.

Depois da fase de descrição das ações técnicas presentes num ciclo, procede-se agora, por meio de uma série de exemplos, à avaliação:

– da *freqüência das ações* na unidade de tempo: n. ações por minuto;

– do número total de ações na(s) tarefa(s) e de conseqüência no turno (ATA).

A escolha de fundamentar a análise na freqüência de ações técnicas torna mais acessível e objetiva a avaliação deste fator fundamental para a caracterização da exposição a movimentos repetitivos.

De fato, as ações técnicas representam um dado muito conhecido para o projeto do trabalho: a sua definição e reconhecimento é relativamente fácil para os especialistas de produção da empresa.

Por outro lado, o cálculo da freqüência, da forma proposta dentro de uma análise organizacional, permite destacar e avaliar o efeito sobre a saúde que decorre da possibilidade para o trabalhador de acelerar ou desacelerar o ritmo de trabalho. De fato, no método proposto o cálculo da freqüência se baseia em:

a) tempo exatos à disposição e realmente utilizados para a execução da tarefa (tempo real de trabalho repetitivo);

b) número de ciclos (ou peças) exigidos por turno;

c) número de ações técnicas, efetivamente adotadas, para realizar um ciclo.

O resultado que se obtém é, na realidade, a *freqüência média real*, necessária para executar, durante um período determinado, cada tarefa de trabalho.

Uma condição particular, na análise das ações técnicas e da relativa freqüência, é representada pelas "ações estáticas". São assim chamadas as ações, de duração contínua de 5 segundos ou mais, nas quais permanece substancialmente constante, o tipo de contração muscular ("contração isométrica"), o nível de força exigido e a postura do membro superior (CEN, 2000; ISO, 2000).

A título de exemplo, deve ser lembrado que eventos como o descrito (presença de ações estáticas) ocorrem quando um membro esteja ocupado em manter ativamente ou "segurar", de forma prolongada, um objeto ou um instrumento de trabalho enquanto o outro (geralmente o dominante) executa outros trabalhos.

Em substância, entre a ação "pegar" e "posicionar" destaca-se a ação "manter ou segurar em preensão": quando esta ação dura pelo menos 5 segundos consecutivos. O membro que segura o objeto está ocupado numa ação estática mais ou menos prolongada. Para fins de contagem das ações técnicas, nesta condição, deverão ser contadas 0,75 ações para cada segundo de "ação de segurar em preensão" por meio de ação estática (substancialmente 60 segundos de atividade estática serão considerados equivalentes a 45 ações técnicas dinâmicas).

Exemplo 7G: cálculo da freqüência de ação e do número total de ações no turno

Com o membro direito são executadas 10 ações, num ciclo de 20 segundos, representativo duma tarefa repetitiva que dura 450 minutos no turno de trabalho (1350 ciclos).

Para o cálculo da freqüência de ação por minuto deve ser aplicada a seguinte fórmula:

$$\text{N. AÇÕES/MIN.} = \frac{\text{N. AÇÕES CICLO} \times 60}{\text{TEMPO DE CICLO}}$$

No exemplo:

$$\text{Freqüência} = \frac{10 \text{ ações} \times 60 \text{ seg.}}{20 \text{ seg. (tempo de ciclo)}} = 30 \text{ ações/min.}$$

O cálculo seguinte prevê a estimativa do número total das ações técnicas executadas durante o total de tarefa(s) repetitiva(s) e se obtém multiplicando o valor da freqüência de ação por minuto pela duração (em minutos) da tarefa repetitiva.

N. total ações na tarefa (e/ou no turno) = 30 ações/min. x 450 min. de trabalho repetitivo = 13.500 ações/turno

Retomando os dados apresentados no Cap. 6, exemplo 6.2.1, na descrição de um turno de trabalho caracterizado pela execução de duas tarefas repetitivas (A = soldagem suporte; B = execução perfuração), são agora analisadas para cada uma destas tarefas as ações técnicas e as freqüências de ação. Na Tab. 7.8 são descritas (relativamente à tarefa A) para o membro direito e esquerdo as ações técnicas executadas que resultam num total de 8 à direita e 6 à esquerda num tempo real de ciclo de 9 segundos. A freqüência de ação por minuto é igual a 53,3 à direita e 40 à esquerda (Tab. 7.8). A mesma análise foi efetuada para a tarefa B na qual foram obtidas freqüências de ação de 63,7 ações/min à direita e 40 ações/min à esquerda.

Observando as ações técnicas levantadas na tarefa B pode-se notar que algumas ações não são executadas em cada ciclo, mas a cada poucos ciclos: quando isto ocorrer, estas ações devem ser sempre contadas dentro de cada ciclo, mas em termos fracionais (uma ação a cada n/ciclos).

Na Tab. 7.9 foram calculadas as ações totais realizadas no turno, separadamente para as duas tarefas A e B e para o membro superior direito e esquerdo. Os valores foram obtidos multiplicando-se a duração de cada tarefa pela respectiva freqüência de ação por minuto, obtendo primeiro os parciais de ações realizadas (no turno) para aquela tarefa. A soma dos valores parciais permite obter (para cada membro) o total das ações realizadas no turno para mais tarefas repetitivas.

Na Planilha 7.1 está indicado um esquema útil para o registro de todas as informações necessárias para o estudo das ações técnicas e da freqüência de ação.

Tab. 7.8 – Identificação das ações técnicas e cálculo da freqüência de ação nas tarefas A e B.

TAREFA A; AÇÕES TÉCNICAS NO CICLO	DIREITA	ESQUERDA
1. retira caixa (peça semitrabalhada) da esteira rolante		1
2. gira a peça		1
3. pega a caixa com a mão direita	1	
4. posiciona a caixa	1	1
5. aperta os botões	1	1
6. retira 3 suportes com a mão direita	3	
7. pega suporte com a mão esquerda		1
8. insere 1º suporte (da esquerda)		1
9. insere os outros 2 suportes com a direita	2	
TOTAL AÇÕES	8	6
TEMPO DE CICLO TEÓRICO	9 seg.	
TEMPO DE CICLO OBSERVADO	9 seg.	
FREQÜÊNCIA DAS AÇÕES NO CICLO	53,3	40

TAREFA B; AÇÕES TÉCNICAS NO CICLO	DIREITA	ESQUERDA
1.retira caixa do contêiner		1
2.pega caixa	1	
3.pega de novo a caixa		1
4.insere a caixa no estampo	1	1
5.ajeita, arruma a caixa (a cada 4 peças)	0,25(1/4)	
6.aperta botão	1	1
7.pega caixa	1	
8.posiciona caixa na esteira rolante	1	
9.uso pincel óleo lubrificante a cada 26 peças (28 pinceladas)	1,08 (28/26)	
TOTAL AÇÕES	6,37	4
TEMPO DE CICLO TEÓRICO	6 seg.	
TEMPO DE CICLO OBSERVADO	6 seg.	
FREQÜÊNCIA DAS AÇÕES NO CICLO	63,7	40

Tab. 7.9 – Cálculo das ações técnicas totais realizadas em cada tarefa repetitiva e o total no turno nas tarefas A e B

	Membro Direito				Membro Esquerdo			
	TAREFA A	TAREFA B	TAREFA C	TAREFA D	TAREFA A	TAREFA B	TAREFA C	TAREFA D
• duração da tarefa no turno (min.)	226	96			226	96		
• duração média do ciclo (seg.)	9	6			9	6		
• freqüência de ação (n.ações/min)	53,3	63,7			40	40		
• total ações na tarefa	12046	6115			9040	3840		

total ações no turno (soma de A, B, C, D)	18161	ATA direita	12880	ATA esquerda

Exemplo 7H (Tab. 7.10): cálculo da freqüência de ação em presença de ações "estáticas"

Considere-se num ciclo a necessidade de montar componentes sobre 3 diferentes objetos segurados com firmeza com a mão esquerda. Esta mão pega um objeto de cada vez e o segura por 12 seg. (20 cts) antes de recolocá-lo e de pegar o segundo e o terceiro objeto: registram-se, portanto, 3 ações estáticas cuja duração total é de 36 seg.

Para a contagem das ações realizadas no ciclo, este período de ações estáticas deve ser transformado em *ações técnicas "fictícias"* (36 x 0,75 = 27 ações técnicas fictícias) a serem somadas às outras ações técnicas já presentes (pegar 3 vezes + depositar 3 vezes = 6) por um total de 33 ações técnicas (Tab. 7.10).

Não é raro observar, em algumas determinadas operações, a presença simultânea de ações estáticas e dinâmicas (por exemplo, segurar uma faca e efetuar cortes de carnes ou segurar uma parafusadeira e apertar os botões de partida). Neste caso, para se obter o número das ações técnicas e, portanto, a freqüência de ação, devem ser contados separadamente os tempos de duração das ações de segurar (duração ações estáticas) que serão transformadas em "ações técnicas fictícias" e as simultâneas ações dinâmicas: deve ser selecionado o cenário que leva ao valor de freqüência de ações por minuto mais elevado.

Num exemplo de corte de carnes, uma faca é segurada em preensão contínua por 60 segundos (freqüência equivalente a 45 ações técnicas "fictícias" por minuto) e, simultaneamente, são efetuados 60 cortes (freqüência 60 ações técnicas por minuto): neste caso será escolhida como freqüência representativa, que seguirá na análise, somente a maior, isto é, aquela das ações dinâmicas de corte.

Considere-se um outro exemplo com uso de parafusadeira: a ação de empunhar é mantida continuamente por 60 segundos (freqüência equivalente a 45 ações técnicas fictícias por minuto) e, simultaneamente, são realizadas ações como "posiciona, aperta botão, exercer pressão em 3 parafusos" para um total de 9 ações (freqüência 9 ações técnicas por minuto): será escolhida como freqüência representativa, que seguirá na análise, aquela determinada pelas ações técnicas fictícias estáticas.

Tab. 7.10 – Exemplo 7H: cálculo das ações técnicas totais realizadas num ciclo com ações "estáticas"

	Ações estáticas, cada uma de duração >= 8,3 cts o 5 seg. duração das ações		Ações técnicas do braço esquerdo		descrição das ações técnicas
	duração das ações estáticas (cts)	n. ações técnicas fictícias	duração das ações técnicas (cts)	n. ações técnicas por ciclo	ações técnicas membro esquerdo
			2,0	1	pega 1º objeto
	20,0	9,0			segura objeto na mão
			2,0	1	posiciona 1º objeto
			2,0	1	pega 2º objeto
	20,0	9,0			segura objeto na mão
			2,0	1	posiciona 2º objeto
			2,0	1	prende 3º objeto
	20,0	9,0			segura objeto na mão
			2,0	1	posiciona 3º objeto
cts	60	27	12	6	TOTAIS
seg	36		7,2		

6 ações dinâmicas + 27 (fictícias) que resultam de 3 estáticas de 12 seg.(20 cts) de duração cada uma 5
Freqüência = 5 ações/minuto

7.4. Análise da "saturação"

A simples contagem da "freqüência de ação" não esgota, por si só, a análise dos aspectos organizacionais e do conteúdo "mecânico" da tarefa de trabalho.

De fato, para um mesmo valor de freqüência de ação (n. de ações por minuto) pode ocorrer que, a despeito de freqüências elevadas (acima de 60/70 ações por minuto), as atividades mecânicas de um membro superior durem mais ou menos em relação ao tempo total disponível (tempo de ciclo total ou cadência) e, portanto, "saturem" o mesmo de acordo com percentuais diversas.

Para a análise do risco por sobrecarga biomecânica dos membros superiores, como também proposto por outros métodos ou por outros Autores (Moore e Garg, 1996; ACGIH, 2000), parece ser relevante o estudo de um específico tipo de "saturação" que é dado pela relação percentual entre o tempo de real atividade (realização de ações mecânicas) de um membro (direito ou esquerdo) e o tempo de ciclo total (também definido como "cadência").

Este tipo de saturação pode ser definido como "saturação do membro" para distingui-lo de outros conceitos e definições de saturação mais comumente utilizados na análise organizacional.

Sob o perfil operacional a "saturação do membro" deve ser estudada separadamente para cada membro e deve ser determinada a duração total efetiva das ações mecânicas do membro superior num ciclo (ou num determinado período de observação) e quanto esta duração represente percentualmente em relação à duração total do ciclo (cadência) ou do período de observação escolhido.

Na prática:

$$\% \text{ Saturação do Membro} = \frac{\text{Duração Total das Ações Técnicas do Membro} \times 100}{\text{Tempo Total de Ciclo (ou Cadência)}}$$

Para fins de avaliação, já que, como será visto mais adiante, conceitos semelhantes serão usados também para examinar e avaliar as durações percentuais das posturas inadequadas e da "estereotipia", interessam neste estudo somente situações extremas de "saturações do membro", representadas de um lado por saturações muito baixas (< 10%) e de outro lado por saturações elevadas (≥ 80%) ou até mesmo elevadíssimas (98-100%).

As condições extremamente elevadas, ainda que no momento atual não sejam especificamente consideradas com um Multiplicador adequado no cálculo do número total de ações recomendadas para o cálculo do índice

OCRA, devem ser, no entanto, consideradas de forma descritiva, especialmente quando se trabalhe no "projeto" de novas tarefas. Neste caso as saturações elevadíssimas (98-100%) devem ser absolutamente evitadas e as saturações elevadas (≥ 80%) devem ser usadas com cautela.

Exemplo 7I: cálculo das saturações (Tab. 7.11)

Voltemos ao exemplo 7H e avaliemos em primeiro lugar:

– o "tempo de atividade do membro", obtido pela soma dos tempos de duração total das ações técnicas somente, sejam elas dinâmicas ou estáticas;

– o "tempo total ativo" ou "tempo ciclo do posto de trabalho" que compreende a soma dos tempos dedicados à execução das fases ou dos elementos estabelecidos, incluindo tanto os tempos gastos pelos membros superiores quanto todos os outros tempos necessários para completar o ciclo;

Tendo estes tempos é possível estimar dois diferentes tipos de "saturação":

– a *% de saturação do membro (tempo de atividade do membro x 100/tempo total de ciclo* ou *cadência)*;

– a *% de saturação do ciclo (tempo total ativo* ou *tempo ciclo do posto de trabalho x 100/cadência* ou *tempo total de ciclo)*. Este dado é indispensável, como vínculo, quando deve se projetar ou reprojetar a organização do trabalho objetivando também a contenção do risco para os membros superiores.

7.5. Exemplos de análise da freqüência de ação, da duração das ações técnicas e das saturações com o uso do *software* "midiaOCRAmulticompiti"(*)

Na descrição das ações técnicas é possível utilizar um outro módulo (Planilha 7.2) que inclui numa única planilha a análise de todos os fatores de risco, a serem estudados analiticamente, ação por ação.

Tab. 7.11 – Exemplo 7I: cálculo das saturações

	Ações estáticas cada uma de duração >= 8,3 cts ou 5 seg.		Ações técnicas do braço esquerdo		descrição das ações técnicas		
	Duração das ações estáticas (ctps)	Duração das ações fictícias	Duração das ações técnicas (cts)	N. ações técnicas por ciclo	Ações técnicas membro esquerdo		
						TEMPO DE CICLO TOTAL OU CADÊNCIA	
			2,0	1	pega 1º objeto	100,0	centésimos/minutos
	20,0	9,0			segura objeto na mão	60,0	segundos
			2,0	1	posiciona 1º objeto	tempo de atividade do membro esquerdo	
			2,0	1	pega 2º objeto	72,0	centésimos/minutos
	20,0	9,0			segura objeto na mão	43,2	segundos
			2,0	1	posiciona 2º objeto		
			2,0	1	pega 3º objeto	tempo ativo no ciclo à esqueda (tempo de ciclo)	
	20,0	9,0			segura objeto na mão	92,0	centésimos/minusto
			2,0	1	posiciona 3º objeto	55,2	segundos
cts	60	27	12	6	TOTAIS	% saturação à esquerda	
seg.	36		7,2			92,0%	centésimos/minutos
cts			20,0		Duração total das fases de trabalho não dos membros superiores	% saturação atividade membro esquerdo	
seg.			12,0			72%	(tempo ativo membro/tempo tot. ciclo ou cadência)

N. ações ciclo = 33

6 ações dinâmicas + 25 (fictícias) que resultam de 3 ações estáticas de 12 seg. (20 cts) de duração cada uma

Freqüência = 55 Ações/minuto

(*) O *software* "midiaOCRAmulticompiti" mencionado ao longo do livro está disponível para *download* no site: <www.escolaocra.com.br>.

Este módulo oferece uma orientação mais pontual para a análise das ações técnicas e dos fatores de risco a elas ligadas, prolongando em parte os tempos de análise, mas facilitando particularmente a quantificação temporal dos outros fatores de risco.

O uso deste módulo é particularmente adequado para analisar *a priori*, por meio da simulação de diversas soluções organizacionais para velhas tarefas a serem repropostas ou para novas tarefas em fase de programação, os efeitos simultâneos sobre a produção e sobre a saúde. Este módulo, de fato, requer o conhecimento não apenas das ações técnicas, mas também da sua duração.

Este módulo faz parte de um *software* para o cálculo automático do índice OCRA (*Software*: midaOCRAmulticompiti.xls) que está a disposição dos leitores deste livro e cuja utilização será explicada a cada passo nos próximos capítulos relativamente ao tratamento de cada um dos diversos fatores de risco até o cálculo do próprio índice.

Esta primeira fase explicativa dirá respeito exclusivamente ao tratamento das ações técnicas presentes dentro do ciclo.

Em particular, quando se queira usar este modelo de análise para evidenciar, por meio de simulações, a relação entre as soluções organizacionais escolhidas e o índice de risco OCRA (previsões de lesões) aconselha-se proceder de acordo com os seguintes passos:

– estudo organizacional dos conteúdos do ciclo de trabalho;

– identificação e atribuição dos tempos às fases (métodos cronométricos) ou aos elementos agregados (ex.: MTM-UAS) que caracterizam o ciclo;

– determinação do "tempo de ciclo total" ou "cadência";

– atribuição das fases ou dos elementos a cada membro superior;

– extrapolação das ações técnicas das fases ou dos elementos e atribuindo a elas dois tempos de duração;

– transcrição das ações técnicas, identificadas no ciclo, na seção própria do *software* indicando o número e a duração em centésimos de minuto sempre separadamente para a direita e para a esquerda.

Tendo estas informações, já será possível determinar dentro do "tempo de ciclo total" ou "cadência" e sempre em separado para cada membro as seguintes outras agregações temporais:

– o "tempo total ativo" ou "tempo ciclo do posto de trabalho" que compreende a soma dos tempos dedicados à execução das fases ou dos elementos estabelecidos;

– o "tempo de atividade do membro", obtido da soma dos tempos somente das ações técnicas dos membros superiores.

Determinada a duração destas fases temporais, o *software* calculará sempre para cada membro duas saturações:

– a "% de saturação do ciclo";

– a "% de saturação do membro".

O cálculo da freqüência de ação é realizado relacionando o número das ações técnicas identificadas no ciclo com a duração do "tempo de ciclo total" ou "cadência":

n. ações técnicas (por membro) x 60 / "tempo de ciclo total" ou "cadência"

Na Tab. 7.12 é proposto um esquema comparativo entre as *fases* características do levantamento cronométrico, os *elementos agregados* à análise MTM-UAS e as *ações técnicas* do índice OCRA: quando já estiver de posse dos resultados de um destes modelos de análise organizacional, não será difícil, para o técnico analista, identificar as ações técnicas atribuindo-lhes a respectiva duração que pode ser obtida da elaboração dos tempos já conhecidos.

Usando um método de tempos predeterminados (ex: MTM-UAS) será também possível simular um ciclo de trabalho e estimar *a priori* o risco à exposição: neste estágio dos conhecimentos já é possível obter, uma vez estabelecida a duração do tempo de ciclo, a freqüência de ação para cada um dos membros superiores.

No exemplo indicado a seguir na Tab. 7.13 e na Planilha 7.3, para terminar as operações cíclicas numa peça num determinado posto de trabalho em linha, os analistas estabeleceram que é necessário um:

– "tempo de ciclo total" ou "cadência" de 120 cts (72 seg.) que compreendem, seja as ações mais estritamente mecânicas dos membros superiores, seja outros elementos como os tempos de deslocamento, imprevistos, fatores fisiológicos ou de repouso, etc.;

– "tempo total ativo" o "tempo ciclo do posto de trabalho" igual a 112 cts (67,2 segundos):

As ações técnicas atribuídas ao membro superior direito no exemplo são 51,5 e ocupam, no tempo de ciclo total de 72 seg. (cadência da linha), 57,2 seg. (*tempo de atividade do membro*).

A freqüência de ação é, portanto, igual a 43 ações /minuto: deve ser lembrado que a freqüência de ação se calcula relacionando o número das ações técnicas identificadas no ciclo à duração total do ciclo ou cadência:

51,5 x 60 /72 = 43 ações por minuto

Outras informações úteis que podem ser obtidas destes primeiros dados organizacionais são as % de saturação iguais a:

"% de saturação do posto de trabalho" = 67,2 seg./72 seg x 100 = 93%

"% de saturação do membro" =57,2 seg./72 seg. x 100 = 80%

Deve ser lembrado que tais % de saturação devem ser calculadas separadamente para cada membro.

Em geral se ressalta que freqüências de ação superiores a 60/66 ações por minuto deveriam ser de qualquer forma evitadas: se numa simulação de ciclo se obtivessem já estes valores, isto deve induzir o analista a escolher outras soluções organizacionais, talvez dividindo melhor as ações técnicas entre os dois membros ou, se não for possível, prolongando o tempo de ciclo.

7.6. Método de análise da freqüência de ação em ciclos de trabalho de longa duração

Em alguns casos podem ser observados trabalhos "críticos" com ciclos de trabalho de longa duração, iguais ou também superiores a 10 minutos: trata-se, em geral, de trabalhos organizados em "ilhas" em que muitas operações, ao invés de ser subdivididas, são agrupadas e atribuídas a um único trabalhador que algumas vezes terá que iniciar e terminar todo o trabalho de um determinado produto.

Pode-se pensar que uma organização do trabalho que evita a subdivisão, evitando assim a repetitividade, leve automaticamente à redução ou à abolição do risco por sobrecarga biomecânica dos membros superiores.

Foi já destacado, no entanto, que a simples duração de um ciclo não é sempre um bom indicador de risco e que, aliás, no lugar dela é preferível (como estimativa de risco) a freqüência das ações na unidade de tempo: levando ao extremo, de fato, pode-se afirmar que podem ser observados ciclos de poucos segundos com baixa freqüência de ação (por exemplo, com muitas ações de controle visual) e ciclos muito longos com elevada freqüência de ação e, portanto, de presumível risco por sobrecarga biomecânica dos membros superiores (mesmo que aparentemente menos repetitivos).

O trabalho organizado em "ilhas", em que estejam presentes ciclos "longos", deve, de qualquer forma, ser analisado porque pode apresentar, ainda que menos repetitivos, índices de exposição elevados pela presença de incongruências nos outros fatores de risco.

Para enfrentar na prática este tipo de análise deve-se recorrer a algumas simplificações, sendo, de fato, excessivamente trabalhoso analisar e contar (por meio da filmagem) todas as ações técnicas por períodos de 10-15 minutos ou mais.

Pode ser, neste caso, útil identificar primeiro subgrupos de tarefas (*subtarefas*) que compõem o ciclo e proceder a uma análise do período inteiro de cada subtarefa ou (se for ainda muito longo) a uma análise por amostragem de alguns minutos representativos das subtarefas identificadas, conforme mostrado no exemplo seguinte.

Tab. 7.12 – Um exemplo de análise comparada entre as fases do levantamento cronométrico, os elementos da análise MTM-UAS e as ações técnicas para o membro direito na análise OCRA

Descrição das ações técnicas (direita)			Descrição elementos MTM-UAS	Descrição fases levantamento CRONOMÉTRICO
DURAÇÃO	N.		Colocar vedação cabo farol no paralama direito	
12,0	2	1. PEGA PROTEÇÃO DE BORRACHA, 1. INSERE	POSICIONAR VEDAÇÃO NO LOCAL	Pegar proteção de borracha, inserir no furo do paralama direito (previamente oleado por outro trabalhador)
2,4	1	1. PRESSIONA PROTEÇÃO DE BORRACHA	PRESSIONAR PARA INSERIR	
			Colocar e fixar tubo *flex* com presilha	
1,2	2	1. PEGA E 1. DESLOCA TUBO	DESLOCAR TUBO FLEX	Aplicar presilha de fixação, inserir proteção de borracha tubo flexível no local (previamente oleado por outro trabalhador), fixar presilha com chave de fenda
3,6	1	1. PEGA PRESILHA	PEGAR PRESILHA (SOLTAR DE OUTRAS)	
3,6	1	1. EFETUA PRÉ-MONTAGEM PRESILHA	PRÉ-MONTAR PRESILHA	
3,0	4	1. PEGA TUBO, 1. DESLOCA TUBO, 1. INSERE TUBO, 1. PRESSIONA	INSERIR TUBO FLEX NO LOCAL	
3,6	2	1. PEGA CHAVE DE FENDA, 1. POSICIONA CHAVE DE FENDA	UTILIZAR CHAVE DE FENDA	
9,6	1	1. TRAVA PRESILHA	TRAVAR PRESILHA	
			Retirar tampa dos tubos e inserir tubo rígido no local	
6,0	4	1. PEGA TAMPA, 3.RETIRA TAMPA POR 3 VEZES	RETIRA TAMPA DE 2 TUBOS (PEGA TAMBÉM COM A OUTRA MÃO)	Inserir tubo rígido no local, retirar tampa tubo rígido, retirar tampa tubo flexível, conectar os tubos e rosquear manualmente os primeiros filetes
1,5	1	1. JOGA TAMPAS	JOGAR TAMPAS	
2,1	2	1. PEGA TUBO, 1. INSERE TUBO	INSERIR TUBO RÍGIDO NO LOCAL	
3,3			POSICIONAR TUBO FLEX SOB TUBO RÍGIDO	
8,4	12	12. ROSQUEIA PORCA 12 VEZES	ROSQUEAR MANUALMENTE PORCA	
			Fixar tubo rígido com braçadeira de segurança	
4,2	1	1. PEGA BRAÇADEIRA	PEGAR BRAÇADEIRA (DESEMBARAÇAR DE OUTRAS)	Inserir braçadeira de segurança sobre vedação tubos e fixar com martelo
4,2			CONEXÃO TUBOS NO LUGAR	
1,8	2	1. INSERE, 1. PRESSIONA	INSERIR BRAÇADEIRA NO LOCAL	
3,9	1	1. PEGA MARTELO	UTILIZAR MARTELO	
1,8	3	3. MARTELA 3 VEZES	MARTELAR	
			Fixar tubo rígido em 2 presilhas	
4,2	2	1. POSICIONA, 1. TRAVAR TUBO NA 1ª PRESILHA	TRAVAR TUBO na 1ª PRESILHA	Posicionar tubo rígido em duas presilhas de segurança e fechar presilhas
3,6	1	1. PREPARAR PARA INSERIR NA 2ª PRESILHA	PREPARAR PARA INSERIR NA 2ª PRESILHA	
1,8	1	1. TRAVAR TUBO NA 2ª PRESILHA	TRAVAR TUBO NA 2ª PRESILHA	
16,5		(DESLOCAMENTOS VÁRIOS)		
6,0		*(CAMINHA)*	A+R BANCADA PRESILHAS	

Tab. 7.13 – Descrição das ações técnicas presentes num ciclo por número e por duração e determinação do tempo de ciclo

Ações técnicas do braço direito		Descrição das ações técnicas
Duraçã das ações técnicas (cts)	Total ações técnicas por ciclo	direita
11,1	8	pega, pega de novo, abre, posiciona, envolve aperta 3 vezes
8,1	4	pega, abre, posiciona, aperta
11,7	2	pega e posiciona compressor
6,0	2	pega e posiciona tubo aspirante
8,5	2	prega e posiciona tubo premente
1,6	1	pega e coloca óculos (uma vez a cada 2 compressores)
1,9	1	pega e posiciona capa(uma vez a cada 2 compressores)
1,8	1	pega e liga (uma vez a cada 2 compressores)
26,7	20	cerca de 20 microoscilações por compressor
2,4	0,5	deposita maçarico (uma vez a cada 2 compressores)
2,1	1	pega e tira óculos (uma vez a cada 2 compressores)
4,9	1	pega (ou posiciona) braçadeira
3,7	3	pega, gira, insere klixon
3,1	2	pega e posiciona
1,8	3	pega, puxa, puxa, calça

N. AÇÕES TÉCNICAS NO CICLO

51,5

TEMPO DE CICLO (tempo total)

120,0 centésimos/minuto

72,0 segundos

tempo ativo ações técnicas no ciclo

95,4 centésimos/minuto

57,2 segundos

% Saturação à direita (tempo ativo/tempo tot. ciclo)

80%

Exemplo 7 (Tab. 7.14)

Para montar um sofá são necessários cerca de 30 minutos. O trabalho pode ser dividido em 4 *subtarefas*: enchimento de almofadas, forração do sofá, colocação da armação, acabamento final.

Para a análise das ações técnicas (utilizando uma filmagem em vídeo e observando em câmara lenta) aconselha-se contar as ações de dois minutos "amostra" (e não consecutivos) para cada uma das subtarefas identificadas: a freqüência por minuto registrada deve ser considerada como "freqüência média representativa da subtarefa" (Tab. 7.14).

Tab. 7.14 – Cálculo da freqüência média representativa numa tarefa repetitiva de longa duração, dividida em subtarefas

	I OBSERVAÇÃO		II OBSERVAÇÃO		FREQÜÊNCIA MÉDIA (por min.)	
	Direita	Esquerda	Direita	Esquerda	Direita	Esquerda
A - enchimento almofadas	60	51	68	56	64	53,5
B - forração sofá	52	43	58	48	55	45,5
C - colocação armação	41	35	45	39	43	37
D - acabamento final	35	30	38	36	36,5	33

Para cada subtarefa deve ser calculada a % de sua duração dentro do ciclo e depois calculada a sua duração efetiva no turno (em minutos). Esta operação permite calcular de forma ponderada as ações técnicas para cada subtarefa num turno (multiplicando a duração em minutos da subtarefa pela sua freqüência de ação média por min.) e, finalmente, as ações totais da tarefa no turno (somando as ações totais de cada subtarefa) (Tab. 7.15).

Tab. 7.15 – Cálculo do número total das ações técnicas efetivas (ATA) executadas no turno numa tarefa repetitiva de longa duração, dividida em subtarefas

Subtarefa	DURAÇÃO %	DURAÇÃO NO TURNO (minutos)	FREQÜÊNCIA MÉDIA (por min.)		TOTAL AÇÕES TURNO	
			Direita	Esquerda	À Direita	À Esquerda
A	20%	86	64	53,5	5504	4601
B	40%	172	55	45,5	9460	7826
C	15%	64,5	43	37	2773,5	2386,5
D	25%	107,5	36,5	33	3923,8	3547,5
TOTAL	100%	430	/	/	21661,3	18361

Planilha 7.1 – Levantamento das ações técnicas e da freqüência de ação

BREVE DESCRIÇÃO DA TAREFA, DO CICLO E IDENTIFICAÇÃO DAS AÇÕES TÉCNICAS

TAREFA ______ : ________________________________

	DESCRIÇÃO	DIREITA	ESQUERDA
1			
2			
3			
4			
5			
6			
7			
8			
9			
10			
11			
12			
13			
14			
15			
16			
17			
18			
19			
20			
	TOTAL AÇÕES MEMBRO DIREITO E ESQUERDO		

	TAREFA
TEMPO DE CICLO TEÓRICO (seg)	
TEMPO DE CICLO OBSERVADO (seg)	
N. AÇÕES POR CICLO À DIREITA	
N. AÇÕES POR CICLO À ESQUERDA	

O TEMPO DE CICLO **TEÓRICO** E AQUELE **OBSERVADO** DEVEM SER **SEMELHANTES**.

Se o tempo observado for **significativamente diferente** daquele teórico, reanalizar:

- a distribuição das pausas, na planilha **1**;
- os tempos de trabalho repetitivos e não repetitivos, na planilha **2**;
- o número de peças produzidas pelo trabalhador na planilha **3**

FREQÜÊNCIA DAS AÇÕES NO CICLO

$$\text{N. AÇÕES MIN.} = \frac{\text{N. AÇÕES CICLO} \times 60}{\text{TEMPO DE CICLO}}$$

	DIR.	ESQ.
TAREFA ___		

Planilha 7.2 – Cálculo do total das ações técnicas efetivas realizadas no turno (ATA)

DADOS SINTÉTICOS PARA O CÁLCULO DO NÚMERO TOTAL DE AÇÕES TÉCNICAS EXECUTADAS NO TURNO PARA AS TAREFAS REPETITIVAS

Linha **Posto de trabalho** **1°** **2°** **3°** **Turno Único**

caracterização das tarefas repetitivas no turno

	MEMBRO DIREITO				MEMBRO ESQUERDO			
	TAREFA A	TAREFA B	TAREFA C	TAREFA D	TAREFA A	TAREFA B	TAREFA C	TAREFA D
duração da tarefa no turno (min)								
duração média do ciclo (seg)								
freqüência de ação (n. ações/min)								
total ações na tarefa								

ATA (total ações efetivas no turno) (soma de A, B, C, D)	ATA (ações efetivas membro direito)	ATA (ações efetivas membro esquerdo)

caracterização das tarefas não repetitivas no turno

	MEMBRO DIREITO				MEMBRO ESQUERDO			
	TAREFA X	TAREFA Y	TAREFA Z	TAREFA W	TAREFA X	TAREFA Y	TAREFA Z	TAREFA W
duração (min)								
Total minutos de tarefa(s) considerada(s) como recuperação								
Total minutos de tarefa(s) não considerada(s) como recuperação								
TOTAL MINUTOS DE TAREFAS CONSIDERADAS COMO RECUPERAÇÃO								

NOTAS: ____

Planilha 7.3 – Modelo analítico para a análise dos fatores de risco utilizando o número e a duração das ações técnicas

descrição das ações técnicas	Ações técnicas do braço direito		Ações estáticas	Força		Posturas e movimentos dos braços			Movimentos do cotovelo			Posturas e movimentos do pulso				Posturas e movimentos da mão e dedos						Estereotipia . ReM :SI = 1 Moderada SI = 2 Elevada No = 0	Fatores complementares						
	duração das ações técnicas (cts)	N.ações técnicas por ciclo	duração das ações estáticas (cts)	pontuação da escala de Borg	duração das ações com força (cts)	flexão e/ou abdução sup. 80°	abdução sup. 45°	estensão sup. 20°	pronação sup. 60°	supinação sup. 60°	flexo/estensão sup.60°	flexão sup.45°	estensão sup.45	desvio radial sup.15°	desvio ulnar sup.20°	grip (diâmetro 3-5 cm)	grip apertado (1-2cm)	pinch	preensão palmar	preensão em gancho	movimentos finos dos dedos		precisão	vibrações	compressões	golpes e contragolpes	movimentos repentinos e rápidos	outros fatores complementares	ritmo completamente imposto:0=NÃO; 1=SIM; ritmo imposto com regiões pulmão :2=SIM
direita TAREFA A																													
OUTROS TEMPOS NÃO RELACIONADOS AOS MEMBROS SUPERIORES				0,00		0%	0%	0%	0%	0%	0%	0%	0%	0%	0%	0%	0%	0%	0%	0%	0%		0%	0%	0%	0%	0%	0%	
TOTAIS	0,0	0	0,0																										
				multiplicador força	1,00				multiplicador postura			1,00				multiplicador estereotipia						1,00	multiplicador complementares						1,00

8. A análise e a quantificação da força por meio da escala de Borg ou mediante tabela de dados de referência

8.1. Dados preliminares

A força representa mais diretamente o esforço (bio)mecânico necessário para realizar uma determinada ação técnica (ou seqüência de ações). A força pode ser entendida como externa (força aplicada) ou interna (tensão desenvolvida nos tecidos miotendíneos e peri-articulares). A necessidade de desenvolver força durante as ações de trabalho pode ser ligada à movimentação ou manutenção de instrumentos e objetos de trabalho ou à manutenção, numa determinada posição, de um segmento corporal.

O desenvolvimento de força pode estar, portanto, mais ligado a ações (contrações) estáticas do que a ações (contrações) dinâmicas. Quando se realiza a primeira condição fala-se geralmente de carga estática: esta última é descrita por alguns Autores como elemento distinto de risco (Hagberg *et al.*, 1995).

A necessidade de desenvolver força de forma repetitiva é apontada na literatura como fator de risco tanto para as estruturas tendíneas quanto para as musculares: está documentada, de fato, uma interação de tipo multiplicativo entre os fatores força e freqüência de ação (ou repetitividade) (Silverstein *et al.*, 1986/7) na determinação das patologias tendíneas das neuropatias por aprisionamento (ex.: a síndrome do túnel do carpo).

A quantificação da força utilizada, em contextos reais de aplicação, apresenta-se como problemática.

Alguns Autores recorrem à estimativa semiquantitativa da força externa por meio do peso dos objetos manipulados; em outros casos sugere-se o recurso a dinamômetros mecânicos ou eletrônicos; freqüentemente os dados assim obtidos são utilizados de forma "bruta"; só algumas vezes, de forma mais apropriada, recorre-se à sua integração com modelos biomecânicos para uma estimativa melhor das forças que agem sobre os diversos segmentos corporais e regiões articulares.

Para a quantificação da força interna é normalmente sugerido o recurso a técnicas de eletromiografia de superfície: estas, oportunamente utilizadas, representam realmente o "golden standard" para o estudo da força em atividades de trabalho.

8.2. A aplicação da escala de Borg e a estimativa do esforço físico

Todos estes métodos têm algumas lacunas (também em nível teórico) e dificuldades de aplicação no campo, porque nem sempre a força pode ser corretamente expressa com o peso do objeto manipulado (ex.: força exercida ao parafusar com chave de fenda manual) e, por outro lado, porque nem sempre estão disponíveis instrumentos adequados de medição. Para superar estas dificuldades pode-se sugerir (Eastman Kodak C., 1983; Putz Anderson, 1988) o recurso a uma escala (Borg CR10 Scale = Category Ratio of Perceived Exertion – em 10 pontos) proposta por Borg (1982; 1998) capaz de descrever o esforço muscular percebido num determinado segmento corporal.

Os resultados que derivam da aplicação da escala de Borg, quando aplicada num número adequado de trabalhadores, mostraram-se pelo menos aproximadamente comparáveis àqueles obtidos por meio da eletromiografia de superfície (valor Borg CR10 Scale x 10 = valor percentual em relação à Máxima Contração Voluntária (MCV) obtida com o EMG (Eastman Kodak C., 1983; Grant A. K. *et al.*, 1994).

A quantificação do esforço percebido pelo membro superior deveria ser feita para cada ação técnica que compõe o ciclo; para fins práticos, porém, podem ser levantadas as ações que requerem um esforço muscular mínimo (escala de Borg = 0/0,5), para depois aplicar o processo de avaliação do esforço, por meio da escala de Borg, somente nas ações (ou agregações de ações) que exigem um emprego de força diferente do mínimo. Calcula-se, a seguir, a pontuação média ponderada para o conjunto das ações do ciclo, levando em conta as frações de tempo de cada ação por meio do relativo nível de Borg CR10 Scale.

As experiências adquiridas fornecem algumas sugestões práticas de aplicação do método que permitem obter informações confiáveis e também eliminar algumas incertezas ligadas ao uso de dados "subjetivos".

Na Tab. 8.1 é proposto um modelo de aplicação da escala de Borg para o levantamento das informações sobre esforço físico percebido. É conveniente proceder de acordo com as fases operativas a seguir indicadas:

- o estudo da força segue o estudo relativo à seqüência das ações técnicas: é preciso já ter conhecimento de como o ciclo se desenvolve;

- pode ser mais eficaz entrevistar o(s) trabalhador(es), tarefa a ser realizada pelo técnico da empresa (eventualmente ajudado pelo médico especialista) que participou da primeira fase da análise do trabalho e da descrição das ações técnicas;

- deve ser perguntado ao(s) trabalhador(es) se dentro do ciclo existem *ações técnicas* que exigem *uma força muscular significativa* por parte dos *membros superiores*; esta modalidade de fazer a pergunta é importante porque freqüentemente o trabalhador confunde o esforço muscular com o *cansaço geral* que sente no fim do turno;

- uma vez extrapoladas as ações com o uso de força, será solicitado ao(s) trabalhador(es) que atribua, a cada uma delas, um dos valores indicados na Escala de Borg CR10, expressos com o termo verbal e não numérico (ex: fraca, moderada, etc.); esta modalidade de colocar a pergunta, isto é descrever o nível de força sem usar as pontuações, é importante porque freqüentemente o trabalhador toma como referência as escalas escolares de avaliação. Para cada ação levantada corresponderá uma pontuação progressiva de 0 a 10 (Tab. 8.1). O pesquisador atribuirá depois, para cada ação indicada, a relativa duração (em segundos ou em centésimos de minuto) e depois em fração de tempo em relação à duração do ciclo;

- em razão da finalidade prioritariamente preventiva dos processos de avaliação da exposição, é importante que se peça ao trabalhador que explique o motivo da eventual presença de "esforço físico" para as ações apontadas como trabalhosas. Esta informação é de interesse prático imediato porque, às vezes a presença de força, na execução de uma ação, é devida à presença de um defeito técnico do produto ou à ineficiência das ferramentas utilizadas, de uma avaria ou de uma escolha errada dos recursos mecânicos, problemas estes que, freqüentemente, são facilmente solucionáveis. Uma vez identificadas as *ações com força* e uma vez atribuído a estas ações um juízo-pontuação na escala de Borg, é possível atribuir a todas as outras ações uma única pontuação (0 ou, mais freqüentemente, 0,5 na escala de Borg);

- é importante que o próprio trabalhador atribua o valor do esforço físico percebido durante a execução das diversas ações. A atribuição do índice de esforço por parte de um observador externo pode comportar muitos erros. De fato, sobretudo nas ações realizadas com a ponta dos dedos ou pelas pequenas articulações ou em determinadas posições articulares (acionar um botão, acionar uma alavanca com os dedos, ações de "*pinch*", braços levantados, etc.) dificilmente o uso de força é percebido por um observador externo, mesmo quando esta seja grande. É útil que o próprio entrevistador experimente executar a operação, seja para ajudar o trabalhador a expressar o juízo sobre o nível de força seja para validar ele mesmo o resultado obtido;

- uma vez obtidas do(s) trabalhador(es) todas as informações, deve-se calcular a pontuação média ponderada para o conjunto das ações do ciclo. O cálculo do esforço médio ponderado no tempo se realiza multiplicando o valor (em escala de Borg) atribuindo a cada ação pela sua fração de duração no ciclo e depois somando os resultados parciais. A Tab. 8.2 mostra um exemplo de cálculo da pontuação (em escala de Borg) média ponderada pelo tempo;

- no caso de vários trabalhadores que executam (mesmo em turnos diferentes) as mesmas tarefas, é aconselhável entrevistar todos: maior o número dos entrevistados, mais confiável será o índice (médio ponderado) do "esforço físico". Se o mesmo trabalho for executado por trabalhadores dos dois sexos é útil calcular um índice para o sexo masculino e outro para o sexo feminino. Aconselha-se, também, excluir do cálculo do índice de "esforço" médio os trabalhadores portadores de patologia do membro superior, os recém-admitidos com tempo de trabalho inferior a um ano e os "extremos antropométricos", indivíduos com medidas antropométricas que não estão incluídas na faixa entre o 5º e o 95º percentil. Devem ser excluídos também os dados fornecidos por trabalhadores (sobretudo se em número elevado) que não motivaram, de alguma forma, tecnicamente o valor escolhido.

Tab. 8.1 – Avaliação subjetiva do esforço percebido através da escala de Borg CR-10

0	NENHUM ESFORÇO REAL
0,5	EXTREMAMENTE FRACO
1	MUITO FRACO
2	FRACO
3	MODERADO (MODESTO)
4	
5	FORTE
6	
7	MUITO FORTE
8	
9	
10	EXTREMAMENTE FORTE (PRATICAMENTE MÁXIMO)

Tab. 8.2 – Exemplo de cálculo do valor médio ponderado do esforço percebido (Escala de Borg) considerando as diversas ações e a sua duração num ciclo de 35 segundos

Divisão do tempo num ciclo de 35 segundos	(A) Divisão % do nível de força no tempo	(B) Pontuação na scala de Borg
Fase 1 (inserir parafusos)= 20 seg.	57 %	0,5
Fase 2 (parafusar)= 8 seg.	23 %	2
Fase 3 (golpear)= 7 seg.	20 %	4
TOT = 35 seg.	PONTUAÇÃO MÉDIA PONDERADA	

Deve-se tomar um cuidado especial ao registrar a presença de eventuais ações que exigem "picos" (valores iguais ou superiores a 5 na escala de Borg): para fins preventivos estas ações deveriam ser (quando fosse possível) eliminadas ou corrigidas; por outro lado, para fins de avaliação, se for identificada a presença de picos superiores ao valor 5 na escala de Borg, é necessário verificar que fração temporal eles representam em relação ao tempo de ciclo. Se a sua duração total for de pelo menos 10% do tempo de ciclo, precisa colocar em destaque este dado porque o fator de risco *força* se torna absolutamente relevante: o correspondente fator multiplicativo para o cálculo do índice OCRA diminui, de fato, para 0,01 (ver mais adiante).

Um modelo em papel, útil para a análise da força, é indicado na Planilha 8.1.

8.3. A utilização de tabelas de referências relativas aos limites de capacidade máxima de força (F_L)

Coerentemente com a consolidação de alguns padrões técnicos internacionais, foi percebida a possibilidade de se definir o nível de força exigido por parte de cada ação técnica que compõe o ciclo, por meio da comparação destas ações com os correspondentes valores limite de capacidade máxima de força, selecionados em função do tipo de ação (ex.: "power *grip*", "pinch", etc.), da tipologia da população alvo (ex.: homens, mulheres, jovens, idosos) e da porcentagem da correspondente população teoricamente em condição de desenvolver esta máxima capacidade.

Em particular, é o padrão EN 1005-3 (ver também o Cap.18) que forneceu esta abordagem geral, definindo modalidades precisas para identificar diversos limites de máxima capacidade de força (F_L), levando em conta os diversos tipos de ação, das características da população alvo e, como regra geral, da oportunidade de fazer referência às capacidades de pelo menos 85% da população alvo.

Para os detalhes de aplicação relativos à identificação articulada dos diversos valores limite se remete ao estudo do padrão EN 1005-3; neste trabalho, por meio da Fig.8.1, são fornecidos os valores limites (F_L), indicados neste padrão, para determinadas ações, para uma genérica população ocupacional masculina e feminina, e relativos às capacidades de pelo menos 85% dos componentes da mesma.

Fig. 8.1 – Valores pré-calculados de limites de capacidade de força isométrica (F_L) para algumas ações comuns em campo profissional (de EN 1005-3).

TIPO	AÇÃO	USO PROFISSIONAL (F_L em N)
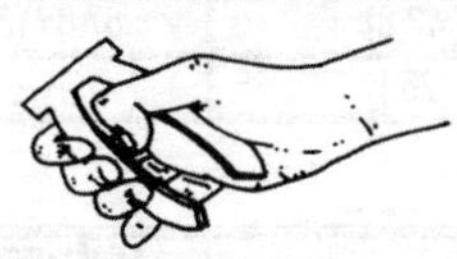	Trabalho da mão (uma mão em *grip*):	250
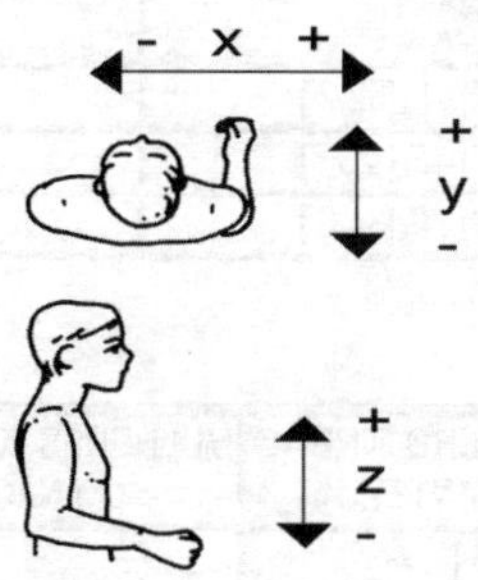	Trabalho do braço/posição sentada, um braço):	
	para cima (z, +)	50
	para baixo (z, -)	75
	para fora (x, +)	55
	para dentro (x, -)	75
	empurrar (y, +):	
	com encosto	275
	sem encosto	62
	puxar (y, -):	
	com suporte	225
	sem suporte	55

Como poderá ser facilmente observado, o número e a tipologia de ações consideradas nesta parte do padrão é um tanto exíguo e não oferece grandes margens de aplicação concreta.

Todavia o próprio padrão fornece os critérios teóricos e de cálculo para deduzir outros valores de referência. Do ponto de vista prático, podem ser definidos outros valores de referência, utilizando bases de dados de máxima capacidade de força já existentes, como aqueles fornecidos na aplicação do"TLV for Monotask Handwork" do AICGH (AICGH, 2000), desde que se tenha o cuidado de estimar os limites que derivaram destes fazendo referência às ações específicas realizadas, às categorias de usuários definidas e às capacidades de força correspondentes ao 15º Percentil de população (isto significa que 85% da população está em condição de desenvolver esta força máxima). Este último dado do 15º Percentil pode ser estatisticamente obtido quando, além dos valores médios (M) de capacidade de força, sejam fornecidos também os valores de Desvio Padrão (DP). Assumindo uma distribuição "normal" ou "gaussiana" das capacidades de força, pode-se calcular o valor limite (F_L) de acordo com a seguinte fórmula:

$$F_L\,(15°\ P.I) = M - (1{,}036 \times SD)$$

A Tab. 8.3 fornece, a título de exemplo, valores médios e desvio padrão em Newton (N) das forças máximas em diversos tipos de preensão em "*pinch*" (ver Cap. 9) em populações ocupacionais masculinas e femininas.

Tab. 8.3 – Valores médios, desvio padrão (entre parênteses) e F_L (entre colchetes) das forças máximas (em Newton) para diversos tipos de "pinch" propostas em diversos estudos de aplicação (adaptado do ACGIH TLV for Mono-task Hand Work, 2000)

HOMENS (MEMBRO DIREITO OU DOMINANTE)	HOMENS (MEMBRO ESQUERDO OU NÃO DOMINANTE)		MULHERES (MEMBRO DIREITO OU DOMINANTE)	MULHERES (MEMBRO ESQUERDO OU NÃO DOMINANTE)
84.5 (17.8); F_L[66]	80.1 (17.8) ; F_L[61,6]	Pinch entre polegar e indicador	62.3 (17.8) ; F_L[43,8]	57.8 (13.3) ; F_L[43,9]
55.6 (16.1) ; F_L[38,8]			37.1 (10.6) ; F_L[26]	
92.1 (17.6) ; F_L[73,8]		Pinch entre polegar, indicador e médio	68.6 (15.7) ; F_L[52,2]	
57.8 (17.6) ; F_L[39,5]			45.1 (15.7) ; F_L[28,7]	
73.7 (14.6) ; F_L[58,5]			49.8 (14.6) ; F_L[34,6]	
92.1 (12.0) ; F_L[79,6]		Pinch lateral	63.7 (10.9) ; F_L[52,3]	
65.7 (13.7) ; F_L[51,4]			48.0 (17.6) ; F_L[29]	
120.1 (22.2) ; F_L[97]	115.7 (22.2) ; F_L[92,6]		89.0 (22.2) ; F_L[65,9]	84.5 (17.8) ; F_L[66]
85.9 (19.3) ; F_L[65,8]			51.5 (13.1) ; F_L[37,8]	

Determinadas as capacidades máximas de força (F_L) para cada tipo de ação presente no ciclo de trabalho observado, os procedimentos para o cálculo do nível médio ponderado de força no ciclo serão totalmente semelhantes àqueles já indicados a respeito do uso da Escala CR-10 de Borg.

Em particular:

- Para cada ação que exige um certo nível de força deverá ser estimado, eventualmente por meio de instrumentos dedicados (ex: dinamômetros), o grau (em Newton ou em kg) de força objetivamente solicitado pela ação;
- Este dado deverá ser comparado (percentualmente) com o correspondente valor de referência F_L apresentado nas tabelas da Fig. 8.1 ou com dados da literatura oportunamente tratados (Tab. 8.3). Por exemplo, se a força de uma ação em *pinch* entre polegar e indicador (realizada por uma mulher), medida com dinamômetro, for igual a 20 N e a correspondente F_L (Tab. 8.3) for igual a 43,3 N, a trabalhadora estará operando com 46% da sua correspondente capacidade de referência F_L (20 N x 100 /43,3 N) comparável a uma pontuação 4,6 na escala de Borg;
- Para as ações que não requerem "força" poderá ser nominalmente atribuído um valor igual ou inferior a 5% da F_L;
- Levando em conta as frações temporais de duração das diversas ações em relação à duração do ciclo será calculado o valor médio ponderado de uso de força (em termos percentuais) em relação aos correspondentes valores limite (F_L). A Tab. 8.4 mostra um exemplo de cálculo do nível (%) médio de uso das capacidades de força e, paralelamente, de cálculo do nível médio ponderado de força utilizando a escala de Borg;
- Também neste caso deverá ser tomado extremo cuidado nas ações que requerem um uso de força igual ou superior a 50% do valor limite, especialmente quando as ações se prolongarem para além de 10% do tempo de ciclo (ou de tarefa).

Tab. 8.4 – Exemplo de cálculo do valor médio ponderado do esforço percebido (Escala de Borg) e da capacidade de Força solicitada (% F_L) considerando as diversas ações e a sua duração num ciclo de 35 segundos

Divisão do tempo num ciclo de 35 segundos	(A) Divisão % do nível de força no tempo	(B1) Nível % em relação à F_L	(B2) Pontuação na escala de Borg	AxB1 Valor de força ponderado (% F_L)	AxB2 Pontuação de Borg ponderado
Fase 1 = 20 seg.	57 %	5	0,5	2,85	0,285
Fase 2 = 8 seg.	23 %	20	2	4,60	0,460
Fase 3 = 7 seg.	20 %	40	4	8,00	0,800
TOT = 35 seg.	PONTUAÇÃO MÉDIA PONDERADA			15,45	1,545

8.4. Um exemplo de aplicação (Tab. 8.5)

Retoma-se aqui o exemplo, apresentado nos capítulos anteriores, na parte relativa ao cálculo do esforço médio ponderado, utilizando a escala de Borg.

Tomemos o caso em que seja necessário estimar, nas duas tarefas de trabalho de soldagem suporte (A) e corte extremidade ferro (B), o esforço médio ponderado no tempo. Para cada uma das tarefas foram entrevistados alguns trabalhadores (n=4) de forma a se obter um juízo médio da força.Na Tab. 8.5 estão indicados os valores médios na escala de Borg (obtidos entrevistando os 4 trabalhadores responsáveis pela execução da mesma tarefa) que foram atribuídos a cada uma das ações técnicas que requerem uso de força: estimando-se, depois, o seu percentual de duração em relação ao tempo total de ciclo, foi possível calcular a pontuação final de esforço médio ponderado.

Tab. 8.5 – Exemplo de avaliação subjetiva do esforço percebido por meio da escala de Borg

Linha: .... A...

Turno .... *I e II*......

Operações : *A) SOLDAGEM SUPORTE* ....
B) EXECUÇÃO FURO ....

QUAIS SÃO AS AÇÕES QUE FAZEM VOCÊ USAR FORÇA COM OS BRAÇOS OU COM AS MAÕS? SABE EXPLICAR OS MOTIVOS?

pesa 3 kg e é difícil de ser pego

TAREFA: A) SOLDAGEM SUPORTE (PONTUAÇÕES MÉDIAS OBTIDAS ENTREVISTANDO 4 TRABALHADORES)

MEMBRO	LISTA AÇÕES COM FORÇA	PONTUAÇÃO (BORG)	DURAÇÃO % NO TEMPO		ÍNDICE CALCULADO		MOTIVOS PARA O USO DE FORÇA
			Direito	Esquerdo	Direito	Esquerdo	
Esquerdo	retira caixa	3		0,1		0,30	pesa 3 kg e é difícil de ser pego
Esquerdo	gira a peça	3		0,1		0,30	
Direito	pega com a direita	2	0,1		0,20		
Direito + Esquerdo	posiciona caixa	2	0,1	0,1	0,20	0,20	
	TODO O TEMPO RESTANTE: DIREITO	0,5	0,8		0,40		
	TODO O TEMPO RESTANTE: ESQUERDO	0,5		0,7		0,35	
	ESFORÇO MÉDIO PONDERADO NO TEMPO (Σ)		1,0	1,0	0,80	1,15	

TAREFA: B) EXECUÇÃO FURO (PONTUAÇÕES MÉDIAS OBTIDAS DOS TRABALHADORES)

MEMBRO	LISTA AÇÕES COM FORÇA	PONTUAÇÃO (BORG)	DURAÇÃO % NO TEMPO		ÍNDICE CALCULADO		MOTIVOS PARA USO DE FORÇA
			Direito	Esquerdo	Direito	Esquerdo	
Direito	pega caixa	4	0,1		0,40		
Direito	posiciona caixa sobre esteira rolante	4	0,1		0,40		
	TODO O TEMPO RESTANTE: DIREITO	1	0,8		0,80		a caixa pesa 5-6 kg e a esteira rolante está muito longe do corpo
	TODO O TEMPO RESTANTE: ESQUERDO						
	ESFORÇO MÉDIO PONDERADO NO TEMPO (Σ)		1,0		1,60		

Observa-se que na tarefa B estão presentes ações com uso de força "moderada +" (ações que têm valor na escala de Borg igual a 4) durante 20% do tempo: se o valor fosse igual a 5 (forte) este evento mereceria ser particularmente destacado porque produziria uma particular elevação do risco de exposição (ver Cap. 12).

Planilha 8.1 – Um modelo cartáceo para a estimativa do esforço médio ponderado com uso da escala de Borg

AVALIAÇÃO SUBJETIVA DO ESFORÇO PERCEBIDO POR MEIO DA ESCALA DE BORG

Linha: ________________________ 1º 2º 3º Turno único

Operações: ____

QUAIS SÃO AS AÇÕES QUE FAZEM VOCÊ USAR FORÇA COM OS BRAÇOS OU COM AS MÃOS? SABE EXPLICAR OS MOTIVOS?

TAREFA: ____________; ______________________________

Membro	Lista ações com força	Pontuação	Duração % no tempo		Índice calculado		Motivos para o uso de força
			Direito	Esquerdo	Direito	Esquerdo	
	Todo o tempo restante: direito		1.000				
	Todo o tempo restante: esquerdo			1.000			
ESFORÇO MÉDIO PONDERADO NO TEMPO (S)							

0	NENHUM ESFORÇO REAL
0,5	EXTREMAMENTE FRACO
1	MUITO FRACO
2	FRACO
3	MODERADO
4	
5	FORTE
6	
7	MUITO FORTE
8	
9	
10	MÁXIMO

8.5. O uso do *software* "midaOCRAmulticompiti" para a estimativa do nível de força num exemplo de aplicação

Retomando o exemplo já apresentado no Cap. 7 anterior, no parágrafo 7.4, se se quer estimar a presença de ações técnicas que requerem uso de força, o nível de força alcançado na escala de Borg e a relativa duração em % do tempo de ciclo para o cálculo do nível médio ponderado de força alcançado.

Para cada ação técnica (ou às vezes para pequenas agregações de ações técnicas) é já conhecida a duração em centésimos de minuto (cts) e, por meio da entrevista aos trabalhadores, tem-se (de acordo com as estratégias antes descritas) as pontuações na escala de Borg que identificam o nível de força necessário para executar tais ações.

De posse destas informações e estabelecido um determinado comprimento de tempo de ciclo, o *software* calculará automaticamente o valor do nível médio ponderado da força (Tab. 8.6): no caso do exemplo este valor é igual a 1.47 (que pode ser arredondado para 1,5).

Tab. 8.6 – Exemplo de cálculo por meio do software "midaOCRAmulticompiti" da pontuação média ponderada da força

Força		Ações técnicas à direita		Descrição das ações técnicas
Pontuação da escala de Borg	Duração das ações com força (cts)	Duração das ações técnicas (cts)	Tot. ações técnicas por ciclo	**Direita**
3	11,1	11,1	8	pega, pega de novo, abre, posiciona, envolve, aperta 3 vezes
2	8,1	8,1	4	pega, abre, posiciona, aperta
5	11,7	11,7	2	pega e posiciona compressor
		6,0	2	pega e posiciona tubo aspirante
		8,5	2	pega e posiciona tubo premente
		1,6	1	pega e coloca óculos (uma vez para cada 2 compressores)
		1,9	1	pega e posiciona lona (uma vez para cada 2 compressores)
		1,8	1	pega e liga (uma vez para cada 2 compressores)
2	26,7	26,7	20	cerca de 20 micro-oscilações por compressor
		2,4	0,5	deixa maçarico (uma vez para cada 2 compressores)
		2,1	1	pega e tira óculos (uma vez para cada 2 compressores)
		4,9	1	pega (ou posiciona) braçadeira
		3,7	3	pega, gira, insere klixon
4	3,1	3,1	2	pega e posiciona
3	1,8	1,8	3	pega, puxa , puxa calça
	1,47		**51,5**	**Tempo de ciclo = 120 cts**

9. *A análise e a avaliação das posturas de trabalho inadequadas e da estereotipia*

9.1. Introdução

As posturas assumidas e os movimentos realizados pelos diversos segmentos do membro superior durante a execução de trabalhos repetitivos estão entre os elementos que mais contribuem para determinar o risco de desenvolver as diversas afecções musculoesqueléticas.

Com efeito, na literatura, há suficiente consenso em se definir potencialmente prejudiciais as posturas e os movimentos extremos de cada articulação, as posturas (ainda que não extremas) mantidas por muito tempo, assim como os movimentos dos diversos segmentos quando muito freqüentemente repetidos de modo igual a si mesmos (estereotipia).

A acurada descrição da postura e dos movimentos pode também ser considerada um elemento de predição de quais são as patologias específicas do membro superior que, em presença dos outros elementos de risco (freqüência, força, duração), podem ser previstas para os trabalhadores expostos.

A descrição/avaliação das posturas do membro superior deve ser efetuada num ciclo representativo em cada uma das tarefas repetitivas examinadas, separadamente para o membro direto e o esquerdo, por meio da descrição da freqüência e da duração das posições e/ou dos movimentos dos seus quatro principais segmentos anatômicos:

a) posturas e movimentos do braço em relação ao ombro (flexão, extensão, abdução);

b) movimentos que interessam o cotovelo (flexo-extensões braço-antebraço, prono-supinações do antebraço);

c) posturas e movimentos do punho (flexo-extensões, desvios rádio-ulnares);

d) posturas e movimentos da mão (na maioria das vezes por meio do tipo de preensão).

As posturas e os movimentos podem ser classificados, para fins de avaliação, de acordo com a exigência postural intrínseca, *ausente, fraca* ou *alta*.

Tal classificação é possível com base nas indicações da literatura, levando em conta em primeiro lugar os dados sobre a excursão do movimento articular para cada movimento de cada articulação.

A exigência intrínseca deve ser considerada *ausente* se o segmento articular está em posição anatômica (ou não está envolvido em operações de trabalho), ou *fraca* se a excursão é inferior a 40-50% da amplitude articular. Para fins de classificação, é suficiente que, na execução de cada ação, o segmento considerado chegue a uma excursão superior a 40-50% da amplitude articular (ou em posição desfavorável de preensão com a mão), para que a relativa exigência seja considerada *alta*.

Para simplificar a análise da exigência postural articular, já por si só onerosa pelo fato de ter que considerar 4 principais articulações e dois membros, para a avaliação do índice OCRA será considerada somente *a alta exigência articular*. Esta exigência é quantificada com pontuações variáveis de 1 até 24, ou mais, obtidas por meio da ponderação não apenas com a excursão articular alcançada, mas também em relação a dados sobre a percepção subjetiva da própria exigência articular. Para este último aspecto recorreu-se a resultados de estudos do tipo "psicofísico" (Gemaidy *et al.*, 1994) com os quais foi reciprocamente ordenada a exigência percebida ligada a cada postura e/ou movimento das principais articulações do membro superior. Resultou, por exemplo, que para a articulação do punho, os movimentos de relevante extensão são percebidos como muito mais exigentes do que os movimentos de desvio radial ou ulnar (os movimentos de flexão são intermediários) assim como aqueles de supinação do cotovelo, em relação àqueles de pronação.

Por outro lado foi também constatado que todos os movimentos relevantes da articulação escápulo-umeral são percebidos como muito exigentes.

Uma vez identificadas, para cada articulação e membro, as condições de *alta exigência postural*, trata-se de verificar para que proporção do tempo (de ciclo e, conseqüentemente, de tarefa) esta exigência é mantida (duração) sendo expressa, normalmente, por meio de fração do tipo 1/3 (de 25% a 50%), 2/3 (de 51% a 80%), 2/3 (de 81% a 100%).

O esquema apresentado na Tab. 9.1 resume, para as principais articulações do membro superior, os graus que representam a superação de 40-50% da máxima excursão articular e a relativa pontuação, ponderada em relação à percepção subjetiva: estas pontuações referem-se a uma duração de 1/3 do tempo de ciclo (de 25% a 50%) ou, para o ombro, a 10% do tempo de ciclo:

Tab. 9.1 – Síntese, para as principais articulações do membro superior, dos graus que representam a superação de 40-50% da faixa de excursão articular e a relativa pontuação ponderada (para uma duração de 1/3 do tempo de ciclo) em relação à percepção subjetiva

Articulação Escápulo-umeral (ombro)	ABDUÇÃO	45°-80°	PONTUAÇÃO 4
	FLEXÃO/ABDUÇÃO	+80° (10-20%)	PONTUAÇÃO 4
	EXTENSÃO	+20°	PONTUAÇÃO 4
Articulação Cotovelo	SUPINAÇÃO	+60°	PONTUAÇÃO 4
	PRONAÇÃO	+60°	PONTUAÇÃO 2
	FLEXO-EXTENSÃO	+60°	PONTUAÇÃO 2
Articulação Punho	FLEXÃO	+45°	PONTUAÇÃO 3
	DESVIO RADIAL	+15°	PONTUAÇÃO 2
	DESVIO ULNAR	+20°	PONTUAÇÃO 2
	EXTENSÃO	+45°	PONTUAÇÃO 4

No tocante aos tipos de preensão com a mão, é notório que alguns deles (*pinch*, preensão palmar superior, etc.) são considerados mais desfavoráveis em relação à preensão em "grip" ou "preensão de força" e portanto julgados de exigência média/alta; levando-se isto em conta, a pontuação de exigência por preensão da mão foi classificada segundo o esquema apresentado na Tab. 9.2.

A Fig. 9.1 ilustra os principais tipos de preensão da mão: os diversos movimentos articulares do membro superior que fazem parte da análise serão ilustrados a cada passo nas planilhas específicas referentes à avaliação da exposição de cada segmento articular.

Tab. 9.2 – Síntese, para os principais tipos de preensão da mão, das relativas pontuações ponderadas (para uma duração de 1/3 do tempo de ciclo) em relação à capacidade de desenvolvimento de força

GRIP AMPLO (4-5 cm)	PONTUAÇÃO 1
GRIP APERTADO (1,5 cm)	PONTUAÇÃO 2
MOVIMENTOS FINOS DOS DEDOS	PONTUAÇÃO 3
PINCH	PONTUAÇÃO 3
PREENSÃO PALMAR	PONTUAÇÃO 4
PREENSÃO EM GANCHO	PONTUAÇÃO 4

Fig. 9.1 – Principais tipos de preensão da mão

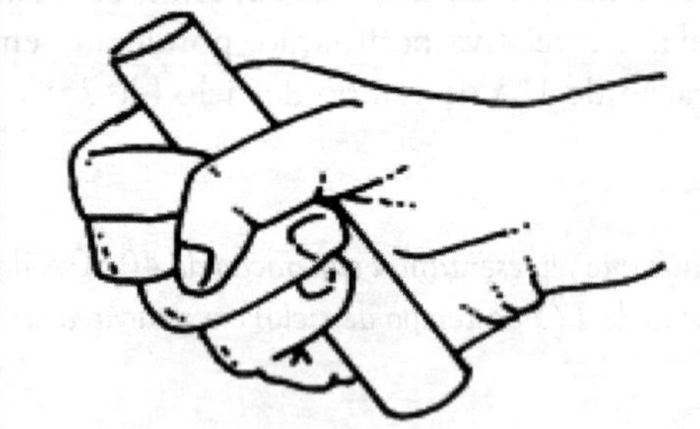

O tipo de "pressão de precisão" (*pinch*) é caracterizado pela oposição entre o polegar e as pequenas articulações distais dos outros dedos.

Este tipo de pressão pode desenvolver somente 35/5 da força total de preensão da mão: é, portanto, intrinsecamente de mais risco.

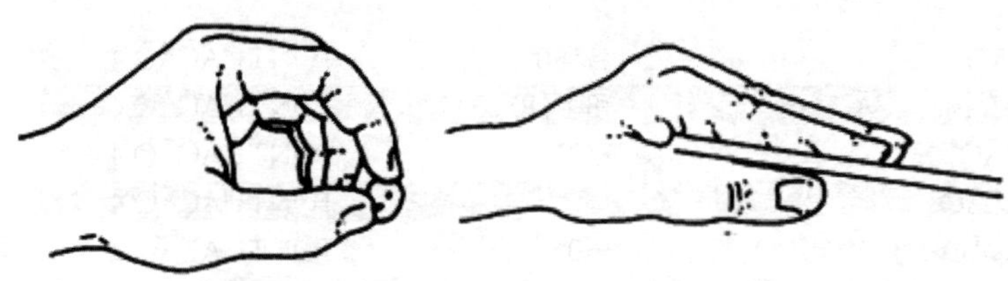

O tipo de "preensão de força" (*power grip*) permite à mão desenvolver a máxima força.

É caracterizada pela direta oposição do polegar aos demais dedos que, desta forma, envolvem completamente o objeto de preensão como a adquirir a sua forma.

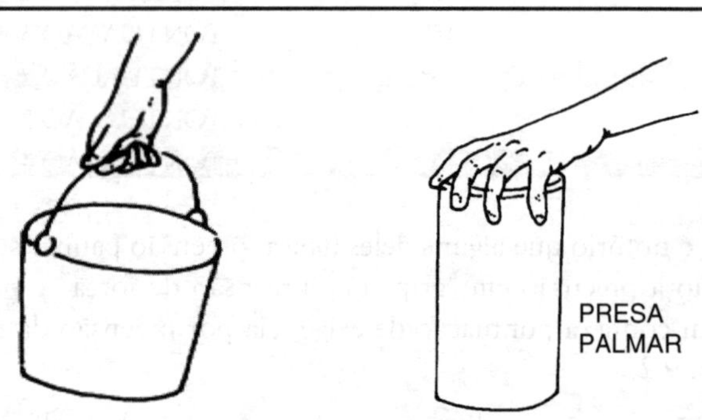

Preensão em gancho

(cabo de diâmetro fino) ou preensão do pacote enfiando os dedos sob a margem inferior

Conforme já mencionado para a análise da freqüência de ação, também para as posturas é necessário conduzir a análise utilizando um filme a ser passado, eventualmente, em câmara lenta.

Para simplificar o trabalho de análise das posturas, provavelmente o mais complexo e longo dentro da avaliação da exposição de risco a movimentos repetitivos, é aqui proposto um primeiro modelo facilitado em que são apresentados os movimentos e as posturas inadequadas (de alta exigência) dos segmentos considerados. O modelo de análise encontra-se na planilha apresentada na Tab. 9.3.

Este modelo de análise prevê, em geral, as seguintes fases operacionais:

- a avaliação da presença de posturas ou movimentos inadequados (alta exigência) relativamente a cada segmento articular indicado (as articulações escápulo-umerais, cotovelo, punho, mão com os diversos tipos de preensão e movimentos dos dedos) separadamente para o membro direito e para o esquerdo;
- a estimativa de sua duração expressa como proporção da duração de cada ciclo e/ou da tarefa repetitiva nos prazos de 1/3 do tempo de ciclo (de 25% a 50% do tempo), 2/3 (de 51% a 80%), 3/3 (superior a 81% do tempo);
- cálculo da pontuação total da exigência dentro do ciclo representativo da tarefa para cada articulação e para cada membro.

9.2. Descrição e avaliação da postura e dos movimentos inadequados da articulação escápulo-umeral (Exemplo 9.1 e Fig. 9.2)

Relativamente aos movimentos e às posturas do ombro, estudos recentes (Punnett *et al.*, 2000), evidenciaram como ações dinâmicas ou estáticas que implicam na elevação do braço (em flexão ou abdução) aproximadamente à altura do ombro, por apenas 10% do tempo de ciclo/tarefa, comportam um risco de distúrbios e patologias desta articulação. O mesmo estudo estimou que este risco, em relação aos sujeitos que não estão expostos à condição descrita (mas que podem também trabalhar com o braço em posições intermediárias), aumenta 1,4 vezes para cada incremento de 10% do tempo gasto com a elevação do braço à altura do ombro.

Estes resultados foram utilizados para detalhar melhor a análise da postura e dos movimentos do ombro, que deverá permitir a identificação da presença de posturas com elevação do braço à altura do ombro (em flexão, abdução) e de "temporizá-las" percentualmente em relação ao tempo de ciclo/tarefa; a seguir, dentro desta análise, deverão ser atribuídas pontuações pela exigência postural do ombro conforme detalhado na Fig. 9.2.

Quando houver ações estáticas de ampla elevação do braço em relação ao ombro, as pontuações assim fornecidas, em relação ao tempo de manutenção, representam, *por si só*, uma classificação (avaliação) semiquantitativa do risco por sobrecarga estática do ombro; esta avaliação poderá ser utilmente integrada aos critérios de avaliação dos períodos de recuperação depois de ações estáticas, que serão amplamente tratadas no Cap. 11 deste livro.

Por meio da observação de um "*ciclo*" de trabalho (no filme revisto em câmera lenta), se descrevem os movimentos ou as posturas inadequadas do braço em relação ao ombro. Na planilha de avaliação (Fig. 9.2) são indicadas, por meio de desenhos, as "áreas de risco" alcançáveis por movimentos ou manutenções em *abdução* (superior a 45°); em *flexão* (superior a 80°); em *extensão* (superior a 20°). As medidas fornecidas foram selecionadas arredondando os valores analíticos dados pela literatura e fornecendo valores mais facilmente identificáveis com uma observação direta também sem uso de instrumentos dedicados (goniômetros).

A pontuação de risco prevista para flexões e/ou abduções com excursões acima de 80° é de 4 se os movimentos ou as manutenções em áreas de risco ocupam de 10% a 20% do tempo, 8 até 30%, 12 até 40%, 16 até 50%, 24 acima de 50% (A1).

A pontuação de risco atribuído às abduções com excursões compreendidas entre 45° e 80° ou às extensões acima de 20° é igual a 4 se os movimentos ou as manutenções em áreas de risco ocupam 1/3 do tempo, 8 se 2/3, 12 se 3/3 (A2 e A3).

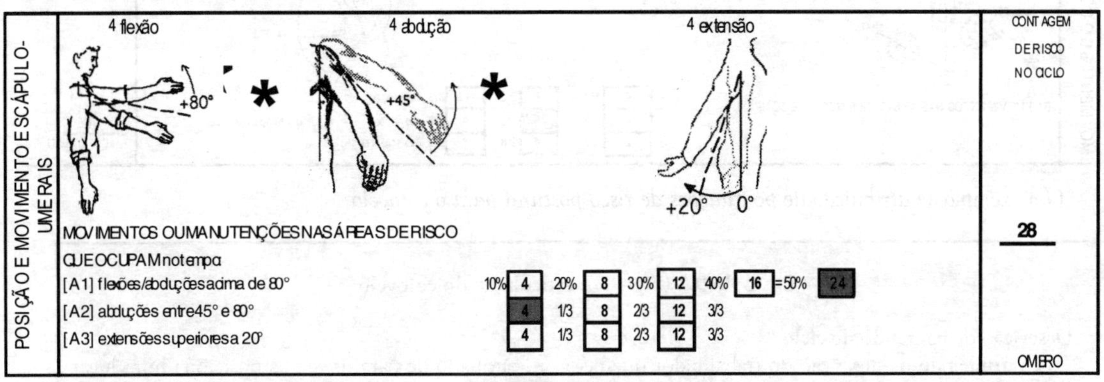

Fig. 9.2 – Exemplo 9.1: avaliação de posturas e movimentos inadequados do braço em relação ao ombro

A fim de oferecer uma maior compreensão das técnicas de atribuição das pontuações é apresentado na Tab. 9.3 um exemplo prático.

Tab. 9.3 – Um exemplo de atribuição de pontuações de risco postural para a articulação escápulo-umeral

Exemplo 9.1 (Fig. 9.2): articulação escápulo-umeral
Descrição do conteúdo do ciclo Num ciclo de 30 segundos, durante 2/3 do tempo de ciclo (20 segundos) o trabalhador, depois de ter pego com a mão direita (num lugar perto do corpo), um punhado com cerca de 10 parafusos (2 segundos), deve inseri-los, sempre com a direita, num lugar posto à altura do ombro. No restante 1/3 do tempo deve retirar 3 tubos com a mão direita (2 segundos), sempre num ponto perto do corpo, e após tê-los passados para a mão esquerda, deve posicioná-los (com a mão direita) em 3 lugares postos lateralmente ao tronco em posição elevada (8 segundos) de 60°. Efetua-se a avaliação somente do membro direito.
Atribuição da pontuação Neste caso a pontuação de risco será 28 (a máxima pontuação alcançável) porque durante 1/3 do tempo executa movimentos em abdução entre 45° e 80° (posicionamento dos tubos), que determina a pontuação 4, e durante 2/3 do tempo (posicionamento dos parafusos) mantém o braço flexionado acima de 80° (portanto em área de risco), valor que, sozinho, já leva a pontuação a 24.

9.3. Descrição e avaliação dos movimentos da articulação do cotovelo (Exemplo 9.2 e Fig. 9.3)

No esquema de avaliação proposto (Fig. 9.3), uma primeira figura ilustra as áreas "de risco" para os movimentos de pronação e supinação (acima de 60°); uma segunda figura ilustra as áreas "de risco" dos movimentos de flexo-extensão do cotovelo (superiores aos 60° de excursão total independentemente da posição de partida) (B1).

É prevista a descrição somente dos movimentos e não das "manutenções", seja para a prono-supinação seja para a flexo-extensão do cotovelo. Para esta articulação, de fato, posições de manutenção (ex. cotovelo flexionado ou punho pronado) resultam muitas vezes sem influência, às vezes consideradas até mesmo de repouso e somente em raros casos problemáticas (ex: manutenção de uma bandeja para servir em supinação máxima).

No caso de movimentos em direção à pronação máxima do cotovelo, é sugerida a pontuação 2 e não 4 (por 1/3 do tempo de ciclo) porque durante uma normal atividade de trabalho, o trabalhador obtém a completa pronação da mão sobre o plano de trabalho também por meio de uma parcial rotação interna do ombro (a posição em rotação interna do ombro, mesmo estando quase sempre presente, é dificilmente observável e não está, portanto, incluída entre as posturas inadequadas a serem levantadas para o cálculo do índice OCRA). A supinação máxima requer, no entanto, uma exigência maior (pontuação 4 por 1/3 do tempo de ciclo) das estruturas do cotovelo. A superação da excursão de 60° de flexo-extensão pressupõe, pelo contrário, uma exigência inferior (pontuação 2 por 1/3 do tempo de ciclo).

A fim de oferecer uma maior compreensão das técnicas de atribuição das pontuações é apresentado na Tab. 9.4 um exemplo prático.

Fig. 9.3 – Exemplo 9.2: avaliação dos movimentos inadequados do cotovelo

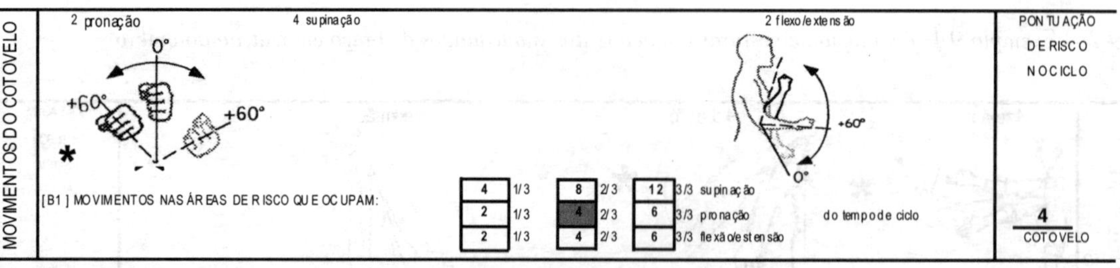

Tab. 9.4 – Um exemplo de atribuição de pontuações de risco postural para o cotovelo

Exemplo 9.2 (Fig. 9.3): articulação do cotovelo

Descrição do conteúdo do ciclo

Continuando na descrição do trabalhador que pega um punhado de parafusos e os posiciona num lugar na altura dos ombros (exemplo 9.1), focaliza-se a atenção na articulação do cotovelo (direito em particular). Após ter pego um punhado de parafusos com a mão direita (em pronação), executa repetidas pronações completas cada vez que insere um parafuso (2/3 do ciclo): retornando repetidamente na posição zero do punho, deixa, de fato, deslizar um novo parafuso da palma da mão para a ponta dos dedos, para poder posicioná-los.

Atribuição da pontuação

Estando o local de retirada dos parafusos e dos tubos longe do corpo, assim como o ponto de colocação, o cotovelo deve executar amplos movimentos de flexo-extensão, porém durante menos de 1/3 do tempo (pontuação 0).

Durante a colocação dos parafusos são depois necessárias repetidas e amplas pronações durante 2/3 do tempo (pontuação 4).

A pontuação total de risco é 4.

9.4. Descrição e avaliação das posturas e dos movimentos da articulação do punho (Exemplo 9.3 e Fig. 9.4)

No esquema de avaliação proposto (Fig. 9.4), a primeira figura descreve as áreas de "risco" para posturas/movimentos em flexão e em extensão (superiores a 45°). A segunda figura descreve as áreas "de risco" para os desvios rádio/ulnares (15° para os desvios radiais, 20° para os desvios ulnares) (C1).

Para a extensão acima de 45°, prolongada por pelo menos 1/3, é prevista a pontuação 4 (alto risco); para a flexão a pontuação 3, para os desvios rádio-ulnares a pontuação 2: para as outras a Fig.9.4 indica claramente as respectivas pontuações.

Fig. 9.4 – Exemplo 9.3: avaliação dos movimentos inadequados do punho

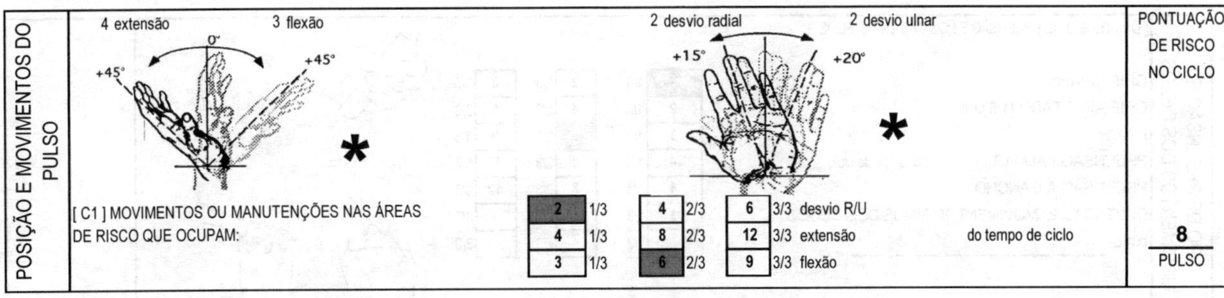

A fim de oferecer uma maior compreensão das técnicas de atribuição das pontuações é apresentado na Tab. 9.5 um exemplo prático.

Tab. 9.5 – Um exemplo de atribuição de pontuações de risco postural para o punho

Exemplo 9.3 (Fig. 9.4): articulação do punho
Descrição do conteúdo do ciclo Retoma-se o exemplo 9.2 e descreve-se a exigência da articulação do punho direito. Encontrando-se o ponto em que o trabalhador insere os parafusos um tanto elevado e longe, o trabalhador deve executar umas flexões do punho durante todo o tempo em que deve inserir os parafusos (2/3 do tempo) e dos simultâneos, mas menos freqüentes, desvios ulnares que no total alcançam apenas 1/3 do tempo de ciclo.
Atribuição da pontuação A pontuação pela presença de flexões do punho superiores a 45° é igual a 6 enquanto a simultânea presença de desvios ulnares durante 1/3 do tempo determina uma pontuação 2. A pontuação total é igual a 8.

9.5. Descrição e avaliação das posturas e dos movimentos da articulação da mão (Exemplo 9.4 e Fig. 9.5)

Dada a extrema complexidade e variabilidade postural e de movimento observável neste segmento articular, optou-se para uma simplificação que privilegia a descrição das posições de preensão dos dedos conforme mostrado na Tab. 9.2 na qual estão também determinadas as pontuações atribuídas a cada tipo de preensão com referência a 1/3 do tempo/tarefa.

A fim de oferecer uma maior compreensão das técnicas de atribuição das pontuações é apresentado na Tab. 9.6 e Fig. 9.5 um exemplo prático.

Tab. 9.6 – Um exemplo de atribuição de pontuações de risco postural para os tipos de preensão da mão

Exemplo 9.4 (Fig. 9.5): tipos de preensão da mão
Descrição do conteúdo do ciclo Descreve-se o tipo de preensão da mão durante a operação de retirada e colocação dos parafusos e de retirada e colocação dos 3 tubos.
Atribuição da pontuação A preensão dos 10 parafusos pode ser comparável a um PINCH (poucos segundos de duração) A colocação dos parafusos é totalmente em PINCH (2/3 do tempo de ciclo): pontuação 6 A preensão e colocação dos 3 tubos é em GRIP (1/3 do tempo de ciclo): pontuação 1 A pontuação total é igual a 7.

Fig. 9.5 – Exemplo 9.4: avaliação de posturas e movimentos inadequados da mão

TIPO DE PREENSÃO E MOVIMENTOS DOS DEDOS	[D1] TEMPO DE PREENSÃO E POSIÇÃO DOS DEDOS		1/3	2/3	3/3
	GRIP (3-4 cm)		1	2	3
	GRIP APERTADO (1,5 cm)		2	4	6
	PINCH		3	6	9
	PREENSÃO PALMAR	do tempo de ciclo	4	8	12
	PREENSÃO A GANCHO		4	8	12
	DIGITAÇÃO E MOVIMENTOS FINOS DOS DEDOS		3	6	9
	outro __________				

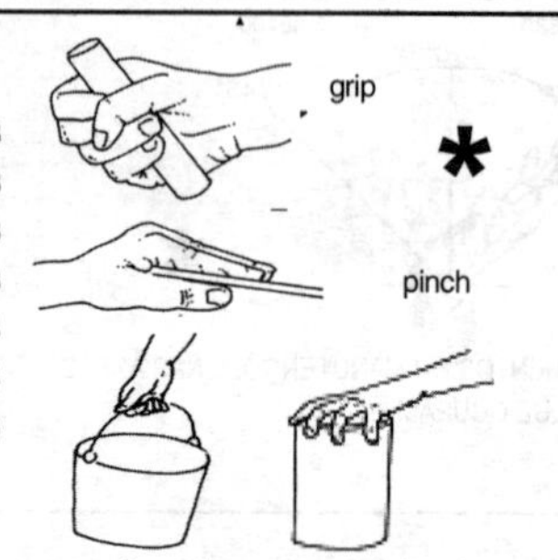

7 PREENSÃO/MÃO

Em geral, quando o trabalhador tem um tipo de preensão diverso daquelas descritas, deve ser escolhida uma pontuação variável de 1 a 4 (por 1/3 do tempo) em função da semelhança com os outros tipos de preensão indicados. No que diz respeito aos movimentos finos dos dedos estes devem ser entendidos como todos aqueles movimentos dos dedos, presentes numa tarefa, que têm por objetivo obter resultados práticos e que dificilmente são considerados como movimentos independentes.

Como comentário geral sobre a atividade apresentada no exemplo (posicionamento dos parafusos com o braço levantado), nota-se que a articulação mais envolvida é, com certeza, o ombro que alcança a pontuação máxima (28): seguem as articulações do punho (8) e da mão (7).

Repetindo-se a análise da postura da mesma operação após ter melhorado a área de trabalho, isto é, ter trazido a área de trabalho para inserir os parafusos e os tubos para perto do trabalhador, temos uma significativa melhoria dos índices de risco para quase todos os segmentos articulares, com exceção daquele da mão para o qual o tipo de preensão (*PINCH*), determinado pelos objetos manuseados (os parafusos), permanece obviamente inalterado.

9.6. O estudo do fator de risco "estereotipia ou carência de variações na tarefa"

Uma vez analisada a presença de posturas inadequadas para os tempos "significativos" antes indicados, resta destacar a presença de "estereotipia" ou "carência de variações na tarefa", ou seja:

– a presença de gestos de trabalho do mesmo tipo (ações técnicas), realizadas com a mesma postura (inadequada ou não), que ocupam boa parte do tempo de ciclo (ou do tempo de tarefa repetitiva); ou

– a presença de grupos de ações, mesmo diversas por tipologia e postura, mas num ciclo extremamente curto (inferior ou igual a 15 segundos), do qual ocupam boa parte do tempo de ciclo.

Dada a grande variabilidade das combinações existentes entre gestos de trabalho, posturas e tempos de ciclo, para ajudar o avaliador a reconhecer melhor a presença de estereotipia e a atribuir-lhe uma adequada pontuação de risco, serão apresentadas a seguir algumas referências práticas (Tab. 9.7) acompanhadas das relativas pontuações para a avaliação do risco.

Tab. 9.7 – Referências práticas para a atribuição das pontuações pela presença de estereotipia de grau elevado e de grau moderado

	ESTEREOTIPIA DE GRAU ELEVADO: PONTUAÇÃO 4
A1	**Quando os mesmos gestos de trabalho, realizados com a mesma postura, ocupam quase todo o tempo de ciclo ou da tarefa repetitiva (mais de 80% do tempo)** 1) REPETIR A MESMA AÇÃO TÉCNICA (ex: parafusar, limar, martelar... 2) REPETIR O MESMO GRUPO DE AÇÕES TÉCNICAS (ex: pegar objeto, posicionar, girar, exercer pressão, acionar botão, pegar de novo um objeto idêntico, girar, exercer pressão, acionar botão, etc. 3) SEGURAR UM OBJETO COM A MESMA POSTURA (ex: segurar um objeto em *grip* com uma mão (presença de estereotipia), enquanto a outra está ocupada em executar outras operações)
A2	QUANDO O TEMPO DE CICLO É INFERIOR A 8 SEGUNDOS E É OCUPADO, POR BOA PARTE DO TEMPO, POR AÇÕES TÉCNICAS DOS MEMBROS SUPERIORES, AINDA QUE DIFERENTES POR TIPOLOGIA E POSTURA
	ESTEREOTIPIA DE GRAU MODERADO: PONTUAÇÃO 2
B1	**Quando os mesmos gestos de trabalho, realizados com a mesma postura, ocupam 2/3 do tempo de ciclo ou da tarefa repetitiva (entre 51% e 80% do tempo)** 4) REPETIR A MESMA AÇÃO TÉCNICA (ex: parafusar, limar, martelar...) 5) REPETIR O MESMO GRUPO DE AÇÕES TÉCNICAS (ex: pegar objeto, posicionar, girar, exercer pressão, acionar botão, pegar de novo um objeto idêntico, girar, exercer pressão, acionar botão, etc.) 6) SEGURAR UM OBJETO COM A MESMA POSTURA (ex: segurar um objeto em *grip* com uma mão (presença de estereotipia), enquanto a outra está ocupada em executar outras operações)
B2	QUANDO O TEMPO DE CICLO ESTÁ COMPREENDIDO ENTRE 8 E 15 SEGUNDOS E É OCUPADO, DURANTE BOA PARTE DO TEMPO, POR AÇÕES TÉCNICAS DOS MEMBROS SUPERIORES, AINDA QUE DIFERENTES POR TIPOLOGIA OU POSTURA.

Retomando o Exemplo 9.1, no qual foram atribuídos as diversas pontuações relativas à presença de posturas inadequadas, procede-se finalmente ao estudo da eventual presença de estereotipia (Tab. 9.8).

Sendo o ciclo superior a 15 segundos, a estereotipia não é certamente determinada pela duração do ciclo: é necessário, portanto, verificar se o trabalhador executa gestos de trabalho do mesmo tipo e com a mesma postura (no exemplo: inserir o mesmo tipo de parafuso) e durante que percentual do tempo de ciclo (no exemplo: durante 2/3).

Neste caso pode-se concluir pela presença de estereotipia de grau moderado (pontuação 2).

A Fig. 9.6 traz, num modelo de análise das posturas e da estereotipia, a síntese da avaliação efetuada no caso do Exemplo 9.1

Tab. 9.8 – Um exemplo de atribuição da pontuação pela presença de estereotipia

Exemplo 9.5: atribuição das pontuações de estereotipia
Descrição do conteúdo do ciclo Num ciclo de 30 segundos, durante 2/3 do tempo de ciclo (20 segundos) o trabalhador, depois de ter retirado com a mão direita (de um lugar perto do corpo) um punhado com cerca de 10 parafusos (2 segundos), deve inseri-los, sempre com a direita, num lugar posto à altura do ombro. No restante 1/3 do tempo deve retirar 3 tubos com a mão direita (2 segundos), sempre de um lugar perto do corpo e, após tê-los passado para a mão esquerda, deve posicioná-los (com a mão direita) em 3 lugares postos lateralmente ao tronco em posição elevada (8 segundos) de 60°. Efetua-se a avaliação somente do membro direito.
Atribuição da pontuação Neste caso existe a presença de estereotipia de grau moderado (pontuação 2) porque durante 2/3 do tempo executa gestos de trabalho do mesmo tipo (inserir os parafusos) e com a mesma postura tanto da mão (*pinch*) como do braço (manutenção em flexão).

9.7. Um exemplo prático de avaliação das posturas inadequadas e da presença de estereotipia

Nas Tab. 9.9 e Tab. 9.10 é proposto o exemplo já ilustrado nos capítulos anteriores (Cap. 7 a soldagem do suporte) para proceder à atribuição das pontuações para a postura respectivamente do ombro e da mão (outros segmentos articulares não são de risco) e para a estereotipia.

Foi anteriormente destacado que, para completar um ciclo muito curto de 9 segundos, são realizadas 8 ações com a direita e 6 com a esquerda.

Examinando a postura do ombro direito constata-se que 4 ações, por uma duração total de 5 segundos (56% do tempo de ciclo) são de alta exigência (abdução entre 50° e 60°); o dado comporta a presença de una postura inconveniente do braço: a pontuação que deve ser marcada na planilha (Fig. 9.6) será 8 pela presença de abdução. No que diz respeito à presença de uma flexão do braço superior a 80°, sempre para a articulação do ombro direito, 1 ação é de alta exigência (duração 1 segundo igual a 11% do tempo de ciclo) com pontuação 4 pela presença de flexão.

A esquerda realiza 2 ações de alta exigência (abdução entre 50° e 60°) por uma duração de 3 segundos: a sua presença é de 1/3 do tempo de ciclo com pontuação 4 sempre pela presença de abdução; no que tange à flexão, 1 ação é de alta exigência (duração 1 segundo igual a 11% do tempo de ciclo) com pontuação 4.

Em síntese para o ombro direito teremos as pontuações ilustradas na Tab. 9.9.

Tab. 9.9 – Síntese das pontuações de risco postural para articulação escápulo-umeral

<table>
<tr><th>Direita</th><th>Pontuação Total Ombro Direito</th></tr>
<tr><td>8 - pela presença de abdução por 2/3 do tempo;</td><td rowspan="2">12</td></tr>
<tr><td>4 - pela presença de flexão por 11% do tempo</td></tr>
<tr><th>Esquerda</th><th>Pontuação Total Ombro Esquerdo</th></tr>
<tr><td>4 - pela presença de abdução por 1/3 do tempo;</td><td rowspan="2">8</td></tr>
<tr><td>4 - pela presença de flexão por 11% do tempo</td></tr>
</table>

As articulações do cotovelo e do punho não apresentam condições relevantes.

A mão assume posições diversas de preensão como o *pinch*, o *grip* e a preensão palmar.

À direita a preensão em *grip* amplo alcança 2/3 do tempo de ciclo enquanto a preensão palmar e o *pinch*, também considerados no seu conjunto, não duram mais que 22% do tempo e, portanto, não alcançam 1/3: a pontuação para a mão direita é, portanto, 2.

A mão esquerda apresenta, também, uma preensão em *grip* durante 2/3 do tempo. A preensão palmar e o *pinch* duram, cada qual, 16% do tempo: tomadas individualmente não alcançam a duração de pelo menos 1/3 do tempo que lhe atribuiria a pontuação correspondente. Deve ser considerado, no entanto, que no conjunto o trabalhador assume uma postura inconveniente (*pinch* com pontuação 3 + preensão palmar com pontuação 4) para 32% do tempo: pode-se, então, atribuir a esta eventualidade una pontuação média igual a 3,5 (Tab. 9.10). Este modelo de cálculo que leva em conta a possibilidade de agregação de pontuações intermediárias encontra-se no *software* "midaOCRAmulticompiti".

Tab. 9.10 – Síntese das pontuações de risco postural para os tipos de preensão da mão

<table>
<tr><th>Direita</th><th>Pontuação Total Mão Direita</th></tr>
<tr><td>2 - pela presença de preensão em grip amplo durante 2/3 do tempo
preensão palmar e pinch não alcançam tempos significativos</td><td>2</td></tr>
<tr><th>Esquerda</th><th>Pontuação Total Mão Esquerda</th></tr>
<tr><td>2 - pela presença de preensão em grip amplo durante 2/3 do tempo
3,5 - preensão palmar e pinch alcançam juntos tempos significativos (1/3 do tempo)</td><td>5,5</td></tr>
</table>

No que diz respeito à atribuição da pontuação de estereotipia é importante sublinhar que neste caso ela está presente, e de grau moderado (pontuação 2), pelos seguintes motivos:

– a duração do ciclo está compreendida entre 8 e 15 segundos e as ações técnicas ocupam boa parte do tempo de ciclo;

– devido à brevidade do ciclo não é necessário, na atribuição das pontuações de estereotipia, evidenciar se persistem os mesmos gestos de trabalho, conduzidos com a mesma postura, por pelo menos 2/3 do tempo de ciclo.

Se, porém, um ciclo de duração entre 8 e 15 segundos fosse caracterizado por ações idênticas que ocupam todo o tempo, a pontuação de estereotipia seria no máximo (4).

Existem também tarefas de trabalho organizadas em ciclos curtos (ex. inferiores a 8 segundos) mas que não contemplam a presença de estereotipia: isto pode acontecer se a duração das ações técnicas que o caracterizam for tão curta a ponto de não ocupar pelo menos mais da metade do tempo de ciclo.

9.8. Os modelos para o levantamento das informações sobre a avaliação do risco postura e sobre a presença de estereotipia

Para o levantamento das informações sobre a exigência postural dos diversos segmentos articulares são propostos dois modelos que oferecem dois diversos graus de precisão, especialmente na estimativa da duração das posturas inadequadas:

– o primeiro, o modelo sintético (Fig. 9.6), requer uma simples observação e leitura de frações temporais.

– o segundo, o modelo analítico (Tab. 9.11) que faz parte do *software* para o cálculo do índice OCRA (*software*: midaOCRAmultitarefas), oferece una planilha em que a cada ação técnica identificada no ciclo (quando já se conhece a duração em centésimos de minuto ou em segundos) se atribui a presença de uma postura inadequada e, portanto, a sua duração específica. Uma vez estabelecido o tempo de ciclo (neste caso em centésimos de minuto ou, se desejado, em segundos) o *software* calculará os percentuais de permanência em postura inadequada para cada região articular, atribuindo automaticamente as respectivas pontuações, indicativas dos diversos níveis de exigência.

Nas Tab. 9.12 e Tab. 9.13 estão resumidos os modelos para a estimativa da exigência postural respectivamente para o ombro e para a mão, relativos ao mesmo exemplo, já anteriormente avaliado para a freqüência de ação e força, para a atribuição das pontuações relativas à presença de posturas inadequadas.

Tab. 9.11 – O modelo analítico para o cálculo automático (software: midiaOCRAmultitarefa) da exigência postural com uso dos tempos de duração de cada ação técnica em centésimos de minuto

descrição das ações técnicas	Posturas e movimentos dos braços			Movimentos do cotovelo			Posturas e movimentos do pulso				Posturas e movimentos da mão e dos dedos						Estereotipia .$Re_{M:SI}$=1Moderada SI=2 Elevada No=0	Força		Ações técnicas do braço direito	
direita	flexão e/ou abdução sup. a 80°	abdução sup. a 45°- 80°	extensão sup. A 20°	pronação sup.a 60°	supinação sup.a 60°	flexo/estensão sup.a 60°	flexão sup.a 45°	extensão sup.a 45°	desvio radial sup.a 15°	desvio ulnar sup. a 20°	grip (diâmetro 3-5 cm)	grip apertado (1-2cm)	pinch	preensão palmar	preensão em gancho	movimento finos dos dedos		pontuação na escala de Borg	duração das ações com força (cts)	duração das ações técnicas (cts)	TOT.ações técnicas por ciclo
	0%	0%	0%	0%	0%	0%	0%	0%	0%	0%	0%	0%	0%	0%	0%	0%					
	0	0	0	0	0	0	0	0	0	0	1	0	3	0	0	0					
	pontuação ombro 0			pontuação cotovelo 0			pontuação pulso 0				pontuação mão 0							1,00			

Tab. 9.12 – Soldagem do suporte: ações técnicas e tempos de permanência em postura de risco para a articulação do ombro

DESCRIÇÃO DAS AÇÕES TÉCNICAS DOS MEMBROS SUPERIORES (Separadamente para direita e esquerda)	FREQÜÊNCIA		POSTURA E MOVIMENTOS OMBRO		
	DIREITA N. VEZES	ESQUERDA N. VEZES	ABDUÇÃO + de 45°	FLEXÃO + de 70-80°	EXTENSÃO + de 20°
retira caixa				1 seg.	
gira peça					
pega caixa com a direita	1				
posiciona caixa	1				
Aperta botões	1		1 seg.		
retira 3 suportes com a mão direita	3		4 seg.		
pega suporte com a esquerda					
insere suporte (da esquerda)					
insere os 2 suportes (com a direita)	2				
TEMPO TOTAL NO CICLO			5 seg.	1 seg.	
% SOBRE O TEMPO DE CICLO TOTAL			55	12	

DESCRIÇÃO DAS AÇÕES TÉCNICAS DOS MEMBROS SUPERIORES (separadamente para direita e esquerda)	FREQÜÊNCIA		POSTURA E MOVIMENTOS OMBRO		
	DIREITA N. VEZES	ESQUERDA N. VEZES	ABDUÇÃO + de 45°	FLEXÃO + de 70-80°	EXTENSÃO + de 20°
retira caixa		1	1,5 seg.		
gira peça		1	1,5 seg.		
pega caixa com a direita					
posiciona caixa		1			
Aperta botões		1			
retira 3 suportes com a mão direita					
pega suporte com a esquerda		1		1 seg.	
insere suporte (da esquerda)		1			
insere os 2 suportes (com a direita)					
TEMPO TOTAL NO CICLO			3 seg.	1 seg.	
% SOBRE O TEMPO DE CICLO TOTAL			33	12	

Tab. 9.13 – Soldagem do suporte: ações técnicas e tempos de permanência em postura de risco para as ações de preensão da mão

DESCRIÇÃO DAS AÇÕES TÉCNICAS DOS MEMBROS SUPERIORES (separadamente para direita e esquerda)	FREQÜÊNCIA		POSTURA E MOVIMENTOS MÃO/DEDOS		
	DIREITA N. VEZES	ESQUERDA N. VEZES	GRIP AMPLO	PINCH	PREENSÃO PALMAR
retira caixa					1 seg.
gira peça				1 seg.	
pega caixa com a direita	1				
posiciona caixa	1				
Aperta botões	1				
retira 3 suportes com a mão direita	3		4 seg.		
pega suporte com a esquerda					
insere suporte (da esquerda)					
insere os 2 suportes (com a direita)	2		2 seg.		
TEMPO TOTAL NO CICLO			6 seg.	1 seg.	1 seg.
% SOBRE O TEMPO DE CICLO TOTAL			66,6	11	11

DESCRIÇÃO DAS AÇÕES TÉCNICAS DOS MEMBROS SUPERIORES (separadamente para direita e esquerda)	FREQÜÊNCIA		POSTURA E MOVIMENTOS MÃO/DEDOS		
	DIREITA N. VEZES	ESQUERDA N. VEZES	GRIP AMPLO	PINCH	PREENSÃO PALMAR
retira caixa		1	.		1,5 seg.
gira peça		1		1,5 seg.	
pega caixa com a direita					
posiciona caixa		1			
aperta botões		1			
retira 3 suportes com a mão direita					
pega suporte com a esquerda		1	1 seg.		
insere suporte (pela esquerda)		1	4 seg.		
insere os 2 suportes (com a direita)					
TEMPO TOTAL NO CICLO			5 seg.	1,5 seg.	1,5 seg.
% SOBRE O TEMPO DE CICLO TOTAL			55	16,6	16,6

Fig. 9.6 – O modelo sintético para a análise das posturas e da estereotipia com a síntese da avaliação efetuada no Exemplo 9.1

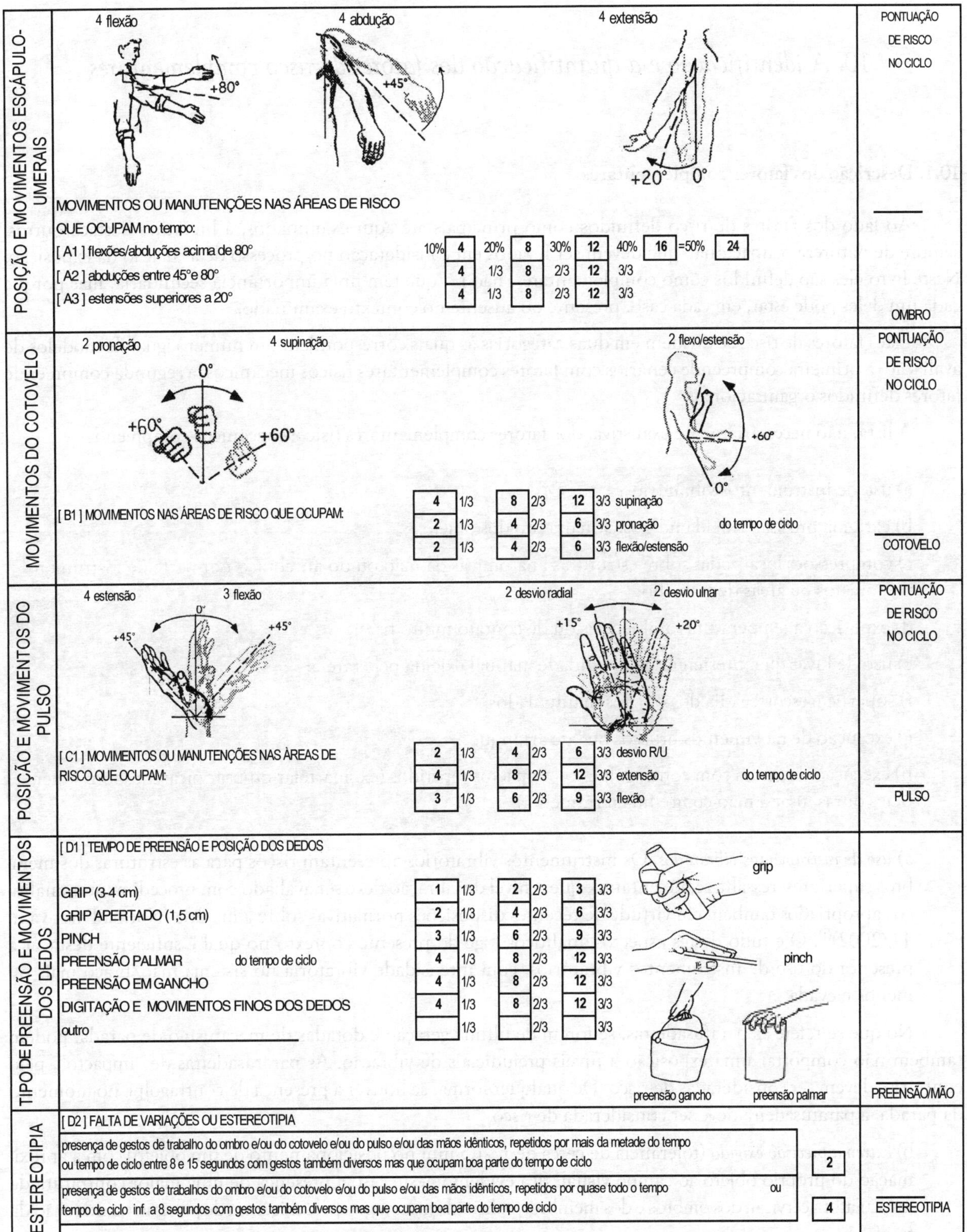

10. *A identificação e a quantificação dos fatores de risco complementares*

10.1. Descrição dos fatores complementares

Ao lado dos fatores de risco definidos como principais até aqui examinados, a literatura destaca outros, sempre de natureza ocupacional, que devem ser levados em consideração no processo de avaliação da exposição. Neste livro eles são definidos como complementares, não porque têm uma importância secundária, mas porque cada um deles pode estar, em cada caso, presente ou ausente no contexto examinado.

Estes fatores de risco se dividem em duas categorias às quais correspondem um número igual de modelos de avaliação: a primeira compreende cenários com fatores complementares físicos-mecânicos, a segunda compreende fatores definidos organizacionais.

A lista, não necessariamente exaustiva, dos fatores complementares físicos-mecânicos compreende:

a) uso de instrumentos vibratórios;

b) extrema precisão exigida no posicionamento dos objetos;

c) compressões localizadas sobre estruturas anatômicas da mão ou do antebraço por parte de instrumentos, objetos ou áreas de trabalho;

d) exposição a temperaturas ambientais ou de contato muito frias;

e) uso de luvas que interferem na habilidade manual exigida pela tarefa;

f) superfície escorregadia dos objetos manipulados;

g) execução de movimentos bruscos ou "de arranque";

h) execução de gestos com contragolpes ou impactos repetidos (ex: martelar ou usar picareta sobre superfícies duras, usar a mão como uma ferramenta).

a) *uso de instrumentos vibratórios.* Os instrumentos vibratórios apresentam riscos para as estruturas dos membros superiores: ressalta-se, no entanto, que o nível de vibração deve ser avaliado com procedimentos analíticos apropriados também em virtude de recentes disposições normativas sobre a matéria (Norma Diretiva n. 44/2002)[1]. O estudo destes aspectos analíticos foge do presente contexto no qual é suficiente destacar a presença do uso de instrumentos vibratórios, com intensidade vibratória no sistema mão/braço mais ou menos elevada.

No que se refere às parafusadeiras, se forem de última geração e dotadas de mecanismo de parada, podem também não comportar uma exposição a níveis prejudiciais de vibração. As parafusadeiras de "impacto", pelo contrário, devem ser consideradas de risco. De qualquer forma, se houver a presença de contragolpe no momento da parada, a parafusadeira deve ser considerada de risco.

b) *extrema precisão exigida* (tolerância de cerca de +/-1,5 mm no posicionamento de um objeto) com a aproximação do próprio objeto ao campo visual: fica evidente neste caso a presença de uma maior contratura da musculatura cervical, dos ombros e dos membros, solicitada justamente pela exigência de precisão na execução da tarefa.

c) *compressões localizadas sobre estruturas anatômicas da mão ou do antebraço por parte de instrumentos, objetos ou áreas de trabalho*: elas estão na gênese de tendinites traumáticas ou bursites. Do ponto de vista prático aconselha-se observar se as mãos dos trabalhadores (em particular a palma e os dedos) apresentam vermelhidão e/ou calosidade, que denota a presença do fator.

(1) N.T. Norma Européia.

d) *exposição a temperaturas ambientais ou de contato muito frias:* temperaturas ambientais iguais ou inferiores a 0° ou pelo contato com superfícies com temperatura inferior a 0° (ex: carnes congeladas, sorvetes, etc.).

e) uso de *luvas inadequadas* que interferem na capacidade de preensão exigida pela tarefa (ex: tamanho claramente inadequado, dificuldade ou aumento da força na preensão de objeto durante o trabalho, etc.).

f) superfície *escorregadia* dos objetos manipulados (ex: manipulação de superfícies com óleos lubrificantes ou de alimentos escorregadios, etc.).

g) execução de *movimentos bruscos* ou "de arranque" ou rápidos (ex: o arremesso de objetos, o arranque de fitas adesivas ou de papelão, etc.) com freqüências de 2 ou mais vezes por minuto.

h) execução de *gestos com contragolpes* (ex. martelar ou usar a picareta em superfícies duras) com freqüências de 2 ou mais vezes por minuto; usar a mão como ferramenta por 10 ou mais vezes por hora.

Ao lado de fatores de natureza física ou mecânica, outros fatores, indicados com o termo genérico de psicossociais, estão presentes na literatura para a determinação dos UP-WMSDs. Entre estes fatores alguns dizem respeito mais diretamente à esfera individual e, portanto, não são incluídos em metodologias que privilegiam a exposição "coletiva" e "ocupacional" de um grupo.

Outros fatores, pelo contrário, que podem ser mais propriamente definidos como organizacionais (horas extras habituais, trabalhos com prêmios por produtividade, formação inadequada, trabalho com tempos predeterminados pelas máquinas, trabalho com objetos em rápido movimento), são identificados como amplificadores do risco coletivo de "UL-WMSDs" (e também de outros efeitos sobre a saúde) e, quando parametrizáveis, são considerados neste livro no modelo de risco.

Alguns destes fatores (como, por exemplo, incentivos e horário prolongado) são considerados em outras fases da análise (ex.: freqüência de ação, duração total do trabalho diário repetitivo). Outros, em particular o trabalho com ritmos predeterminados pela máquina, são examinados neste livro de acordo com dois cenários distintos:

- os ritmos de trabalho são determinados pela máquina mas existem "áreas de pulmão" e, portanto, pode-se pelo menos parcialmente acelerar ou desacelerar o ritmo de trabalho. Entende-se por "área de pulmão" a presença de um *buffer* de poucas unidades que permita apenas afastamentos da linha muito curtos (ex.: tempo para beber um pouco de água). Para áreas de pulmão que permitem um afastamento do posto de trabalho de pelo menos 5 minutos consecutivos, não existe o risco causado por ritmos impostos pela máquina;
- os ritmos de trabalho são totalmente determinados pela máquina: em geral se aplica quando o operário deve trabalhar na linha com ritmos absolutamente prefixados e, em particular, com objetos em movimento.

A descrição dos fatores complementares físicos-mecânicos pode ser feita paralelamente àquela das posturas, utilizando-se os mesmos suportes de informação (ex.: gravação em fita de vídeo). Para cada um destes fatores deve ser expresso o tempo (em relação ao tempo de ciclo e depois da tarefa) gasto em presença do fator, ou a freqüência de ações com o fator presente (especialmente para os movimentos bruscos e para aqueles com golpes) ou também o nível quantitativo (por exemplo, para as vibrações).

Para fins de avaliação, com exceção do fator *vibrações* para o qual, conforme mencionado, existem procedimentos bem definidos de estimativa da exposição, trata-se de avaliar cada afastamento da condição ideal (ausência de fatores complementares ou presença escassa) de forma crescente ao aumentar o número de fatores complementares presentes, e a relativa duração e/ou freqüência e/ou nível.

Para os fatores organizacionais a descrição se limita, neste livro, a verificar a presença ou não de ritmos completamente vinculados (trabalho sobre linhas de produção) ou vinculados mas com áreas de pulmão.

O esquema de levantamento da Planilha 10.1 contém um modelo descritivo-analítico dos fatores complementares. São listados os mais freqüentes: outros podem ser acrescentados caso forem observados na tarefa em análise.

10.2. Atribuição das pontuações de risco

Para cada fator complementar indicado foi atribuído uma idêntica pontuação de risco (Pontuação = 4 por uma duração de um terço do tempo de ciclo, 8 para dois terços) e 12 para três terços; podem ser usados também outros valores, se o fator complementar aparecer com níveis de intensidade diversos, porém nunca superiores a 12.

Não sendo possível quantificar *a priori* todos os fatores complementares, pode-se escolher uma pontuação de 2 a 4 representativa da gravidade (2 – baixa, 4 – alta) sempre referida a exposições de 1/3, 2/3 o 3/3 do tempo de ciclo , pela presença de outros fatores complementares considerados prejudiciais para patologias musculoesqueléticas dos membros superiores.

Para a exposição a instrumentos vibratórios importantes como martelos pneumáticos, esmeril etc. que comportem elevada exposição a vibrações, as pontuações à exposição serão de 8 para um terço do tempo, 12 para dois terços e 16 para três terços.

No que se refere à atribuição das pontuações aos fatores definidos como organizacionais (ritmos impostos pela máquina), os valores propostos são (geralmente estes valores devem ser atribuídos para o ciclo inteiro):

– 8 para ritmos impostos, mas com presença de áreas de pulmão;

– 12 para ritmos completamente impostos pela máquina.

Assim como para a avaliação da exigência postural, o risco da presença de fatores complementares é sintetizado num único código (obtido somando as pontuações dos fatores físico mecânicos com aquelas dos fatores organizacionais).

10.3. Um exemplo prático

Observando um ciclo, será fácil constatar se para um terço, dois terços ou três terços do mesmo, estão presentes fatores complementares de risco. Se estiverem presentes somente para um terço marca-se a primeira casa; se para dois terços do ciclo, marca-se a segunda; se estiverem presentes durante todo o ciclo marca-se a terceira. Se estiverem presentes vários fatores, somam-se as pontuações correspondentes a cada um dos fatores presentes.

Neste exemplo um trabalhador pega um esmeril com cabo flexível que lhe causa também uma compressão localizada na palma da mão. Usa o instrumento vibratório para um terço do ciclo; no mesmo período tem "compressão localizada".

Resulta que:

VIBRAÇÕES	[8] 1/3	[12] 2/3	[16] 3/3
COMPRESSÕES	[4] 1/3	[8] 2/3	[12] 3/3

A pontuação total relativa aos fatores físicos-mecânicos será igual a 12 (soma das duas pontuações).

Se a linha em que trabalha o operário for de ritmo completamente vinculado, à pontuação relativa aos fatores físico-mecânicos, deverá ser somada a pontuação 12 relativa à presença de fatores organizacionais: a pontuação final será igual a 24.

10.4. Exemplo de cálculo automático da pontuação para os fatores complementares utilizando o *software* "midaOCRAmulticompiti"

No exemplo de ciclo de trabalho já apresentado nos capítulos anteriores, falta agora a análise da presença de eventuais fatores complementares.

Não estão presentes problemas físico-mecânicos mas somente organizacionais: o ritmo é imposto pela máquina, porém estão presentes pequenas áreas de pulmão: a pontuação a ser atribuída será igual a 8 (Tab. 10.1).

Tab. 10.1 – Cálculo automático da pontuação para os fatores de risco complementares

Fatores complementares								Força		Ações técnicas do braço direito		Descrição das ações técnicas
precisão	vibrações	compressões mecânicas	golpes e contragolpes	movimentos repentinos e rápidos	outros fatores complementares	ritmo completamente imposto (0=NÃO, 1=SIM)	ritmo imposto com áreas de pulmão (0=NÃO, 1=SIM)	pontuação da escala de Borg	duração das ações com força (cts)	duração das ações técnicas (cts)	TOT. ações técnicas por ciclo	**direita**
								3	11,1	11,1	8	pega, pega de novo, abre, posiciona, envolve, aperta 3 v.
								2	8,1	8,1	4	pega, abre, posiciona, aperta
								5	11,7	11,7	2	pega e posiciona compressor
										6,0	2	pega e posiciona tubo aspirante
										8,5	2	pega e posiciona tubo premente
										1,6	1	pega e coloca óculos (uma vez a cada 2 compr.)
										1,9	1	pega e posiciona lona (uma vez a cada 2 compressores)
										1,8	1	pega e liga (uma vez a cada 2 compressores)
								2	26,7	26,7	20	cerca de 20 micro-oscilações por compressor
										2,4	0,5	depõe maçarico (uma vez a cada 2 compressores)
										2,1	1	pega e tira óculos (uma vez a cada 2 compr.)
										4,9	1	pega (ou posiciona) braçadeira
										3,7	3	pega, gira, insere klixon
								4	3,1	3,1	2	pega e posiciona
								3	1,8	1,8	3	pega, tira, tira meia
						0	1					
pontuação fatores complementares							8					

Planilha 10.1 – Um modelo de planilha para a descrição e a avaliação dos fatores complementares

ANÁLISE DOS FATORES COMPLEMENTARES

DESCRIÇÃO DOS FATORES COMPLEMENTARES FÍSICO-MECÂNICOS	por 1/3	por 2/3	por 3/3	pontuação DIREITA	pontuação ESQUERDA
uso de instrumentos vibratórios como martelos pneumáticos ou esmeril	8	12	16		
uso de instrumentos vibratórios como as parafusadeiras com contragolpes	4	8	12		
uso de outros instrumentos vibratórios: como .... (escolher a pontuação em função do nível de vibração presumido)	2--4	4--6	6--8		
exigida extrema precisão	4	8	12		
compressões localizadas sobre estruturas anatômicas da mão ou do antebraço por parte de instrumentos, objetos ou áreas de trabalho	4	8	12		
uso de luvas que interferem na habilidade manual exigida pela tarefa	4	8	12		
execução de movimentos bruscos ou "de arranque" ou rápidos (2 vezes por minuto ou mais)	4	8	12		
execução de gestos com contragolpes (ex. martelar ou usar picareta sobre superfícies duras) 2 vezes por minuto ou mais .	4	8	12		
usar a mão como uma ferramenta (10 vezes por hora ou mais)	4	8	12		
DESCRIÇÃO DOS FATORES COMPLEMENTARES ORGANIZACIONAIS	pontuação para o ciclo completo				
os ritmos de trabalho são determinados pela máquina mas existem "áreas de pulmão" e, portanto, pode-se acelerar ou desacelerar o ritmo de trabalho. Entende-se por "área de pulmão" ainda de risco quando o trabalhador pode chamar as peças a serem trabalhadas mas com reserva de poucas peças (3 ou 4). Para áreas de pulmão com reserva de peças muito superiores não existe o risco por ritmos impostos pela máquina	8				
os ritmos de trabalho são completamente determinados pela máquina: aplica-se quando o operário deve trabalhar na linha com objetos em movimento. Se a linha tem um fluxo muito lento (ex. linha de montagem de automóveis) usar pontuações intermediárias, inferiores às indicadas.	12				

PONTUAÇÃO TOTAL		

11. A análise e a avaliação dos períodos de recuperação e da variabilidade entre tarefas

11.1. Introdução

Pode ser definido como período de recuperação aquele em que há uma substancial inatividade de um ou mais grupos mio-tendíneos anteriormente envolvidos na execução de ações de trabalho.

Os períodos de recuperação podem ser considerados:

a) as pausas de trabalho, oficiais ou não, inclusive a pausa para refeição (quando houver e independentemente da sua colocação formal ou não dentro do horário de trabalho);

b) os períodos de execução das tarefas de trabalho que comportem o repouso substancial dos grupos musculares exigidos em tarefas anteriores (por ex. as tarefas de controle visual ou tarefas executadas alternadamente com somente um dos dois membros);

c) presença de períodos, dentro do ciclo, que comportam o completo repouso dos grupos musculares que foram exigidos. Estes últimos períodos (controle, espera, tempos passivos...), para ser considerados significativos, devem ser regulares e se prolongarem consecutivamente por pelo menos 10 segundos por minuto.

Decorre disso que a análise dos períodos de recuperação deve, em primeiro lugar, verificar se eles estão presentes (e a sua duração e distribuição) já dentro do ciclo, para depois analisar, mais macroscopicamente, a sua presença, duração e freqüência dentro de todo turno de trabalho.

Com a exceção parcial dos tempos de recuperação relativos a ações que comportam contrações estáticas prolongadas (ver adiante), a descrição/avaliação dos períodos de recuperação deveria basear-se na:

a) descrição das efetivas seqüências das tarefas repetitivas, dos trabalhos não repetitivos e das pausas no turno;

b) freqüência e duração dos períodos de recuperação no ciclo (se houver) e no turno, quer sejam oficiais quer representem o comportamento efetivamente adotado por um bom número ("moda") de trabalhadores.

No que diz respeito à avaliação dos períodos de recuperação, não existem na literatura critérios unívocos e definidos: de grande relevância neste sentido é a contribuição de *Bystrom* (1991), em que se presumem modelos para o desenho de relações ideais trabalho/repouso, quando estiverem envolvidas ações musculares estáticas intermitentes (duração de 3-5 segundos).

Não existem, no entanto, orientações precisas e cientificamente validadas, relativas aos períodos de recuperação, para serem implementadas quando se esteja na presença de ações dinâmicas repetitivas (isto é, na maioria dos contextos ocupacionais).

Uma indicação "empírica" útil a este respeito vem da experiência australiana para a prevenção das Repetitive Strain Injuries (RSI). Um "draft" específico da Health and Safety Commission Australiana (Victorian Occ. HSH, 1988), estabelece principalmente que não podem ser considerados aceitáveis períodos de trabalho com movimentos repetitivos que se prolonguem, sem períodos de recuperação, por mais de 60 minutos. Dentro deste contexto é, por outro lado, fornecido um critério geral pelo qual a relação entre tempo de trabalho (com movimentos repetitivos) e tempo de recuperação deve ser pelo menos de 5:1 (ex.: 4:1 é aceitável, 10:1 não é aceitável). Uma indicação similar é fornecida também em documentos redigidos nos USA pelo ACGH (ACGH, 2000) onde são recomendadas interrupções de cerca de 10 minutos por hora para trabalhos manuais repetitivos.

A utilização crítica destes dois critérios orientativos, que parecem ser totalmente compartilháveis no atual estágio dos conhecimentos e de outras indicações da literatura, permite uma chave de interpretação dos dados descritivos levantados sobre a seqüência, duração e freqüência dos períodos de recuperação relativos a ciclos com ações prevalentemente dinâmicas.

Tab. 11.1 – Durações máximas e mínimas dentro da relação 5:1 entre tempo de trabalho repetitivo e tempo de recuperação

Período máximo (período de uma hora) para uma relação 5:1

50 min TRABALHO	10 min recuperação	50 min TRABALHO	10 min recuperação	50 min TRABALHO	10 min recuperação	etc.

Período mínimo (período de um minuto) para uma relação 5:1

50 seg. TRABALHO	10 seg. recuperação	50 seg. TRABALHO	10 seg. recuperação	50 seg. TRABALHO	10 seg. recuperação	etc.

11.2. Avaliação dos tempos de recuperação relativos a tarefas executadas com ações dinâmicas

No caso de trabalhos repetitivos, as tarefas cujas ações técnicas são prevalentemente constituídas por *movimentos* (e não por manutenções) são obviamente as mais freqüentes. Partindo das indicações acima mencionadas, em caso de trabalho repetitivo é aconselhável ter um período de recuperação a cada 60 minutos com uma relação de 5 (trabalho): 1 (recuperação); resulta que a relação ideal de distribuição do trabalho repetitivo e recuperação é de 50 minutos de trabalho repetitivo e de 10 minutos de recuperação (Tab. 11.1)

Com base nesta distribuição ideal é possível construir critérios para avaliar e depois classificar de acordo com "pontuações", numa situação concreta, a presença de risco por uma distribuição carente ou inadequada dos tempos de recuperação. É importante ressaltar que com este procedimento não se quer impor a adoção desta divisão ideal entre trabalho e recuperação em todos os trabalhos caracterizados por tarefas repetitivas: a sua adoção fornece simplesmente um critério para se obter a melhor pontuação de risco para este fator.

Esta avaliação pressupõe antes de tudo uma correta e precisa análise do trabalho, assim como anteriormente indicado (Cap. 6).

Para se obter a pontuação foi formulado um simples procedimento de análise, que se baseia em observar, uma por uma, cada hora do turno de trabalho e em verificar, para cada uma delas, se são executadas tarefas repetitivas e se estão incluídos períodos adequados de recuperação; ressalta-se que para as horas que antecedem a eventual pausa para refeição e o fim do turno, o período de recuperação é determinado por estes dois eventos.

Em base à presença/ausência de tempos de recuperação adequados, dentro de cada hora de trabalho repetitivo analisada, cada uma delas será considerada respectivamente "*sem risco*" ou "*de risco*" (para carência de períodos de recuperação). A pontuação, no método OCRA, para este fator, é determinada pelo número total de horas de risco (em geral de 0 a 6). Particularmente, se dentro de cada hora de trabalho repetitivo a relação tempo de trabalho/tempo de recuperação resulta de 5:1 até 6:1, a hora é considerada sem risco (pontuação 0); se a relação está entre 7:1 e 11:1 a pontuação é avaliada como 0,5. Para relações trabalho/recuperação superiores a 11:1 o fator de risco será 1 porque a relação é considerada insuficiente (Tab. 11.2).

Tab. 11.2 – Pontuações de risco relativas à presença, no período de uma hora, de relações diferentes entre duração do trabalho repetitivo e tempos de recuperação

RELAÇÃO ENTRE TRABALHO E RECUPERAÇÃO	PONTUAÇÃO DE RISCO CORRESPONDENTE
De 5:1 a 6:1 (8-10 minutos)	pontuação de risco = 0
Entre 7:1 e 11:1 (5-7 minutos)	pontuação de risco = 0,5
Além de 11:1 (menos de 5 minutos)	pontuação de risco = 1

11.3. Alguns exemplos práticos

Serão a seguir apresentados alguns exemplos de distribuição dos tempos de recuperação e calculadas as relativas pontuações.

11.3.1. Exemplo 11.1

Na Tab. 11.3 é apresentado um primeiro exemplo (Exemplo 11.1) de distribuição dos tempos de recuperação num turno único de 8 horas com uma pausa para refeição e 2 pausas de 10 minutos, uma de manhã e uma à tarde.

Tab. 11.3 – Exemplo 11.1: Horário de trabalho e distribuição das pausas (as pausas fisiológicas estão no fim da hora)

Exemplo 11.1 Num turno único de 8 horas há uma pausa para refeição de 60 minutos (não incluída no horário de trabalho) e duas pausas de 10 minutos, com a seguinte distribuição horária:		
	HORÁRIO	DURAÇÃO EM MINUTOS
INÍCIO TURNO- TÉRMINO TURNO	8-17	480
PAUSA PARA REFEIÇÃO	12-13	60
PRIMEIRA PAUSA	9:50	10
SEGUNDA PAUSA	14:50	15

	10 min pausa			pausa refeição		10 min pausa		
1ª h	2ª h	3ª h	4ª h	5ª h	6ª h	7ª h	8ª h	9ª h
A		A	A		A		A	A

Tab. 11.4 – Exemplo 11.1: cálculo da pontuação da carência dos tempos de recuperação.

HORA	PRESENÇA PAUSA	RELAÇÃO TRABALHO/ RECUPERAÇÃO	PONTUAÇÃO
1ª HORA	Não	Não	1
2ª HORA	Sim	5:1	0
3ª HORA	Não	Não	1
4ª HORA	Tem como recuperação a pausa para refeição		0
5ª HORA	Sim (pausa para refeição)		0
6ª HORA	Não		1
7ª HORA	Sim	5:1	0
8ª HORA	Não	Não	1
9ª HORA	Tem como recuperação o fim do trabalho		0

O valor, no método do índice OCRA, que sinteticamente pode definir o risco da carência dos tempos de recuperação, será neste caso igual a 4. Este valor exprime em quantas horas do turno de trabalho não está presente uma recuperação suficiente (Tab. 11.4).

Se num turno de 8 horas, interrompido pela pausa para refeição, não estivessem presentes, em absoluto, outras pausas, teremos uma pontuação máxima igual a 6; de fato, a hora de trabalho seguida pela pausa para refeição, assim como a última hora de trabalho no turno, podem ser classificadas "não de risco" porque são seguidas de um período suficiente de recuperação.

11.3.2. Exemplo 11.2

No segundo exemplo (Exemplo 11.2), da Tab. 11.5, trata-se sempre de um turno único de 8 horas com uma pausa para refeição e 2 pausas de 10 minutos, uma de manhã e uma à tarde: as 2 pausas de 10 minutos não caem porém no fim da hora mas dentro dela.

Tab. 11.5 – Exemplo 11.2: Horário de trabalho e distribuição das pausas (as pausas fisiológicas estão no meio da hora)

Exemplo 11.2 Num turno único de 8 horas há uma pausa para refeição de 60 minutos (não incluída no horário de trabalho) e duas pausas de 10 minutos, com a seguinte distribuição horária:		
	HORÁRIO	DURAÇÃO EM MINUTOS
INÍCIO TURNO- TÉRMINO TURNO	8-17	480
PAUSA PARA REFEIÇÃO	12-13	60
PRIMEIRA PAUSA	9:40	10
SEGUNDA PAUSA	14:30	10

	10 min pausa			pausa refeição		10 min pausa		
1ª h	2ª h	3ª h	4ª h	5ª h	6ª h	7ª h	8ª h	9ª h
A		A	A		A		A	A

Mesmo que a pausa não esteja no fim da hora, a pontuação final não muda e permanecerá também neste caso igual a 4.

A regra geral, deduzida da necessidade de simplificar a atribuição da pontuação é, portanto, a de considerar presente uma recuperação adequada, quando haja uma pausa de duração adequada dentro de uma hora, independentemente do momento em que ocorra.

11.3.3. Exemplo 11.3

No terceiro exemplo (Exemplo 11.3), da Tab. 11.6, trata-se, também neste caso, de um turno único de 8 horas com uma pausa para refeição e 2 pausas de 15 minutos, uma de manhã e uma à tarde que caem dentro da hora.

Tab. 11.6 – Exemplo 11.3: Horário de trabalho e distribuição das pausas (as pausas fisiológicas estão no meio da hora e duram 15 minutos)

Exemplo 11.3 Num turno único de 8 horas há uma pausa para refeição de 60 minutos (não incluída no horário de trabalho) e duas pausas de 15 minutos, com a seguinte distribuição horária:		
	HORÁRIO	DURAÇÃO EM MINUTOS
INÍCIO TURNO- TÉRMINO TURNO	8-17	480
PAUSA PARA REFEIÇÃO	12-13	60
PRIMEIRA PAUSA	9:40	15
SEGUNDA PAUSA	14:30	15

	15 min pausa			pausa refeição		15 min pausa		
1ª h	2ª h	3ª h	4ª h	5ª h	6ª h	7ª h	8ª h	9ª h
A		A	A		A		A	A

Mesmo que as duas pausas sejam de maior duração, a pontuação final não muda e permanecerá igual a 4.

Um conselho geral para reduzir o risco é o de não acumular os tempos de recuperação em poucas pausas, mas de distribuí-las o máximo possível ao longo do turno evitando colocar pausas na hora que antecede a refeição e na última hora do turno, porque já cobertas por uma recuperação adequada.

Neste caso, redistribuindo da forma melhor as 2 pausas de 15 minutos cada, em 3 pausas de 10 minutos (o tempo total das pausas não muda), teremos uma redução da pontuação de risco de um ponto, isto é de 4 para 3.

11.3.4. Exemplo 11.4

No quarto exemplo (Exemplo 11.4), da Tab. 11.7, temos um turno único de 8 horas com uma pausa para refeição e 2 pausas de 20 minutos, uma de manhã e uma à tarde, que caem no meio de duas horas. Mesmo que as duas pausas sejam de maior duração e estejam no meio de 2 horas de turno, a pontuação final não muda e permanecerá também neste caso igual a 4. Tratando-se, de fato, de pausas de 20 minutos consecutivos não podem ser consideradas de recuperação adequada para as duas horas de turno em que estão no meio, mas somente para uma.

Também neste caso, para reduzir o risco é aconselhável não acumular os tempos de recuperação em poucas e longas pausas: é, pelo contrário, conveniente distribuí-las o mais possível dentro do turno, evitando sempre colocar pausas na hora que antecede a pausa para refeição e na última hora de turno porque já estão cobertas por uma adequada recuperação. Redistribuindo da melhor forma possível as 2 pausas de 20 minutos cada, em 4 pausas de 10 minutos (o tempo total de pausa não muda), teremos uma redução da pontuação de risco de 2 pontos, isto é de 4 para 2.

Tab. 11.7 – Exemplo 11.4: Horário de trabalho e distribuição das pausas (as pausas fisiológicas estão entre uma hora e outra e duram 20 minutos)

Exemplo 11.4
Num turno único de 8 horas há uma pausa para refeição de 60 minutos (não incluída no horário de trabalho) e duas pausas de 20 minutos, com a seguinte distribuição horária:

	HORÁRIO	DURAÇÃO EM MINUTOS
INÍCIO TURNO - TÉRMINO TURNO	8-17	480
PAUSA PARA REFEIÇÃO	12-13	60
PRIMEIRA PAUSA	9:50-10:10	20
SEGUNDA PAUSA	14:50-15:10	20

	20 min pausa			pausa refeição		20 min pausa		
1ª h	2ª h	3ª h	4ª h	5ª h	6ª h	7ª h	8ª h	9ª h
A			A		A			A

Mesmo que as duas pausas sejam de maior duração, a pontuação final não muda e permanecerá também neste caso igual a 4.

11.3.5. Exemplo 11.5

No quinto exemplo (Exemplo 11.5), da Tab. 11.8, temos um turno de 8 horas com uma pausa para refeição de 30 minutos incluída no turno e 2 pausas de 10 minutos, uma de manhã junto com a pausa para refeição e uma à tarde justamente no fim do turno.

A pontuação de risco aumenta de 4 para 6 porque a pausa colada à pausa para refeição (para prolongar o tempo desta última) é, de fato, contada como uma única pausa junto com a pausa para refeição, e assim a pausa no fim do turno não reduz a pontuação de risco porque a última hora de trabalho é já considerada "recuperada" pelo término do turno.

Tab. 11.8 – Exemplo 11.5: Horário de trabalho e distribuição das pausas (as pausas fisiológicas ocorrem uma junto com a pausa refeição e uma no fim do turno)

Exemplo 11.5 Num turno de 8 horas há uma pausa para refeição de 30 minutos (incluída no horário de trabalho) e duas pausas de 10 minutos uma junto com a pausa para refeição e uma no final do turno, com a seguinte distribuição horária:		
	HORÁRIO	DURAÇÃO EM MINUTOS
INÍCIO TURNO- TÉRMINO TURNO	6-14	480
PAUSA PARA REFEIÇÃO	10-10:30	30
PRIMEIRA PAUSA	9:50-10	10
SEGUNDA PAUSA	13:50-14	10

			10 min pausa	pausa refeição			10 min pausa
1ª h	2ª h	3ª h	4ª h	5ª h	6ª h	7ª h	8ª h
A	A	A	A		A	A	A

11.3.6. Exemplo 11.6

O sexto exemplo (Exemplo 11.6), da Tab. 11.9, apresenta a análise de uma tarefa em que os tempos de recuperação estão dentro do ciclo.

Num ciclo de 60 segundos em que durante 50 segundos são executadas ações técnicas com movimentos repetitivos dos membros superiores (50 ações técnicas em 50 segundos = 60 ações/minuto) e durante 10 segundos consecutivos os membros superiores estão em repouso (por ex.: aguardando o trabalho efetuado pela máquina). A tarefa é realizada durante um turno de 6 horas sem outras pausas.

Tab. 11.9 – Exemplo 11.6: exemplo de ciclo com micropausa adequada dentro do próprio ciclo

1 CICLO	
TRABALHO	REPOUSO
50 seg.	10 seg.

Neste caso já temos dentro do ciclo uma relação 5:1 entre trabalho e tempo de recuperação.

Mesmo na ausência de outras macropausas nas 6 horas de execução da tarefa, a situação parece adequada (pelo menos para os membros superiores) pela presença de micropausas (constantes durante toda a duração do turno) de pelo menos 10 segundos consecutivos, com freqüência de pelo menos 1 vez por minuto em relação 5:1 entre tempo de trabalho e tempo de repouso.

Deve ser lembrado que os segundos de micropausa dentro do ciclo, por serem considerados como tempos de recuperação, devem ser consecutivos e repetidos de forma constante por toda a duração da tarefa: portanto, as horas de trabalho caracterizadas pela presença de micropausas adequadas serão contadas como horas de risco 0, pelo menos para o fator de risco "tempos de recuperação".

Destaca-se ainda neste caso como os períodos consecutivos dentro do ciclo, utilizados como períodos de recuperação, devam ser subtraídos do tempo de ciclo total (cadência) conforme já determinado (ver Cap. 5 e 6) a fim de calcular corretamente seja a freqüência de ação, relativamente apenas à parte ativa do ciclo, seja o tempo líquido de trabalho repetitivo.

11.3.7. Exemplo 11.7

No sétimo exemplo apresenta-se a análise de uma tarefa em que os tempos de recuperação estão dentro do ciclo (como tempos passivos) mas não são consecutivos.

Num ciclo de 60 segundos em que durante 48 segundos são realizadas ações técnicas com movimentos repetitivos dos membros superiores (50 ações) e durante 12 segundos não consecutivos os membros superiores estão em repouso. A tarefa é executada durante um turno de 6 horas sem outras pausas.

Neste caso o tempo passivo, presente em cada ciclo não deve ser contado como tempo de recuperação: a freqüência de ação deve ser contada sobre o ciclo completo (60 segundos) e será igual a 50 ações/minuto. A pontuação de risco para o fator "tempos de recuperação" será, neste caso, igual a 5.

11.3.8. Exemplo 11.8: uso do software "midaOCRAmulticompito" num exemplo prático de definição da pontuação para a carência de tempos de recuperação

Sempre utilizando o mesmo exemplo já apresentado nos capítulos anteriores, procede-se agora à atribuição da pontuação relativa à carência de tempos de recuperação: neste caso, no turno de 8 horas, estão presentes uma pausa-refeição de 1 hora e 2 pausas de 10 minutos, uma antes e uma depois da pausa para refeição: a pontuação 4 deve ser escrita diretamente na planilha proposta na Tab. 11.10 e gerará automaticamente o correspondente Multiplicador (ver Cap. 12).

11.4. Avaliação dos tempos de recuperação relativos a ações de manutenção (ou estáticas)

Os estudo de fisiologia muscular relativos a contrações estáticas (isométricas) prolongadas, datam desde os anos 50; nestes estudos, várias vezes, foi analisada tipicamente "o endurance" (isto é, o tempo máximo em que é possível manter uma determinada contração estática em função da força muscular desenvolvida) e em relação a esta foram analisados os tempos de recuperação, sempre que necessários, depois de cada contração estática, para a "boa" recuperação do músculo exigido.

Não obstante esteja sendo ainda amplamente debatido na literatura (Hagberg *et al.*, 1995) o valor protetivo das indicações surgidas de tais estudos, um deles relativo a contrações estáticas intermitentes pelas ações de preensão com a mão (Bystrom, 1991), atualizou aqueles anteriores, mais consolidados na literatura (Rodgers, 1987, Rohmert, 1973), e se presta melhor para fornecer indicações práticas acerca dos tempos de recuperação, que é necessário alternar a períodos de contração estática especialmente quando estas últimas comportem um nível de força superior a 15% da MCV[(1)]. Os resultados de tal estudo, úteis para o nosso objetivo, estão resumidos na Tab. 11.11: nela, para diversos níveis de força de contração (em % em relação à MCV ou na escala de Borg) e para diversas durações (segundos) de contração, são indicados em segundos (e em percentual em relação ao tempo de contração) os tempos mínimos considerados necessários para a recuperação muscular.

O uso da tabela para a presente finalidade é óbvio: a cada condição de manutenção (contração estática), em função da força exercida (quando ela própria seja igual ou superior a 15% da MCV), deve seguir imediatamente um período de recuperação adequado. Se este não existe ou é inadequado, configura-se uma condição de risco tanto mais elevada quanto maior é a distância entre situação real e situação ideal.

Reafirma-se que, para este tipo e nível de contrações musculares, é fundamental que o período de recuperação siga imediatamente o período de manutenção.

(1) MCV: Máxima Contração Voluntária.

Tab. 11.10 – Determinação da pontuação relativa à carência dos tempos de recuperação e cálculo automático do correspondente multiplicador com uso do software "midaOCRAmulticompito"

	A	B	C	D	E	F
DURAÇÃO DO TURNO	480					
Pausas (min)	60					
Tempo de trabalho não repetitivo (min)	20					
Tempo de trabalho considerado como recuperação (min)	0					
Total tempo de trabalho repetitivo no turno	400					
Inserir "X" para cada tarefa analisada	X					
Tempo líquido de trabalho repetitivo para cada tarefa	400					
Número de unidades trabalhadas por turno (ou Número de ciclos)	333					
Número de horas sem um adequado tempo de recuperação	4					
Multiplicador Recuperação (Rc_M)	0,6					
CONSTANTE DE FREQÜÊNCIA (CF)	30			**DIREITA**		
Multiplicador Força (Fo_M)						
Multiplicador Postura (Po_M)						
Multiplicador Fatores Complementares (Ad_M)						
Multiplicador Estereotipia (Re_M)						
Parcial Ações Recomendadas (RPA)						
TEMPO DE CICLO (seg.)						
NÚMERO TOTAL DE AÇÕES TÉCNICAS POR TAREFA						
Freqüência (Número de ações técnicas por minuto)						
N. de ações técnicas no ciclo						
TOTAL AÇÕES TÉCNICAS ATUALMENTE EXECUTADAS (ATA)	17149,5					
TOTAL AÇÕES TÉCNICAS RECOMENDADAS (RTA)						
Multiplicador Duração Tarefas Repetitivas (Du_M).						
ÍNDICE OCRA DIREITO						

Não é possível, de fato, organizar os períodos de recuperação de forma cumulativa (dentro do período de uma hora) como acontece com as ações de movimento.

Finalmente é evidente, para fins de indicação preventiva, o valor da tabela: ela sugere a exata divisão entre tempos de contração isométrica e tempos de recuperação, que devem ser alternados em rigorosa sucessão.

Como corolário da tabela pode-se afirmar que a força solicitada durante cada contração isométrica ocasional não deve superar 50% da MCV, enquanto, de acordo com estudos mais atualizados, as contrações isométricas com 15% da MCV, deverão ser contidas na sua duração (máximo 10 segundos).

Para fins de cálculo de uma pontuação de risco para os períodos de recuperação, se numa tarefa de trabalho repetitivo estejam presentes, por mais de 50% do tempo, contrações estáticas repetidas de nível igual ou superior a 15-20% da MCV, não seguidas por uma adequada recuperação, conforme indicado na Tab. 11.11, deverá ser considerada cada hora de trabalho assim organizada como hora de risco (com pontuação 1) mesmo que já houvesse nela uma pausa de 8-10 minutos.

Tab. 11.11 – Tempos de recuperação (em segundos) para operações que requerem contrações isométricas (tempos iguais ou superiores a 5 segundos) iguais ou superiores a 15-20% da MCV, para tempos de manutenção e nível da força aplicada

Nível MCV	Nível Borg	Duração contração (seg.)	Duração repouso (seg.)	Relação repouso/contração (%)	Contração/ contração + repouso (%)
15-20	1,5-2	5	1	18	85
15-20	1,5-2	10	2	18	85
15-20	1,5-2	15	3	18	85
15-20	1,5-2	20	4	18	85
30	3	5	4	76	57
30	3	10	8	76	57
30	3	15	11	76	57
30	3	20	15	76	57
40	4	5	7	135	43
40	4	10	14	135	43
40	4	15	20	135	43
40	4	20	27	135	43
50	5	5	10	194	34
50	5	10	19	194	34
50	5	15	29	194	34
50	5	20	39	194	34

11.5. Algumas considerações operacionais sobre a gestão dos tempos de recuperação

Como já evidenciado anteriormente no capítulo sobre a análise da organização do trabalho, um turno de trabalho pode incluir a presença de "fatores repouso" ou de "fatores fisiológicos". Eles podem ser considerados como tempos de recuperação somente quando comportam suspensão da atividade de trabalho por pelo menos 8-10 minutos consecutivos dentro de uma hora (macropausas), ou reduzindo cada vez mais o conteúdo temporal da relação 5:1, quando num ciclo de 60 segundos está presente um período consecutivo de inatividade dos membros superiores de pelo menos 10 segundos (consecutivos).

Quando "fatores repouso","fatores fisiológicos", "tempos passivos" não determinam as condições de alternância entre trabalho e inatividade dos membros superiores (de acordo com as condições acima descritas), eles de fato não devem ser contados como tempos de recuperação mas incluídos no cômputo do tempo total de ciclo (ou cadência) e, portanto, no cômputo do tempo de trabalho repetitivo, irão diluir de fato a freqüência de ação.

Caso houver tempos de "máquina parada", de "set-up" ou de outras interrupções do trabalho, que podem ser documentados (por exemplo trocas de produção, etc.), que se repetem quase diariamente e determinam interrupções do trabalho por pelo menos 8-10 minutos consecutivos, eles podem ser contados como tempos de recuperação; o trabalhador, obviamente, não deve executar nenhum tipo de atividade (ex.: abastecimento do posto de trabalho).

Quando a organização da distribuição das pausas é livre, isto é, cada trabalhador pode livremente distribuir as paradas por número e duração (sendo conhecida a duração total), é importante determinar, por meio de entrevista ou por meio da observação, o comportamento médio ou modal mantido pelo grupo de trabalhadores e utilizar este dado para calcular a pontuação de risco.

Em algumas situações de trabalho notou-se a tendência de acumular as pausas logo antes ou depois da pausa para refeição ou logo antes do término do horário de trabalho. Estes comportamentos, verdadeiramente atribuíveis mais a motivações diversas do que à prevenção dos distúrbios musculoesqueléticos, deveriam ser modificados por meio de iniciativas educacionais e de formação e/ou com a organização programada das pausas: o acúmulo das pausas em proximidade da pausa para refeição ou da última hora de trabalho tornam de fato inúteis os tempos de repouso atribuídos a fim de prevenir os distúrbios nos membros superiores.

O risco apresenta um incremento quando o trabalhador, além de concentrar as pausas, acelera o ritmo de trabalho, encurtando excessivamente o tempo de ciclo, para aumentar a duração do repouso. Por esta razão, quando existe uma clara discrepância entre tempo de ciclo teórico e tempo de ciclo observado, é importante analisar de forma detalhada o comportamento do trabalhador a fim de avaliar, além da freqüência de ação em que opera, também a duração e a distribuição real dos tempos de recuperação. Este estudo detalhado do comportamento de cada trabalhador na determinação de seu nível "personalizado" de exposição, torna-se essencial quando se trata de um indivíduo portador de patologia dos membros superiores por sobrecarga biomecânica e para o qual se deve efetuar um estudo da relação risco/dano entre patologia e exposição ocupacional.

Quando se quer, no entanto, otimizar a distribuição das pausas, é aconselhável seguir estes critérios:

– é melhor fragmentar o mais possível as pausas de forma a ter mais ou menos uma após cada 50 minutos de trabalho repetitivo: a sua duração não deveria ser inferior a 8 — 10 minutos;

– não introduzir pausas na hora que antecede a pausa para refeição ou na hora antes do fim do turno;

– evitar acumular pausas nas horas próximas à pausa para refeição ou antes do fim do turno;

– se houver tarefas de substancial controle visual, deverão ser usadas como "períodos de recuperação", para trabalhadores responsáveis por tarefas altamente repetitivas, revezando-os nestes postos de trabalho;

– quando a freqüência de ação não é por si só já elevada (superior a 40 ações/min.), o tempo de ciclo não é muito curto (inferior a 15 seg.) e não há uso de força com valores superiores a 5, pode ser levada em consideração a possibilidade de aumentar os tempos de recuperação encurtando o tempo total de ciclo (sem nunca descer abaixo de 15 seg.) aumentando, por conseguinte, proporcionalmente a freqüência de ação (nunca porém superior às 60-66 ações/min.), a saturação do membro (evitar superar o 80%) e derivando assim, para a mesma produção, ulteriores tempos de recuperação para distribuir adequadamente.

11.6. Análise das variações entre tarefas repetitivas

Em diversos contextos de trabalho, a organização pode prever a atribuição, a um ou mais indivíduos, de mais tarefas repetitivas e o revezamento ou compartilhamento destas tarefas.

Foi afirmado que a "*job rotation*" (revezamento de mais tarefas) e a "*job enlargement*" (ampliação do conteúdo do trabalho) sejam fatores de uma certa forma úteis para contrastar a repetitividade e, em última análise, diminuir o risco conseqüente. Todavia, isto não pode ser válido para todas as circunstâncias e contextos práticos: se, por exemplo, os revezamentos de tarefas repetitivas acontecem dentro de cenários de duração da ordem de dias ou semanas ou se as tarefas em revezamento têm conteúdos de uso de força e, mais que tudo, de postura similares entre si, permanece muito duvidoso o efeito benéfico de tais revezamentos (em geral as pontuações obtidas com os índices OCRA para estas tarefas parecerão semelhantes).

A literatura, que enfrentou este aspecto de forma analítica (Mathiassen e Christamansson, 2004), mesmo reafirmando o conceito geral de que o revezamento é eficaz somente se houver substanciais variações de "exigência" postural, não fornece detalhes para enquadrar plenamente e parametricamente os potenciais benefícios introduzidos pela presença de variações entre tarefas repetitivas.

A hipótese que é aqui sugerida é a de valorizar, pelo menos na descrição do risco (o inserimento dos relativos dados paramétricos no cálculo do índice OCRA ou da pontuação de *checklist* parece ainda prematuro), os contextos em que haja uma variação (revezamento) entre tarefas repetitivas desde que a mesma se apresente com as características a seguir indicadas:

- o revezamento deve sempre acontecer dentro de cenários diários;
- o trabalho é organizado em ilhas de produção em que a tarefa principal pode ser dividida em duas ou mais "subtarefas" que têm diferente conteúdo na tipologia de ações e conseqüentemente nas características de exigência postural dos diversos segmentos do membro superior;
- o trabalho é organizado com freqüentes revezamentos em duas ou mais tarefas que têm diferentes conteúdos na tipologia de ações e conseqüentemente nas características de exigência postural dos diversos segmentos do membro superior; a duração máxima de atividade contínua em cada tarefa é de duas horas (critério mínimo aceitável).

Para esclarecer melhor estes novos conceitos é apresentado um exemplo.

11.6.1. Exemplo 11.8: introdução de revezamento de tarefas

Em 2 postos de trabalho de uma linha são executadas tarefas de trabalho que, independentemente do valor final do índice de risco, apresentam características diversas de exigência dos membros superiores (está sendo comparada a exigência do membro direito da tarefa A com aquela, sempre do membro direito, da tarefa B). De fato a tarefa A é caracterizada pela alta freqüência de ação, baixa força e exigência da mão em *pinch*, enquanto a tarefa B requer maior uso de força em baixa freqüência de ação, exigência do ombro e mão em preensão prevalentemente em *grip* (Tab. 11.12).

Tab. 11.12 – Exemplo 11.8: descrição dos principais fatores de risco em duas tarefas A e B executadas em dois postos de trabalho distintos

TAREFA	FREQÜÊNCIA	FORÇA	POSTURAS INADEQUADAS			
			OMBRO	COTOVELO	PULSO	MÃO/DEDOS
A	elevada	ausente	baixa			Mediamente em *pinch*
B	baixa	presente	Mediamente elevada			Mediamente em *grip*

Fazendo revezar os trabalhadores nas duas tarefas, é já possível obter (independentemente dos valores do índice de risco final de cada tarefa) uma alternativa na exigência biomecânica dos membros superiores. Tal evento poderá ser descritivamente apresentado como conotação dos índices de risco obtidos.

12. *O índice OCRA (Occupational Repetitive Actions) para a avaliação da exposição a movimentos repetitivos dos membros superiores*

12.1. Pressupostos

São três os pressupostos dos quais surgiu a proposta do índice OCRA:

a) a necessidade de avaliar, de forma integrada, a contribuição dos principais fatores de risco ocupacional (duração, freqüência, força, postura, repetitividade, carência de períodos de recuperação, fatores complementares), a partir dos métodos de quantificação simplificada já apresentados nos capítulos anteriores.

b) o interesse em desenvolver um "modelo de cálculo" de um índice sintético que opere seguindo o mesmo modelo proposto por *Waters et al.* (1993) para a avaliação de tarefas de levantamento manual de cargas. No desenvolvimento do índice OCRA foram tomados, daquele método, os seguintes aspectos caracterizantes:

- o dispor de um índice de exposição fruto do confronto entre uma variável representativa da realidade analisada e a própria variável, como é recomendável levando-se em conta as características específicas da organização do trabalho, dos postos de trabalho e das ferramentas de trabalho;
- o levar em conta simultaneamente a contribuição dos diversos fatores influentes (físico-mecânicos e organizacionais) ao se determinar o valor da variável recomendada;
- a escolha de uma "variável caracterizante" como elemento de referência em condições consideradas ideais, para aplicar oportunas correções (fatores multiplicativos) em função das características dos outros fatores considerados;
- fornecer um valor de referência que indica condições de substancial aceitabilidade para a maioria da população ativa adulta saudável: os incrementos em relação a este valor oferecem uma idéia do aumento da exposição e, em relação aos mesmos, podem ser identificados diferentes tipos de atuação;
- a forte propensão à atuação preventiva baseada na identificação e correção dos fatores de risco que são mais prejudiciais na identificação da variável recomendada.

c) a identificação, no que se refere aos movimentos repetitivos dos membros superiores, da variável caracterizante na *freqüência de ação técnica (em número de ações por minuto)*, conforme foi anteriormente definida. Tal variável, nas experiências preliminares conduzidas, demonstrou ser aquela de mais fácil apreciação também por parte dos técnicos e dos engenheiros que projetam a produção e as relativas modalidades operacionais. Para os mesmos, a referência *à ação técnica* resulta extremamente clara, seja quando da avaliação à exposição, seja nas sucessivas e eventuais atuações de reprojetação do trabalho.

12.2. O modelo de cálculo

O índice OCRA é o resultado da relação entre o número absoluto de *Ações Técnicas* (originadas de tarefas com movimentos repetitivos) *Atualmente* executadas num turno de trabalho (**ATA**) e o correspondente número de *Ações Técnicas* especificamente *Recomendadas* (**RTA**). Na prática:

$$OCRA = \frac{ATA}{RTA}$$

O número total de *Ações Técnicas Atualmente* executadas no turno (ATA) é um dado conhecido e reconstruído por meio da análise organizacional (v. Cap.6 e 7). Assim sendo:

$$ATA = \Sigma (F_j \times D_j)$$

onde:

D_j = duração líquida (em minutos) da tarefa j ;

F_j =é a freqüência média de ações por minuto da tarefa j.

Para calcular o RTA (*número total de ações técnicas recomendadas no turno*) adotar-se-á a seguinte fórmula geral:

$$RTA = \sum_{J=1}^{n} [CF \times (Fo_{Mj} \times Po_{Mj} \times Re_{Mj} \times Ad_{Mj}) \times D_j] \times (Rc_M \times Du_M)$$

onde:

- n = número de tarefas repetitivas presentes no turno;
- j = genérico (j-ésimo) tarefa repetitiva dos membros superiores;
- CF = constante (30) de freqüência de ações técnicas por minuto recomendada em condições de referência;
- Fo_{Mj}; Po_{Mj}; Re_{Mj}; Ad_{Mj} = fatores multiplicativos, escolhidos em relação ao comportamento dos fatores de risco força, postura, repetitividade (estereotipia) e fatores complementares em cada j-ésima tarefa considerada;
- Dj = duração (em minutos) de cada j-ésima tarefa repetitiva;
- Rc_M = fator multiplicativo para o fator de risco "carência de tempos de recuperação" (único para trabalhos com 1 ou mais tarefas);
- Du_M = fator multiplicativo que leva em conta a duração líquida total das tarefas repetitivas (único para trabalhos com 1 ou mais tarefas).

Na prática, para determinar o RTA (*n. total de ações recomendadas no turno*) se procede da seguinte forma:

a) para cada tarefa repetitiva, inicia-se pela freqüência de referência de ações por minuto (CF = 30 ações/minuto). Ela vale como constante de referência para cada tarefa repetitiva, sendo ideais ou ininfluentes os outros fatores de risco (força, postura, fatores complementares, carência de períodos de recuperação) e para durações totais de trabalho repetitivo de 7-8 horas no turno. A escolha desta constante será posteriormente discutida com maiores detalhes.

b) a mesma freqüência é ajustada em relação à presença e valor, para cada tarefa, dos fatores de risco força, postura, repetitividade (estereotipia) e fatores complementares. Para esta finalidade serão fornecidas tabelas com os valores assumidos pelo multiplicador específico em função do valor de cada um dos diversos fatores de risco; por ex.:

$$CF \times (Fo_{Mj} \times Po_{Mj} \times Re_{Mj} \times Ad_{Mj}) = \alpha$$

j = tarefa j-ésima

c) multiplica-se a freqüência ponderada assim obtida para cada tarefa pelo número de minutos de efetivo desenvolvimento de cada tarefa (Dj) para se obter um número parcial de ações recomendadas (RPA_j) na tarefa (independentemente dos fatores "recuperação" e "duração").

$$a \times Dj = RPA_j$$

d) somam-se os valores RPA obtidos para as diversas tarefas (quando a tarefa repetitiva considerada for única, esta passagem não será necessaria), por ex.:

$$RPA_{tot} = RPA_a + RPA_b + ... + RPA_j + ... + RPA_n$$

e) o valor obtido (RPA_{tot}), que representa o número parcial de ações recomendadas no turno, é agora "modulado" por meio dos multiplicadores que consideram:

- a presença e seqüência, dentro do inteiro turno de trabalho, dos *períodos de recuperação* (Rc_M);
- o *tempo total* (em minutos), gasto no turno, *na execução* de (uma ou mais) *tarefas repetitivas* dos membros superiores (Du_M).

$$\text{Ex.: } RTA = RPA_{tot} \times (Rc_M \times Du_M)$$

f) o valor obtido (RTA) representa o número total de ações recomendadas para o turno de trabalho. Ele é determinado em função da intervenção dos diversos fatores de risco que influem no contexto examinado. O valor de RTA representa o denominador da fração que exprime o índice sintético de exposição (OCRA). No numerador deverá ser colocado o número total de ações atualmente executadas no conjunto das tarefas repetitivas examinadas (ATA).

$$OCRA = \frac{ATA}{RTA}$$

12.3. A classificação do risco

Quando o índice OCRA assume valores inferiores ou iguais a 1 a exposição ocupacional deve ser considerada *por hipótese* como não significativa.

Na realidade, com base nos dados e nos critérios que serão amplamente ilustrados no capítulo 17, é possível adotar um sistema preventivo de classificação dos resultados do índice de exposição baseado na lógica conhecida como do "semáforo" (verde/amarelo/vermelho) e guiado pelos dados levantados sobre a relação entre índice OCRA e ocorrência de UL-WMSDs seja em populações ativas expostas a diversos níveis de OCRA seja em populações ativas de referência (não expostas).

A Tab. 12.1 resume a classificação dos resultados do índice OCRA.

Tab. 12.1 – Classificação dos resultados do índice OCRA em diversas áreas de risco segundo a lógica do "semáforo" (verde/amarelo/vermelho)

ÁREA	VALORES OCRA	CLASSIFICAÇÃO DO RISCO	AÇÕES CONSEQÜENTES
VERDE	até 2,2	aceitável	nenhuma
AMARELA	2,3- 3,5	incerto ou muito leve	verificar a situação
VERMELHA	acima de 3,6	presente	reduzir risco, vigilância sanitária, formação

Na prática, no atual estágio dos conhecimentos, pode-se razoavelmente afirmar que:

- valores do índice inferiores ou iguais a 1,5 determinam um juízo de plena aceitabilidade da condição examinada (área verde propriamente dita);

• valores do índice compreendidos entre 1,5 e 2,2 (área verde aceitável) representam uma área em que a exposição não é relevante, e tal a não sugerir a previsão de excessos significativos, na ocorrência de UL-WMSDs, nos expostos em relação aos grupos de referência. Nestes casos o nível de exposição pode ser assimilado, relativamente às conseqüências, na área verde.

• Valores do índice compreendidos entre 2,2 e 3,5 (área amarela) depõem a favor de uma exposição não relevante, mas que poderia levar a modestos excessos de patologias nos grupos de sujeitos expostos em relação à expectativa. Nestes casos, especialmente para os valores mais elevados da faixa, é oportuno ativar a vigilância sanitária, promover a formação dos expostos e proceder, onde possível, à melhoria das condições de trabalho.

• valores do índice iguais ou superiores a 3,6 (área vermelha) indicam uma exposição tanto mais significativa quanto maior é o valor do índice. É muito provável que valores do índice e" 3,6 representem um risco presente de UL-WMSDs para os trabalhadores e que, portanto, em conseqüência dos mesmos, seja implementadas medidas de melhoria das condições de trabalho (para as quais os dados de análise representam uma orientação útil para as prioridades de atuação), assim como medidas de vigilância estrita dos efeitos produzidos.

12.4. Critérios e procedimentos para a determinação das diferentes variáveis para o cálculo do índice

Serão aqui ilustrados e brevemente discutidos os critérios e os procedimentos utilizados para a determinação e o tratamento das diversas variáveis que entram no cálculo do índice OCRA.

12.4.1. A constante de freqüência de ação (CF)

Já vimos como a freqüência da ação técnica, quando se analisam movimentos repetitivos realizados com os membros superiores, é a variável que mais caracteriza a exposição. A questão principal, uma vez definida adequadamente a ação técnica que envolve os membros superiores, é estabelecer qual é a freqüência de ação de referência também para o inteiro turno de trabalho, para uma determinada tarefa repetitiva, quando todos os outros fatores de risco não sejam significativos.

A resposta a esta questão, no estágio atual dos conhecimentos, é ainda hipotética e requer mais estudos. Ela está baseada em propostas que têm origem na literatura e também nas experiências e verificações pessoais.

A literatura, de fato, ainda que de forma não explícita, fornece hipóteses de valores "limite" de freqüência de ações "parecidas entre si" oscilantes entre 10 e 25 ações por minuto.

Os valores indicados referem-se, todavia, em sua maioria, a gestos de trabalho ou a movimentos articulares parecidos (ex: flexo-extensão ou desvios rádio-ulnares do pulso) enquanto é óbvio que, falando genericamente de ações técnicas executadas com os membros superiores, é provável que estas ações tenham conteúdos (em termos de movimentos articulares) em parte diversificados.

Por outro lado é igualmente óbvio que uma freqüência elevada de ações técnicas (por ex. mais de 60 por minuto), embora as mesmas sejam caracterizadas por movimentos articulares diferentes, comporta tempos excessivamente restritos na atividade de contração e descontração muscular: isto talvez seja sustentável para trabalhos ocasionais ou de curtíssima duração, ma não para períodos prolongados (mais de 1 hora).

Destes elementos e com base também em considerações práticas acerca da aplicabilidade, nos setores de produção, do que está sendo proposto, achamos oportuno, no momento, confirmar a referência para a constante de freqüência de ação (CF), em 30 ações por minuto.

Por outro lado, o verdadeiro elemento crítico está na classificação sucessiva do índice com os seus valores de referência (ver, a este respeito, a discussão no capítulo 17). Sob este aspecto, a escolha de um valor ou de outro para a constante de ação torna-se, por si só, menos problemática porque, escolhendo por exemplo outros valores, seriam conseqüentemente modificados os valores de referência do índice OCRA que foram determinados com base em outra ordem de dados (ocorrência de UL-WMSDs em populações expostas a diversos níveis de OCRA).

Levando isso em conta, pode-se confirmar que a constante de freqüência de ação (CF), aqui determinada no valor de 30, assume os aspectos de um *mero elemento de cálculo* e não pode ser considerada, por si só, um valor de referência e muito menos um padrão de referência.

12.4.2. Multiplicador para a força (Fo_M)

É uma constatação elementar que quanto mais elevada é a força exigida na execução de uma série de ações técnicas, tanto menor poderá ser a freqüência das mesmas.

Os dados sobre a relação entre freqüência de ações e força média necessária para executá-las foram obtidos a partir de dados intermediários que levaram à redação do padrão EN 1005-3 por parte de um grupo técnico do CEN (1993): eles oferecem o ensejo para identificar o multiplicador (Fo_M) a ser aplicado na constante de freqüência de ação considerando *o valor da força* (ou esforço percebido) *média ponderada no ciclo* e, portanto, na tarefa (Tab. 12.2), conforme determinada com os diversos procedimentos ilustrados no Cap. 8.

Tab. 12.2 – Elementos para a determinação do multiplicador para a força (Fo_M)

Nível de força em % MCV /F_L	5%	10%	15%	20 %	25%	30%	35%	40%	45%	≥50
Pontuação na escala CR-10 Borg	0,5	1	1,5	2	2,5	3	3,5	4	4,5	≥5
MULTIPLICADOR PARA A FORÇA (Fo_M)	1	0,85	0,75	0,65	0,55	0,45	0,35	0,2	0,1	0,01

Na escolha do multiplicador precisa fazer referência ao *valor de força médio ponderado em relação à duração do ciclo.* Se, porém, for evidenciada a presença de ações técnicas que requerem uma força nitidamente superior ao valor 5 na escala CR-10 de Borg ou ao valor de 50% da MCV ou da máxima capacidade de referência (F_L), e que durem pelo menos 10% do tempo de ciclo, deve ser utilizado, como multiplicador, o valor 0,01.

Para valores de "% de MCV" ou de F_L ou para pontuações na escala de Borg intermediárias para os valores indicados na Tab. 12.2, é possível obter os relativos valores de Fo_M por meio de "interpolações" dos valores adjacentes fornecidos.

12.4.3. Multiplicador para a postura (Po_M)

Na literatura ou no processo de elaboração de padrões internacionais são fornecidos alguns limites de freqüência para ações particulares ou para movimentos iguais a si mesmos: pode-se levar em conta, em particular, as propostas contidas num documento preparatório do padrão EN 1005-3 (20 ações/min de preensão em "*grip*" se executadas durante períodos de cerca de trinta minutos) (CEN, 1993), de Kilbom (10 ações por minuto para movimentos similares que dizem respeito ao pulso e ao cotovelo) (Kilbom, 1994) ou, ainda, daquelas contidas no prEN 1005-4 relativo às posturas de trabalho (CEN 2004). Nos modelos já propostos para a descrição das posturas e dos movimentos, a presença de movimentos e/ou posturas que excedem 40%-50% da faixa articular e que exigem esforço da articulação ou do segmento considerado, por pelo menos 1/3 do tempo de ciclo, foi assimilada a uma condição de risco. No caso da articulação do ombro, a presença de uma condição em que o braço é levantado à altura do ombro por apenas 10% do tempo foi considerada potencialmente prejudicial para aquela articulação.

As combinações que superam tais cenários "mínimos" de exigência postural (por exemplo gestos amplos executados durante o tempo inteiro do ciclo) dão um risco potencialmente maior.

Todos estes elementos levam à construção de um esquema útil para identificar os valores do multiplicador para a postura (Po_M) em relação aos resultados da classificação descritivo-avaliatória; neste esquema o valor de "exigência postural" 4 corresponde a um multiplicador de 0.70 que, por si só, reduz em cerca de 30% o número de ações técnicas de referência na unidade de tempo. Quando a exigência postural resulta mais relevante, obtêm-se valores do fator multiplicativo cada vez mais prejudiciais.

A Tab. 12.3 indica os elementos para se passar do valor descritivo de exigência postural (atuando de acordo com as indicações fornecidas no Cap. 9) para o correspondente valor do multiplicador para a postura (Po_M). Esta tabela deverá ser utilizada para cada um dos segmentos do membro superior e, separadamente, para os dois membros.

Tab. 12.3 – Elementos para a determinação do multiplicador para a exigência postural (PoM)

Valor da pontuação de exigência postural (selecionar a mais elevada entre ombro, cotovelo, pulso, mão)	0-3	4-7	8-11	12-15	16-19	20-23	24-27	≥28
MULTIPLICADOR PARA A POSTURA (Po_M)	1	0,70	0,60	0,50	0,33	0,1	0,07	0,03

Entre eles, para fins de cálculo do índice OCRA, deverá ser utilizado o multiplicador Po_M mais "*prejudicial*" correspondente ao valor de exigência postural mais elevada, para cada membro, entre os valores relativos à mão, ao pulso, ao cotovelo ou ao ombro.

12.4.4. Multiplicador para a estereotipia (ReM)

Já foi dito como, na literatura, a presença de gestos de trabalho do mesmo tipo (aqui definida também como "estereotipia"), por mais de 50% do tempo do ciclo (e, portanto, da tarefa), seja considerada um elemento de risco possível (alta repetitividade). Por outro lato, o tempo de ciclo extremamente curto, obviamente caracterizado pela presença significativa de ações técnicas, (por ex.: inferior a 15 segundos), mesmo sendo variáveis as ações e as posturas dentro do ciclo, comporta a freqüente (≥ 4 vezes por minuto) repetição da mesma seqüência de ações e posturas e confirma, portanto, também neste caso, uma alta repetitividade (ou presença de estereotipia). No capítulo 9, a estereotipia foi classificada em dois níveis em função da prevalência de tempo gasto na execução dos mesmos gestos ou, em alternativa, da duração em segundos de ciclos curtos gastos na execução de ações mecânicas.

Em função daquelas escolhas é possível determinar os valores do multiplicador para a estereotipia (Re_M) com o auxílio da Tab.12.4 que propõe 2 multiplicadores diversos em função de 2 diferentes comprimentos de tempo de ciclo.

Tab. 12.4 – Elementos para a determinação do multiplicador para a estereotipia (Re_M)

Características da estereotipia	Ausente	Presente com gestos mecânicos iguais a si mesmos durante 51-80% do tempo *Ou* Duração ciclo 8-15 segundos	Presente com gestos mecânicos iguais a si mesmos durante => 80% do tempo *Ou* Duração ciclo 1-7 segundos
MULTIPLICADOR PARA A ESTEREOTIPIA (RE_M)	1	0,85	0,7

12.4.5. Multiplicador para a presença de "fatores complementares" (AdM)

Não existem na literatura elementos certos dos quais extrair esquemas de avaliação e fatores multiplicadores relativos à presença e ao valor dos chamados fatores complementares. Presumiu-se, portanto, uma gama de valores a se atribuir ao relativo multiplicador (Ad_M), em relação à presença e ao valor dos diversos elementos complementares assim como foram classificados na fase de descrição analítica. Foi tomado como base, no entanto, o critério segundo o qual a contribuição dos eventuais fatores complementares fosse importante, até um máximo de 20%, para condicionar o número de ações técnicas de referência na unidade de tempo.

A Tab.12.5 traz os elementos para a atribuição do multiplicador para os fatores complementares (Ad_M), a partir dos dados de classificação descritiva anteriormente propostos.

Tab. 12.5 – *Elementos para a determinação do multiplicador para os fatores complementares* (Ad_M)

Valor "pontuação" fatores complementares	0-3	4-7	8-11	12-15	≥16
MULTIPLICADOR PARA OS FATORES COMPLEMENTARES (AD_M)	1	0,95	0,90	0,85	0,80

12.4.6. *Multiplicador para o fator "períodos de recuperação" (RcM)*

Conforme já sublinhado, enquanto os outros fatores multiplicativos deverão ser determinados considerando cada uma das eventuais tarefas repetitivas que compõem o turno, o fator relativo aos períodos de recuperação, como o fator a seguir ilustrado (Du_M), deverá ser determinado considerando todo turno de trabalho.

Dentro do modelo geral de construção do índice OCRA anteriormente apresentado é determinado, inicialmente para cada tarefa repetitiva e depois para o total, o n. parcial (RPA) de ações recomendadas, partindo da constante de freqüência (para a duração da tarefa) e levando em conta os multiplicadores Fo_M; Po_M; Re_M; Ad_M. Efetua-se, a seguir, uma ulterior ponderação deste número absoluto de ações "recomendadas" (de RPA a RTA) em função da presença, distribuição e adequação dos períodos de recuperação no turno e da duração total do trabalho repetitivo no turno.

No caso particular, a determinação dos valores do multiplicador Rc_M foi baseada num critério surgido de uma atenta leitura de um documento preliminar do CEN, várias vezes citado (1993), para a construção do padrão EN 1005-3.

No documento se estabelecia que, para ações parecidas entre si (por exemplo preensões de força com a mão) e se fossem ininfluentes outros fatores (postura, força), a freqüência máxima aceitável durante aproximadamente 30 min. contínuos de trabalho era igual a 20 ações/min. Caso tais ações tivessem se prolongado praticamente por todo o turno normal de trabalho com as pausas habituais (uma de manhã, uma à tarde), a freqüência aceitável das ações era igual a 5 ações/min.

Em substância se realizava, nesta proposta, uma redução de 75% da freqüência de ações de referência, passando de um cenário interno à hora de trabalho para o cenário válido para todo o turno de trabalho. A razão disso é obvia: para compensar a longa duração e a carência substancial de períodos de recuperação se procedia de forma que a freqüência de ação fosse tão baixa que permitisse recuperações adequadas já dentro do ciclo.

O critério de usar um multiplicador das ações permitidas igual a 0,25, quando o trabalho repetitivo se desenvolve praticamente durante o turno inteiro sem substanciais períodos de recuperação, permitiu a construção de um esquema (Tab. 12.6) de conversão dos resultados da análise simplificada da presença/distribuição dos períodos de recuperação para o correspondente multiplicador Rc_M.

Para o número de horas não seguidas de um adequado período de recuperação, corresponde um valor diferente do multiplicador Rc_M: uma hora no turno sem adequada recuperação $Rc_M = 0{,}90$; 2 horas no turno sem recuperação $Rc_M = 0{,}80$; etc.

Tab. 12.6 – *Elementos para a determinação do multiplicador para períodos de recuperação* (Rc_M)

N. horas sem adequada recuperação	0	1	2	3	4	5	6	7	8
MULTIPLICADOR PARA A CARÊNCIA DE PERÍODOS DE RECUPERAÇÃO (RC_M)	1	0,90	0,80	0,70	0,60	0,45	0,25	0,10	0

12.4.7. *Multiplicador para a duração total do trabalho repetitivo no turno (DuM)*

A duração total no turno de trabalho das tarefas que comportam movimentos repetitivos e/ou forçados dos membros superiores representa um elemento muito importante na caracterização da exposição total. O modelo de cálculo do índice está baseado em cenários que prevêem o emprego de tarefas manuais repetitivas por boa parte (cerca de 7-8 horas) do turno de trabalho. Porém, uma vez que existem contextos em que é possível se afastar, também consideravelmente, deste cenário "mais típico" (ex.: horas extras habituais, trabalho *part-time*, utilização somente de parte do turno para tarefas manuais repetitivas) pareceu oportuno inserir um multiplicador específico que levasse em conta tais afastamentos das mais usuais condições de exposição.

A Tab. 12.7 fornece os parâmetros para a determinação do multiplicador pela duração (Du_M): deve ser lembrado que o tempo em minutos indicado é a soma do tempo gasto no turno para a execução de todas as tarefas repetitivas com os membros superiores.

Tab. 12.7 – Elementos para a determinação do multiplicador para a duração total (em minutos) do trabalho repetitivo no turno (DuM)

Minutos gastos no turno em tarefas repetitivas	≤120	121-180	181-240	241-300	301-360	361-420	421-480	> 481
MULTIPLICADOR DA DURAÇÃO TOTAL DO TRABALHO REPETITIVO (DU_M)	2	1,7	1,5	1,3	1,2	1,1	1	0,5

A escolha dos valores do multiplicador (Du_M) foi feita inicialmente com base nas indicações, embora empíricas, da literatura (Moore and Garg, 1995) (CEN, 2002) (ANSI, Z-265, 1995) e em seguida interpolando, com uma função apropriada, os valores "base" fornecidos para 1, 2, 4 e 8 horas, para cenários de duração mais restritos.

12.5. Planilhas para o cálculo do índice

Com a ajuda de todos os elementos até aqui fornecidos e ilustrados, foi preparada uma planilha que, reunindo e ordenando os dados da análise descritiva previamente realizada, permite calcular facilmente o índice OCRA também quando exista a presença de mais tarefas repetitivas. Cada planilha foi predisposta para levar em conta ambos os membros (direito e esquerdo) eventualmente envolvidos.

As planilhas de cálculo são compostas por uma primeira parte que resume os principais elementos que caracterizam as tarefas repetitivas analisadas (Planilha 12.1) e por uma segunda parte mais diretamente finalizada ao cálculo do índice (Planilha 12.2).

Em particular, na Planilha 12.1 são identificados e quantificados:

- o setor ou a linha, e o tipo de trabalho realizado pelo grupo de indivíduos expostos;
- os elementos que caracterizam cada tarefa repetitiva (até o máx. de 4 tarefas repetitivas por turno), a duração média do ciclo (em seg.), a freqüência média de ação (ações/minuto), a duração total de cada tarefa (em min.);
- o n. total de ações executadas em cada tarefa repetitiva em todo o turno de trabalho;
- as tarefas não repetitivas consideradas como recuperação ou não.

Planilha 12.1 – Dados sintéticos para o cálculo do número total de ações técnicas executadas no turno para as tarefas repetitivas

DADOS DE SÍNTESE PARA O CÁLCULO DO NÚMERO TOTAL DE AÇÕES TÉCNICAS EXECUTADAS NO TURNO PARA AS TAREFAS REPETITIVAS

Linha ______ **Posto de trabalho** ______ ☐ 1° ☐ 2° ☐ 3° ☐ **Turno Único**

caracterização das tarefas repetitivas no turno

	MEMBRO DIREITO				MEMBRO ESQUERDO			
	TAREFA A	TAREFA B	TAREFA C	TAREFA D	TAREFA A	TAREFA B	TAREFA C	TAREFA D
duração na tarefa no turno (min)								
duração média do ciclo (seg)								
freqüência de ação (n. ações/min)								
total ações na tarefa								

ATA (total ações efetivas no turno) (soma de A, B, C, D)	ATA (ações efetivas membro direito)	ATA (ações efetivas membro esquerdo)

caracterização das tarefas não repetitivas no turno

	MEMBRO DIREITO				MEMBRO ESQUERDO			
	TAREFA X	TAREFA Y	TAREFA Z	TAREFA W	TAREFA X	TAREFA Y	TAREFA Z	TAREFA W
duração (min)								
Total minutos de tarefa(s) considerada(s) como recuperação								
Total minutos de tarefa(s) não considerada(s) como recuperação								
TOTAL MIN. DE TAREFAS CONSIDERADAS COMO RECUPERÇÃO								

NOTAS ______________________________

A Planilha 12.2 é dirigida mais expecificamente para o cálculo do índice procurado.

Ela prevê 4 casas (A – B – C – D) para o membro direito e outras tantas para o esquerdo, correspondentes a um igual número de colunas.

Cada letra corresponde a uma diferente tarefa de trabalho repetitiva que é executada no turno. Se no turno a tarefa de trabalho repetitiva é apenas uma, deverá ser preenchida exclusivamente a coluna A (uma para o membro direito e uma para o esquerdo).

Pelo contrário, se são excutadas mais tarefas repetitivas (como no exemplo) para cada letra da coluna deve ser atribuída uma tarefa.

Para cada tarefa representada, o cálculo do índice se concretiza nas seguintes passagens operacionais:

- Para cada tarefa considerada, se inicia pela constante de freqüência (CF) que é igual a 30 ações/minuto.
- Esta constante é ajustada por meio dos multiplicadores para a força (Fo_M), a postura (Po_M), a estereotipia (Re_M) e os fatores complementares (Ad_M); os vários multiplicadores resultam, para cada tarefa, dos esquemas de conversão indicados. No caso do fator postura a escolha do multiplicador (Po_M) é guiada por um

esquema de conversão entre valores descritivos relativos aos quatro segmentos articulares (mão, pulso, cotovelo, ombro) e os correspondentes multiplicadores. Deverá ser selecionado o pior multiplicador entre aqueles do ombro, do cotovelo, do pulso e da mão.

• O resultado destas quatro multiplicações (que não está indicado na Planilha) representa a constante de freqüência por minuto ponderada para os fatores força, postura, estereotipia e complementares. O mesmo resultado, multiplicado pela duração (em minutos) de cada tarefa considerada, leva ao cálculo do n. de ações recomendadas para cada tarefa (RPA_j) e, depois, por somatória, para o total do turno (RPA_{tot}).

• É necessário, neste ponto, ponderar o número de ações totais recomendadas (RPA_{tot}), conforme surgiram do resultado parcial anteriormente indicado, por meio dos multiplicadores que levam em conta, respectivamente, a presença e a distribuição dos períodos de recuperação (Rc_M) e da duração total das tarefas repetitivas (Du_M) no turno.

• Obtém-se, deste modo, o valor procurado que representa o número total de ações recomendadas no turno (RTA).

• Este resultado (RTA) representa o denominador de uma fração em que, no numerador, é posto o número total de ações efetivamente executadas no turno de trabalho, que pode ser tirado da primeira seção da Planilha (ATA).

• A fração (ou melhor a relação) representa o índice OCRA de exposição a movimentos repetitivos.

Planilha 12.2 – Cálculo do índice OCRA

Data:	ÍNDICE OCRA
OPERAÇÃO:	

	MEMBRO DIREITO				MEMBRO ESQUERDO			
	A	B	C	D	A	B	C	D
Constante de freqüência de ação (n. ações/min.)(CF)	30	30	30	30	30	30	30	30

X

Multiplicador para a força (esforço percebido) (Fo_M)

$\%MCV/F_L$	5	10	15	20	25	30	35	40	45	=50
BORG	0,5	1	1,5	2	2,5	3	3,5	4	4,5	=5
Fo_M	**1**	**0,85**	**0,75**	**0,65**	**0,55**	**0,45**	**0,35**	**0,2**	**0,1**	**0,01**

A	B	C	D	A	B	C	D

X

Multiplicador para a postura (Po_M)

Pontuação	0-3	4-7	8-11	12-15	16-19	20-23	24-27	≥28
Po_M	**1**	**0,7**	**0,6**	**0,5**	**0,33**	**0,1**	**0,07**	**0,03**

	A	B	C	D	A	B	C	D
OMBRO								
COTOVELO								
PULSO								
MÃO								
selecionar o pior valor								

X

Multiplicador para a estereotipia (Re_M)

Pontuação	Não	Média	Elevada
Re_M	**1**	**0,85**	**0,7**

A	B	C	D	A	B	C	D

X

Multiplicador para elementos complementares (Ad_M)

Pontuação	0-3	4-7	8-11	12-15	≥16
Ad_M	**1**	**0,95**	**0,9**	**0,85**	**0,8**

A	B	C	D	A	B	C	D

X

Duração da tarefa repetitiva (D)

A	B	C	D	A	B	C	D

=

RPA ($CF \times Fo_M \times Po_M \times Re_M \times D$) para tarefa repetitiva

a	b	g	d	a	b	g	d

RPA ($CF \times Fo_M \times Po_M \times Re_M \times D$) total

RPA_{tot} DX a+b+g+d	RPA_{tot} SX a+b+g+d

Multiplicador para carência tempos de recuperação (n. horas sem adequada recuperação)(Rc_M)

N. HORAS	0	1	2	3	4	5	6	7	8
Rc_M	**1**	**0,9**	**0,8**	**0,7**	**0,6**	**0,45**	**0,25**	**0,1**	**O**

Multiplicador para duração total das tarefas repetitivas (Du_M)

MINUTOS	< 121	121-180	181-240	241-300	301-360	361-420	421-480	> 480
Du_M	**2**	**1,7**	**1,5**	**1,3**	**1,2**	**1,1**	**1**	**0,5**

$RTA = RPA_{tot} \times Rc_M \times Du_M \times Vt_M$

DIREITA	ESQUERDA

$\frac{ATA}{RTA}$	DIREITA	ESQUERDA

ÍNDICE OCRA	DIREITA	ESQUERDA

12.6. Um exemplo prático de cálculo do índice OCRA

Nos capítulos anteriores foi analisado um exemplo de trabalho repetitivo caracterizado por duas tarefas:

A) a soldagem do suporte;

B) a execução do furo.

Retomando todos os dados de cada fator de risco analisados é agora possível calcular o índice OCRA.

É necessário calcular antes o número total de ações técnicas necessárias para a execução de cada tarefa individual no turno e de todas elas (separadamente para o membro direito e o esquerdo). Para cada tarefa, o número das ações totais no turno se obtém multiplicando:

FREQÜÊNCIA DE AÇÃO NO CICLO x DURAÇÃO NO TURNO DA TAREFA REPETITIVA

No exemplo obtiveram-se os seguintes resultados em termos de número de ações no turno por tarefa:

Membro direito		Membro esquerdo	
TAREFA A	TAREFA B	TAREFA A	TAREFA B
12046	6115	9040	3840

Para cada membro devem ser somadas as ações técnicas presentes dentro de cada tarefa repetitiva até encontrar o número total de ações técnicas executadas no turno. No exemplo:

Membro direito	Membro esquerdo
TAREFA A + TAREFA B	TAREFA A + TAREFA B
18161	12880

O número total de *Ações Técnicas Atualmente* executadas no turno (ATA) resulta igual a 18161 para a direita e 12880 para a esquerda.

Quanto ao valor da *Força média ponderada para o tempo*, obtido com a escala de Borg, os valores encontrados foram colocados, em síntese, nos esquemas abaixo (Tab. 12.8):

A eles correspondem os Multiplicadores (Fo_M) indicados, separadamente para a direita e para esquerda. Quando o valor encontrado não corresponde exatamente ao valor indicado na tabela é possível utilizar o valor do fator multiplicativo mais "perto" ou, com um cálculo de interpolação proporcional, encontrar de forma mais exata o valor do multiplicador.

Para o fator de risco *Postura* procede-se escrevendo na Planilha os multiplicadores correspondentes às pontuações encontradas para os 4 segmentos articulares indicados: deverá ser selecionado para cada tarefa o valor pior (inclusive para o ombro) ao qual corresponde obviamente o valor mais baixo de fator multiplicativo.

Tab. 12.8 – Exemplo de cálculo do Multiplicador para a força (Fo_M)

MEMBRO DIREITO	TAREFA A	TAREFA B
Valor médio ponderado	0,80	1,60
MULTIPLICADOR	0,91	0,73
MEMBRO ESQUERDO	TAREFA A	TAREFA B
Valor médio ponderado	1,15	0
MULTIPLICADOR	0,82	1

No exemplo obtiveram-se os seguintes Multiplicadores (Po_M) das pontuações indicadas na Tab. 12.9:

Tab. 12.9 – Exemplo de cálculo do Multiplicador para a postura (Po_M)

Membro direito				Membro esquerdo				
TAREFA A		TAREFA B		TAREFA A		TAREFA B		SETOR
pontuação	(Po_M)	pontuação	(Po_M)	pontuação	(Po_M)	pontuação	(Po_M)	
12	0,5	8	0,6	8	0,6	8	0,6	ombro
0	1	8	0,6	0	1	8	0,6	cotovelo
0	1	10	0,6	0	1	10	0,6	punho
2	1	12	0,5	5,5	0,7	12	0,5	mão
0,5		**0,5**		**0,6**		**0,5**		MULTIPLICADOR(Po_M)

No que se refere à presença de estereotipia, as tarefas A e B são caracterizadas por uma curta duração do ciclo (A=9 seg. e B=6 seg.). Tendo em vista que em ambas as tarefas, a execução das ações técnicas é preponderante, o Multiplicador Re_M para a tarefa A será 0,85 (estereotipia média) e para a tarefa B será 0,7 (estereotipia elevada).

Após ter identificado o fator correspondente à pontuação avaliada para os elementos complementares de risco (no exemplo não existem fatores complementares de risco) se escrevem nas casas específicas os minutos de duração de cada tarefa repetitiva (D): no exemplo D = 226 minutos para a tarefa A e 96 minutos para a tarefa B.

É possível agora calcular as ações recomendadas RPA para cada tarefa (válidas até este ponto) multiplicando o valor 30 de partida para todos os fatores multiplicativos até aqui evidenciados (Tab. 12.10):

Tab. 12.10 – Cálculo dos RPA

TAREFA "A" DIREITA													
RPA	=	CF	x	Fo_M	x	Po_M	x	Re_M	x	Ad_M	x	D	
2622		30	x	0,91	x	0,5	x	0,85	x	1	x	226	
TAREFA "A" ESQUERDA													
RPA	=	CF	x	Fo_M	x	Po_M	x	Re_M	x	Ad_M	x	D	
2835		30	x	0,82	x	0,6	x	0,85	x	1	x	226	
TAREFA "B" DIREITA													
RPA	=	CF	x	Fo_M	x	Po_M	x	Re_M	x	Ad_M	x	D	
736		30	x	0,75	x	0,5	x	0,7	x	1	x	96	
TAREFA "B" ESQUERDA													
RPA	=	CF	x	Fo_M	x	Po_M	x	Re_M	x	Ad_M	x	D	
1008		30	x	1	x	0,5	x	0,7	x	1	x	96	

Somando agora os RPA das tarefas A e B para a direita (2622+736), obtém-se 3358 que representa o RPA_{tot} para o membro direito; já para esquerda temos RPA_{tot} = 2835+1008 = 3843.

Para obter o número das ações recomendadas no turno resta apenas multiplicar os valores parciais até aqui obtidos pelo:

– Multiplicador relativo à carência de tempos de recuperação (Rc_M): neste caso 0,6 porque foram contadas no turno 4 horas sem uma adequada recuperação;

– Multiplicador para a duração total das tarefas repetitivas (Du_M): neste caso igual a 1,2 porque a tarefa A dura 226 minutos e a tarefa B dura 96 minutos, para uma duração total igual a 322 minutos.

É agora possível calcular o RTA, o denominador do índice OCRA que se obtém multiplicando RPA_{tot} pelos outros Multiplicadores que faltam (Tab. 12.11):

Tab. 12.11 – Cálculo dos RTA

TAREFA "A+B" DIREITA								
RTA	=	RPA_{tot}	x	Rc_M	x	Du_M	
2418		3358	x	0,6	x	1,2	
TAREFA "A+B" ESQUERDA							
RTA	=	RPA_{tot}	x	Rc_M	x	Du_M	
2767		3843	x	0,6	x	1,2	

O índice OCRA é finalmente obtido dividindo o total das ações observadas (ATA) pelas recomendadas (RTA).

Na tarefa analisada se obtêm os valores de 7,5 (18161_{ATA} / 2418_{RTA}) para a direita e de 4,7 (12880_{ATA} / 2767_{RTA}) para a esquerda.

12.7. Um exemplo de cálculo do índice OCRA com uso do *software* "midaOCRAmulticompiti"

É possível calcular o índice OCRA também por meio do *software* anexado ao livro.

Considerando por exemplo uma tarefa de trabalho executada num turno por um trabalhador (montagem componentes de um compressor), devem ser indicadas (separadamente para cada membro) na primeira Planilha operacional do *software* (Planilha 12.3):

– a lista das ações técnicas e a sua duração;

– a duração das posturas inadequadas;

– a presença e o nível da estereotipia;

– a duração e os níveis da força;

– a duração dos fatores complementares;

– a % de saturação do membro (deve ser calculada mesmo que não entre no cálculo do índice).

Os correspondentes multiplicadores aparecerão automaticamente quer nesta Planilha analítica (Planilha 12.3) quer na sucessiva planilha sintética (Tab. 12.12). Esta segunda Planilha (Tab. 12.2) é predisposta, de fato, para finalizar o cálculo do índice acrescentando aos dados anteriores, mais inerentes ao ciclo, as outras informações mais tipicamente de caráter organizacional:

– a duração líquida da tarefa repetitiva;

– a duração e a distribuição das pausas;

– o tempo de ciclo atribuído à tarefa.

No exemplo o índice OCRA resulta igual a 4,3 para o membro direito relativamente à única tarefa executada pelo trabalhador no turno.

O programa permite estudar a exposição a mais tarefas, até um máximo de 4.

Na Tab. 12.13 é apresentado mais um exemplo de cálculo final do índice OCRA para uma exposição a 2 tarefas de trabalho em *turn-over* horário: A e B (respectivamente montagem de calotas 1 e 2 em dois diferentes postos de trabalho). Para cada uma das tarefas deve ser preenchida (sempre para cada membro) a primeira Planilha do *software* (Planilha 12.3) e sucessivamente devem ser completadas as informações sobre os dados organizacionais na Planilha final de cálculo do índice que resume os dados finais (os Multiplicadores) para todas as tarefas repetitivas identificadas no turno.

Tab. 12.12 – Um exemplo de cálculo do índice OCRA para o membro direito: o preenchimento da segunda Planilha do software "midaOCRAmulticompiti".

DURAÇÃO DO TURNO	480					
Pausas (min)	60					
Tempo de trabalho não repetitivo (min)	20					
Tempo de lavoro considerado como recuperação (min)	0					
Tempo total de trabalho repetitivo no turno	**400**					
	A	B	C	D	E	F
Inserir "X" para cada tarefa analisada	X					
Tempo líquido de trabalho repetitivo para cada tarefa	**400**					
N. de unidades trabalhadas por turno (ou N.ciclos)	**333**					
N. de horas sem um tempo adequado de recuperação	**4**					
Multiplicador Recuperação (RcM)	**0,6**					
CONSTANTE DE FREQÜÊNCIA (CF)	**30**			**DIREITA**		
Multiplicador Força (FoM)						
Multiplicador Postura (PoM)						
Multiplicador Fatores Complementares (AdM)						
Multiplicador Estereotipia (ReM)						
Parcial Ações Recomandadas (RPA)						
TEMPO DE CICLO (seg.)						
N. TOT. DE AÇÕES TÉCNICAS POR TAREFA						
Freqüencia (N. de ações técnicas por minuto)						
N. de ações técnicas no ciclo						
TOT. AÇÕES TÉCNICAS ATUALMENTE EXECUTADAS (ATA)	17149,5					
N. TOT. DE AÇÕES TÉCNICHE RECOMANDADAS (RTA)						
Multiplicador Duração Tarefas Repetitivas (DuM).						
ÍNDICE OCRA DIREITO						

12.8. Exemplo de organização de análise do índice OCRA em tarefas executadas em *turn-over* com periodicidade sazonal

Às vezes o *turn-over* realizado em várias tarefas não se esgota dentro do turno mas se completa dentro da semana, do mês ou da estação. Neste caso, como já dito anteriormente, é oportuno identificar o percentual de presença de um trabalhador genérico na execução da tarefa relativamente ao período escolhido.

Repropondo um exemplo do Cap. 6, as tarefas executadas sazonalmente e as relativas durações em % no decorrer do ano eram (Tab. 12.14):

Tab. 12.14 – Exemplo de tarefas com distribuição sazonal

tarefas	%	minutos/turno	
Escolha azeitonas	20	86	Total 430 minutos de duração líquida de trabalhos repetitivos no turno
Escolha alcachofrinhas	20	86	
Escolha berinjelas	20	86	
Enchimento vasinhos	30	129	
Preparação atum	5	21,5	
Preparação entrada	5	21,5	

Tab. 12.13 – Um exemplo de cálculo do índice OCRA com uso do software "midaOCRAmulticompiti" para o membro direito e esquerdo com exposição a 2 tarefas de trabalho executadas em revezamento horário no turno

DURAÇÃO DO TURNO	480					
Pausas (min)	60					
Tempo de trabalho não repetitivo (min)	20					
Tempo de trabalho considerado recuperação (min)	0					
Total tempo de trabalho repetitivo no turno	400					
	A	B	C	D	E	F
Inserir "X" para cada tarefa analisada	X	X				
Tempo líquido de trabalho repetitivo em cada tarefa	200	200				
N. de unidades trabalhadas por turno (ou N. ciclos)	166,5	166				
N. de horas sem um tempo adequado de recuperação	4					
	0	0,6	0			
Multiplicador Recuperação (RcM)	0,6					
CONSTANTE DE FREQÜÊNCIA (CF)	30		DIREITA			
Multiplicador Força (FoM)	0,80	1,00				
Multiplicador Postura (PoM)	0,70	0,80				
Multiplicador Fatores Complementares (AdM)	1,00	1,00				
Multiplicador Estereotipia (ReM)	1,00	0,85				
Parcial Ações Recomendadas (RPA)	3360,0	4080,0				
TEMPO DE CICLO (seg.)	72,1	72,3				
N. TOT. DE AÇÕES TÉCNICAS POR TAREFA	8491,5	6640,0				
Freqüência (N. de ações técnicas por minuto)	42,5	33,2				
N. de ações técnicas no ciclo	51,0	40,0				
TOT. AÇÕES TÉCNICAS ATUALMENTE EXECUTADAS (ATA)	15131,5					
N. TOT. DE AÇÕES TÉCNICAS RECOMENDADAS (RTA)	4910,4					
Multiplicador Duração Tarefas Repetitivas (DuM).	1,1	1,1				
ÍNDICE OCRA DIREITO	3,1					

Tarefa A	MONTAGEM CALOTA NO POSTO 1
Tarefa B	MONTAGEM TAMPA NO POSTO 2
Tarefa C	
Tarefa D	
Tarefa E	
Tarefa F	

	ESQUERDA					
Fator Força (FoM)	0,80	1,00				
Fator Postura (PoM)	0,70	0,80				
Fatores Complementares (AdM)	1,00	1,00				
Fator Estereotipia (ReM)	1,00	0,85				
Ações Recomendadas sem RcM	3360,0	4080,0				
TEMPO DE CICLO (seg.)	72,1	72,3				
N. TOT. DE AÇÕES TÉCNICAS OBSERVADAS	6660,0	4980,0				
freqüência (N.de ações técnicas por minuto)	33,3	24,9				
N. de ações técnicas no ciclo	40,0	30,0				
TOT. AÇÕES TÉCNICAS ATUALMENTE EXECUTADAS (ATA)	11640					
N. TOT. DE AÇÕES TÉCNICAS RECOMENDADAS (RTA)	0					
Multiplicador Duração Tarefas Repetitivas (DuM).						
ÍNDICE OCRA ESQUERDO	2,4					

Após ter transformado os percentuais sazonais em minutos/turno de um hipotético dia de trabalho, pode-se estimar o índice de exposição OCRA como se fosse para um turno normal com várias tarefas repetitivas.

Quando no período considerado (mês, estação) as tarefas executadas são muito numerosas convém limitar o cálculo do índice de exposição a 5-8 tarefas, levando em conta as mais representativas.

Na Tab. 12.15 encontra-se o valor final do índice OCRA que representa a síntese da exposição às diversas tarefas executadas com distribuição sazonal, todas caracterizadas por posturas similares da mão (preensão em *pinch*) e da presença de estereotipia.

Tab. 12.15 – Um exemplo de cálculo do índice OCRA com uso do software "midaOCRAmulticompiti" para tarefas com distribuição sazonal

DURAÇÃO DO TURNO	480					
Pausas (min)	30					
Tempo de trabalho não repetitivo (min)	20					
Tempo de trabalho considerado recuperação (min)	0					
Tempo total de trabalho repetitivo no turno	**430**					
	A	B	C	D	E	F
Inserir "X" para cada tarefa analisada	X	X	X	X	X	X
Tempo líquido de trabalho repetitivo em cada tarefa	**86**	86	86	129	21,5	21,5
N. de unidades trabalhadas por turno (ou N. ciclos)	**320**	400	200	400	80	20
N. de horas sem um tempo adequado de recuperação	**4**					
Multiplicador Recuperação (RcM)	0,6					
CONSTANTE DE FREQÜÊNCIA (CF)	**30**			**DIREITA**		
Multiplicador Força (FoM)	1,0	1	1	1	1	1
Multiplicador Postura (PoM)	0,5	0,5	0,5	0,5	0,5	0,5
Multiplicador Fatores Complementares (AdM)	1,0	1,0	1,0	1,0	1,0	1,0
Multiplicador Estereotipia (ReM)	0,7	0,7	0,7	0,7	0,7	0,7
Parcial Ações Recomandadas (RPA)	596,0	903,0	903,0	1354,5	225,8	225,8
TEMPO DE CICLO (seg.)	16,1	12,9	25,8	19,4	16,1	64,5
N. TOT. DE AÇÕES TÉCNICAS POR TAREFA	6400,0	5600,0	2000,0	6000,0	1600,0	680,0
Freqüência (N. de ações técnicas por minuto)	74,4	65,1	23,3	46,5	74,4	31,6
N. de ações técnicas no ciclo	20,0	14	10	15	20	34
TOT. AÇÕES TÉCNICAS ATUALMENTE EXECUTADAS (ATA)	22280,0					
N. TOT. DE AÇÕES TÉCNICAS RECOMANDADAS (RTA)	2573,55					
Multiplicador Duração Tarefas Repetitivas(DuM).	1					
ÍNDICE OCRA DIREITO	**8,7**					

Planilha 12.3 – Exemplo de preenchimento da primeira Planilha de cálculo do índice OCRA com o software "midaOCRAmulticompiti"

Posturas e movimentos dos braços			Movimentos do cotovelo			Posturas e movimentos do pulso				Posturas e movimentos da mão e dedos						Estereotipia .Re$_{M}$:SI=1Moderada SI=2 Elevada N.=0	Fatores complementares							Ações técnicas (estáticas)		Força		Ações técnicas do braço direito		descrição das ações técnicas
flexão e/ou abdução sup.a 80°	abdução sup.a 45°	extensão sup. a 20°	pronação sup. a 60°	supinação sup.a 60°	flexo/extensão sup. a 60°	flexão sup.a 45°	extensão sup. a 45°	desvio radial sup.a 15°	desvio ulnar sup.a 20°	grip (diâmetro 3-5 cm)	grip estreito (1-2cm)	pinch	preensão palmar	preensão em gancho	movimentos finos dos dedos		precisão	vibrações	compressões	golpes e contragolpes	movimentos repentinos e rápidos	outros fatores complementares	NO=0, Ritmo: com área pulmão = 1 ; completamente imposto = 2	ações estáticas: duração >= 5seg ou 8cts (cts)	n. ações técnicas fictícias	pontuação da escala de Borg	duração das ações com força (cts)	duração das ações técnicas (cts)	TOT.ações técnicas por ciclo	direita
												11,1													0	3	11,1	11,1	8	pega, pega de novo, abre, posiciona, envolve, aperta 3 vezes
												8,1													0	2	8,1	8,1	4	pega, abre, posiciona, aperta
													11,7												0	5	11,7	11,7	2	pega e posiciona compressor
6										6															0			6,0	2	pega e posiciona tubo aspirante
	8,5											8,5													0			8,5	2	pega e posiciona tubo premente
												1,6													0			1,6	1	pega e coloca óculos (uma vez a cada 2 compr.)
1,9												1,9													0			1,9	1	pega e posiciona lona (uma vez a cada 2 compressores)
								1,8		1,8															0			1,8	1	pega e liga (uma vez a cada 2 compressores)
								26,7		26,7															0	2	26,7	26,7	20	cerca de 20 micro-oscilações por compressor
										2,4															0			2,4	0,5	recoloca maçarico (uma vez a cada 2 compressores)
												2,1													0			2,1	1	pega e tira óculos (uma vez a cada 2 compr.)
												4,9													0			4,9	1	pega (ou posiciona) braçadeira
												3,7													0			3,7	3	pega,gira,insere klixon
3,1													3,1												0	4	3,1	3,1	2	pega e posiciona
1,8										1,8															0	3	1,8	1,8	3	pega, tira,tira revestimento
																0							0		0					
11%	7%	0%	0%	0%	0%	0%	0%	24%	0%	32%	0%	35%	12%	0%	0%		0%	0%	0%	0%	0%	0%								
																										1,49				

pontuação ombro	pontuação cotovelo	pontuação pulso	pontuação mão	pontuação fatores complementares		
4	0	0	4	0		
	multiplicador postura 0,70		multiplicador estereotipia 1	multiplicador complementares 1,00	0,75	muita força

13. *O instrumento para o mapeamento do risco por sobrecarga biomecânica dos membros superiores:* checklist OCRA

13.1 Introdução: requisitos e conteúdos gerais do *checklist* OCRA

São aqui descritos os conteúdos e as modalidades de preenchimento de um breve procedimento para a identificação e a estimativa do risco por sobrecarga biomecânica dos membros superiores.

Conforme definido no Cap. 3, o uso do *checklist* não substitui a avaliação mais precisa da exposição, possível somente por meio do cálculo do índice OCRA, mas é insubstituível tanto na primeira fase de estimativa da presença do risco dentro de uma determinada realidade empresarial, quanto na fase seguinte de gestão do próprio risco.

Assim como o índice OCRA, o *checklist* OCRA é composto por 5 partes dedicadas ao estudo dos quatro principais fatores de risco (carência dos períodos de recuperação, freqüência, força, posturas inadequadas) e dos fatores complementares (vibrações, temperaturas frias, trabalhos de precisão, contragolpes etc.), (Anexo 3).

O esquema de análise proposto pelo *checklist* OCRA prevê a identificação de valores numéricos atribuídos previamente (crescentes em função do crescimento do risco) para cada um dos 4 principais fatores de risco e para os fatores complementares.

A soma dos valores parciais obtidos produz um valor numérico que permite a estimativa do nível de exposição por meio de uma relação com os valores do índice OCRA, em faixas diferenciadas (verde, amarela, vermelha, violeta).

Em geral, aconselha-se utilizar este instrumento após ter feito uma experiência de avaliação com o método OCRA tradicional: este procedimento permitirá não apenas um preenchimento das planilhas mais coerente com a realidade investigada, mas também superar algumas dificuldades que poderiam surgir no decorrer do seu preenchimento, já que os "cenários" propostos não podem ser obviamente considerados exaustivos de todas as realidades ocupacionais.

O preenchimento do *checklist* OCRA pode ser feito também observando o trabalhador diretamente no posto analisado, mas, da mesma forma que para o índice OCRA, se torna mais fácil analisando a sua atuação nos vídeos.

Deve ser lembrado também que este método observacional permite não apenas identificar com suficiente precisão o nível de risco por sobrecarga biomecânica dos membros superiores, mas também obter importantes informações para a gestão do risco (intervenções de melhoria, revezamentos) e do prejuízo (por ex. para fins de recolocação ocupacional).

Nos parágrafos seguintes serão descritas analiticamente todas as seções que compõem o *checklist* OCRA.

13.2. Elementos descritivos da tarefa e da organização do trabalho (Planilha 1, primeira parte)

Em primeiro lugar o *checklist* OCRA deve ser utilizado para descrever um posto de trabalho e para estimar o nível de exposição intrínseco da tarefa executada, como se o posto fosse o único utilizado no turno inteiro (com uma referência inicial a um turno de 8 horas) por um único trabalhador: o procedimento permitirá conhecer quais são os postos de trabalho dentro da empresa que, pelas próprias características estruturais e organizacionais, são de exposição "ausente", "leve", "média", "elevada", sem levar em conta os revezamentos dos trabalhadores em mais postos/tarefas. Esta técnica de análise constitui a base para a construção do mapa específico de risco dos trabalhos em relação ao risco por sobrecarga biomecânica dos membros superiores.

O *checklist* OCRA fornece, portanto, uma estimativa da exposição intrínseca de cada posto e não os índices de exposição de cada trabalhador, cuja avaliação deverá ser completada posteriormente.

A primeira parte do *checklist* OCRA (Planilha 1, primeira parte) prevê uma breve descrição do posto de trabalho e do trabalho nele realizado. Para melhor caracterizar a tarefa repetitiva é oportuno indicar se o trabalho é caracterizado por ciclos ou se o trabalho deve ser considerado repetitivo, mesmo de ciclo longo, porque caracterizado pelas mesmas ações técnicas que se repetem iguais a si mesmas por mais da metade do tempo do trabalho que está sendo analisado. (Tab. 13.1a)

É oportuno também indicar:

a. quantos postos de trabalho idênticos ao descrito existem e quantos postos são, ainda que não idênticos, muito similares entre si, podendo ser assimilados ao posto analisado: de fato, nas empresas de grandes dimensões é útil, para se obter maiores informações em tempos breves, efetuar a análise também por similaridade.

b. durante quantos turnos é(são) utilizado(s) o(s) posto(os) de trabalho.

c. número total (considerando o número de postos idênticos ou muito similares e os turnos de trabalho) e sexo (n. homens e n. mulheres) dos que trabalham no(s) posto(s) de trabalho analisado.

d. % de tempo de utilização real do posto de trabalho num turno de trabalho. Pode ocorrer, de fato, que um posto seja utilizado apenas parcialmente num turno.

Antes de realizar a análise dos diversos fatores de risco é de fundamental importância, para uma avaliação mais específica do risco, estimar o tempo líquido de trabalho repetitivo, assim como foi proposto para o cálculo do índice OCRA. O esquema proposto na primeira parte do *checklist* OCRA (Tab. 13.1b) ajuda o responsável pelo preenchimento no cálculo deste dado que se obtém subtraindo do tempo "bruto" do turno, ou de "presença remunerada", os seguintes tempos:

- as pausas;
- a duração da pausa para refeição (se estiver incluída no tempo do turno);
- os tempos dedicados a trabalhos não repetitivos.

Em algumas situações de trabalho não está prevista uma distribuição programada das pausas: neste caso é importante analisar o comportamento médio dos trabalhadores na utilização das pausas fisiológicas ou de outras pausas adicionais.

Mesmo utilizando o *checklist* OCRA é importante, para completar a estimativa do tempo líquido de trabalho repetitivo e da distribuição horária dos tempos de recuperação, considerar também:

- o início real do horário de trabalho no posto analisado (tempo gasto para alcançar o posto, partida real da máquina, etc.).
- o número e a duração média real das pausas fisiológicas ou de outras pausas adicionais (comportamento médio dos trabalhadores).
- o horário real de abandono do posto de trabalho para alcançar o refeitório ou os vestiários no fim do turno (é oportuno lembrar que o incremento subjetivo dos tempos dedicados à pausa para refeição e o adiantamento do horário de fim de turno irão diminuir o tempo líquido de trabalho repetitivo mas não podem ser considerados como pausas adicionais para a contagem da pontuação relativa ao fator de risco "carência dos tempos de recuperação").

Obtido desta forma o tempo líquido de trabalho repetitivo poderá ser estimado o tempo líquido de ciclo (em seg.) considerando o número de peças que o trabalhador deve completar no turno utilizando a seguinte fórmula:

TEMPO LÍQUIDO DE TRABALHO REPETITIVO (em min. x 60)/ N. PEÇAS ou N. CICLOS

Serão agora comparados o tempo de ciclo líquido assim calculado e o ciclo observado (medido com o cronômetro no posto de trabalho ou na gravação em vídeo): se forem similares, poderão ser efetuadas as avaliações sucessivas solicitadas pelo *checklist*. A existência de uma diferença significativa (acima de 5%) entre estes dois tempos de ciclo deve levar o pesquisador a reconsiderar os conteúdos reais do turno em termos de duração das pausas, de trabalhos não repetitivos, de número de peças ou ciclos, etc., até reconstruir corretamente o comportamento do trabalhador no turno (ver Cap. 6).

Tab.13.1a – Checklist OCRA: notas descritivas da tarefa de trabalho (Planilha 1, primeira parte)

• DENOMINAÇÃO E BREVE DESCRIÇÃO DO POSTO DE TRABALHO
....
....
....
....
....
- quantos postos de trabalho existem idênticos àquele descrito e quantos postos são muito similares, ainda que não idênticos, podendo ser assimilados àquele analisado..
- por quantos turnos é(são) utilizado(s) o(s) posto(s) de trabalho..
- número total (considerando o número dos postos idênticos ou muito similares e os turnos de trabalho) e sexo (n. homens e n. mulheres) dos que trabalham no posto analisado ....
- % de tempo de utilização real do posto de trabalho num turno de trabalho. Pode, de fato, ocorrer que um posto seja utilizado somente parcialmente num turno de trabalho ....

13.3. O fator "períodos de recuperação" (Planilha 1, segunda parte)

Pode ser definido como período de recuperação aquele em que está presente uma inatividade física substancial dos membros superiores anteriormente envolvidos na execução de ações de trabalho.

Conforme já foi amplamente definido no capítulo específico, podem ser considerados períodos de recuperação:

a) as pausas de trabalho, oficiais ou não, inclusive a pausa para a refeição (esteja ela incluída ou não no horário de trabalho remunerado);

b) os períodos de execução de tarefas de trabalho que comportam o repouso substancial dos grupos musculares exigidos em tarefas anteriores (por ex. as tarefas de controle visual).

c) presença de períodos, dentro do ciclo, que comportam o repouso completo dos grupos musculares anteriormente exigidos. Estes últimos períodos (controle visual, tempos passivos ou de espera), para serem considerados significativos, devem se prolongar consecutivamente por pelo menos 10 segundos consecutivos por minuto e ser periodicamente repetidos, em cada ciclo e durante todo o tempo de trabalho repetitivo com uma relação 5:1 entre trabalho e recuperação.

Disto resulta que a análise dos períodos de recuperação deve, em primeiro lugar, verificar se estes estão presentes (e a sua duração e distribuição) já dentro do ciclo, para depois examinar, mais macroscopicamente, a sua presença, duração e freqüência no turno inteiro de trabalho.

São fornecidos, na segunda parte da planilha 1 (Tab. 13.2), seis cenários de distribuição de interrupções de atividade e/ou pausas durante o turno de trabalho: para cada cenário corresponde um número. Deve ser escolhido o cenário mais similar ao habitualmente (e realmente) utilizado pelos trabalhadores naquele posto de trabalho. Podem ser utilizados valores numéricos intermediários em relação aos propostos, se representarem melhor a situação real: neste caso devem ser anotados os motivos da escolha.

O número identificado deve ser escrito no quadradinho apropriado (n. recuperação).

Tab. 13.1b – Checklist OCRA: notas descritivas da organização do trabalho (Planilha 1, primeira parte)

	DESCRIÇÃO	MINUTOS
DURAÇÃO TURNO	Oficial	
	Efetiva	
PAUSAS OFICIAIS	Por contrato	
OUTRAS PAUSAS (além das oficiais)		
PAUSA PARA REFEIÇÃO	Oficial	
	Efetiva	
TRABALHOS NÃO REPETITIVOS (ex: limpeza, abastecimento, etc.)	Oficial	
	Efetiva	
TEMPO LÍQUIDO DE TRABALHO REPETITIVO		
N.PEÇAS (ou ciclos)	Programados	
	Efetivos	
TEMPO LÍQUIDO DE CICLO (seg.)		
TEMPO DE CICLO OBSERVADO OU PERÍODO DE OBSERVAÇÃO (seg.)		

É útil indicar na seção a duração do trabalho em minutos e o horário de início e fim do turno analisado: se houver mais turnos, descrever o mais representativo que será aquele considerado no mapa de risco. Se houver turnos em que o horário de trabalho ou, melhor, a distribuição dos tempos de recuperação for substancialmente diferente dos outros, descrever o evento nas notas e considerar um número maior de pontuações relativas à correspondente distribuição dos tempos de recuperação nos diversos turnos.

Quando os turnos de trabalho tiverem duração inferior a 6 horas, para achar a pontuação para o tempo de recuperação devem ser contadas as horas nas quais não esteja incluída uma pausa de pelo menos 8/10 minutos, com exceção da última ou daquela que precede uma eventual (porém improvável) pausa para refeição: o número de horas que resultam sem esta recuperação representará a pontuação procurada. Este aspecto, que assume uma importância particular nas relações de trabalho "part-time", deve ser considerado independentemente do fator de correção de duração da tarefa repetitiva, indicado no fim desta seção.

Deve ser lembrado que é sempre possível utilizar pontuações intermediárias.

Tab. 13.2 – Checklist OCRA: avaliação do fator de risco "carência dos tempos de recuperação" (Planilha 1, segunda parte)

• MODALIDADE DE INTERRUPÇÃO DO TRABALHO EM CICLOS COM PAUSAS OU COM OUTROS TRABALHOS DE CONTROLE VISUAL

escolher uma única resposta: é possível escolher valores intermediários.

[0] - existe uma interrupção de pelo menos 8/10 min. a cada hora (contar a pausa para refeição); ou o tempo de recuperação está dentro do ciclo.

[2] - existem duas interrupções de manhã e duas à tarde (além da pausa para refeição) de pelo menos 8-10 minutos em um turno de 7-8 horas ou 4 interrupções além da pausa para refeição em um turno de 7-8 horas; ou 4 interrupções de 8-10 minutos em um turno de 6 horas.

[3] - existem 2 pausas de pelo menos 8-10 minutos cada uma em um turno de cerca de 6 horas (sem pausa para refeição); ou 3 pausas além da pausa para refeição em um turno de 7-8 horas.

[4] - existem 2 interrupções além da pausa para refeição de pelo menos 8-10 minutos em um turno de 7-8 horas (ou 3 interrupções sem pausa para refeição); ou em um turno de 6 horas, uma pausa de pelo menos 8-10 minutos.

[6] - em um turno de cerca de 7 horas, sem pausa para refeição, há somente uma pausa de pelo menos 10 minutos; ou em um turno de 8 horas há somente a pausa para refeição (mesmo no caso de refeição não contada no horário de trabalho).

[10] - não existem de fato interrupções a não ser de poucos minutos (menos de 5) em um turno de 7-8 horas.

Hora início Hora término

Indicar a duração do turno em minutos.................. e anotar a distribuição das pausas no turno
.... [ ] RECUPERAÇÃO

13.4. A freqüência de ação (Planilha 2, primeira parte)

Já vimos que para caracterizar a freqüência, o melhor caminho é o de contar as *ações técnicas* e de referi-las à unidade de tempo (*n. ações técnicas/minuto*).

A ação técnica foi já anteriormente definida como uma ação que comporta atividade artro-musculotendínea dos membros superiores: não deve ser identificada com cada movimento articular do punho, da mão, do cotovelo, do ombro, mas com a totalidade de movimentos de um ou mais segmentos articulares, que permitam a execução de uma operação de trabalho simples.

Para estudar o risco *freqüência* devem ser identificadas, portanto, também neste caso, as ações técnicas realizadas na unidade de tempo.

No *checklist* OCRA, para a avaliação das pontuações de freqüência, são apresentados dois blocos (Tab. 13.3): o primeiro para as ações "dinâmicas" o segundo para as ações "estáticas".

No primeiro bloco são oferecidos 7 cenários, cada um marcado por um valor numérico crescente de 0 a 10. Cada item descreve o valor dos gestos de trabalho dos braços no tempo (lentos, bastante rápidos, rápidos, muito rápidos).

São também indicadas as "freqüências de ação por minuto" de referência que ajudam a identificar o cenário mais representativo da tarefa em análise.

Para estimar a freqüência de ação do membro dominante é aconselhável utilizar um cronômetro para levantar:

a) a duração do tempo de ciclo em segundos;

b) as ações técnicas em um ciclo;

Para calcular a freqüência de ação/minuto usar a seguinte fórmula:

n.ações x 60/ tempo de ciclo

Uma vez identificado o cenário com a freqüência de ação correspondente, verificar se o trabalhador tem ou não a possibilidade de fazer breves interrupções (ritmo constante ou inconstante). Considerando também esta segunda característica, escolher o cenário correspondente recorrendo, se necessário, a números intermediários. Por exemplo, se a freqüência for de 50 ações por minuto, mas existe a possibilidade de fazer breves interrupções, escolher o valor 5; ou se a freqüência de ação for de 30 ações por minuto e o ritmo constante, sem possibilidade de breves interrupções, escolher o valor intermediário 2 (Tab.13.3).

Quando houver uma baixa freqüência de ação, mas estas forem tendencialmente "estáticas" no ciclo (duração de cada ação igual ou superior a 5 segundos contínuos, geralmente devido à manutenção em preensão de um objeto) esta eventualidade deverá ser classificada com os cenários e as pontuações fornecidos no segundo bloco: em caso de presença simultânea de ações técnicas estáticas e dinâmicas, comparar as pontuações obtidas nos dois blocos e escolher como pontuação de referência a mais elevada.

O valor numérico encontrado deve ser transcrito no quadrado relativo à freqüência (n. freqüência).

Em caso de trabalho com ciclos muito longos, nos quais os próprios gestos de trabalho se repetem muito similares a si mesmos (ex: rebitamento de chapa metálica, seleção azeitonas, etc.), é suficiente analisar uma amostragem de 2 ou 3 minutos, contando as ações técnicas em cada minuto e considerando como representativa a freqüência média por minuto.

Quando a tarefa de trabalho é organizada por "ilha de produção" é necessário identificar antes as subfases ou subtarefas que o compõem e efetuar a análise como se o ciclo fosse composto por várias subtarefas: deve ser previsto, portanto, o preenchimento de um *checklist* para cada subtarefa precedentemente identificada.

13.5. O uso de força (Planilha 2, segunda parte)

Para superar a dificuldade de se avaliar a força interna desenvolvida pelos músculos, sem o recurso dos eletromiógrafos para aplicar ao músculo, também para o preenchimento do *checklist* OCRA se sugere o recurso a entrevistas dos trabalhadores para descrever o esforço muscular subjetivamente percebido num determinado segmento corporal. Os resultados que derivam da aplicação dos parâmetros da entrevista, similares à conhecida escala de Borg, são em sua maioria altamente confiáveis quando provêm de um número adequado de trabalhadores responsáveis pelo trabalho específico (isto permite reduzir muito a subjetividade do resultado).

Para uma aplicação apropriada do método de avaliação subjetiva da força, que permita obter informações ainda confiáveis e também superar algumas incertezas ligadas ao uso de dados "subjetivos", valem as mesmas regras já enunciadas no capítulo específico dedicado à força (Cap. 8).

O esquema proposto para o estudo da força compreende 3 blocos totalmente similares (Tab. 13.4) como conteúdo descritivo dos momentos operacionais que exigem desenvolvimento de força, porém diferentes entre si pelo nível de força necessário.

Estes blocos, de fato, incluem a descrição de algumas das atividades de trabalho mais comuns que prevêem, respectivamente, o uso de força "intensa quase máxima" com valores de 8 ou mais na escala de Borg (primeiro bloco), o uso de força "forte" com valores de 5, 6 e 7 na escala de Borg (segundo bloco) e o uso de força "moderada" com valores de 3, 4 na escala de Borg (terceiro bloco). As atividades a serem descritas em relação ao uso dos 3 diferentes graus de força são: puxar ou empurrar alavanca, apertar botões, fechar ou abrir, apertar ou manusear componentes, usar ferramentas. É possível acrescentar outros itens para representar outras ações identificadas em que seja necessário o uso de força.

Tab. 13.3 – Checklist OCRA: avaliação do fator "freqüência" (Planilha 2, primeira parte).

- A ATIVIDADE DOS BRAÇOS E A FREQÜÊNCIA DE AÇÃO NA EXECUÇÃO DOS CICLOS

É prevista uma única resposta para os dois blocos (AÇÕES DINÂMICAS ou AÇÕES ESTÁTICAS) e prevalece a pontuação mais alta; é possível escolher valores intermediários. Descrever o membro dominante: mencionar se o trabalho é simétrico. Às vezes pode ser necessário descrever ambos os membros: neste caso utilizar as duas casas, uma para o direito e outra para o esquerdo.

AÇÕES TÉCNICAS DINÂMICAS

[0] - os movimentos dos braços são lentos com possibilidade de interrupções freqüentes (20 ações/minuto);

[1] - os movimentos dos braços não são muito velozes (30 ações/min ou uma ação a cada 2 segundos) com possibilidade de breves interrupções;

[3] - os movimentos dos braços são mais rápidos (cerca de 40 ações/min) mas com possibilidade de breves interrupções;

[4] - os movimentos dos braços são bastante rápidos (cerca de 40 ações/min), a possibilidade de interrupções é mais escassa e não regular;

[6] - os movimentos dos braços são rápidos e constantes (cerca de 50 ações/min) são possíveis somente pausas ocasionais e breves;

[8] - os movimentos dos braços são muito rápidos e constantes. A carência de interrupções torna difícil manter o ritmo (60 ações/min);

[10] - freqüências elevadíssimas (70 ou mais por minuto), não são possíveis interrupções;

AÇÕES TÉCNICAS ESTÁTICAS

[2,5] - é mantido um objeto em preensão estática para uma duração de pelo menos 5 seg., que ocupa 2/3 do tempo ciclo ou do período de observação;

[4,5] - é mantido um objeto em preensão estática por uma duração de pelo menos 5 seg., que ocupa 3/3 do tempo ciclo ou do período de observação.

	direito	esquerdo
número ações técnicas contadas no ciclo		
freqüência de ação por minuto		
presença de possibilidade de breves interrupções		

D [ ] E [ ]

FREQÜÊNCIA

Para as atividades de trabalho que requerem o uso de força "intensa quase máxima" as pontuações variam de 6 a 32, para aquela "intensa" de 4 a 24 , para aquela "moderada" de 2 a 8, todas em função do tempo de duração. É necessário lembrar que valores de força "forte" ou valores superiores mantidos por mais de 10% do tempo não podem ser considerados aceitáveis: pos este motivo geram pontuações elevadíssimas.

Na presença de força "leve" mas significativa pela duração é possível utilizar pontuações inferiores a partir de 0,5.

É sempre possível utilizar pontuações intermediárias mais representativas para a intensidade e duração dos níveis de força: não é, no entanto, possível usar valores superiores.

Sendo plausível observar eventos da presença de força em mais blocos, a pontuação total representativa da força se obtém somando as pontuações neles indicadas (n. Força).

13.6. A avaliação da presença de posturas inadequadas (Planilha 3)

Mesmo utilizando o *checklist* OCRA, a descrição acurada da postura e dos movimentos pode ser considerada um elemento de predição das patologias específicas do membro superior, na presença dos outros elementos de risco (freqüência, força, duração), que podem ser previstas para os trabalhadores expostos.

Conforme descrito no capítulo específico dedicado à definição das posturas, na avaliação do risco postural deverão ser descritas e quantificadas temporalmente somente as posturas inadequadas e os movimentos nos casos em que uma postura é definida inadequada quando a articulação trabalha numa área superior a 50% de sua máxima excursão angular (Cap. 9).

Tab.13.4 – Checklist OCRA: avaliação do fator "força" (Planilha 2, segunda parte).

- PRESENÇA DE ATIVIDADE DE TRABALHO COM USO REPETIDO DE FORÇA DAS MÃOS/BRAÇOS (PELO MENOS UMA VEZ A CADA POUCOS CICLOS DURANTE TODA A OPERAÇÃO OU TAREFA ANALISADA):
  ☐ SIM ☐ NÃO

Podem ser marcadas mais respostas: somar as pontuações parciais obtidas. Escolher, se necessário, também mais pontuações intermediárias e somá-las (descrever o membro mais interessado, o mesmo do qual se descreverá a postura). Pode ser às vezes necessário descrever ambos os membros: neste caso utilizar as duas casas, uma para o direito e outra para o esquerdo

SE SIM:

A ATIVIDADE DE TRABALHO COMPORTA USO DE FORÇA INTENSA OU QUASE MÁXIMA (pontuação de 8 ou mais da escala de Borg) NO:

☐ puxar ou empurrar alavancas	6 — 2 segundos a cada 10 min.
☐ apertar botões	12 — 1 % do tempo
☐ fechar ou abrir	24 — 5 % do tempo
☐ apertar ou manusear componentes	32 — MAIS DE 10% DO TEMPO (*)
☐ uso de ferramentas	
☐ usa-se o peso do corpo para executar uma ação de trabalho	
☐ são manuseados ou levantados objetos	

A ATIVIDADE DE TRABALHO COMPORTA USO DE FORÇA FORTE (pontuação 5-6-7 da escala de Borg) NO:

☐ puxar ou empurrar alavancas	4 — 2 segundos a cada 10 min.
☐ apertar botões	8 — 1 % do tempo
☐ fechar ou abrir	16 — 5 % do tempo
☐ apertar ou manusear componentes	24 — MAIS DE 10% DO TEMPO (*)
☐ uso de ferramentas	
☐ são manuseados ou levantados objetos	

A ATIVIDADE DE TRABALHO COMPORTA USO DE FORÇA DE GRAU MODERADO (pontuação 3-4 da escala de Borg) NO:

☐ PUXAR OU EMPURRAR ALAVANCAS	2 — 1/3 DO TEMPO
☐ APERTAR BOTÕES	4 — CERCA DA METADE DO TEMPO
☐ FECHAR OU ABRIR	6 — MAIS DA METADE DO TEMPO
☐ APERTAR OU MANUSEAR COMPONENTES	8 — QUASE TODO O TEMPO
☐ USO DE FERRAMENTAS	
☐ quando são manuseados ou levantados objetos	

(*) P.S.: As duas condições assinaladas não podem ser consideradas aceitáveis. FORÇA ☐ D ☐ E

A avaliação do risco postural prevê três principais momentos operacionais:

• a descrição das posturas e/ou dos movimentos inadequados separadamente para as articulações escápulo-umeral, do cotovelo, do punho e da mão (tipo de preensão e movimentos dos dedos) respectivamente à direita e à esquerda.

• se a articulação está trabalhando em área altamente exigida, deve-se proceder à temporização do fenômeno dentro do ciclo (1/2, 2/3, 3/3 do tempo de ciclo ou de um período de observação ou do tempo de trabalho repetitivo). Ressalta-se que as pontuações para a articulação do ombro são particularmente severas porque foram criadas para destacar a presença de um ângulo do braço em relação ao ombro em flexão ou em abdução superiores a 80° (braços quase à altura do ombro) ou extensões extremas (mais de 40°). Caso se queira registrar a presença de excursões inferiores mas ainda significativas (ver Cap.9: ex.: abduções entre 45° e 80° ou extensões entre 20° e 40°) devem ser usadas pontuações intermediárias àquelas indicadas.

- o destaque da presença de estereotipia (ver Cap.9) de movimentos ou manutenções, isto é, de gestos de trabalho do mesmo tipo (independentemente de se trabalhar em área de risco) localizáveis por meio da observação de ações técnicas ou grupos de ações técnicas iguais a si mesmas que se repetem por mais de 50% do tempo de ciclo ou por quase todo o ciclo; posições estáticas mantidas iguais a si mesmas por mais de 50% do tempo de ciclo ou por quase todo o ciclo (por ex.: manutenção em preensão prolongada de facas ou parafusadeiras etc.); ciclos de duração muito curta, inferior a 15 segundos ou até mesmo inferior a 8 segundos, obviamente caracterizados pela presença de ações dos membros superiores.

É útil lembrar que pode haver presença de estereotipia também em ausência de posturas inadequadas: por exemplo, ações técnicas idênticas, repetidas por boa parte do tempo, mesmo que executadas em *grip* geram, de fato, pontuações de estereotipia.

Os blocos de perguntas com as letras A e D descrevem cada uma um segmento articular; o último bloco descreve a presença de estereotipia.

Deve ser ressaltado que quando o tempo de ciclo está compreendido entre 8 e 15 segundos ou é inferior a 8 segundos a estereotipia deve ser considerada sempre presente (estando obviamente o ciclo ocupado, durante a maior parte do tempo, por ações técnicas dos membros superiores, ainda que não similares entre si) porém com pontuação diferenciada, respectivamente igual a 1,5 e 3.

Entre as pontuações obtidas de cada um dos segmentos articulares (A - B - C - D) deve ser escolhida somente a mais alta, que deve ser somada eventualmente àquela da estereotipia (E): o resultado da soma constituirá a pontuação para a postura (n. Postura), (Tab. 13.5).

As perguntas descritivas da postura, em cada articulação, são muito simples. Para os braços se descreve durante quanto tempo eles são mantidos aproximadamente à altura do ombro ou em outras posturas extremas; para o punho se serão assumidas posições quase extremas, para o cotovelo se deverão fazer movimentos bruscos ou dar golpes ou realizar movimentos extremos em flexo-extensão ou em prono-supinação; para a mão se o tipo de preensão é em *pinch*, em *preensão palmar* ou em *preensão em gancho*.

No que se refere à articulação escápulo-umeral, estudos recentes indicam que deve ser evidenciada a presença de risco já quando o braço é mantido aproximadamente à altura do ombro por mais de 10% do tempo (Punnet, 2000).

Para as preensões em *grip* ideais (ver capítulo sobre posturas) não são previstas pontuações: quando porém a preensão em *grip* não é ideal (por exemplo quando ao usar uma faca ou uma parafusadeira o indicador é estendido para a frente para orientar melhor a direção da ponta ou para apertar um botão) pode ser prevista uma pontuação, intermediária em relação às indicadas, igual a 1 (por cerca de 1/3 do tempo), 2 (por cerca de 2/3 do tempo) e 3 (por aproximadamente todo o tempo). Deve ser lembrada que a presença de ações em *grip*, iguais a si mesmas, por 2/3 ou mais do tempo, mesmo que não gerem pontuações de risco, acarretam pontuações de estereotipia.

Em todos os casos é possível usar pontuações intermediárias.

13.7. Fatores de risco complementares (Planilha 4, primeira parte)

Para a classificação dos fatores complementares, no *checklist* OCRA são previstos dois blocos (Tab. 13.6) dos quais o primeiro compreende cenários com fatores complementares físico-mecânicos, o segundo com fatores organizacionais.

Tabela 13.5a – Checklist OCRA: avaliação do fator "postura" (Planilha 3, primeira parte)

PRESENÇA DE POSTURAS INADEQUADAS DOS BRAÇOS DURANTE A EXECUÇÃO DA TAREFA REPETITIVA:

☐ DIREITO; ☐ ESQUERDO; ☐ AMBOS (descrever o membro mais interessado ou ambos se necessário)

A) OMBRO ☐ D ☐ E

flexão	abdução	extensão	
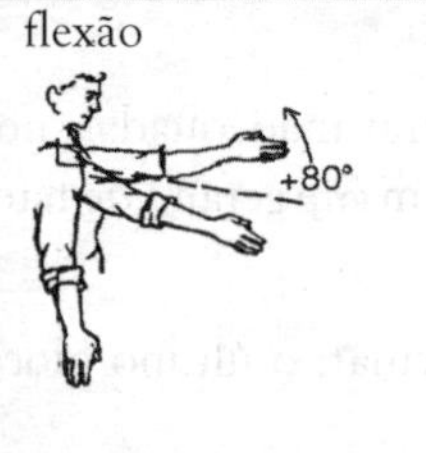	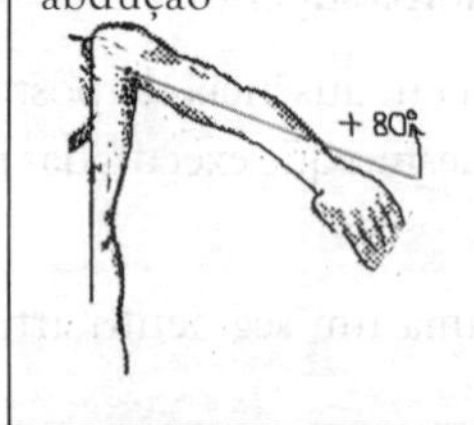	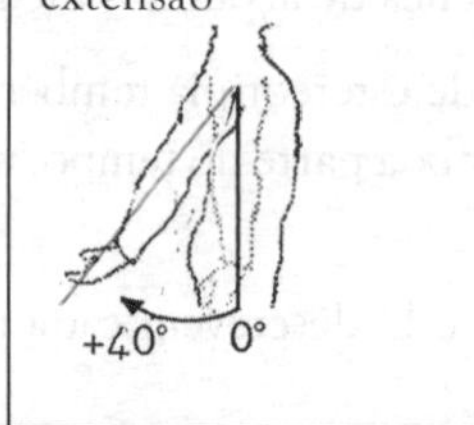	

[1] - o/os braço/os não está/estão apoiado(s) no plano de trabalho mas está/estão um pouco levantado(s) por mais da metade do tempo

[2] - os braços são mantidos sem apoio quase à altura do ombro (ou em outras posturas extremas) por cerca de 10% do tempo

[6] - os braços são mantidos sem apoio quase à altura do ombro (ou em outras posturas extremas) por cerca de 1/3 do tempo

[12] - os braços são mantidos sem apoio quase à altura do ombro (ou em outras posturas extremas) por mais da metade do tempo

[24] - os braços são mantidos sem apoio quase à altura do ombro (ou em outras posturas extremas) aproximadamente o tempo todo

P.S.= SE AS MAÕS TRABALHAM ACIMA DA ALTURA DA CABEÇA, DOBRAR OS VALORES.

B) COTOVELO ☐ D ☐ E

Extensão-flexão	Prono-supinação	
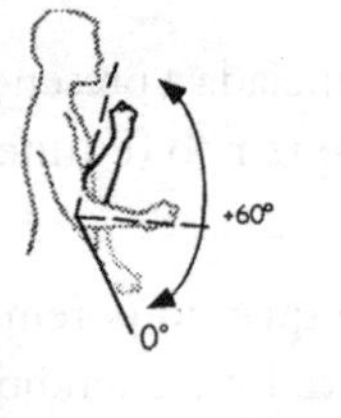	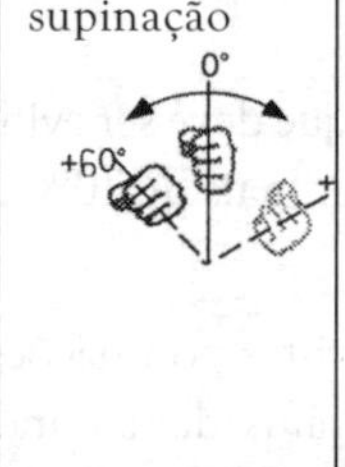	[2] O cotovelo deve executar amplos movimentos de flexo-extensão ou prono-supinação, movimentos bruscos por cerca de 1/3 do tempo. [4] O cotovelo deve executar amplos movimentos de flexo-extensão ou prono-supinação, movimentos bruscos por mais da metade do tempo. [8] O cotovelo deve executar amplos movimentos de flexo-extensão ou prono-supinação , movimentos bruscos quase o tempo todo.

C) PULSO ☐ D ☐ E

Extensão-flexão	Desvio radio-ulnar	
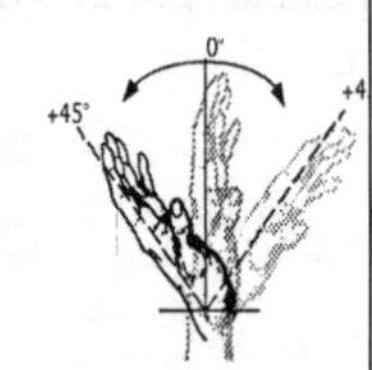	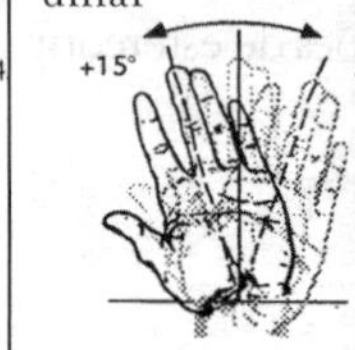	[2] - o pulso deve fazer desvios extremos ou assumir posições incômodas (amplas flexões ou extensões ou amplos desvios laterais) durante pelo menos 1/3 do tempo. [4] - o pulso deve fazer desvios extremos ou assumir posições incômodas por mais da metade do tempo [8] - o pulso deve fazer desvios extremos quase o tempo todo

D) MÃO-DEDOS ☐ D ☐ E

Pinch	*Pinch*	Preensão em gancho	Preensão palmar
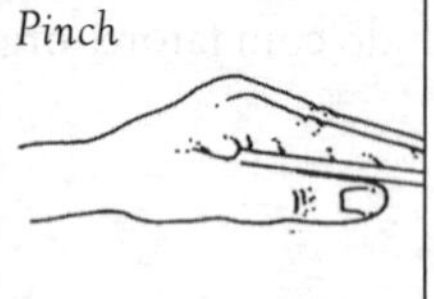	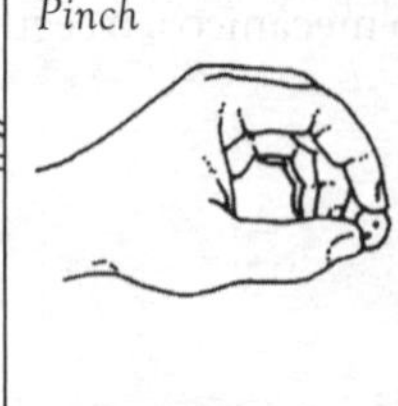		

A mão pega objetos ou peças ou instrumentos com os dedos

☐ com dedos apertados (*pinch*)	[2] por cerca de 1/3 do tempo.
☐ a mão quase completamente aberta (preensão palmar)	[4] por mais da metade do tempo.
☐ mantendo os dedos em forma de gancho	[8] por quase todo o tempo
☐ com outros tipos de preensão comparáveis com as anteriormente indicadas	

Tabela 13.5b – Checklist OCRA: avaliação da estereotipia e da pontuação final do fator "posturas inadequadas" (Planilha 3, segunda parte)

PRESENÇA DE GESTOS DE TRABALHO DO OMBRO E/OU DO COTOVELO E/OU DO PUNHO E/OU DAS MÃOS IDÊNTICOS, REPETIDOS POR MAIS DA METADE DO TEMPO.
(o tempo de ciclo entre 8 e15 seg. com conteúdo prevalente de ações técnicas, também diversificadas, dos membros superiores)
[1,5] E
PRESENÇA DE GESTOS DE TRABALHO DO OMBRO E/OU DO COTOVELO E/OU DO PUNHO E/OU DAS MÃOS IDÊNTICOS, REPETIDOS QUASE O TEMPO TODO
(o tempo de ciclo inferior a 8 seg. com conteúdo prevalente de ações técnicas, também diversificadas, dos membros superiores)
[3] E

E) **ESTEREOTIPIA** ☐D☐E

PS: usar o valor mais alto obtido entre os 4 blocos de perguntas (A, B, C, D) tomado só uma vez e somá-lo eventualmente ao item "E".
PLANILHA 3 POSTURA D☐E☐

A lista destes fatores físico-mecânicos, não necessariamente exaustiva, apresentada no Cap. 10, é utilizável também para o *checklist* OCRA:

- uso de instrumentos vibratórios;
- extrema precisão solicitada (tolerância de cerca de 1-2 mm. no posicionamento de um objeto) com aproximação do próprio objeto ao campo visual;
- compressões localizadas sobre estruturas anatômicas da mão ou do antebraço por parte de instrumentos, objetos ou áreas de trabalho;
- exposição ao resfriamento do ambiente ou ao contato com superfícies frias;
- uso de luvas que interferem na capacidade de preensão exigida pela tarefa;
- superfície escorregadia dos objetos manipulados;
- execução de movimentos bruscos ou "de arranque" ou rápidos como lançar objetos;
- execução de gestos com contragolpes (ex. martelar ou usar picareta sobre superfícies duras, usar a mão como ferramenta).

Como se pode notar, esta primeira lista diz respeito unicamente a fatores de natureza física ou mecânica: para eles é prevista a atribuição de uma pontuação igual a 2 quando ocorrem as circunstâncias de duração (> 50% do tempo) ou de freqüência (n. eventos por minuto) especificamente descritas e de 3 quando existem mais fatores que ocupam quase todo o tempo. Deve ser atribuído um valor mais elevado (pontuação= 4) no caso de uso de ferramentas com conteúdo elevado de vibrações (ex.: martelo pneumático; esmeril com cabo flexível etc.) quando utilizados por pelo menos 1/3 do tempo.

Atribui-se também a pontuação 2 quando há movimentos bruscos ou de arranque ou contragolpes com freqüências de 2 por minuto ou mais ou quando há impactos repetidos (uso das mãos como ferramentas) com freqüências de pelo menos 10 vezes/hora.

Entre os cenários organizacionais estão indicadas duas situações que geram pontuações de risco:

- os ritmos de trabalho são determinados pela máquina mas existem "zonas de pulmão" e, portanto, é possível acelerar ou desacelerar, pelo menos em parte, o ritmo de trabalho (Cap. 10).
- os ritmos de trabalho são completamente determinados pela máquina: aplicam-se quando o operário deve trabalhar na linha com ritmos absolutamente prefixados.

Podem ser utilizadas todas as pontuações intermediárias ou podem, até mesmo, ser usadas pontuações diferentes (inferiores mas nunca superiores àquelas indicadas) sobretudo para aqueles fatores que podem se apresentar com diferente nível de risco: ex. luvas mais ou menos inadequadas, diverso nível de exposição a vibrações, etc.

Para cada um dos dois blocos (fatores físico-mecânicos e fatores organizacionais) pode ser escolhida uma única resposta: a soma das pontuações parciais obtidas nos blocos leva à pontuação para os fatores complementares (n Complementares).

Tab. 13.6 – Checklist OCRA: avaliação do fator "fatores complementares" (Planilha 4, primeira parte)

▪PRESENÇA DE FATORES DE RISCO COMPLEMENTARES: *escolher uma única resposta por bloco. Descrever o membro mais interessado (o mesmo do qual será descrita a postura). Pode ser às vezes necessário descrever ambos os membros: neste caso utilizar as duas casas, uma para o direito e outra para o esquerdo*

[2] - são usadas por mais da metade do tempo luvas inadequadas à preensão exigida pelo trabalho a ser executado:(incômodas, muitos espessas, de tamanho não apropriado,

[2] - estão presentes movimentos bruscos ou de arranque ou contragolpes com freqüências de 2 por minuto ou mais

[2] - estão presentes impactos repetidos (uso das mãos para dar golpes) com freqüências de pelo menos 10 vezes/hora

[2] - estão presentes contatos com superfícies frias (inferior.a 0 graus) ou são executados trabalhos em câmaras frigoríficas por mais da metade do tempo.

[2] - são usados instrumentos vibratórios ou parafusadeiras com contragolpe por pelo menos 1/3 do tempo. Atribuir o valor 4 em caso de uso de instrumentos com elevado conteúdo de vibrações (ex.: martelo pneumático; esmeril com cabo flexível etc.) quando utilizados por pelo menos 1/3 do tempo

[2] - são usadas ferramentas que provocam compressões nas estruturas músculo-tendíneas (verificar a presença de vermelhidão, calos , bolhas, etc.. sobre a pele).

[2] - são executados trabalhos de precisão por mais da metade do tempo (trabalhos em áreas inferiores a 2 -3 mm.) que requerem distância visual muito curta.

[2] - estão presentes mais fatores complementares (como:......................................) que, considerados no seu total, ocupam mais da metade do tempo

[3] - estão presentes um ou mais fatores complementares que ocupam quase todo o tempo (como...........................)

[1] - os ritmos de trabalho são determinados pela máquina, mas existem áreas de "pulmão" e, portanto, pode-se acelerar ou desacelerar o ritmo de trabalho.

[2] - os ritmos de trabalho são completamente determinados pela máquina

[ ] D [ ] E COMPLEMENTARES

Tab. 13.7 – Cálculo da pontuação intrínseca do posto como se fosse utilizada para um turno de 8 horas

A) PONTUAÇÃO INTRÍNSECA DO POSTO. *Para calcular o índice de tarefa, somar os valores indicados nas 5 casas com os dizeres: Recuperação + Freqüência + Força + Postura + Complementares.*

D [ ] E [ ] PONTUAÇÃO INTRÍNSECA POSTO

13.8. O cálculo da pontuação de exposição "intrínseca do posto de trabalho" expresso pelo *checklist* OCRA

Para se obter o valor de pontuação final "intrínseca" do *checklist* OCRA é suficiente somar as pontuações obtidas para cada um dos fatores de risco: recuperação, freqüência, força, postura e fatores complementares separadamente para o membro direito e para o esquerdo (Tab. 13.7).

Uma vez que os valores numéricos indicados no *checklist* OCRA foram "calibrados" nos fatores multiplicativos fornecidos para o cálculo pelo índice de exposição OCRA, que é mais completo, o valor final pode ser, por sua vez, lido em função da faixa de correspondência com os valores OCRA conforme indicado na Tab. 13.8.

Tab. 13.8 – Correspondências entre os valores do índice OCRA e os valores da pontuação final do checklist OCRA e relativas faixas de risco

CHECK LIST	OCRA	FAIXAS	RISCO
ATÉ 7,5	2,2	FAIXA VERDE	RISCO ACEITÁVEL
7,6 - 11,0	2,3 - 3,5	FAIXA AMARELA	BORDERLINE O RISCO MUITO LEVE
11,1 - 14.0	3,6 - 4,5	FAIXA VERMELHA LEVE	RISCO LEVE
14,1 - 22,5	4,6 - 9,0	FAIXA VERMELHA MÉDIA	RISCO MÉDIO
≥ 22,6	≥ 9,1	FAIXA VIOLETA (ou vermelho intenso)	RISCO ELEVADO

Se o tempo líquido de trabalho repetitivo no turno durar menos de 420 minutos ou mais de 481 minutos, é possível corrigir o valor de pontuação final obtido em relação à efetiva duração da tarefa (Tab. 13.9): isto permite obter o "valor real da pontuação de exposição", ponderando-o pelo tempo efetivo de trabalho repetitivo no posto (Tab. 13.10).

Tab. 13.9 – Cálculo da pontuação finai do checklist OCRA relativa ao posto de trabalho analisado em relação à duração líquida do trabalho repetitivo

B) PONTUAÇÃO CONSIDERANDO A DURAÇÃO TOTAL DIÁRIA DAS TAREFAS REPETITIVAS. Para trabalhos part-time ou para tempos de trabalho repetitivo inferiores a 7 horas ou superiores a 8 multiplicar o valor final obtido pelos fatores multiplicativos indicados:		
60-120 min: Fator multiplicativo= 0,5 121-180 min: Fator multiplicativo= 0,65 181-240 min: Fator multiplicativo= 0,75	241-300 min: Fator multiplicativo= 0,85 301-360 min: Fator multiplicativo= 0,925 361-420 min: Fator multiplicativo= 0,95	421-480 min: Fator multiplicativo= 1 sup.480 min: Fator multiplicativo= 1,5

Tab. 13.10 – Cálculo da pontuação real do posto, considerando o turno de trabalho

C) PONTUAÇÃO REAL DO POSTO PONDERADO PELA EFETIVA DURAÇÃO DA TAREFA REPETITIVA. *Para calcular o índice de tarefa, multiplicar o valor de "PONTUAÇÃO INTRÍNSECA DO POSTO" (A-pelo fator multiplicativo relativo à duração da tarefa repetitiva B)* D *A)* x *B)* ☐ E *A)* x *B)* ☐ PONTUAÇÃO REAL POSTO

13.9. Cálculo do índice de risco expresso pelo *checklist* OCRA para o grau de exposição do trabalhador

Se houver necessidade de estimar um primeiro índice indicativo de exposição do trabalhador, é necessário efetuar os seguintes procedimentos:

a) se o trabalhador atua exclusivamente no posto descrito na análise, o valor do *checklist* OCRA atribuído ao posto é o mesmo a ser atribuído ao trabalhador.

b) se o trabalhador atua em mais postos que exigem tarefas repetitivas é necessário, para obter a pontuação de exposição daquele trabalhador, aplicar a seguinte fórmula:

(pontuação a x %Pa) + (pontuação b x %Pb) + etc.

onde *pontuações a* e b são as "pontuações intrínsecas" obtidas com o checklist para os diversos postos em que atua o trabalhador e %Pa e %Pb representam os percentuais de duração no turno das tarefas repetitivas executadas (Tab. 13.11).

Também neste caso, uma vez determinada a duração total do tempo dedicado aos trabalhos repetitivos no turno, se durar menos de 420 minutos, é possível corrigir o valor obtido do índice de risco expositivo para a duração, multiplicando-o pelos fatores desmultiplicadores apresentados na Tab. 13.8, correspondentes a diversas faixas de duração.

Tab. 13.11 – Estimativa do índice de exposição do trabalhador quando realiza mais de uma tarefa repetitiva

D) PONTUAÇÃO DE EXPOSIÇÃO PARA MAIS DE UMA TAREFA REPETITIVA. *Se houver mais de uma tarefa repetitiva executada no turno efetuar a seguinte operação para se obter a pontuação total do trabalho repetitivo no turno (% PZ =% de tempo da tarefa Z no turno).*

(pontuação a. x % Pa) + (pontuação b. x % Pb) +...(pontuação z. x % Pz) x fator multiplicativo para a duração total destas tarefas repetitivas no turno

TAREFAS EXECUTADAS NO TURNO E/OU DENOMINAÇÃO DO POSTO:

DENOMINAÇÃO	DURAÇÃO (min)	PREVALÊNCIA DO TURNO	(P)
a			(Pa)
b			(Pb)
c			(Pc)

CHECKLIST OCRA

BREVE PROCEDIMENTO PARA A IDENTIFICAÇÃO DO RISCO POR SOBRECARGA DOS MEMBROS SUPERIORES POR TRABALHO REPETITIVO

RESPONSÁVEL(EIS) .... Data de preenchimento...............................

PLANILHA 1

- DENOMINAÇÃO E BREVE DESCRIÇÃO DO POSTO DE TRABALHO

- quantos postos de trabalho idênticos ao descrito existem e quantos postos são, mesmo que não idênticos, muito similares e podem ser assimilados ao analisado...
- durante quantos turnos é utilizado o(s) posto(s) de trabalho..
- número total (considerando o número de postos idênticos ou muito similares e os turnos de trabalho) e o sexo (n. homens e n. mulheres) dos que trabalham no posto analisado..
- % do tempo de utilização real do posto de trabalho em um turno de trabalho. Pode acontecer, de fato, que um posto seja utilizado somente parcialmente em um turno de trabalho

	DESCRIÇÃO	MINUTOS
DURAÇÃO TURNO	**contratado**	
	efetivo	
PAUSAS OFICIAIS	**por contrato**	
INTERVALO EFETIVO (além das pausas oficiais)		
PAUSA PARA REFEIÇÃO (se fora do horário de trabalho não anotar)	**contratado**	
	efetiva	
TRABALHOS NÃO REPETITIVOS (ex.: limpeza, abastecimento,etc.)	**contratado**	
	efetiva	
TEMPO DE TRABALHO REPETITIVO		
N. PEÇAS (ou ciclos)	**programados**	
	efetivos	
TEMPO REAL DE CICLO (seg.) (calculado)		
TEMPO DE CICLO CRONOMETRADO ou PERÍODO DE OBSERVAÇÃO (seg.)		

- MODALIDADE DE INTERRUPÇÃO DO TRABALHO EM CICLOS COM PAUSAS OU COM OUTROS TRABALHOS DE CONTROLE VISUAL *escolher uma única resposta: é possível escolher valores intermediários*

[0] - existe uma interrupção de pelo menos 8/10 min. a cada hora (contar a pausa para refeição); ou o tempo de recuperação está dentro do ciclo.

[2] - existem 2 interrupções de manhã e 2 à tarde (além da pausa para refeição) de pelo menos 8-10 minutos em um turno de 7-8 horas ou 4 interrupções além da pausa para refeição em um turno de 7-8 horas; ou 4 interrupções de 8-10 minutos em um turno de 6 horas.

[3] - existem 2 pausas de pelo menos 8-10 minutos cada em um turno de cerca de 6 horas (sem pausa para refeição);
ou 3 pausas além da pausa para refeição em um turno de 7-8 horas.

[4] - existem 2 interrupções, além da pausa para refeição de pelo menos 8-10 minutos em um turno de 7-8 horas (ou 3 interrupções sem pausa para refeição);
ou em um turno de 6 horas, uma pausa de pelo menos 8-10 minutos.

[6] - em um turno de cerca de 7 horas sem pausa para refeição há uma única pausa de pelo menos 10 minutos; ou em um turno de 8 horas existe somente a pausa para refeição (para refeição não contada no horário de trabalho).

[10] - não existem de fato interrupções a não ser de poucos minutos (menos de 5) em um turno de 7-8 horas.

Hora início Hora término

Indicar a duração do turno em minutos.................. e indicar a distribuição das pausas no turno

....☐ RECUPERAÇÃO

- A ATIVIDADE DOS BRAÇOS E A FREQÜÊNCIA DE AÇÃO NA EXECUÇÃO DOS CICLOS

É prevista uma única resposta para os dois blocos (AÇÕES DINÂMICAS ou AÇÕES ESTÁTICAS) e prevalece a pontuação mais alta; é possível escolher valores intermediários. Descrever o membro dominante: mencionar se o trabalho é simétrico. Às vezes pode ser necessário descrever ambos os membros: neste caso utilizar duas casas, uma *para o direito e outra para o esquerdo.*

AÇÕES TÉCNICAS DINÂMICAS

[0] - os movimentos dos braços são lentos com possibilidade de freqüentes interrupções (20 ações/minuto);

[1] - os movimentos dos braços não são muito velozes(30 ações/min ou uma ação a cada 2 segundos) com possibilidade de breves interrupções;

[3] - os movimentos dos braços são mais rápidos (cerca de 40 ações/min) mas com possibilidade de breves interrupções;

[4] - os movimentos dos braços são bastante rápidos (cerca de 40 ações/min), a possibilidade de interrupções é mais escassa e não regular;

[6] - os movimentos dos braços são rápidos e constantes (cerca de 50 ações/min) são possíveis apenas pausas ocasionais e breves;

[8] - os movimentos dos braços são muito rápidos e constantes, a carência de interrupções torna difícil manter o ritmo (60 ações/min);

[10] - freqüências elevadíssimas (70 ou mais por minuto), não são possíveis interrupções;

AÇÕES TÉCNICAS ESTÁTICAS

[2,5] - é mantido um objeto em preensão estática durante pelo menos 5 seg., que ocupa 2/3 do tempo de ciclo ou do período de observação;

[4,5] - é mantido um objeto em preensão estática durante pelo menos 5 seg., que ocupa 3/3 do tempo de ciclo ou do período de observação.

	direito	esquerdo
número ações técnicas contadas no ciclo		
freqüência de ação por minuto		
possibilidade de breves interrupções		

D ☐ **E** ☐

FREQÜÊNCIA

- PRESENÇA DE ATIVIDADES DE TRABALHO COM USO REPETIDO DE FORÇA DAS MÃOS E DOS BRAÇOS (PELO MENOS UMA VEZ A CADA POUCOS CICLOS DURANTE TODA A OPERAÇÃO OU TAREFA ANALISADA):

☐ SIM ☐ NÃO

Pode ser marcada mais de uma resposta: somar as pontuações parciais obtidas. Escolher, se necessário, também mais pontuações intermediárias e somá-las (descrever o membro mais utilizado, o mesmo do qual será descrita a postura). Às vezes pode ser necessário descrever ambos os membros: neste caso utilizar duas casas, uma para o direito e outra para o esquerdo **SE SIM:**

A ATIVIDADE DE TRABALHO COMPORTA O USO DE FORÇA QUASE MÁXIMA (pontuação de 8 ou mais da escala de Borg) NO: ☐ puxar ou empurrar alavanca ☐ fechar ou abrir ☐ apertar ou manusear componentes ☐ uso de ferramentas ☐ uso do peso do corpo para executar uma ação de trabalho ☐ manuseio ou levantamento de objetos	[6] - 2 segundos a cada 10 minutos [12] - 1 % do tempo [24] - 5 % do tempo [32] - MAIS QUE 10% DO TEMPO (*)
A ATIVIDADE DE TRABALHO COMPORTA O USO DE FORÇA FORTE OU MUITO FORTE (pontuação 5-6-7 da escala de Borg) NO: ☐ puxar ou empurrar alavancas ☐ apertar botões ☐ fechar ou abrir ☐ apertar ou manusear componentes ☐ uso de ferramentas ☐ manuseio ou levantamento de objetos	[4] - 2 segundos a cada 10 minutos [8] - 1 % do tempo [16] - 5 % do tempo [24] - MAIS QUE 10% DO TEMPO (*)
A ATIVIDADE DE TRABALHO COMPORTA O USO DE FORÇA DE GRAU MODERADO (pontuação 3-4 da escala de Borg) NO: ☐ puxar ou empurrar alavancas ☐ apertar botões ☐ fechar ou abrir ☐ apertar ou manusear componentes ☐ uso de ferramentas ☐ manuseio ou levantamento de objetos	[2] - 1/3 do tempo [4] - cerca da metade do tempo [6] - mais da metade do tempo [8] - QUASE O TEMPO TODO

(*) P.S.: As duas condições indicadas não podem ser consideradas aceitáveis. FORÇA ☐ D ☐ E

PRESENÇA DE POSTURAS INADEQUADAS DOS BRAÇOS DURANTE A EXECUÇÃO DA TAREFA REPETITIVA

☐ DIREITO; ☐ ESQUERDO; ☐ AMBOS (descrever o mais exigido ou ambos se necessário)

A) **OMBRO** ☐ D ☐ E

flexão	abdução	extensão	
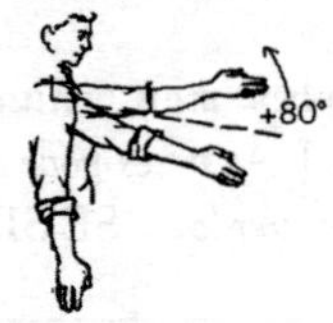	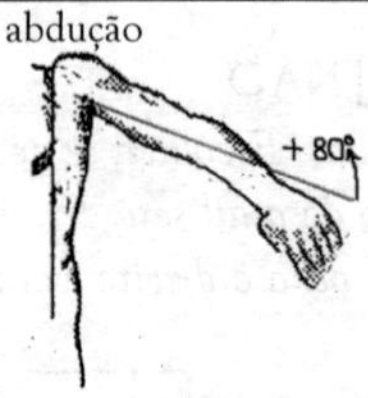	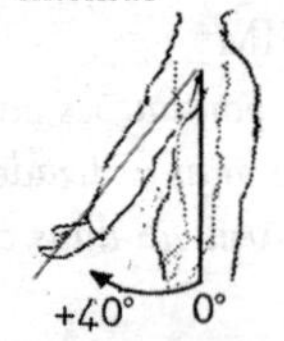	

[1] o braço/os braços não estão apoiados sobre o plano de trabalho, mas estão levantadas durante pouco mais da metade do tempo

[2] - os braços são mantidos sem apoio quase à altura dos ombros (ou em outras posturas extremas) durante cerca de 10% do tempo

[6] os braços são mantidos sem apoio quase à altura dos ombros (ou em outras posturas extremas) durante cerca de 1/3 do tempo

[12] os braços são mantidos sem apoio quase à altura dos ombros (ou em outras posturas extremas) durante mais da metade do tempo

[24] os braços são mantidos sem apoio quase à altura dos ombros (ou em outras posturas extremas) durante quase o tempo todo

P.S.= SE AS MÃOS TRABALHAREM ACIMA DA ALTURA DA CABEÇA, DOBRAR OS VALORES.

B) **COTOVELO** ☐ D ☐ E

Extensão-flexão	Prono-supinação	
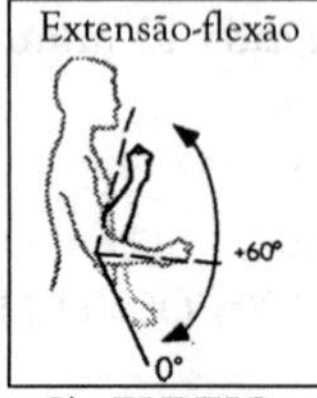	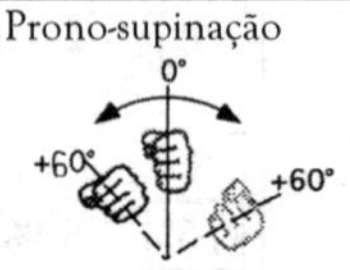	[2] o cotovelo deve executar amplos movimentos de flexo-extensão ou prono-supinação, movimentos bruscos durante cerca de 1/3 do tempo. [4] o cotovelo deve executar amplos movimentos de flexo-extensão ou prono-supinação, movimentos bruscos durante mais da metade do tempo. [8] o cotovelo deve executar amplos movimentos de flexo-extensão ou prono-supinação, movimentos bruscos durante o tempo inteiro.

C) **PUNHO** ☐ D ☐ E

Extensão-flexão	Desvio rádio-ulnar	
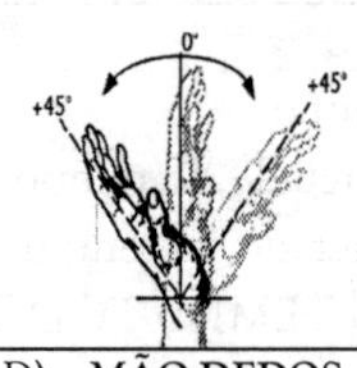	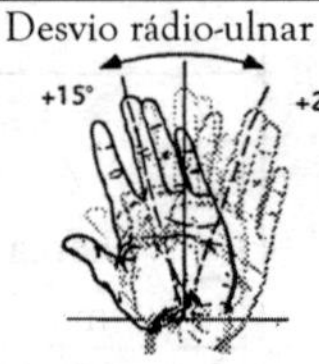	[2] - o punho deve fazer desvios extremos ou assumir posições incômodas (amplas flexões ou extensões ou amplos desvios laterais) durante pelo menos 1/3 do tempo. [4] - o punho deve fazer desvios extremos ou assumir posições incômodas durante mais da metade do tempo [8] - o punho deve fazer desvios extremos durante quase o tempo todo

D) **MÃO-DEDOS** ☐ D ☐ E

Pinch	*Pinch*	Preensão em gancho	Preensão palmar
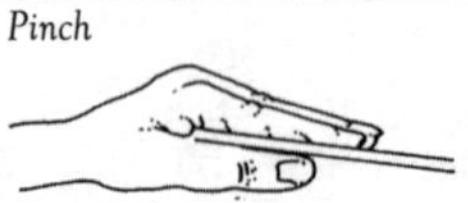	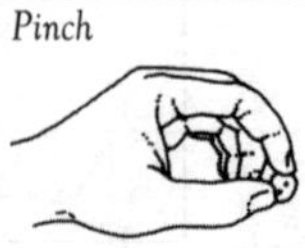		

A mão pega objetos ou peças ou instrumentos com os dedos	
☐ com os dedos apertados (*pinch*); ☐ a mão quase completamente aberta (preensão palmar); ☐ mantendo os dedos em forma de gancho; ☐ com outros tipos de preensão comparáveis às anteriores.	[2] durante cerca de 1/3 do tempo. [4] durante mais da metade do tempo. [8] durante quase o tempo inteiro

PRESENÇA DE GESTOS DE TRABALHO DO OMBRO E/OU DO COTOVELO E/OU DO PUNHO E/OU DAS MÃOS IDÊNTICOS, REPETIDOS DURANTE MAIS DA METADE DO TEMPO (o tempo de ciclo entre 8 e 15 seg. com conteúdo prevalente de ações técnicas, mesmo diferentes entre si, dos membros superiores)

[1,5] **E**

PRESENÇA DE GESTOS DE TRABALHO DO OMBRO E/OU DO COTOVELO E/OU DO PUNHO E/OU DAS MÃOS IDÊNTICOS, REPETIDOS QUASE O TEMPO TODO (o tempo de ciclo inferior a 8 seg. com conteúdo prevalente de ações técnicas, mesmo diferentes entre si, dos membros superiores)

[3] **E.**

E) **ESTEREOTIPIA** ☐ D ☐ E

P. S.: usar o valor mais alto obtido nos 4 blocos de perguntas (A, B, C, D) tomado uma só vez e somá-lo eventualmente a E

PLANILHA 3 POSTURA ☐ **D** ☐ **E**

- PRESENÇA DE FATORES DE RISCO COMPLEMENTARES: *escolher uma única resposta por bloco. Descrever o membro mais utilizado (o mesmo do qual se descreverá a postura). Às vezes pode ser necessário descrever ambos os membros: neste caso utilizar as duas casas, uma para o direito e outra para o esquerdo*

[2] - são usadas durante mais da metade do tempo luvas inadequadas à preensão solicitada pelo trabalho executado (incômodas, muito espessas, de tamanho não apropriado).

[2] - há movimentos bruscos ou de arranque ou contragolpes com freqüências de 2 por minuto ou mais

[2] - há impactos repetidos (uso das mãos para golpear) com freqüências de pelo menos 10 vezes/hora

[2] - há contatos com superfícies frias (inferiores a 0 graus) ou se executam trabalhos em câmaras frigoríficas durante mais da metade do tempo.

[2] - são usadas ferramentas vibratórias ou parafusadeiras com contragolpe durante pelo menos 1/3 do tempo. Atribuir o valor 4 no caso de uso de ferramentas com elevado conteúdo de vibrações (ex.: martelo pneumático; esmeril com cabo flexível etc.) quando utilizadas durante pelo menos 1/3 do tempo

[2] - são usadas ferramentas que provocam compressões sobre as estruturas músculo-tendíneas (verificar a presença de vermelhidão, calos , etc. na pele).

[2] - são executados trabalhos de precisão durante mais da metade do tempo (trabalhos em áreas inferiores a 2 - 3 mm.) que requerem distância visual próxima.

[2] - há mais fatores complementares (como: ....) que considerados no total ocupam mais da metade do tempo

[3] - há um ou mais fatores complementares que ocupam quase o tempo todo (como.......................................)

---

[1] - os ritmos de trabalho são determinados pela máquina mas existem áreas de "pulmão" e, portanto, se pode acelerar ou desacelerar o ritmo de trabalho.

[2] - os ritmos de trabalho são completamente determinados pela máquina.

CÁLCULO DA PONTUAÇÃO *CHECKLIST* POR TAREFA/TRABALHO

A) PONTUAÇÃO INTRÍNSECA DO POSTO. *Para calcular o índice de tarefa, somar os valores indicados nas 5 casas com os dizeres: Recuperação + Freqüência + Força + Postura + Complementares.*

D☐ E ☐ PONTUAÇÃO INTRÍNSECA POSTO

B) IDENTIFICAÇÃO DOS MULTIPLICADORES RELATIVOS À DURAÇÃO TOTAL DIÁRIA DAS TAREFAS REPETITIVAS. *Para trabalhos part-time ou para tempos de trabalho repetitivo inferiores a 7 horas ou superiores a 8 multiplicar o valor final obtido pelos fatores multiplicativos indicados:*

60-120 min : Fator multiplicativo = 0,5 121-180 min: Fator multiplicativo= 0,65 181-240 min: Fator multiplicativo= 0,75	241-300 min: Fator multiplicativo= 0,85 301-360 min: Fator multiplicativo= 0,925 361-420 min: Fator multiplicativo= 0,95	421-480 min: Fator multiplicativo= 1 sup.480 min: Fator multiplicativo= 1,5

C) PONTUAÇÃO REAL DO POSTO PONDERADA PELA EFETIVA DURAÇÃO DA TAREFA REPETITIVA. *Para calcular o índice da tarefa, multiplicar o valor de "PONTUAÇÃO INTRÍNSECA DO POSTO" A) pelo fator multiplicativo relativo à duração da tarefa repetitiva B).*

D *A)* x *B)*☐ E *A)* x *B)*☐ PONTUAÇÃO REAL POSTO

D) PONTUAÇÃO DE EXPOSIÇÃO PARA MAIS DE UMA TAREFA REPETITIVA. *Se houver mais de uma tarefa repetitiva executada no turno efetuar a seguinte operação para obter a pontuação total de trabalho repetitivo no turno (% PZ =% de tempo da tarefa Z no turno).*

(pontuação a. x % Pa) + (pontuação b. x % Pb) +... (pontuação z. x % Pz).....x fator multiplicativo pela duração total destas tarefas repetitivas no turno

TAREFAS EXECUTADAS NO TURNO E/OU DENOMINAÇÃO DO POSTO :

DENOMINAÇÃO	DURAÇÃO (min)	PREVALÊNCIA DO TURNO	(P)
a			(Pa)
b			(Pb)
c			(Pc)

CORRESPONDÊNCIA DE PONTUAÇÕES ENTRE OCRA E PONTUAÇÕES CHECK-LIST

CHECKLIST	**OCRA**	**FAIXAS**	**RISCO**
ATÉ 7,5	2,2	FAIXA VERDE	RISCO ACEITÁVEL
7,6 – 11	2,3 - 3,5	FAIXA AMARELA	BORDERLINE OU RISCO MUITO LEVE
11,1 - 14.0 **14,1 – 22,5**	3,6 - 4,5 4,6 – 9	FAIXA VERMELHA LEVE FAIXA VERMELHA MÉDIA	RISCO LEVE RISCO MÉDIO
≥ 22,6	≥ 9,1	FAIXA VIOLETA	RISCO ELEVADO

14. O mapeamento dos riscos por movimentos repetitivos dos membros superiores

14.1. Introdução

Quando num contexto ocupacional existem trabalhos repetitivos com as características anteriormente apresentadas e, sobretudo, quando na empresa já existem trabalhadores que apresentam patologias dos membros superiores relacionadas ao trabalho (UL-WMSDs), é extremamente útil efetuar o mapeamento deste risco específico.

O instrumento para o levantamento das informações necessárias para o mapeamento do risco por movimentos e esforços repetitivos é o *checklist* OCRA: um arquivo de Excel que foi oportunamente predisposto para receber os valores obtidos com o *checklist* OCRA e processá-los por linha ou por área operacional homogênea, por setor ou grande área, e para toda a empresa, e também por sexo. Os procedimentos para o mapeamento do risco e o uso deste programa serão explicados neste capítulo. O arquivo de elaboração do mapa a partir de cada *checklist* OCRA encontra-se anexo ao presente livro (FILE: mappatura *CHECKLIST* OCRA G*m*).

14.2. A descrição do trabalho e a identificação dos postos de trabalho repetitivos

Antes de iniciar uma atividade de mapeamento é de fundamental importância descrever sinteticamente a organização do trabalho e depois prosseguir com a identificação dos postos caracterizados por tarefas repetitivas que serão inseridas no próprio mapa.

Esta primeira parte descritiva requer uma identificação dos setores ou das áreas produtivas onde há trabalhos repetitivos definidos de acordo com os critérios indicados no Cap.3. Para facilitar o levantamento destas informações são propostos alguns esquemas pré-configurados.

No esquema proposto na Tab. 14.1a devem ser indicadas as informações relativas à denominação dos setores ou das áreas produtivas, o tipo de produção efetuada, a distribuição dos turnos em cada setor/área.

No esquema ilustrado na Tab. 14.1b se indicará o número de trabalhadores, total e por sexo (sempre por setor/área) divididos pela tipologia do posto de trabalho:

– trabalhadores que executam tarefas repetitivas nas linhas de montagem;

– trabalhadores que executam tarefas repetitivas nas bancadas (trabalhos não de linha);

– trabalhadores que executam tarefas não repetitivas (ex.: chefes de setor, responsáveis pela manutenção, empilhadeiristas, etc.);

É conveniente indicar, para uma melhor interpretação dos resultados de uma eventual vigilância sanitária, a idade média e o tempo de serviço médio para cada uma das categorias de trabalhadores anteriormente indicadas.

No exemplo reportado na Tab. 14.1a, além da definição das áreas operacionais, está descrito também a distribuição de turnos diferentes nos diversos setores/áreas.

No exemplo de preenchimento indicado na Tab. 14.1b é evidenciada uma distribuição numérica diferente entre homens e mulheres nos diversos setores assim como uma idade média e um tempo de trabalho médio diferentes: é ressaltada também a necessidade de registrar a eventual presença de trabalhadores utilizados em *part-time.*

Os esquemas presentes nas tabelas fazem parte de um arquivo de Excel que, uma vez introduzidos os dados descritivos, permitem obter facilmente os correspondentes valores médios e/ou percentuais. (FILE: descrizioneLAVORO).

Tab. 14.1a – Descrição das áreas operacionais e da distribuição dos turnos de trabalho

Empresa	BETA
Produção principal	PRODUÇÃO TALHERES

Setores ou áreas operacionais	
denominação	**produção**
A 1	LAMINAÇÃO
A 2	TORNEAMENTO
A 3	CONFECÇÃO

Organização do trabalho								
Setor/Área	I TURNO		II TURNO		III TURNO		TURNO NORMAL	
	Início	Fim	Início	Fim	Início	Fim	Início	Fim
A 1	6,00	12,00	12,00	18,00	18,00	24,00		
A 2	6,00	12,00	12,00	18,00	18,00	24,00		
A 3							8,00	17,00

Tab. 14.1b – Descrição da força trabalho por setor ou área produtiva, por idade e tempo de trabalho, por sexo, por tipologia do posto de trabalho

Dados pessoais dos trabalhadores													
Setor/ Área	N. tot	Homens				Mulheres				*Full Time*		*Part Time*	
		N.	%	Idade média	Tempo trab.	N.	%	Idade média	Tempo trab.	N.	%	N.	%
A 1	50	50	100,0%	30	8	0	0,0%			50	100,0%		0,0%
A 2	50	30	60,0%	38	10	20	40,0%			50	100,0%		0,0%
A 3	100		0,0%			100	100,0%	40	15	80	80,0%	20	20,0%

Setor/Área	**Tarefas**					
	em postos na linha Com movimentos repetitivos		em cada posto Com movimentos repetitivos		trabalhos não repetitivos	
	Nº	%	Nº	%	Nº	%
A 1	30	60,0%	10	20,0%	10	20,0%
A 2		0,0%	45	90,0%	5	10,0%
A 3		0,0%	98	98,0%	2	2,0%
200 TOTAL	30	15,0%	153	76,5%	17	8,5%

14.3. O programa informatizado para o mapeamento das tarefas repetitivas

O programa informatizado para o mapeamento do risco (FILE: mappatura*CHECKLIST* OCRA G*m*) foi criado com a colaboração de várias empresas e, em particular, com os técnicos analistas da Whirlpool e Electrolux que o implementaram justamente para satisfazer a exigência de levantar, interpretar e administrar os resultados obtidos utilizando o *checklist* OCRA.

O programa, em resumo, é composto de diversas seções:

– 4 páginas, similares entre si pelo conteúdo, para arquivar os resultados dos *checklist* OCRA: os resultados, de fato, devem ser divididos por setor ou grande área (é aconselhável utilizar uma folha de trabalho para cada um dos diversos setores ou grandes áreas operacionais).

– uma página de resumo com os resultados do mapeamento por faixas de risco em toda a empresa e divididas por setor ou área.

– uma página em que os resultados, já mostrados no resumo, são representados graficamente.

Descreve-se agora, mais detalhadamente, o conteúdo das páginas de levantamento do *checklist* OCRA.

Cada página compreende 6 "blocos" similares: em cada bloco devem ser escritos (uma linha horizontal para cada posto de trabalho) os resultados dos *checklist* OCRA relativos a uma linha ou a uma área operacional homogênea: no fim de cada bloco está presente uma tabela com a descrição dos resultados da avaliação do risco (presente naquela linha ou área operacional homogênea) por faixas de risco (risco ausente, leve, presente, elevado).

No mapa devem ser descritos exclusivamente os postos com tarefas repetitivas consideradas ou não de risco.

O trabalho realizado num posto deve ser avaliado sem considerar, pelo menos na primeira fase da análise, os revezamentos que o trabalhador pode efetuar em outros postos de trabalho: a tarefa repetitiva deve, portanto, ser analisada como se o trabalhador a tivesse executado durante todo o turno.

Em cada "bloco" deve ser também expressa, em minutos, a duração líquida média das tarefas repetitivas, por turno, executadas naquela linha ou área operacional homogênea.

A duração média real do turno, naquela linha ou área operacional homogênea, deve ser calculada subtraindo, da duração do turno, as pausas efetivamente observadas pelo trabalhador e os tempos dedicados a outras tarefas não repetitivas (limpeza, abastecimento, etc.) conforme foi anteriormente indicado para o preenchimento da primeira parte da planilha 1 do *checklist* OCRA. A redução da duração líquida do turno produzirá uma redução proporcional do índice de risco final do *checklist* OCRA segundo o esquema indicado a seguir na Tab. 14.8. É também possível personalizar a duração real da tarefa repetitiva em cada posto de trabalho, se houver diferenças substanciais nos tempos líquidos de trabalho entre um posto e outro.

Analisaremos agora detalhadamente o conteúdo e as técnicas de preenchimento de cada "bloco".

Na Tab. 14.2 é ilustrada a primeira parte das informações que devem ser colocadas em cada "bloco" que inclui:

– a denominação do posto e, portanto, da relativa tarefa executada;

– a duração do ciclo;

– o número de ações técnicas contadas no ciclo observado;

– a freqüência de ação por minuto (calculada automaticamente pelo programa).

A colocação destas informações não é indispensável para o cálculo dos índices de risco, todavia o próprio mapa pode ser usado também como área estratégica de arquivo de dados analíticos, especialmente em ocasião de futuras intervenções de reprojeto da organização do trabalho.

Uma última coluna, presente no esquema proposto na Tab. 14.2, introduz a possibilidade de descrever e ponderar proporcionalmente o risco à exposição de um posto de trabalho que foi utilizado somente parcialmente no turno.

Por exemplo, pode acontecer que uma tarefa seja executada, num determinado posto, sempre e somente durante 30% do tempo de um turno.

Escrevendo este tempo de uso em percentual na própria coluna, teremos automaticamente um abatimento no cálculo do índice final de exposição (neste caso, no cômputo final, este trabalhador será considerado como 1/3 de trabalhador exposto).

Tab. 14.2 – "Bloco" de mapeamento do risco: denominação dos postos numa linha ou numa área homogênea e descrição de notas técnicas organizacionais

TEMPO LÍQUIDO TAREFA REPETITIVA		
min	*Full-time*	440
440	1	

Tempo de ciclo observado	N. ações	N. ações/min	% de utilização	N.	Denominação do posto de trabalho
					LINHA 1
30	10	20	30%	P1	POSTO 1
30	15	30	100%	P2	POSTO 2
60	40	40	100%	P3	POSTO 3
60	30	30	100%	P4	POSTO 4
40	35	52,5	100%	P5	POSTO 5
60	30	30	100%	P6	POSTO 6
60	20	20	100%	P7	POSTO 7
60	20	20	100%	P8	POSTO 8
30	30	60	100%	P9	POSTO 9
60	25	25	100%	P10	POSTO 10

Uma vez terminada esta primeira parte, deverão ser transcritos no *software*, horizontalmente, os dados escritos manualmente nos *checklist* OCRA, obtidos durante as vistorias nos setores. No programa de mapeamento devem ser sempre escritas não só as pontuações finais mas também os valores parciais obtidos em cada um dos fatores de risco.

Durante o preenchimento dos dados, o programa efetua automaticamente o cálculo das pontuações da postura e da pontuação final. Na área reservada ao nome do posto aparece a cor da faixa de exposição de pertença, isto é: verde (risco ausente), amarelo (risco leve), vermelho (risco presente), violeta (risco elevado).

Na Tab. 14.3 proposto o esquema de arquivo de todos os dados de avaliação obtidos com os *checklist* OCRA.

Conforme foi dito no capítulo relativo às técnicas de preenchimento do *checklist* OCRA, no primeiro mapeamento de risco se tende a avaliar exclusivamente o membro dominante (o direito em geral, o esquerdo para os canhotos). Se o trabalho avaliado resultar simétrico, indicar que a avaliação é válida bilateralmente (coluna: "lado: BIL).

Em algumas tarefas particulares o membro direito e o esquerdo trabalham de forma muito diferente e ambos potencialmente em sobrecarga (ex: corte de carnes, abrir conchas, etc.): nestes casos deverão ser criados dois mapas diferentes, um para o membro direito e um para o esquerdo. Recomenda-se explicitamente não cometer o erro de calcular valores médios entre os dois membros.

Tab. 14.3 – Esquema para o arquivo dos dados da checklist OCRA e para o cálculo dos índices

Denominação dos postos de trabalho	Recuperação	Freqüência	Força	Lado	Ombro	Punho	Cotovelo	Mão	Estereotipia	Total postura	Fatores complementares.	*Checklist*
LINHA 1												
POSTO 1	4	0	0	D	1	0	0	2	0	2	1	7,0
POSTO 2	4	1	0	D	1	0	0	6	1,5	7,5	0	12,5
POSTO 3	4	3	0,5	D	1	2	2	4	0	4	0	11,5
POSTO 4	4	2	1	D	1	2	2	3	0	3	0	10,0
POSTO 5	4	5	1	D	2	2	3	2,5	0	3	0	13,0
POSTO 6	4	2	1,5	BIL	2	1	2	2	0	2	0	9,5
POSTO 7	4	0	0	BIL	0	0	0	0	0	0	0	4,0
POSTO 8	4	0	0	BIL	0	0	0	0	0	0	0	4,0
POSTO 9	5	8	1	D	4	6	3	8	0	8	1	23,0
POSTO 10	0	1	0	D	0	0	0	3	0	3	0	4,0
Média total	3,3	2,9	0,6		1,4	1,8	1,5	3,5	0,1	3,6	0,2	10,6

A última parte do bloco compreende o levantamento daquelas informações organizacionais que permitirão ponderar os valores do *checklist* OCRA até aqui obtidos relativamente ao:

– número de postos idênticos presentes com o mesmo valor do *checklist* OCRA;

– número de turnos diários nos quais está distribuída a tarefa;

– número de pessoas, total e por sexo, que trabalham naquele(s) posto(s).

Na Tab. 14.4 são descritas as informações necessárias para se obter tal ponderação, recorrendo a um exemplo de preenchimento. Antes de se obter os resultados corretos da avaliação por faixas de risco, de fato, necessário descrever para cada posto avaliado:

– número de turnos no posto (no exemplo, alguns postos trabalham em 2 turnos, outros em 3, outros ainda num único turno);

– quantos postos são idênticos ao analisado: de fato, não é lógico registrar postos idênticos várias vezes no mapa. Se, por exemplo, houver 3 linhas de produção idênticas, basta preencher um único *checklist* OCRA para cada posto, escrevendo depois o número 3 na casa que pede para indicar o número de postos idênticos presentes.

Sempre na Tab. 14.4, embaixo da coluna que indica o *total de postos repetitivos examinados* aparece automaticamente o número total de postos utilizados no dia de trabalho (N. turnos x N. postos idênticos): este número corresponde aproximadamente à força de trabalho que atua naquela área operacional (estão obviamente excluídos os curingas ou substitutos).

No exemplo foram identificados 88 postos de trabalho efetivamente utilizados. É solicitado, por último, dividir o uso de cada um dos postos utilizados entre pessoas de sexo feminino e masculino: no exemplo temos 24 mulheres e 64 homens.

Confrontando o número de trabalhadores que atuam efetivamente nos postos analisados e o número obtido do mapa, se observa que este último é freqüentemente inferior: isto devido ao fato de que o mapa não faz a contagem dos trabalhadores curinga ou de outro pessoal presente para substituir o pessoal efetivo em caso de pausa ou de ausência do trabalho.

A parte final do bloco de arquivo dos dados de avaliação do risco propõe os valores médios ponderados (para aquele bloco) das pontuações relativas a cada um dos fatores de risco e ao *checklist* OCRA, sobre o total dos expostos, divididos por sexo (Tab. 14.5).

Tab. 14.4 – Descrição quantitativa de cada posto por número de turnos e número de trabalhadores, total e por sexo

Valor *Checklist*	Turnos	N. postos de trabalho	Postos repetitivos examinados		
			Total	Mulheres	Homens
7,0	1	1	1,00	0,00	1,00
12,5	3	1	3,00	0,00	3,00
11,5	3	3	9,00	0,00	9,00
10,0	3	3	9,00	0,00	9,00
13,0	3	3	9,00	0,00	9,00
9,5	3	3	9,00	5,00	4,00
4,0	3	3	9,00	3,00	6,00
4,0	3	1	3,00	0,00	3,00
23,0	2	8	16,00	16,00	0,00
4,0	2	10	20,00	0,00	20,00
10,6			88,00	24,00	64,00

Tab. 14.5 – Pontuações médias ponderadas de cada fator individual de risco e do valor final do checklist, no total dos expostos e por sexo

Denominação postos de trabalho	Recuperação	Freqüência	Força	Lado	Ombro	Punho	Cotovelo	Mão	Estereotipia	Total posturas	Fatores complementares	*Checklist*
LINHA 1												
média total	3,3	2,9	0,6		1,4	1,8	1,5	3,5	0,1	3,6	0,2	10,6
média mulheres	4,7	5,8	1,0		3,1	4,2	2,4	5,8	0,0	5,8	0,7	17,8
média homens	2,8	1,9	0,4		0,8	0,9	1,1	2,7	0,1	2,9	0,0	8,0

No exemplo apresentado se nota que o valor médio ponderado dos resultados dos *checklist* OCRA, arquivados no bloco, igual a 10,6 mas com diferenças substanciais entre os sexos: de fato, para as mulheres o valor médio ponderado obtido (*checklist* OCRA = 17,8) se apresenta mais elevado do que para os homens (*checklist* OCRA = 8).

Uma vez escritos todos os dados de avaliação do risco no "bloco", o programa os elabora automaticamente, dividindo o valor em 4 faixas de exposição.

A Tab. 14.6 propõe a classificação por 4 faixas de exposição para o grupo inteiro e separadamente por sexo.

Tab. 14.6 – Classificação da exposição em 4 faixas por grupo e por sexo

	Totais	%	N. Homens	%	N. Mulheres	%
RISCO ELEVADO	16	18,2%	0	0,0%	16	66,7%
RISCO MÉDIO	21	23,9%	21	32,8%	0	0,0%
RISCO LEVE	18	20,5%	13	20,3%	5	20,8%
RISCO AUSENTE	33	37,5%	30	46,9%	3	12,5%
Total	88		64		24	

É importante avaliar a exposição separadamente para o sexo masculino e feminino: para uma correta interpretação dos resultados da vigilância sanitária é, muitas vezes, útil conhecer os níveis de exposição diferenciados por sexo. No exemplo o nível de exposição do sexo feminino é superior ao masculino.

Cada um dos 6 "blocos", presentes em cada uma das 4 folhas de trabalho previstas para o mapeamento, igual ao outro. No final de cada folha de mapeamento proposto no esquema, um resumo do risco presente no setor ou na grande área operacional aos quais a página dedicada. O resumo similar ao modelo de classificação do risco proposto dentro de cada bloco e já apresentado na Tab. 14.6.

Na folha do programa de mapeamento denominada *resumo* são agrupados, a seguir, e diretamente confrontados entre si os 4 resumos de página relativos às diversas áreas/setores: aqui é calculada, sempre para as faixas de exposição já enunciadas, a distribuição resumida final, válida para o total das tarefas repetitivas analisadas dentro da empresa.

Também o resumo final similar ao modelo de classificação do risco proposto dentro de cada bloco e já apresentado na Tab. 14.6.

Na última página do programa de mapeamento denominada *gráficos* encontra-se, automaticamente, a representação gráfica dos dados apresentados na página de resumo: eles dizem respeito seja aos resultados finais de cada setor ou grande área operacional seja àqueles de toda a empresa.

Na Fig. 14.1 encontra-se o gráfico obtido para o exemplo da Tab. 14.6 com a distribuição por faixas de risco relativas a todo o grupo, enquanto na Fig. 14.2 são apresentados os mesmos dados distintos por sexo.

14.4. O mapeamento de postos organizados em célula produtiva ou "postos de ciclos longos caracterizados pela execução de várias 'subtarefas'"

Quando a produção organizada em célula, isto é, quando um ou mais trabalhadores realizam (mesmo utilizando vários postos) o trabalho de um produto ou quando o posto é caracterizado pela execução de várias subtarefas, geralmente o tempo de ciclo prolonga-se podendo durar também muitos minutos.

Para a análise do risco por sobrecarga biomecânica nestes dois contextos é fundamental:

– decompor o ciclo em subtarefas;

– analisar cada uma com um *checklist* OCRA próprio;

– estimar, para cada subtarefa, a sua duração proporcional relativamente ao tempo total do ciclo e introduzir o dado na coluna dedicada ao % de utilização.

No programa de mapeamento do risco é possível introduzir este tipo de análise utilizando um único *bloco* para o registro dos resultados de avaliação de cada subtarefa que compõe a célula.

O programa calcula automaticamente o valor de risco da célula, ponderando, para a duração de cada fase, os valores relativos a cada fator de risco e o valor final.

Fig. 14.1 – Gráfico representativo da classificação da exposição em 4 faixas para todo o grupo

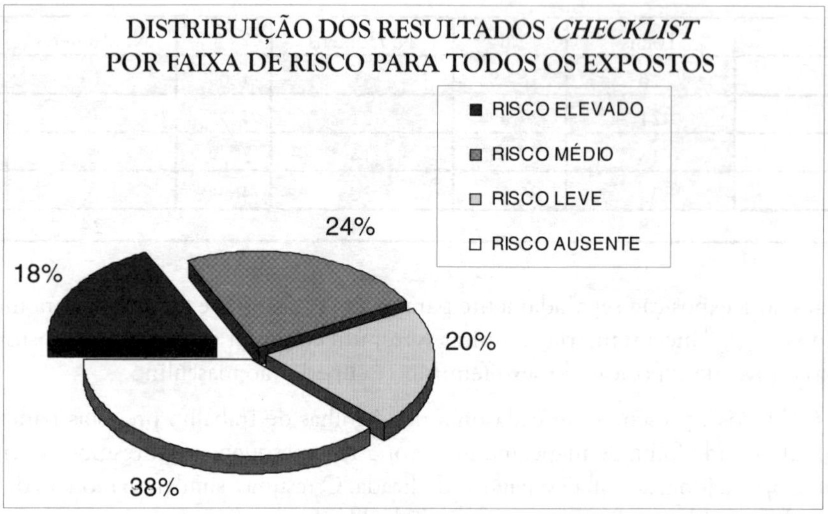

Fig. 14.2 – Gráficos representativos da classificação da exposição em 4 faixas por sexo

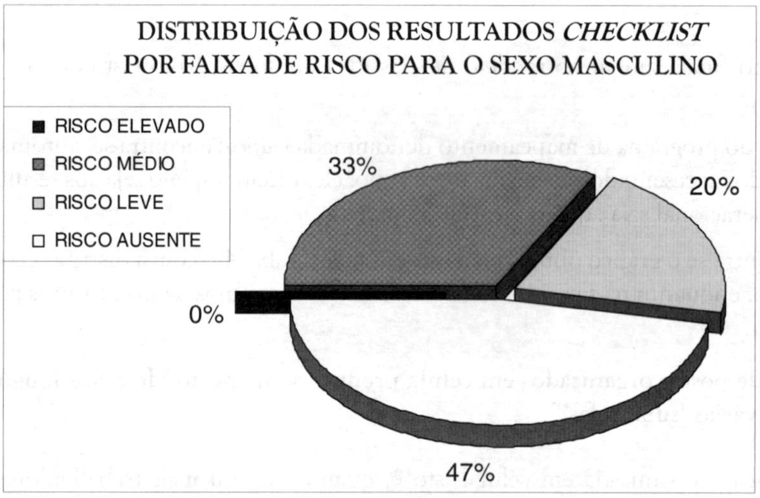

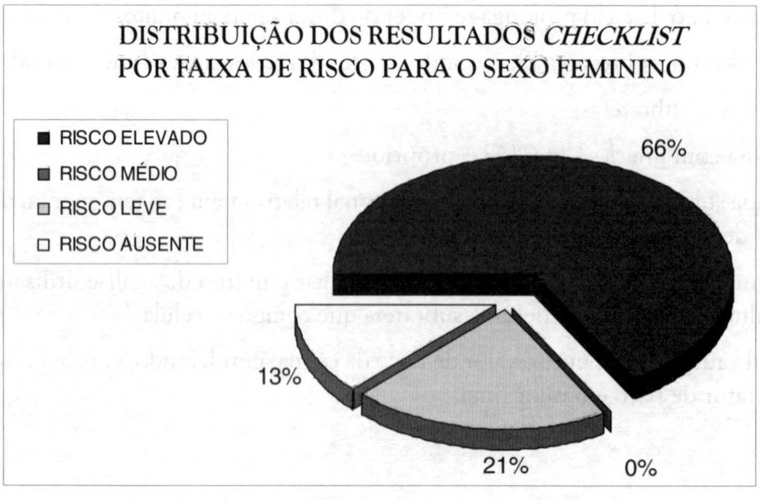

Nas Tab. 14.7a e 14.7b é apresentado um exemplo de mapeamento da célula *de trabalho*.

Para o arquivo dos resultados da avaliação de uma célula *de trabalho* ou de um trabalho com ciclo longo composto por mais subtarefas, foi utilizado, no programa de mapeamento, um único *bloco*.

Na Tab. 14.7a são apresentados os dados de caráter mais tipicamente organizacional: uma vez identificadas as subtarefas, é importante o preenchimento correto da coluna que indica o *% de utilização*. Considerando como 100% o tempo total de trabalho líquido repetitivo, deverão ser indicadas na coluna, para cada subtarefa, em %, as respectivas durações temporais: dever ser controlado que a soma cubra efetivamente a totalidade da tarefa repetitiva.

Na Tab. 14.7b são apresentados os resultados da avaliação do risco: os dados dos *checklist* OCRA devem ser aqui reportados para cada subtarefa. Uma atenção particular deve ser dada à coluna relativa ao número de postos *n. postos*: se, por exemplo, trabalham na célula de montagem 10 trabalhadores por turno, este valor dever ser repetido igual a si mesmo em todas as subtarefas. O *software* providência automaticamente temporizar a presença dos responsáveis para cada uma das subtarefas. As presenças deverão ser depois, como de hábito, divididas entre os dois sexos.

Tab. 14.7a – Descrição e temporização das subtarefas que compõem uma célula

Tempo de ciclo observado	N. ações	N. ações/min	% de utilização	N.	Denominação dos postos de trabalho
					ILHA 1
30	10	20	5%	1	SUBTAREFA 1
30	15	30	20%	2	SUBTAREFA 2
60	40	40	10%	3	SUBTAREFA 3
60	30	30	5%	4	SUBTAREFA 4
40	35	52,5	5%	5	SUBTAREFA 5
60	30	30	5%	6	SUBTAREFA 6
60	20	20	10%	7	SUBTAREFA 7
60	20	20	5%	8	SUBTAREFA 8
30	30	60	30%	9	SUBTAREFA 9
60	25	25	5%	10	SUBTAREFA 10
			100%		

A necessidade de utilizar um *bloco* separado para o estudo da célula deriva do fato de que as subtarefas que compõem o ciclo podem ter duração e risco muito diferentes, tornando impossível fazer uma análise total do ciclo. O valor de risco da célula de montagem é dado, de fato, pelo valor médio ponderado total (ou por sexo) que aparece no fim da coluna dos valores de risco finais dos *checklist* OCRA de cada subtarefa (no exemplo da Tab. 14.7b o valor médio ponderado total igual a 13,3).

A possibilidade de manter os valores de risco em cada subtarefa é indispensável para o reprojeto: usando este tipo de análise teremos, de fato, uma resposta específica relativamente a qual(is) subtarefa(s), ou a qual(is) fator(es) dentro da subtarefa, mais contribuíram para a sobrecarga dos membros superiores naquele trabalho.

Tab. 14.7b – Técnicas de avaliação do risco numa célula de montagem: os resultados do checklist OCRA para cada subtarefa identificada

Denominação dos postos de trabalho	Recuperação	Freqüência	Força	Lado	Ombro	Punho	Cotovelo	Mão	Estereotipia	Total postura	Fatores complementares	*Checklist*	Turnos	N. postos de trabalho	TOTAL	HOMENS	MULHERES
LINHA 1																	
SUBTAREFA 1	4	0	0	D	1	0	0	2	0	2	1	**7,0**	3	10	**1,5**	0,0	1,5
SUBTAREFA 2	4	1	0	D	1	0	0	6	1,5	7,5	0	**12,5**	3	10	**6,0**	3,0	3,0
SUBTAREFA 3	4	3	0,5	D	1	2	2	4	0	4	0	**11,5**	3	10	**3,0**	3,0	0,0
SUBTAREFA 4	4	2	1	D	1	2	2	3	0	3	0	**10,0**	3	10	**1,5**	0,0	1,5
SUBTAREFA 5	4	5	1	D	2	2	3	2,5	0	3	0	**13,0**	3	10	**1,5**	0,0	1,5
SUBTAREFA 6	4	2	1,5	BIL	2	1	2	2	0	2	0	**9,5**	3	10	**1,5**	0,0	1,5
SUBTAREFA 7	4	0	0	BIL	0	0	0	0	0	0	0	**4,0**	3	10	**3,0**	1,0	2,0
SUBTAREFA 8	4	0	0	BIL	0	0	0	0	0	0	0	**4,0**	3	10	**1,5**	0,0	1,5
SUBTAREFA 9	5	8	1	D	4	6	3	8	0	8	1	**23,0**	3	10	**9,0**	4,0	5,0
SUBTAREFA 10	0	1	0	D	0	0	0	3	0	3	0	**4,0**	3	10	**1,5**	3,0	-1,5
média total	**4,1**	**3,4**	**0,5**		**1,8**	**2,3**	**1,5**	**4,6**	**0,3**	**5,0**	**0,4**	13,3			30,0	14,0	16,0
média mulheres	3,4	3,4	0,4		1,6	2,1	1,3	5,1	0,3	5,4	0,3	12,9					
média homens	4,7	3,4	0,6		2,0	2,3	1,6	4,2	0,3	4,6	0,4	13,7					

Este procedimento de avaliação pode ser também adotado quando em um mesmo posto são reunidos, por exemplo, durante períodos semanais, mensais ou anuais representativos, diversos produtos, de forma a comportar diferenças de tarefa e conseqüentemente diferenças de exposição.

Neste caso o período temporal em que são executadas as diferentes tarefas no mesmo posto pode ser considerado como *uma célula*: às tarefas deve ser atribuído o percentual de presença no período de tempo considerado.

14.5. Os resultados do mapeamento de risco em função da duração do turno

Já foi dito como, para cada linha de montagem ou área de trabalho homogênea, arquivada em um *bloco* do *software*, deve ser expressa, em minutos, a duração real média das tarefas repetitivas, por turno.

A redução da duração líquida das tarefas repetitivas no turno produzirá uma redução proporcional do índice de risco final do *checklist* OCRA, conforme o seguinte esquema da Tab. 14.8.

Nas Tab. 14.9a, b e c estão indicadas, na análise de uma linha de montagem, as variações dos índices de risco ao variar a duração do turno.

Em particular, na Tab. 14.9a é representada a avaliação de uma linha caracterizada por um turno de 480 minutos com pausa para refeição de uma hora, fora do horário de trabalho, e duas pausas de 20 minutos: não existindo tarefas acessórias não repetitivas, a duração líquida de trabalho repetitivo no turno resulta de 44 minutos.

Tab. 14.8 – Diferentes durações de turno e fatores multiplicativos correspondentes

60-120 min: Fator multiplicativo = 0,5

121-180 min: Fator multiplicativo = 0,65

181-240 min: Fator multiplicativo = 0,75

241-300 min: Fator multiplicativo = 0,85

301-360 min: Fator multiplicativo = 0,925

361-420 min: Fator multiplicativo = 0,95

420-480 min: Fator multiplicativo = 1

Sup.480 min: Fator multiplicativo = 1,5

Na Tab. 14.9b é proposta a mesma linha, mas com uma redução da duração líquida de trabalho repetitivo no turno de 480 para 360 minutos com presença de 2 pausas de 10 minutos cada uma: não existindo tarefas acessórias não repetitivas, a duração líquida do turno resulta de 340 minutos. O valor médio ponderado dos *checklists* OCRA dos postos da linha resulta igual a 10,6. Aos valores finais dos *checklists* OCRA, apresentados na Tab. 14.9b, foi aplicado o fator multiplicativo 0.925. É preciso levar em consideração que, conservando neste caso o mesmo número de pausas, a pontuação relativa ao fator "tempos de recuperação" se reduz de 4 para 3 por terem se reduzido as horas de trabalho de 8 para 6. Nota-se também uma redução significativa do risco do valor médio ponderado dos *checklists* OCRA dos postos da linha: 9,6.

Na Tab.14.9c a mesma linha é proposta com um trabalho *part-time* (240 minutos). É dada a possibilidade de desfrutar de uma pausa fisiológica de 20 minutos: a duração líquida do turno resulta de 220 minutos. A pontuação relativa ao fator "tempos de recuperação" se reduz de 3 para 2 por terem se reduzido as horas de trabalho de 6 para 4. Também neste caso se nota uma redução ulterior do risco: o valor médio ponderado dos *checklists* OCRA dos postos da linha resulta igual a 6,3.

14.6. O mapa de avaliação da exposição efetiva de grupos homogêneos ou de trabalhadores individuais

O programa de mapeamento do risco até aqui proposto denota o nível de risco intrínseco do trabalho que se realiza em um determinado posto, como se fosse utilizada no turno inteiro no tempo líquido de trabalho repetitivo atribuído.

O passo seguinte agora é analisar o nível de exposição de cada trabalhador. Poderíamos encontrar-nos diante de duas condições organizacionais diferentes: o operador trabalha fixo em um posto ou se reveza em vários postos. No primeiro caso o índice de exposição de risco por sobrecarga biomecânica dos membros superiores do trabalhador coincide com o índice de risco do posto onde trabalha.

No caso de revezamentos, no entanto, na última página do *checklist* OCRA é proposta uma simples fórmula para estimar a exposição a várias tarefas.

Isto é, uma vez identificadas as tarefas (ex: tarefa A, tarefa B, tarefa C) executadas pelo trabalhador em um determinado período de tempo (pode ser o turno ou a semana, ou o mês etc.), é necessário estabelecer, para cada uma delas, a duração em percentual (por exemplo: tarefa A, duração 20% do tempo; tarefa B, 70% do tempo; tarefa C, 10% do tempo).

Uma vez calculadas as pontuações de risco para cada uma das tarefas com o *checklist* OCRA (pontuação A, pontuação B, pontuação C) se obterá a pontuação expositiva final com a seguinte fórmula:

(pontuação A x % tempo A) + (pontuação B x % tempo B) + (pontuação C x % tempo C), etc.

Tab. 14.9a – Exemplo de avaliação da exposição com checklist OCRA numa linha de montagem: turno de 8 horas (440 minutos líquidos de tarefas repetitivas)

TEMPO LÍQUIDO TRABALHO REPETITIVO		Tempo de ciclo observado	N. ações	N. ações/min	% de utilização	Denominação dos postos de trabalho	Recuperação	Freqüência	Força	Lado	Ombro	Punho	Cotovelo	Mão	Estereotipia	Total postura	Fatores complementares.	*Checklist*
Min	*Full-time* 440					LINHA 1												
440	1	30	10	20	100%	POSTO 1	4	0	0	D	1	0	0	2	0	2	1	**7,0**
		30	15	30	100%	POSTO 2	4	1	0	D	1	0	0	6	1,5	7,5	0	**12,5**
		60	40	40	100%	POSTO 3	4	3	0,5	D	1	2	2	4	0	4	0	**11,5**
		60	30	30	100%	POSTO 4	4	2	1	D	1	2	2	3	0	3	0	**10,0**
		40	35	52,5	100%	POSTO 5	4	5	1	D	2	2	3	2,5	0	3	0	**13,0**
		60	30	30	100%	POSTO 6	4	2	1,5	BIL	2	1	2	2	0	2	0	**9,5**
		60	20	20	100%	POSTO 7	4	0	0	BIL	0	0	0	0	0	0	0	**4,0**
		60	20	20	100%	POSTO 8	4	0	0	BIL	0	0	0	0	0	0	0	**4,0**
		30	30	60	100%	POSTO 9	5	8	1	D	4	6	3	8	0	8	1	**23,0**
		60	25	25	100%	POSTO 10	0	1	0	D	0	0	0	3	0	3	0	**4,0**
						Média total	**3,3**	**2,9**	**0,6**		**1,4**	**1,8**	**1,5**	**3,5**	**0,1**	**3,6**	**0,2**	**10,6**
						Média mulheres	4,7	5,8	1,0		3,1	4,2	2,4	5,8	0,0	5,8	0,7	17,8
						Média homens	2,8	1,9	0,4		0,8	0,9	1,1	2,7	0,1	2,9	0,0	8,0

Tab.14.9b – Exemplo de avaliação da exposição com checklist OCRA numa linha de montagem: turno de 6 horas (340 minutos líquidos de tarefas repetitivas)

TEMPO LÍQUIDO TRABALHO REPETITIVO		Tempo de ciclo observado	N. ações	N. ações/min	% de utilização	Denominação dos postos de trabalho	Recuperação	Freqüência	Força	Lado	Ombro	Punho	Cotovelo	Mão	Estereotipia	Total postura	Fatores complementares	*Checklist*
Min	*Full-time* 340					LINHA 1												
340	0,925	30	10	20	100%	POSTO 1	3	0	0	D	1	0	0	2	0	2	1	**5,6**
		30	15	30	100%	POSTO 2	3	1	0	D	1	0	0	6	1,5	7,5	0	**10,6**
		60	40	40	100%	POSTO 3	3	3	0,5	D	1	2	2	4	0	4	0	**9,7**
		60	30	30	100%	POSTO 4	3	2	1	D	1	2	2	3	0	3	0	**8,3**
		40	35	52,5	100%	POSTO 5	3	5	1	D	2	2	3	2,5	0	3	0	**11,1**
		60	30	30	100%	POSTO 6	3	2	1,5	BIL	2	1	2	2	0	2	0	**7,9**
		60	20	20	100%	POSTO 7	3	0	0	BIL	0	0	0	0	0	0	0	**2,8**
		60	20	20	100%	POSTO 8	3	0	0	BIL	0	0	0	0	0	0	0	**2,8**
		30	30	60	100%	POSTO 9	3	8	1	D	4	6	3	8	0	8	1	**19,4**
		60	25	25	100%	POSTO 10	3	1	0	D	0	0	0	3	0	3	0	**6,5**
						Média total	**3,0**	**2,9**	**0,6**		**1,4**	**1,8**	**1,5**	**3,5**	**0,1**	**3,6**	**0,2**	**9,6**
						Média mulheres	3,0	5,8	1,0		3,1	4,2	2,4	5,8	0,0	5,8	0,7	14,9
						Média homens	3,0	1,9	0,4		0,8	0,9	1,1	2,7	0,1	2,9	0,0	7,6

Tab. 14.9c – Exemplo de avaliação da exposição com checklist OCRA numa linha de montagem: part-time de 4 horas (220 minutos líquidos de tarefas repetitivas)

TEMPO LÍQUIDO TRABALHO REPETITIVO		Tempo de ciclo observado	N. ações	N. ações/min	% de utilização	Denominação dos postos de trabalho	Recuperação	Freqüência	Força	Lado	Ombro	Punho	Cotovelo	Mão	Estereotipia	Total postura	Fatores complementares	*Checklist*
Min	220 *Part-time*					LINHA 1												
220	0,75	30	10	20	100%	POSTO 1	2	0	0	D	1	0	0	2	0	2	1	3,0
		30	15	30	100%	POSTO 2	2	1	0	D	1	0	0	6	1,5	7,5	0	7,1
		60	40	40	100%	POSTO 3	2	3	0,5	D	1	2	2	4	0	4	0	6,4
		60	30	30	100%	POSTO 4	2	2	1	D	1	2	2	3	0	3	0	5,3
		40	35	52,5	100%	POSTO 5	2	5	1	D	2	2	3	2,5	0	3	0	7,5
		60	30	30	100%	POSTO 6	2	2	1,5	BIL	2	1	2	2	0	2	0	4,9
		60	20	20	100%	POSTO 7	2	0	0	BIL	0	0	0	0	0	0	0	0,8
		60	20	20	100%	POSTO 8	2	0	0	BIL	0	0	0	0	0	0	0	0,8
		30	30	60	100%	POSTO 9	2	8	1	D	4	6	3	8	0	8	1	14,3
		60	25	25	100%	POSTO 10	2	1	0	D	0	0	0	3	0	3	0	3,8
						Média total	**1,0**	**2,9**	**0,6**		**1,4**	**1,8**	**1,5**	**3,5**	**0,1**	**3,6**	**0,2**	**6,3**
						Média mulheres	1,0	5,8	1,0		3,1	4,2	2,4	5,8	0,0	5,8	0,7	10,6
						Média homens	1,0	1,9	0,4		0,8	0,9	1,1	2,7	0,1	2,9	0,0	4,7

Esta operação é indispensável quando:

– se quer estimar o risco em um grupo homogêneo de operários que trabalham em um mesmo conjunto de tarefas repetitivas.

– se quer reduzir o risco por meio da otimização dos revezamentos dos trabalhadores.

– se quer reconstruir o risco à exposição, na história ocupacional de um sujeito, para fins médico-legais, isto é, quando se quer estabelecer a existência ou não de um nexo de causalidade entre trabalho e patologia constatada no trabalhador.

Para esta finalidade é útil recorrer ao mesmo programa já apresentado para o mapeamento dos postos na seção relativa ao estudo da exposição dos trabalhadores (FILE: mappatura*CHECKLIST* OCRA G*m*). Esta parte está estritamente ligada ao mapa de risco anteriormente apresentado: transferindo o "primeiro plano do posto de trabalho para o trabalhador, fornece não mais indicadores de risco do posto mas indicadores de exposição do próprio trabalhador.

Nas Tab. 14.10a, b, c e seguintes são apresentados alguns exemplos práticos.

Na Tab. 14.10a é primeiro indicada a avaliação do risco numa linha de montagem com os resultados do *checklist* referidos a cada posto da linha, como se cada posto fosse utilizado durante todo o turno.

Na Tab. 14.10b sucessiva são colocados em primeiro plano os trabalhadores, para cada um dos quais destacada a presença de revezamento nos postos de trabalho da linha e o percentual de tempo de permanência em cada posto. O programa de cálculo ponderados automaticamente os valores dos *checklists* OCRA dos postos utilizadas com o relativo tempo de uso, conforme exposto na fórmula anteriormente explicada, indicando para cada trabalhador o relativo valor de exposição. O programa calcula também o valor médio de exposição para a totalidade dos expostos e por sexo (ver as páginas dedicadas aos resumos e aos gráficos).

No exemplo anteriormente apresentado, no qual não se realizam revezamentos nos postos de trabalho, se nota uma discrepância na exposição entre os dois sexos com uma exposição maior para o sexo feminino: estas trabalham exclusivamente numa faixa de médio e alto risco (Fig. 14.3).

Com o programa de cálculo é possível, por meio de sucessivas simulações, pesquisar o "melhor revezamento" possível, tendo a operação como objetivo a redução do risco por meio de uma redistribuição do risco de exposição (Tab. 14.10c e Fig. 14.4): nenhum trabalhador se apresenta exposto a risco elevado agora.

Tab. 14.10a – Exemplo de resultado do mapeamento do risco numa linha de montagem: os valores de cada posto de trabalho

N.	Denominação dos postos de trabalho	Recuperação	Frequência	Força	Lado	Ombro	Punho	Cotovelo	Mão	Estereotipia	Total postura	Fatores complementares	*Checklist*
	LINHA 1												
P1	POSTO 1	4	0	0	D	1	0	0	2	0	2	1	7,0
P2	POSTO 2	4	1	0	D	1	0	0	6	1,5	7,5	0	12,5
P3	POSTO 3	4	3	0,5	D	1	2	2	4	0	4	0	11,5
P4	POSTO 4	4	2	1	D	1	2	2	3	0	3	0	10,0
P5	POSTO 5	4	5	1	D	2	2	3	2,5	0	3	0	13,0
P6	POSTO 6	4	2	1,5	BIL	2	1	2	2	0	2	0	9,5
P7	POSTO 7	4	0	0	BIL	0	0	0	0	0	0	0	4,0
P8	POSTO 8	4	0	0	BIL	0	0	0	0	0	0	0	4,0
P9	POSTO 9	4	9	1	D	4	6	3	8	0	8	1	23,0
P10	POSTO 10	4	1	0	D	0	0	0	3	0	3	0	8,0
	Média Total	**4,0**	**2,3**	**0,5**		**1,2**	**1,3**	**1,2**	**3,1**	**0,2**	**3,3**	**0,2**	**10,3**
	Média mulheres	4,0	5,0	0,7		2,3	2,7	2,0	5,5	0,5	6,2	0,3	16,2
	Média homes	4,0	1,1	0,4		0,7	0,7	0,9	2,0	0,0	2,0	0,1	7,7

Tab. 14.10b – O nível de exposição dos trabalhadores na linha apresentada na Tabela 14.10a para o tipo de revezamento executado (ausência de revezamento)

TRABALHADOR					Posto A%				Posto B%				ÍNDICE DE EXPOSIÇÃO PESSOAL
N.	Sobrenome	Nome	Idade	Sexo	N. posto	Posto	Valor check	% tempo	N. post.	Posto	Valor check	% tempo	
1	AA	AA	45	m	P1	POSTO 1	7	100%		-	0		7
2	BB	BB	15	f	P2	POSTO 2	12,5	100%		-	0		12,5
3	CC	CC	34	m	P3	POSTO 3	11,5	100%		-	0		11,5
4	DD	DD	66	m	P4	POSTO 4	10	100%		-	0		10
5	EE	EE	25	f	P5	POSTO 5	13	100%		-	0		13
6	FF	FF	40	m	P6	POSTO 6	9,5	100%		-	0		9,5
7	GG	GG	44	m	P7	POSTO 7	4	100%		-	0		4
8	HH	HH	24	m	P8	POSTO 8	4	100%		-	0		4
9	II	II	25	f	P9	POSTO 9	23	100%		-	0		23
10	LL	LL	26	m	P10	POSTO 10	8	100%		-	0		8

Fig. 14.3 – Gráficos representativos da classificação da exposição em 4 faixas para todo o grupo e por sexo, em ausência de revezamento nos postos de trabalho.

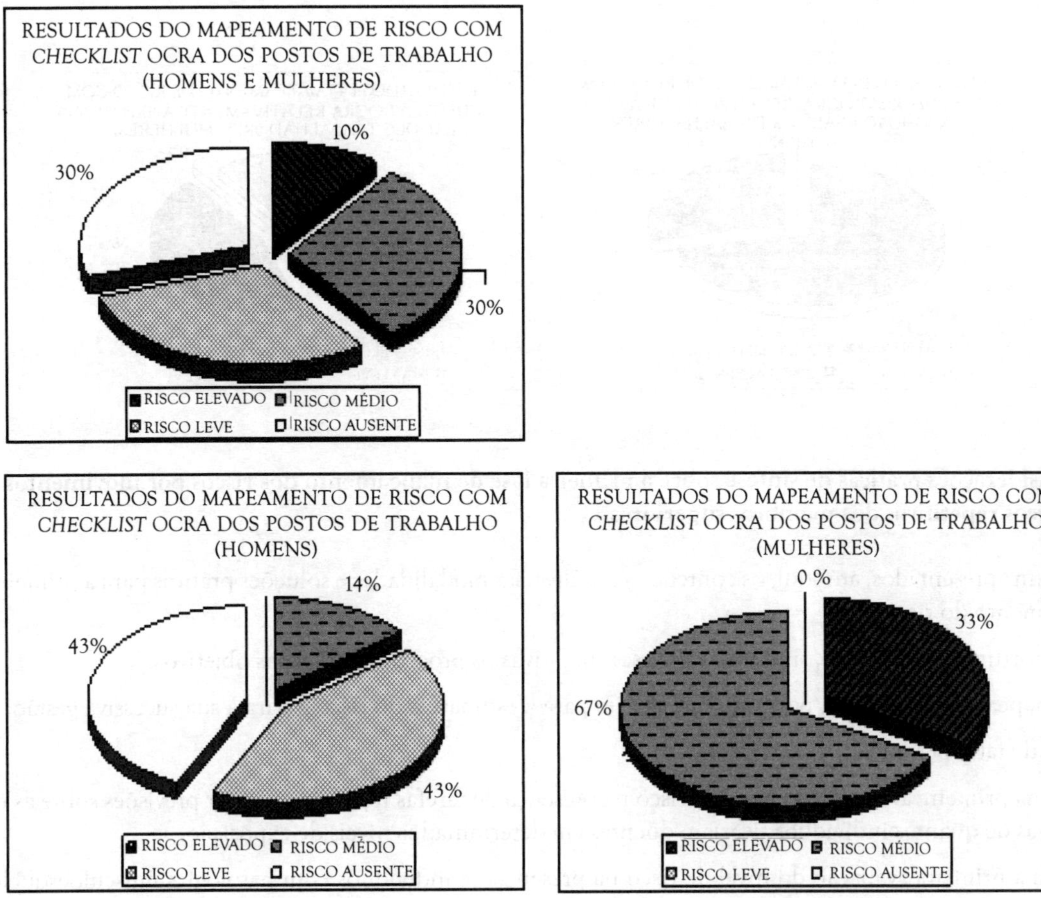

Tab. 14.10c – Otimização do nível de exposição dos trabalhadores de uma linha por meio da introdução de revezamentos adequados

TRABALHADOR					Posto A%				Posto B%				ÍNDICE DE EXPOSIÇÃO PESSOAL
N.	Sobrenome	Nome	Idade	Sexo	N. posto	Posto	Valor *check*	% tempo	N. posto	Posto	Valor *check*	% tempo	
1	AA	AA	45	m	P1	POSTO 1	7	50%	p2	POSTO 2	12,5	50%	9,75
2	BB	BB	15	f	P2	POSTO 2	12,5	50%	p1	POSTO 1	7	50%	9,75
3	CC	CC	34	m	p3	POSTO 3	11,5	100%		-	0		11,5
4	DD	DD	66	m	p4	POSTO 4	10	100%		-	0		10
5	EE	EE	25	f	p5	POSTO 5	13	50%	p7	POSTO 7	4	50%	8,5
6	FF	FF	40	m	p6	POSTO 6	9,5	100%		-	0		9,5
7	GG	GG	44	m	p7	POSTO 7	4	50%	p5	POSTO 5	13	50%	8,5
8	HH	HH	24	m	p8	POSTO 8	4	50%	p9	POSTO 9	23	50%	13,5
9	II	II	25	f	p9	POSTO 9	23	50%	p8	POSTO 8	4	50%	13,5
10	LL	LL	26	m	p10	POSTO 10	8	100%		-	0		8

Fig. 14.4 – Gráfico representativo da classificação da exposição em 4 faixas por sexo, após a introdução de revezamentos otimizados nos postos de trabalho

14.7. Considerações práticas de síntese sobre a primeira fase de mapeamento dos riscos por movimentos e esforços repetitivos dos membros superiores

Foram apresentados, até aqui, os conteúdos e as diversas modalidades e soluções práticas para a primeira fase de mapeamento do risco.

É oportuno, neste ponto, sintetizar por fases sucessivas os procedimentos e os objetivos.

O mapeamento do risco, portanto, necessário para a estimativa do risco e para a sua sucessiva gestão.

Ele, de fato, permite:

– uma primeira avaliação do nível de risco na presença de tarefas repetitivas e fazer previsões sobre as expectativas de quantos indivíduos ficariam doentes em determinados níveis de exposição;

– uma primeira avaliação do nível de risco na presença de indivíduos com patologias musculoesqueléticas dos membros superiores relacionadas ao trabalho (UL-WMSDs);

– estabelecer o nexo de causalidade entre patologias UL-WMSDs e atividade desenvolvida na empresa;

– preparar programas de introdução de melhorias para a redução do risco e, conseqüentemente, do prejuízo, debatendo e ressaltando as prioridades;

– predispor eventuais revezamentos de tarefas objetivando também a redução do risco;

– recolocar os trabalhadores portadores de patologias UL-WMSDs em postos de trabalho com exposição ausente ou leve, em função da patologia apresentada por meio do exame do mapa com debate entre técnicos do setor e o médico responsável.

15. *Exemplos práticos de mapeamento do risco*

15.1. Introdução

O objetivo deste capítulo é fornecer alguns exemplos de resultados completos de mapeamento de risco em seis diversas situações de trabalho: montagem de eletrodomésticos, montagem de motores elétricos, abate de perus, trabalho de limpeza em hotel, trabalho nos caixas de supermercados e trabalho em terminal de vídeo.

No fim do capítulo serão anexadas fichas de avaliação do risco de numerosas tarefas ocupacionais repetitivas representativas de vários setores produtivos, realizadas com o *checklist* OCRA.

15.2. Resultados do mapeamento do risco numa empresa produtora de eletrodomésticos

Os resultados aqui reportados se referem a uma empresa de grandes dimensões produtora de eletrodomésticos (montagens).

Na Fig. 15.1 são reportados, por faixas de risco, os resultados do mapeamento. As prevalências expressas se referem a toda a força de trabalho presente nos setores (cerca de 1000 empregados): nesta primeira representação gráfica se quis evidenciar que 26% desta força de trabalho não executa tarefas repetitivas.

Na Fig. 15.2 as prevalências indicadas por faixas de risco, referem-se somente aos que realizam tarefas repetitivas: 11% resultam de risco ausente, 45% de risco leve (faixa amarela), 38% de risco médio (faixa vermelha) e 6% de risco elevado (faixa violeta).

A empresa tinha iniciado o mapeamento de risco porque o médico responsável havia verificado em numerosas trabalhadoras, provenientes da mesma área de produção, a presença de patologias UL-WMSDs dos membros superiores. Surgia, portanto, a necessidade de diferenciar o mapa de risco também por áreas de produção.

A Fig. 15.3 mostra as prevalências relativas a 5 áreas de produção. A distribuição dos valores nas faixas de risco apresenta diferenças evidentes: em particular no setor Fornos, área da qual provinha a maior parte das trabalhadoras portadoras de patologias, a faixa de risco elevado aparece com a mais alta prevalência (13%) em relação às outras três.

Na Fig. 15.4 os resultados do mapeamento deste setor foram divididos por sexo. Aparece evidente a existência de um diferente nível de exposição nos dois sexos: as mulheres ocupam prevalentemente lugares na faixa de médio e alto risco (sem poder se beneficiar do revezamento entre os diversos postos de trabalho) enquanto 68 % dos homens trabalham em lugares de risco leve (faixa amarela) sendo previsto, também, o revezamento entre as diferentes tarefas. Os resultados do mapeamento deram, portanto, uma inquestionável motivação para a presença de trabalhadoras com UL-WMSDs dos membros superiores concentradas numa determinada área operacional, a área de risco mais elevada. Na Fig. 15.5 são mostrados dois exemplos de tarefas de "montagem de componentes" presentes na empresa.

Fig. 15.1 – Resultados do mapeamento por faixas de risco: as prevalências indicadas referem-se a toda a força de trabalho presente nos setores

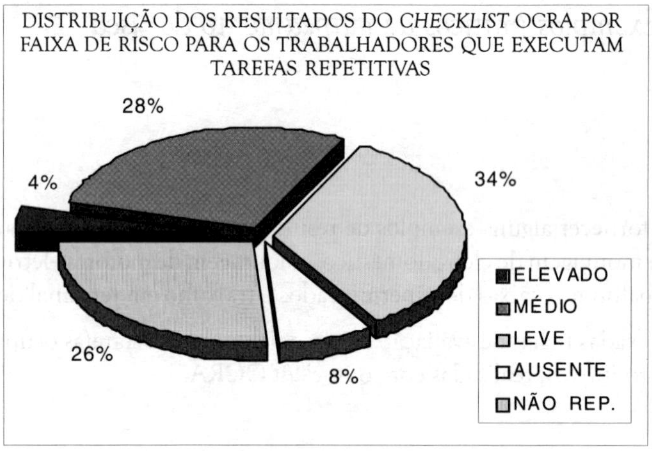

Fig. 15.2 – Resultados do mapeamento por faixas de risco: as prevalências indicadas referem-se à força de trabalho que executa tarefas repetitivas.

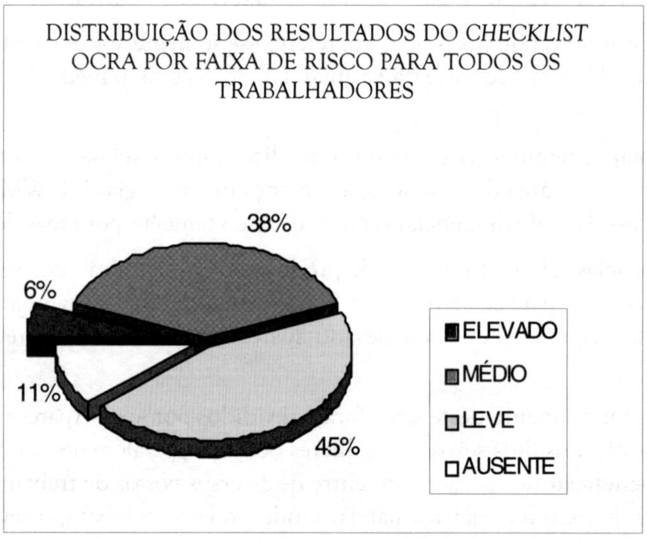

Fig. 15.3 – Os resultados do mapeamento de risco relativo às 5 áreas de produção

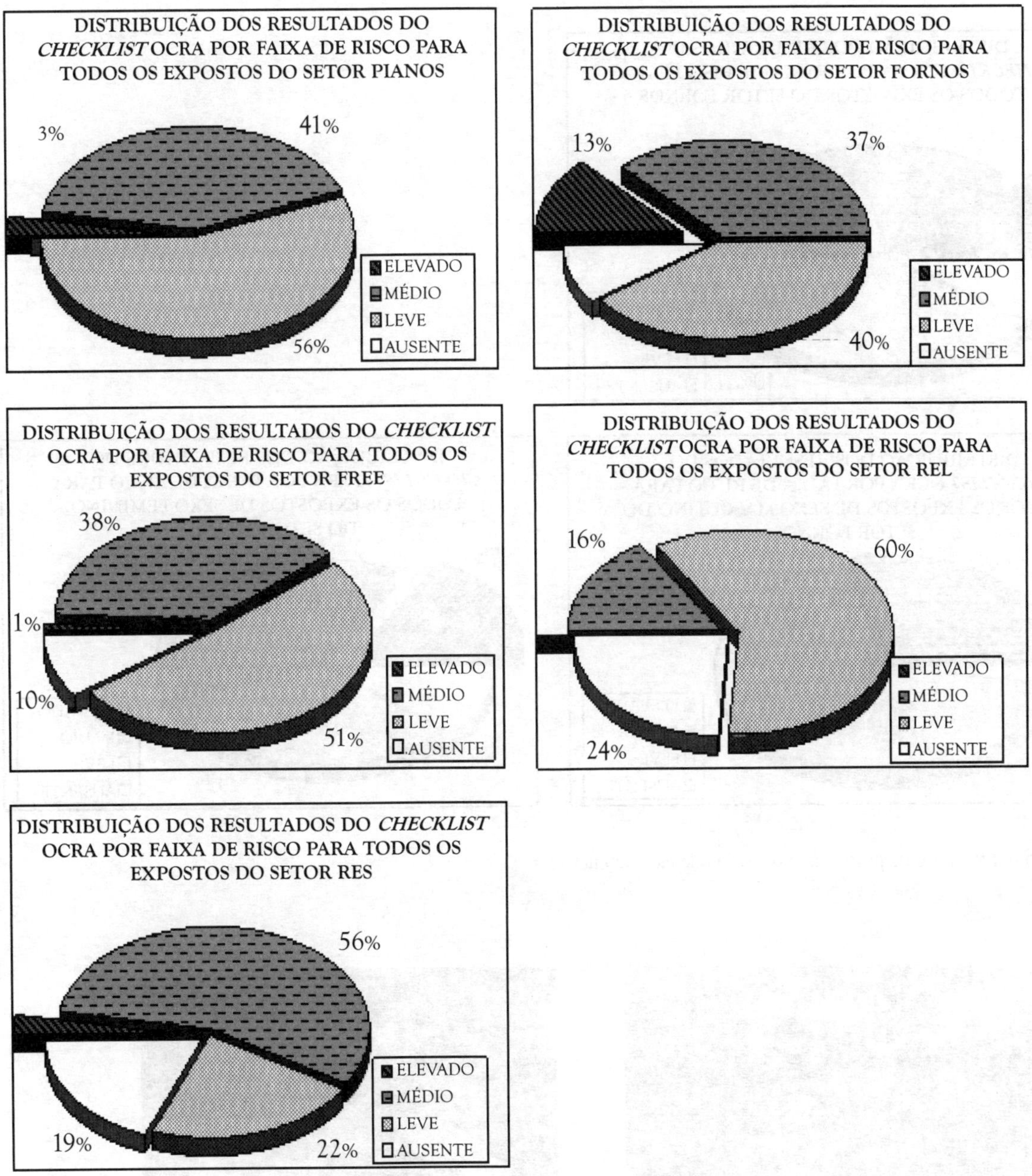

Fig. 15.4 – Resultados do mapeamento de risco do setor de mais alto risco à exposição: dados sobre o total da população e divididos por sexo

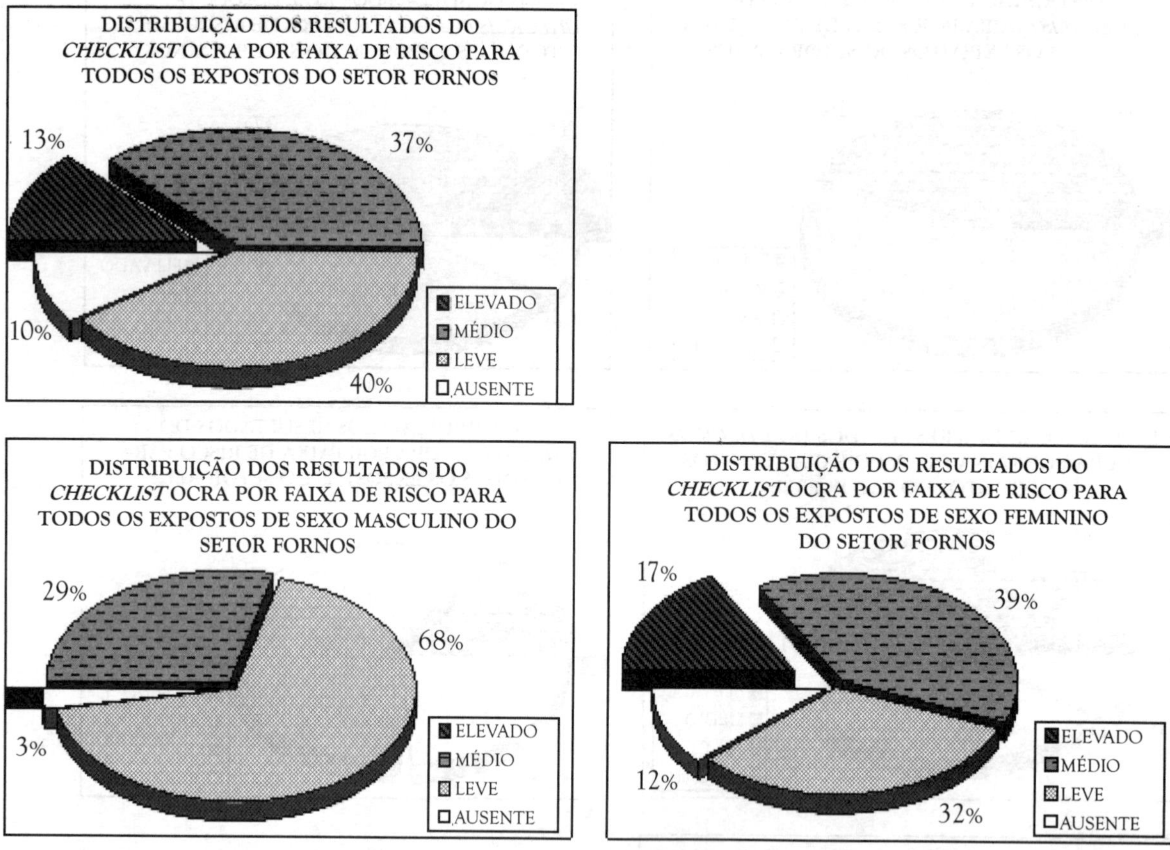

Fig. 15.5 – Exemplos de postos de montagem de eletrodomésticos

Fig. 15.6 – Exemplos de postos de montagem de motores elétricos

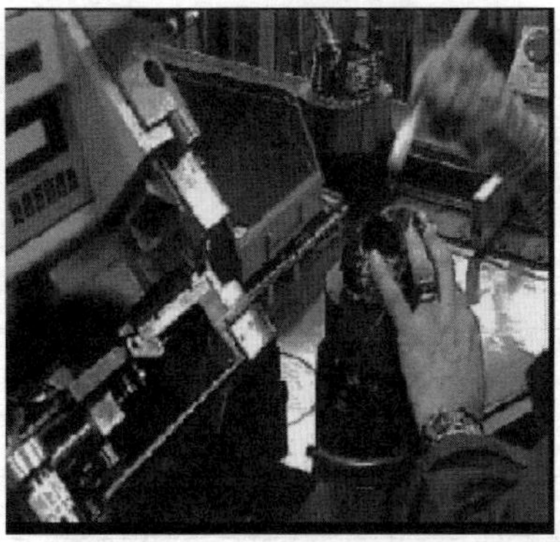

15.3. Resultados do mapeamento de risco em uma empresa produtora de motores elétricos para eletrodomésticos

A montagem dos motores elétricos para eletrodomésticos compreende tarefas de trabalho caracterizadas, em geral, pela montagem de pequenas peças realizadas com alta freqüência de ação e pela presença de estereotipia (Fig. 15.6).

Na Tab. 15.1 são apresentados os resultados analíticos do mapeamento de risco obtidos em um setor de produção ao longo de uma linha de montagem. Para cada posto de trabalho que compõe a linha são indicadas não apenas as pontuações finais dos diferentes *checklists* OCRA, mas também as pontuações parciais de cada fator de risco e, de forma sintética para toda a linha, os respectivos valores médios ponderados.

Neste caso, o trabalho é realizado em 3 turnos de 7 horas e 30 minutos, sendo interrompido por uma pausa para refeição e por 2 pausas de 10 minutos (pontuação do fator de recuperação igual a 4).

Em síntese, neste contexto de trabalho, as pontuações mais elevadas dizem respeito à freqüência de ação, à postura da mão prevalentemente em *pinch* e à presença de estereotipia.

A pontuação média ponderada do *checklist* OCRA, relativa à linha analisada, é igual a 17,2, similar para os dois sexos.

São também fornecidos os percentuais para cada faixa de risco sobre o total dos expostos (n=78) e por sexo.

Nesta área de produção, resultou que 69% trabalhavam com risco médio (faixa vermelha), 15% em faixa de alto risco (faixa violeta) e o restante em risco ausente ou leve.

Tab. 15.1 – Resultados analíticos do mapeamento de risco em um setor de produção ao longo de uma linha de montagem de motores elétricos para eletrodomésticos

Denominação do posto de trabalho	recuperação	freqüência	força	LADO	ombro	punho	cotovelo	mão	estereotipia	total postura	complementares	valor *Checklist*	Tipo de turno	n. postos	n. postos		
															tot	f	m
MONTAGEM INTERNA																	
Retirada carcaça do compressor	4	6	2	d	2	0	0	6	0	6	3	21	3	2	6	6	0
Posicionamento da biela	4	7	1	bil	2	1	0	8	3	11	1	24	3	2	6	6	0
Montagem biela-pino	4	7	1	d	1	0	0	7	3	10	1	23	3	2	6	6	0
Escolha e introdução do eixo	4	4	2	d	2	0	0	4	0	4	1	15	3	2	6	6	0
Escolha do suporte externo	4	3	1	d	1	0	0	3	3	6	1	15	3	1	3	3	0
Medição saliência pistão	4	3	0	d	1	0	0	0	3	4	1	12	3	1	3	2	1
Posicionamento grupo cabeça	4	6	0	bil	2	0	0	6	3	9	1	20	3	1	3	3	0
Desembalagem estatores	4	6	2	bil	1	2	0	2	3	5	1	18	3	2	6	6	0
Montar 2 parafusos - Paraf. estator	4	0	0	bil	3	0	0	0	2	5	1	10	3	1	3	3	0
Montar rotor na carcaça	4	2	0	d	3	2	0	0	3	6	1	13	3	1	3	3	0
Controle entreferro	4	3	0	bil	4	2	2	4	3	7	1	15	3	1	3	3	0
Posicionamento caixa de força	4	1	0	d	0	0	0	0	3	3	2	10	3	1	3	1	2
Retirada caixa	4	6	4	bil	1	2	2	3	3	6	1	21	3	1	3	1	2
Inser. cluster no fusite-	4	4	1	d	2	0	0	0	3	5	3	17	3	1	3	0	3
Ins. cluster Mont.susp.	4	3	2	d	4	0	0	1	3	7	1	17	3	1	3	0	3
Ins. Kit na caixa Posic. Vedação	4	1	4	d	4	4	0	4	3	7	5	21	3	1	3	0	3
Pos. Serpentina sobre caixa de força	4	1	0	e	1	0	0	1	3	4	1	10	3	1	3	1	2
Soldagem tubo de descarga	4	0	0	bil	1	0	0	0	3	4	2	10	3	1	3	2	1
Reg. Suspensões	4	4	4	bil	1	2	0	4	3	7	1	20	3	2	6	5	1

15.4. Resultados do mapeamento do risco numa empresa de abate de carne de peru

Numa empresa de abate de carne de peru foi conduzida a análise do risco com o *checklist* OCRA em todos os postos de trabalho (n. = 74) divididos em 3 principais áreas operacionais: abate, corte e embalagem (Fig. 15.7).

Na Tab. 15.2a são inicialmente apresentados os resultados totais do mapeamento de risco (membro direito); sucessivamente, na Tab. 15.2b, são reportados os resultados analíticos relativos a cada posto de tarefas repetitivas analisado, agrupados por área operacional.

Os índices de risco aparecem geralmente elevados e distribuídos entre a faixa de risco médio e elevado.

De fato, na área "abate" o valor médio do *checklist* OCRA resultou igual a 21,7; na área "corte" 24,6 e na área "embalagem" 23,5. Para o setor corte, devido à exposição diferente dos dois membros, repetiu-se o mapeamento também para o membro esquerdo (não incluído no presente trabalho).

Não foram encontradas substanciais diferenças gerais de exposição entre os dois sexos mesmo levando-se em conta que no setor de corte trabalham prevalentemente indivíduos de sexo masculino enquanto no setor embalagem o pessoal é prevalentemente constituído por trabalhadores de sexo feminino.

Entre os diversos fatores de risco, especialmente nas tarefas de corte e de embalagem, aparecem particularmente representadas a alta freqüência de ação, a postura inadequada do ombro, do cotovelo e do punho.

Fig. 15.7 – Exemplos de postos de corte e embalagem de carne avícola

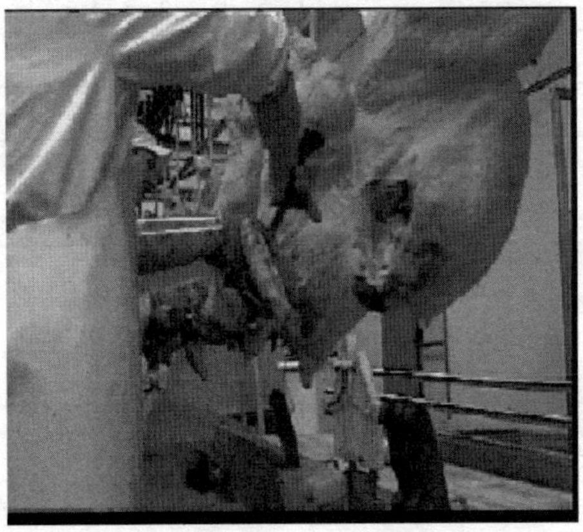

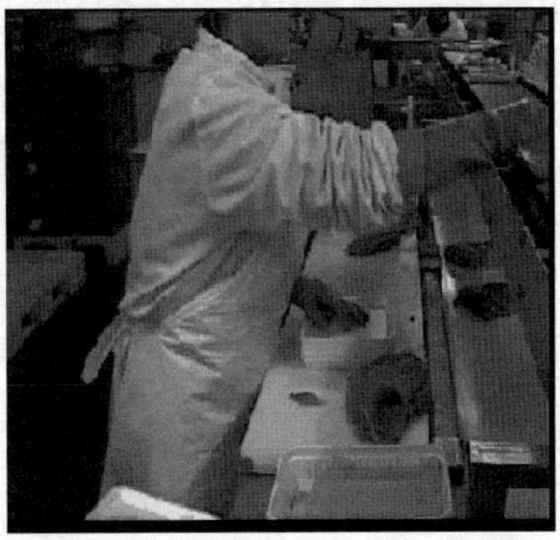

Tab. 15.2a – Resultados do mapeamento de risco numa empresa de abate de peru

	N. TOTAL	%	N. HOMENS	%	N. MULHERES	%
RISCO ELEVADO	51	69%	16	62%	35	73%
RISCO MÉDIO	23	31%	10	38%	13	27%
RISCO LEVE	0	0%	0	0%	0	0%
RISCO AUSENTE	0	0%	0	0%	0	0%
TOTAL	74		26		48	

Tab. 15.2b – Resultados do mapeamento de risco numa empresa de abate de peru

Denominação do posto de trabalho	recuperação	freqüência	força	lado	ombro	punho	cotovelo	mão	estereotipia	total postura	complementares	*Checklist*
EMBALAGEM												
PREPARAÇÃO BANDEJA	4	10	0	D	2	1	2	4	3	7	2	**23,0**
EMBALAGEM ASAS	4	10	0	D	1	0	0	3	3	6	2	**22,0**
EMBALAGEM COXAS AO 90%	4	10	0	D	1	0	0	3	3	6	2	**22,0**
CORTE PEITO	4	10	1	D	1	0	4	0	3	7	1	**23,0**
EMBALAGEM CORTE PEITO SEMITRAB. PARA FRIG.	4	9	2	D	1	3	6	8	3	11	2	**28,0**
PREPARAÇÃO BANDEJA	4	9	0	D	2	4	4	8	3	11	2	**26,0**
FATIADORA PEITO	4	3	1	D	4	4	0	3	3	7	1	**16,0**
EMBALAGEM PEITO EM FATIAS	4	9	0	D	1	0	0	8	3	11	1	**24,0**
EMBALAGEM A VÁCUO	4	7	2	D	1	2	2	3	3	6	1	**20,0**
COLOCAÇÃO PREÇO NA EMBALAGEM A VÁCUO	4	10	2	D	2	2	2	4	3	7	2	**25,0**
EMBALAGEM PEITO COLETA BANDEJAS	4	8	4	D	4	4	0	6	3	9	2	**27,0**
COLETA BANDEJAS PEITO EM FATIAS	4	6	0	D	2	2	0	6	3	9	2	**21,0**
COLETA BANDEJAS COXAS E SOBRECOXAS	4	6	0	D	2	2	0	6	3	9	2	**21,0**
GRAMPEAMENTO COM PISTOLA	4	10	0	D	1	6	6	0	3	9	2	**25,0**
PESAGEM CAIXAS	4	5	0	D	6	0	0	0	3	9	2	**20,0**
DESOSSAMENTO COXAS M/F 2º	4	10	0	D	1	2	6	3	3	9	2	**25,0**
ENGANCHAMENTO ASAS	4	8	0	D	1	2	2	3	3	6	2	**20,0**
DESOSSAMENTO PARTE EXTERNA ASAS	4	10	0	D	1	0	6	3	3	9	2	**25,0**
DESOSSAMENTO PARTE INTERNA ASAS	4	10	0	D	2	0	6	3	3	9	2	**25,0**
DESOSSAMENTO E RETIRADA ASAS	4	10	0	D	4	0	6	3	3	9	2	**25,0**
média total	4,0	9,0	0,5		1,8	1,1	3,0	3,7	3,0	8,5	1,7	**23,5**
média mulheres	4,0	8,9	0,5		1,7	1,1	2,7	4,2	3,0	8,5	1,6	**23,4**
média homens	**4,0**	**9,3**	**0,4**		**2,0**	**1,1**	**4,3**	**1,9**	**3,0**	**8,4**	**1,9**	**24,0**
CORTE												
ENGANCHAMENTO PERUS	4	8	12	D	1	2	2	6	3	9	2	**35,0**
CORTE ASAS	4	9	4	D	2	2	4	0	3	7	2	**22,0**
CORTE COXAS	4	10	0	D	3	2	4	0	3	7	2	**23,0**
CORTE MEDALHÃO	4	10	0	D	1	2	4	0	3	7	2	**23,0**
CORTE PEITO	4	10	0	D	1	3	6	0	3	9	2	**25,0**
RETIRADA PEITO	4	8	0	D	1	6	6	0	3	9	2	**23,0**
CORTE RABADILHA	4	10	0	D	2	2	2	0	3	5	2	**21,0**
CONTROLE CARCASSAS	4	10	2	D	2	2	4	0	3	7	2	**25,0**
CORTE EMBALAGEM COXAS/SOBRECOXAS	4	8	8	D	1	8	8	0	3	11	1	**32,0**
LIMPEZA COXAS E SOBRECOXAS	4	10	0	D	1	0	6	2	3	9	1	**24,0**
média total	**4,0**	**9,6**	**1,4**		**1,5**	**2,6**	**4,9**	**0,5**	**3,0**	**8,1**	**1,9**	**24,6**
média mulheres	4,0	9,8	0,7		1,2	2,2	5,3	0,3	3,0	8,3	1,8	**24,0**
média homens	4,0	9,4	2,2		2,0	3,1	4,4	0,6	3,0	7,8	1,9	**25,3**

Denominação do posto de trabalho	recuperação	freqüência	força	lado	ombro	punho	cotovelo	mão	estereotipia	total postura	complementares	*Checklist*
ABATE												
ENGANCHAMENTO PERUS	4	0	12	D	1	0	1	0	3	4	2	22,0
MAGAREFE	4	7	0	D	1	0	0	0	3	4	2	17,0
INCISÃO PESCOÇOS E RETIRADA PELE	4	7	0	D	1	2	4	0	3	7	2	19,0
ACABAMENTO PENAS	4	9	2	D	1	2	0	4	3	7	2	24,0
CORTE 3ª FALANGE ASAS	4	8	3	D	1	0	0	0	3	4	2	21,0
EXTRAÇÃO PAPOS	4	4	0	D	2	1	0	4	3	7	2	17,0
2° ACABAMENTO PENAS	4	10	0	D	8	0	0	8	3	11	2	27,0
FURO ANAL	4	10	6	D	1	0	6	0	3	9	2	31,0
EVISCERAÇÃO	4	10	3	D	1	0	4	0	3	7	2	26,0
CORTE PESCOÇOS	4	3	3	D	1	0	0	0	3	4	2	16,0
ASPIRAÇÃO PULMÕES	4	4	0	D	0	0	0	0	3	3	2	13,0
REENGANCHAMENTO PERUS	4	4	12	D	3	0	2	0	3	6	2	28,0
COLOCAÇÃO MOELAS	4	10	0	D	2	4	6	4	3	9	1	24,0
LIMPEZA MOELAS	4	5	0	D	0	0	0	6	3	9	0	18,0
média total	**4,0**	**5,8**	**3,8**		**1,6**	**0,6**	**1,6**	**1,7**	**3,0**	**6,3**	**1,8**	**21,7**
média mulheres	4,0	8,3	1,6		1,9	1,0	2,7	2,9	3,0	8,1	1,7	23,6
média homens	4,0	3,3	6,0		1,2	0,1	0,6	0,4	3,0	4,4	2,0	19,8

15.5. Resultados do mapeamento do risco para atividades de limpeza em quartos de hotéis e em escritórios

As Tab. 15.3a, b e Tab. 15.4 a seguir, apresentam os resultados do mapeamento de risco respectivamente das tarefas que caracterizam a limpeza nos escritórios (Fig. 15.8 a) e a limpeza dos quartos em hotéis (Fig. 15.8b).

Foram separados os trabalhos de limpeza realizados diariamente daqueles gerais executados periodicamente, geralmente mais cansativos.

Especialmente nos hotéis, homens e mulheres executam tarefas diferentes.

Nas tabelas estão indicadas, para as diferentes tarefas executadas pelo pessoal da limpeza, o seu percentual específico de duração no turno de trabalho: o valor do índice de exposição é, portanto, representado pelo valor de *checklist* OCRA médio ponderado indicado no fim de cada bloco de dados.

Os valores obtidos situam-se geralmente na faixa "amarela" para a limpeza normal e na faixa "vermelha leve" para a limpeza periódica. Tais valores "não elevados" são determinados pela possibilidade de gozar de tempos de recuperação freqüentes e livres.

Os valores representados neste mapeamento são indicativos de uma exposição por turnos de trabalho da duração de 6-8 horas, mas com tempos de recuperação adequados (relação 5:1 entre trabalho e tempo de recuperação durante o turno).

15.6. Resultados do mapeamento de risco em caixas de supermercados

O estudo da exposição de risco por movimentos repetitivos dos membros superiores nos caixas de um grande supermercado iniciou com um estudo acurado da organização do trabalho. Esta abordagem foi de importância fundamental considerando-se que teve que se levar em conta que, durante a semana, o trabalho é distribuído em 18 tipologias de turnos diferentes por duração e colocação no período de funcionamento do supermercado (Tab. 15.5).

A duração semanal do trabalho é de 24 horas para todas as funcionárias que trabalham nos caixas.

Tab. 15.3a – Resultados do mapeamento de risco das tarefas que caracterizam a limpeza normal nos escritórios

Denominação do posto de trabalho	recuperação	freqüência	força	% TEMPO	ombro	punho	cotovelo	mão	estereotipia	total postura	complementares	*Checklist*
Limpeza diária												
ESVAZIAMENTO CESTAS DE LIXO	0,5	3	0	11%	1	0	2	8	3	11	0	**10,9**
LIMPEZA ANDARES	0,5	5	0	20%	0	2	3	3	3	6	0	**8,6**
LIMPEZA TELEFONES	0,5	8	0	5%	0	2	0	4	3	7	0	**11,6**
LIMPEZA PISO A SECO	0,5	1,5	0	10%	0	2	2	0	3	5	0	**5,3**
LIMPEZA SANITÁRIOS	0,5	8	0	18%	1	3	2	4	3	7	0	**11,6**
LIMPEZA ESPELHOS BANHEIROS	0,5	8	0	18%	4	0	4	3	3	7	0	**11,6**
LAVAR PISO A ÚMIDO	0,5	3	0	18%	0	2	3	0	3	6	0	**7,1**

	%
RISCO ELEVADO	0,0%
RISCO MÉDIO	41,0%
RISCO LEVE	59,0%
RISCO AUSENTE	0,0%

Fig. 15.8a – Exemplos de tarefas executadas para a limpeza de escritórios

Tab. 15.3b – Resultados do mapeamento de risco das tarefas que caracterizam a limpeza "periódica" aos sábados nos escritórios

Denominação do posto de trabalho	recuperação	freqüência	força	% TEMPO	ombro	punho	cotovelo	mão	estereotipia	total postura	complementares	*Checklist*
Limpeza sábado mulher												
LIMPEZA MÓVEIS	0,5	7	0	10 %	3	0	3	3	3	6	0	**10,1**
REMOÇÃO TEIAS DE ARANHA	0,5	0,5	0	5%	4	2	2	0	3	7	0	**6,0**
ELEVADOR	0,5	7	0	5%	3	0	3	3	3	6	0	**10,1**
PORTARIA	0,5	1,5	0	10 %	0	2	2	0	3	5	0	**5,3**
RETIRADA DE PÓ DOS QUADROS	0,5	7	0	10 %	3	0	3	3	3	6	0	**10,1**
LAVAGEM MANUAL DOS PISOS	0,5	3	0	30 %	0	2	3	0	3	6	0	**7,1**
LAVAGEM PAREDES BANHEIRO	0,5	8	0	30 %	4	2	4	3	3	7	0	**11,6**

	%
RISCO ELEVADO	0,0%
RISCO MÉDIO	30,0%
RISCO LEVE	70,0%
RISCO AUSENTE	0,0%

Denominação do posto de trabalho	recuperação	freqüência	força	% TEMPO	ombro	punho	cotovelo	mão	estereotipia	total postura	complementares	*Checklist*
Limpeza sábado homem												
VIDROS E ESQUADRIAS	0,5	0,5	0	30 %	3	2	3	2	3	6	0	**5,3**
SPRAY CLEANING	0,5	0	0	40 %	0	0	0	0	3	3	0	**2,6**
LIMPEZA ELEVADOR	0,5	7	0	15 %	3	0	3	3	3	6	0	**10,1**
LIMPEZA ESCADAS	0,5	3	0	15 %	0	2	3	0	3	6	0	**7,1**

	%
RISCO ELEVADO	0,0%
RISCO MÉDIO	0,0%
RISCO LEVE	60,0%
RISCO AUSENTE	40,0%

Fig. 15.8b – Exemplos de tarefas executadas na limpeza em hotéis

Todo o grupo de funcionárias que trabalham nos caixas, considerando os revezamentos efetuados em todos os turnos, apresenta-se igualmente exposto durante o ano.

Para obter dados sobre o ciclo de trabalho, em termos de duração média e conteúdos operacionais (um cliente representa de fato 1 ciclo de trabalho), foram analisadas, como amostragem representativa, 25 clientes junto a 4 caixas diferentes.

As observações sobre a duração do ciclo/cliente foram feitas em faixas horárias e em momentos distintos do ano, ambos representativos do andamento das vendas.

Dentro do ciclo/cliente foram identificadas 4 subtarefas, para cada uma das quais foi medida:

– a duração (em centésimos de minuto);

– o número de peças adquiridas;

– o número de ações técnicas necessárias para a sua execução (por membro);

– a presença e a duração de posturas inadequadas;

– a presença do uso de força no levantamento de objetos pesados.

Pela análise dos resultados dos levantamentos cronométricos de duração de cada subtarefa, foram obtidos: o tempo médio de cada ciclo/cliente, o número de peças médias adquiridas, o número médio de peças "pesadas", os tempos de espera médios dentro do ciclo/cliente.

A duração média de um ciclo/cliente resultou de cerca de 2,5 minutos.

As subtarefas identificadas são reportadas na Tab. 15.6: foi calculada a duração das mesmas, em percentual, em relação à duração total de um ciclo-médio/cliente.

Tab. 15.4 – Resultados do mapeamento do risco em tarefas de limpeza em quartos de hotel

Denominação do posto de trabalho	Recuperação	Freqüência	Força	% tempo/turno	Ombro	Punho	Cotovelo	Mão	Estereotipia	Total postura	Complementares	*Checklist*
QUARTO PADRÃO - Limpeza Normal												
ABRIR JANELAS E CORTINAS	0,5	0	0	2%	0	0	0	0	0	0	0	0,5
DESPIR QUARTO E BANHEIRO	0,5	4	0	10%	3	3	3	5	0	5	0	9,5
CONTROLE FRIGOBAR	0,5	0	0	3%	0	0	0	0	0	0	0	0,5
USO ASPIRADOR DE PÓ INCLUSIVE PARA TAPETES	0,5	5,5	0	13%	4	2	4	0	0	4	0	10,0
LIMPEZA DO BANHEIRO	0,5	7	0	17%	4	4	4	4,5	0	4,5	0	12,0
ARRUMAÇÃO DO BANHEIRO	0,5	1	0	17%	1	1	0	4	0	4	0	5,5
ARRUMAÇÃO DA CAMA	0,5	3	0	17%	4	4	4	4	0	4	0	7,5
TIRAR PÓ DO QUARTO	0,5	7	0	17%	4	4	4	6	0	6	0	13,5
ABASTECIMENTO DO FRIGOBAR	0,5	0	0	3%	0	0	0	0	0	0	0	0,5
PUXAR E EMPURRAR CARRINHO	0,5	0	1	2%	0	0	0	0	0	0	0	1,5
	0,5	4,1	0,0		3,0	2,7	2,8	3,6	0,0	4,1	0,0	8,8

RISCO	%
RISCO ELEVADO	0,0%
RISCO MÉDIO	33,3%
RISCO LEVE	56,7%
RISCO AUSENTE	10,0%

Denominação do posto de trabalho	Recuperação	Freqüência	Força	% tempo/turno	Ombro	Punho	Cotovelo	Mão	Estereotipia	Total postura	Complementares	*Checklist*
QUARTO - Limpeza Periódica												
DESPIR QUARTO	0,5	5	0	8%	3	3	3	5	0	5	0	10,5
USO ASPIRADOR E/OU ESPANADOR PARA TETO	0,5	3,5	0	6%	7	6	2	0	1	8	0	12,0
LAVAGEM MÓVEIS	0,5	7	0	33%	4	4	4	4,5	2	6,5	0	14,0
LIMPEZA BANHEIRO COM LIMPADOR A VAPOR	0,5	3,5	0	15%	4	3	4	0	2	6	0	10,0
LIMPEZA BANHEIRO E SECAGEM	0,5	7	0	35%	4	4	4	4,5	2	6,5	0	14,0
RECOLOCAÇÃO CAPA LATERAL E CAPA DE COLCHÃO	0,5	4	1	3%	3	3	1	5	0	5	0	10,5
	0,5	6,0	0,0		4,1	3,9	3,7	3,6	1,7	6,3	0,0	12,9

RISCO	%
RISCO ELEVADO	0,0%
RISCO MÉDIO	73,9%
RISCO LEVE	26,1%
RISCO AUSENTE	0,0%

Tab. 15.6 – Descrição e duração proporcional das subtarefas presentes em um ciclo cliente

SUB-TAREFA	DURAÇÃO EM %
memorização cartão cliente	4%
passagem mercadoria pelo *scanner*	63%
pagamento à vista ou com cartão de crédito ou débito	19%
espera pagamento	14%

Foi formulada a pergunta se a duração dos diversos turnos, conforme mostrado na Tab.15.5, possa coincidir com o tempo real efetivo de trabalho repetitivo realizado no caixa.

É notório, no entanto, que em algumas faixas horárias mais tranqüilas, a chegada do cliente não é tão premente: levou-se em conta se o tempo de espera do cliente, ao menos nestas faixas horárias, pudesse ser considerado como período suficiente de recuperação ou apenas como tempo não dedicado ao trabalho de caixa (insaturação).

Para obter as informações necessárias, foi elaborado um protocolo observacional randomizado com a finalidade de quantificar a presença e a distribuição, por faixa horária e nos diferentes dias da semana, destes "*tempos passivos*".

Em duas semanas significativas do ano foram realizadas estas observações (n=916) em 12 diferentes caixas: a ênfase foi dada à observação se nestes caixas havia ou não a presença de um cliente (SIM) ou se o caixa estava "vazio" à espera de um novo cliente (NÃO). As observações horárias foram efetuadas pontualmente a cada hora desde a abertura até o fechamento do supermercado.

Avaliou-se que, em caso da ausência de cliente, a espera de um novo cliente é, em média, de 2 minutos.

Na Tab. 15.7 são reportados os resultados resumidos dos destaques resultantes das 916 observações efetuadas nos dois períodos de amostragem.

Tab. 15.7 – Resultados gerais da investigação observacional sobre a presença/ ausência de clientes nos caixas em um dos períodos representativos

	PRIMEIRO PERÍODO	SEGUNDO PERÍODO	TOTAL
TOTAL OBSERVAÇÕES	408	508	916
CAIXA SEM CLIENTE	73 (17,8%)	85 (16,7%)	158 (17%)

Por estes dados de presença/ausência de cliente nos caixas foi possível obter os % de saturação (% de caixas operantes pela presença do cliente) e de insaturação (% de caixas operantes, mas à espera do cliente). As saturações foram obtidas percentualizando o número de observações, que resultaram positivas pela presença de um cliente no caixa, sobre o total das observações efetuadas naquele caixa por dia de observação.

Na Fig. 15.9 é representado graficamente o andamento das saturações médias diárias, nos diferentes dias da semana relativamente aos dois períodos de observação entre os quais não apareceram diferenças substanciais.

Diferenças significativas surgem, no entanto, para os diferentes dias da semana: o maior nível de saturação se alcança às quintas-feiras, sextas-feiras e terças-feiras, os mais baixos às segundas-feiras.

A saturação média total resultou igual a 83%: o recíproco percentual de insaturação (17%) incidirá sobre o tempo real de trabalho repetitivo mas, devido à sua distribuição casual e não cadenciada a cada ciclo/cliente, não irá modificar e, portanto, reduzir a pontuação relativa ao fator de risco "carência dos tempos de recuperação".

Tab. 15.5 – Distribuição semanal dos 18 diferentes turnos de trabalho

TURNOS	2ª FEIRA	3ª FEIRA	4ª FEIRA	5ª FEIRA	6ª FEIRA	SÁBADO	horas semanais
A	REPOUSO	9.00 13.00	9.00 12.30	9.00 13.00	9.00 14.00	9.00 13.00 14.00 17.30	24.00
B	14.00 18.30	REPOUSO	12.45 17.15	12.45 17.15	13.00 18.30	12.30 17.30	24.00
C	REPOUSO	16.45 21.15	16.45 21.15	16.45 21.15	17.00 22.15	16.00 21.15	24.00
D	14.00 17.30	REPOUSO	9.15 13.15	9.15 13.15	9.00 14.00	9.00 13.00 14.00 17.30	24.00
E	14.30 18.00	13.15 17.15	REPOUSO	12.45 17.15	14.30 18.30	9.30 13.30 14.30 18.30	24.00
F	16.15 21.15	REPOUSO	17.15 21.15	16.15 21.15	17.15 22.15	16.15 21.15	24.00
G	REPOUSO	9.00 13.30	9.00 13.45	9.00 13.30	9.15 14.30	9.15 14.15	24.00
H	REPOUSO	13.00 16.30	13.15 17.30	13.15 17.30	14.30 19.30	9.30 12.30 13.30 17.30	24.00
I	14.15 19.00	REPOUSO	17.00 21.15	16.45 21.15	16.45 22.15	16.15 21.15	24.00
L	REPOUSO	10.00 14.00	10.00 14.00	10.00 14.00	10.00 14.30	10.00 14.00 15.00 18.30	24.00
M	15.00 18.30	13.15 18.30	13.15 18.30	REPOUSO	13.30 18.30	13.00 18.00	24.00
N	15.00 20.00	16.15 21.15	REPOUSO	16.15 21.15	17.15 22.15	17.15 21.15	24.00
O	17.15 21.15	9.30 13.30	REPOUSO	9.30 13.00	9.30 14.30	10.00 14.00 15.00 18.30	24.00
P	17.00 21.15	13.30 18.00	14.00 18.30	REPOUSO	14.15 19.30	15.00 20.30	24.00
Q	REPOUSO	16.45 21.15	16.45 21.15	15.00 21.15	17.30 22.15	17.15 21.15	24.00
R	REPOUSO	9.00 13.30	9.00 13.15	9.00 13.15	9.15 14.45	9.15 14.45	24.00
S	15.00 19.00	13.15 18.15	13.15 18.15	REPOUSO	13.30 18.30	15.15 20.15	24.00
T	16.15 21.15	REPOUSO	17.15 21.15	16.15 21.15	17.15 22.15	16.15 21.15	24.00

Fig. 15.9 – Andamento dos % de saturação nos diferentes dias da semana nos dois períodos amostra de observação

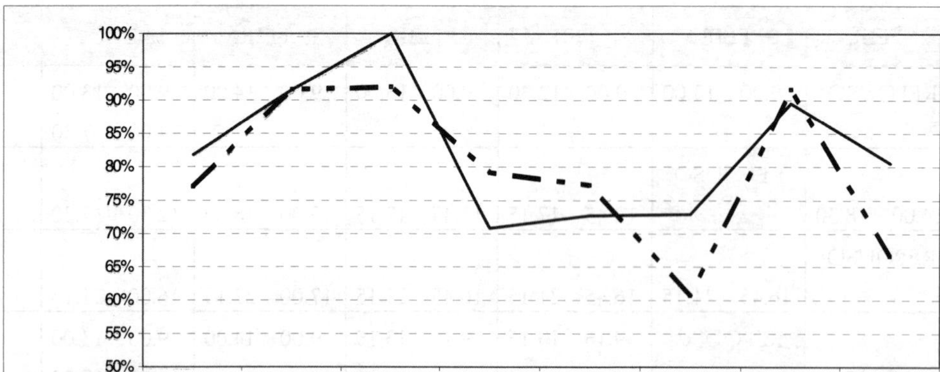

PRIMEIRA	77%	92%	92%	79%	77%	61%	92%	67%
SEGUNDA.	82%	92%	100%	71%	73%	73%	90%	81%

Come já foi dito anteriormente, paralelamente à avaliação das saturações, foram analisados os % de insaturação, distribuindo desta vez os resultados por faixa horária (Fig.15.10).

A insaturação média resulta igual a 17% mas mostra-se diversificada por faixa horária: em particular, nas faixas horárias menos freqüentadas pelos clientes (das 9:00 às 10:00, das 12:00 às 14:00 e das 20:00 às 21:00) resulta incluída entre 25% e 41%.

Os dados relativos à insaturação média foram utilizados para a estimativa do tempo real de trabalho repetitivo, cuja determinação é importante para um cálculo correto dos índices de risco com o *checklist* OCRA.

Fig. 15.10 – Andamento dos % de insaturação média por faixa horária nos períodos amostra de observação (a área cinza indica as faixas horárias acima do nível médio de insaturação)

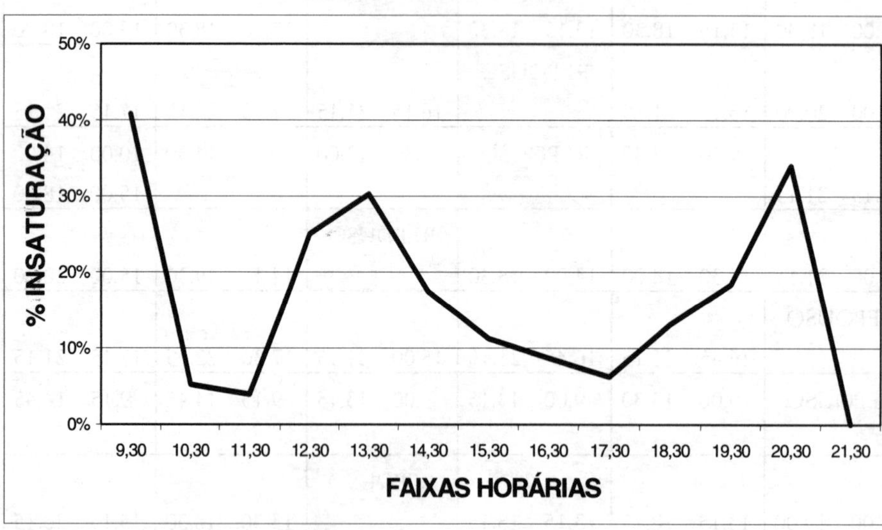

Tab. 15.8 – Estimativa do tempo real de trabalho repetitivo no caixa em diferentes durações de turno, levando em conta as pausas, às tarefas não repetitivas e o nível médio de insaturação.

	2ª FEIRA	3ª FEIRA	4ª FEIRA	5ª FEIRA	6ª FEIRA	SÁBADO	MÉDIA
Duração média turno	256	269	261	271	302	346	284
Duração tarefas não repetitivas	18	18	18	18	18	18	18
Duração média pausas	20	20	20	20	20	20	20
Tempo de presença no caixa	218	231	223	233	264	308	246
Saturação média	83%	83%	83%	83%	83%	83%	83%
Tempo real de trabalho repetitivo	181	192	185	193	219	256	204
Insaturação média	17%	17%	17%	17%	17%	17%	17%
Tempo médio total de espera do cliente	37	39	38	40	45	52	42
Tempo médio unitário de espera do cliente	2	2	2	2	2	2	2

O tempo real de trabalho repetitivo, por categorias de turno, foi calculado subtraindo do tempo total do turno:

– a duração das pausas oficiais;

– o tempo das tarefas não repetitivas (por exemplo o tempo de abertura e fechamento do caixa (tempo médio 18 minutos);

– 17% de insaturação média devida à ausência de clientes.

Os tempos reais de trabalho repetitivo em caixa assim obtidos, são descritos na Tab. 15.8.

Antes de preencher os *checklist* OCRA para cada uma das subtarefas identificadas dentro de um ciclo-cliente no caixa, foi estimada a freqüência de ação média (valor estimado em uma amostra de 25 clientes) para cada subtarefa, procedendo da seguinte forma:

a) para a subtarefa "passagem da mercadoria no *scanner*":

– contagem das ações técnicas, por membro, necessárias para ler o preço no *scanner* e depositar o objeto da compra (3 ações/peça seja para o membro direito seja para o esquerdo, tendo em vista que existem caixas com esteira rolante com movimento tanto da direita como da esquerda);

– contagem, por cliente, das peças passadas no *scanner*;

– levantamento do tempo total desta subtarefa;

– cálculo da freqüência de ação/minuto relativa a cada ciclo/cliente;

– estimativa da freqüência média igual a 67 ações/minuto.

b) para a subtarefa "atividade de leitura do cartão-cliente" específica do supermercado:

– contagem das ações do membro dominante necessárias para completar a subtarefa (5 ações);

– levantamento do tempo total desta subtarefa;

– cálculo da freqüência de ação/minuto relativa a cada ciclo/cliente;

– estimativa da freqüência média igual a 43 ações/minuto.

c) para a subtarefa "pagamento com cartão de crédito":

– contagem das ações do membro dominante necessárias para completar a subtarefa (21 ações);

– levantamento do tempo total desta subtarefa;

– cálculo da freqüência de ação/minuto relativa a cada ciclo/cliente;

– estimativa da freqüência média igual a 45 ações/minuto.

d) para a subtarefa "pagamento à vista":

– contagem das ações do membro dominante necessárias para completar a subtarefa (20 ações);

– levantamento do tempo total desta subtarefa;

– cálculo da freqüência de ação/minuto relativa a cada ciclo/cliente;

– estimativa da freqüência média igual a 47 ações/minuto.

Utilizando estes dados médios representativos, procedeu-se ao preenchimento, para cada subtarefa, do *checklist* OCRA.

Para o cálculo do índice de risco por movimentos repetitivos adotou-se o seguinte procedimento:

– para cada subtarefa determinaram-se as pontuações de risco para cada fator presente no *checklist* OCRA;

– calcularam-se os índices como se a subtarefa durasse o turno inteiro;

– calculou-se o índice médio do trabalho no caixa, ponderando o índice de cada subtarefa pela sua duração proporcional dentro do ciclo-cliente;

– foi introduzido como "subtarefa" (obviamente com risco ausente), o tempo de espera para o pagamento do cliente (não suficiente para ser considerado um tempo de recuperação dentro do ciclo);

– o valor final do risco para o trabalho no caixa foi ponderado em relação à duração real do turno e pela distribuição, dentro dos turnos, das pausas (tempos de recuperação);

– Para cada variação de duração dos turnos (faixa de 1 hora) foram, portanto, obtidos valores diferentes de índices de risco.

Os resultados da avaliação com o *checklist* OCRA, reportados na Tab. 15 9, são relativos a um turno *full-time* compreendido entre 421 e 440 minutos de trabalho repetitivo real.

Na sucessiva Tab. 15.10 são indicados os valores dos *checklist* OCRA, variáveis por diferentes períodos reais de exposição: resulta que para turnos compreendidos entre 180 e 240 minutos reais de trabalho repetitivo, o valor do *checklist* está na faixa amarela enquanto que para durações superiores, os valores aparecem na faixa vermelha com pontuações progressivamente crescentes em função da duração do turno e da distribuição das pausas.

A última passagem de avaliação é aquela que permite a estimativa da exposição dos trabalhadores e que deve levar em conta a grande variabilidade dos turnos.

É dado aqui um exemplo de cálculo da exposição para um turno semanal representativo: para cada dia da semana é fornecida a duração bruta de cada turno, a sua duração real em relação ao trabalho repetitivo no caixa, a sua duração % em relação ao total de horas semanais, o respectivo índice do *checklist* OCRA obtido considerando, seja a duração real seja a distribuição das pausas conforme ilustrado na Tab. 15.11.

Para o cálculo da exposição média para este modelo de trabalho semanal por turnos é necessário aplicar a seguinte fórmula que pondera o índice do *checklist* obtido do tipo de turno realizado em cada dia da semana pela sua correspondente duração proporcional:

2ª F (9,8 x 15%) + 3ª F (9,8 x 16%) + 4ª F (9,8 x 15%) + 5ª F (9,8 x 16%) + 6ª F (12 x 18%) + SA (14 x21%)

Para este tipo de turno semanal o resultado final da exposição será igual a 11,1, valor que indica a presença de um risco limite entre a faixa amarela e a faixa vermelha.

Para concluir, pode-se ressaltar que para uma correta análise do risco por movimentos repetitivos dos membros superiores no trabalho de caixa, é necessário proceder a uma análise organizacional prioritária e detalhada.

Tab. 15.9 – Dados organizacionais e valores dos fatores de risco que caracterizam cada uma das subtarefas que compõem o ciclo/cliente. Valores do checklist OCRA para cada subtarefa e valor relativo a um ciclo-cliente pela duração de trabalho real de caixa compreendido entre 421 e 440 minutos

TEMPO REAL TRABALHO REPETITIVO		
min	*full-time*	421
421	1	

Tempo ciclo observado	PAUSAS	N. ações/min	% de utilização	subtarefas	recuperação	freqüência	força	lado	ombro	punho	cotovelo	mão	estereotipia	total postura	complementares	*Checklist*
EM CTS				421-440 MINUTOS												
12	1 PAUSA REFEIÇÃO + 2 PAUSAS DE 15 min.	43	4%	CARTÃO CLIENTE	4	3	0	BIL	3	0	3	5	0	5	0	**12,0**
167		67	63%	SCANNER	4	8	0,5	d	3	3	5	5	3	8	0	**20,5**
51		47	14%	PAGAMENTO	4	5	0	d	3	2	2	5	0	5	0	**14,0**
36		0	19%	ESPERA pagamento	4	0	0	BIL	0	0	0	0	0	0	0	**4,0**
				média total	4,0	5,9	0,3		2,4	2,2	3,6	4,1	1,9	5,9	0,0	**16,1**

Tab. 15.10 – Os valores dos checklist OCRA variáveis em função das diferentes durações da exposição (tempo real de trabalho repetitivo no caixa) e das diferentes distribuições dos tempos de recuperação

DURAÇÃO REAL DO TRABALHO NO CAIXA	PAUSAS	FATOR RECUPERAÇÃO	valor *Checklist*
421-440	1 PAUSA REFEIÇÃO + 2 PAUSAS de 15 min.	4	16,1
361-420	1 PAUSA REFEIÇÃO de 20 min.	4	15,3
301-360	1 PAUSA REFEIÇÃO de 20 min.	3	14
241-300	1 PAUSA de 15 min.	2	12
181-240	1 PAUSA REFEIÇÃO de 10 min.	1	9,8

Tab. 15.11 – Exemplo de turno semanal com indicação dos % de duração de cada turno diário em relação ao total das horas trabalhadas semanais

	2ª FEIRA	3ª FEIRA	4ª FEIRA	5ª FEIRA	6ª FEIRA	SÁBADO
DURAÇÃO TURNO (min)	256	269	261	271	302	346
DURAÇÃO REAL TRABALHO CAIXA (min)	218	231	223	233	264	308
ÍNDICE OCRA	9,8	9,8	9,8	9,8	12	14
% DURAÇÃO SOBRE TOT. HORAS SEMANAIS	15%	16%	15%	16%	18%	21%

15.7. Avaliação do risco por movimentos repetitivos no trabalho ao Terminal de Vídeo

15.7.1. A digitação

Já nos anos 60-70 eram registradas no Japão autênticas epidemias de "occupational cervico brachial disorders" no pessoal que trabalhava na perfuração mecanográfica das fichas assim como nos anos 80 na Austrália no pessoal que trabalhava prevalentemente em tarefas de digitação.

É, portanto, bem conhecida na literatura a correlação entre o surgimento do síndrome do túnel carpal ou de tendinopatia da mão nos responsáveis pela digitação por boa parte do tempo de trabalho (*data-entry*).

Felizmente nos últimos anos a figura profissional do "operador de *data-entry*" está em vias de extinção: o funcionário clássico efetua ele mesmo a introdução dos dados, diluindo esta tarefa desgastante com outras como a leitura de documentos, a fotocópia, as operações de contabilidade, as relações com clientes ou colegas, etc.

O uso do Terminal de Vídeo está amplamente presente mas o tempo médio de digitação no teclado diminuiu e, sobretudo, pode ser distribuído no dia alternando-o com outras tarefas não repetitivas ou de substancial inatividade dos membros superiores.

Relativamente à avaliação do trabalho de digitação, deve ser dito que o método OCRA não é o método mais adequado para analisá-lo. Foi, todavia, possível extrapolar as seguintes considerações sobre a sobrecarga biomecânica presente, experimentando aplicar as pontuações de risco propostos pelo *checklist* OCRA para o trabalho de digitação:

— a freqüência de ação é elevada: uma boa datilógrafa pode usar todos os dedos para digitar 25 a 35 vezes por minuto. Existe possibilidade de breves interrupções (pontuação 2,5).

— com os novos teclados não é necessário o uso de força (pontuação 0).

— se o posto de trabalho foi bem projetado, os braços podem digitar estando bem apoiados no plano da mesa de trabalho, portanto para a articulação do ombro não resulta risco (pontuação 0).

— os pulsos são mantidos, nos teclados normais, em desvio ulnar durante quase o tempo todo (pontuação 6).

— os dedos executam pequenas mas repetidas flexo-extensões (movimentos leves dos dedos) com a conseqüente presença de estereotipia dos gestos (pontuação 11).

Considerando estes primeiros fatores de risco se obtém uma pontuação parcial de 13,5 que deve ser ainda somada à pontuação indicada na coluna A (relativa à presença e distribuição dos tempos de recuperação) da Tab. 15.12 e pela duração REAL do trabalho de digitação (multiplicação pela pontuação indicada na coluna B da própria tabela). Sempre na Tab. 15.12 encontram-se, considerando estas variáveis de duração e distribuição das pausas, apenas alguns cenários organizacionais exemplificativos predefinidos com as relativas pontuações de risco, devido à extrema variabilidade organizacional da distribuição da tarefa de digitação no trabalho empregatício.

Tab. 15.12 – Alguns cenários exemplificativos predefinidos de organização da digitação no turno de trabalho e relativas pontuações de risco obtidas com o checklist OCRA

CENÁRIOS ORGANIZACIONAIS	PONTUAÇÃO CARÊNCIA TEMPOS DE RECUPERAÇÃO (A)	FATOR MULTIPLICATIVO PELO TEMPO REAL DE TRABALHO REPETITIVO (B)	PONTUAÇÃO FINAL DA *CHECKLIST* OCRA
420 minutos reais de digitação com uma pausa refeição e 2 pausas de 10 minutos	4	1	17,5 (vermelho)
400 minutos reais de digitação com pausa refeição e com 10 minutos de pausa a cada 50 de digitação	0	1	13,5 (vermelho)
240 minutos de digitação consecutivos com uma pausa de 10 minutos	2	0,75	10,8 (amarelo)
240 minutos de digitação não consecutivos e alternados com outras tarefas não repetitivas	0	0,75	9,4 (amarelo)
120 minutos de digitação consecutivos sem pausa	1	0,5	7 (verde)

15.7.2. O uso do mouse

O uso do mouse está certamente aumentando devido às cada vez maiores e diferentes técnicas de uso do computador: no projeto gráfico o uso do mouse é até mesmo superior ao do teclado.

Encontram-se no comércio diversos tipos de mouse como:

- mac mouse
- mouse padrão
- mouse sem fio
- mouses assimétricos de tamanhos diferentes para a mão direita e para a mão esquerda
- mouse com *stick*
- *trackballs*

Alguns novos modelos de mouse reproduzem a forma e o tamanho da mão de forma que esta possa apoiar-se sobre o mouse em posição confortável sem estender o pulso.

É aconselhável, no uso do mouse, alternar ambas as mãos para distribuir a eventual sobrecarga entre os dois membros: neste caso seria oportuno escolher modelos adequados para a mão direita e para a mão esquerda.

A sensibilidade do cursor deve ser regulada em função do nível de prática no seu uso: quanto maior for a habilidade em mover o cursor, maior deverá ser a sensibilidade do cursor. Uma regulação muito sensível aumenta a exigência de precisão para a mão, que pode aumentar o risco de surgimento de distúrbios na própria mão.

Com uma correta colocação do mouse sobre o plano da mesa de trabalho é possível evitar assumir posturas inadequadas do punho (desvio ulnar) e do ombro (excessiva abdução).

Experimentou-se aplicar a avaliação do risco por movimentos repetitivos dos membros superiores com o método OCRA para o uso do mouse.

A Tab. 15.13 resume os níveis em que se apresentam os diversos fatores, que descrevem o risco no *checklist* OCRA, durante o uso do modelo mais comum de mouse.

Tab. 15.13 – Descrição dos diversos fatores, que descrevem o risco no checklist OCRA, durante o uso do modelo mais comum de mouse

FATOR DE RISCO	NÍVEL DE RISCO	Pontuação *checklist* OCRA
freqüência	Cerca de 60 microações por minuto	7
força	0	0
Posturas ombro	0	0
Posturas cotovelo	0	0
Posturas punho	Desvios rádio-ulnares por cerca de 1/3 do tempo	2
Posturas mão	Preensão palmar e digitação por 2/3 do tempo	4
Estereotipia	Presente devido à prolongada preensão da mão e aos movimentos leves do braço	1,5

Considerando estes primeiros fatores de risco se obtém uma pontuação parcial de 12,5 que, como para o uso do teclado, deve ser ainda somado à distribuição dos tempos de recuperação (soma da pontuação indicada na coluna A da Tab. 15.14) e ponderado pela duração REAL do trabalho de uso do mouse (multiplicação da pontuação indicada na coluna B da própria tabela).

Devido à extrema variabilidade organizacional da distribuição da tarefa de uso do mouse no trabalho empregatício, se apresentam alguns cenários exemplificativos predefinidos com as relativas pontuações de risco (Tab. 15.14).

Tab. 15.14 – Alguns cenários exemplificativos predefinidos de uso do mouse no turno de trabalho e relativas pontuações de risco obtidas com o checklist OCRA

CENÁRIOS ORGANIZACIONAIS	PONTUAÇÃO CARÊNCIA TEMPOS DE RECUPERAÇÃO (A)	FATOR MULTIPLICATIVO PELO TEMPO REAL DE TRABALHO REPETITIVO (B)	PONTUAÇÃO FINAL DA *CHECKLIST* OCRA
420 minutos reais de uso do mouse com uma pausa refeição e 2 pausas de 10 minutos	4	1	16,5 (vermelho)
400 minutos reais de uso do mouse com pausa refeição e com 10 minutos de pausa a cada 50 de digitação	0	1	12,5 (vermelho)
240 minutos de uso do mouse consecutivos com uma pausa de 10 minutos	2	0,75	10,1 (amarelo)
240 minutos de uso do mouse não consecutivos e alternados a outras tarefas não repetitivas	0	0,75	8,7 (amarelo)
120 minutos consecutivos sem pausa	1	0,5	6,7 (verde)

15.7.3. Conclusões

Pela análise de avaliação do risco por movimentos repetitivos dos membros superiores, conduzida aqui experimentalmente com a aplicação do *checklist* OCRA, resulta que tanto o trabalho de digitação quanto o uso do mouse podem comportar uma sobrecarga biomecânica particularmente do segmento mão/punho (síndrome do túnel carpal e outras tendinopatias da mão) e, no uso do mouse mais comum, também do ombro (tendão do cabo longo do bíceps).

O risco é, porém, diretamente proporcional ao tempo real dedicado a estas operações no turno de trabalho e à distribuição dos tempos de recuperação (pausas e outras tarefas que não comportam digitação e/ou uso do mouse).

De fato, nos cenários organizacionais apresentados aparece evidente como uma organização do trabalho que prevê a execução destas tarefas durante todo o turno, comporte a presença de risco por sobrecarga biomecânica, mesmo na presença de uma distribuição ideal das pausas.

Pelo contrário, quando existe a presença, sempre em ambientes empregatícios, de tarefas ocupacionais que não exigem o uso contínuo do mouse ou do teclado durante a maior parte do dia de trabalho, bem alternadas com outras tarefas não repetitivas, pode-se obter uma redução significativa do risco até eliminá-lo.

15.8. Fichas de avaliação do risco com o *checklist* OCRA relativas a diversas tarefas de trabalho

Para fins exemplificativos, é apresentada uma série de exemplos de tarefas ocupacionais, representativas dos diferentes setores de produção, acompanhadas por uma avaliação da sobrecarga biomecânica dos membros superiores por meio do *checklist* OCRA.

Para tornar os dados mais comparáveis entre si, os valores dos índices foram obtidos fazendo referência a turnos e distribuição das pausas da mesma duração: turno de 7-8 horas com uma pausa refeição e 2 pausas de 10 minutos.

Neste caso, querendo-se utilizar os resultados para obter uma avaliação do risco em outras situações similares, será necessário adaptar o resultado à duração específica da tarefa repetitiva e à duração específica e distribuição das pausas.

As tarefas ocupacionais descritas nas fichas anexas são apresentadas divididas por setor produtivo. Para cada tarefa é fornecida uma breve descrição, os resultados analíticos do *checklist* OCRA e os comentários para cada um dos fatores de risco eventualmente presentes.

Os setores produtivos representados são: metalúrgico, alimentar, químico/plástico, têxtil, automobilístico, agricultura, criação, pesca, artesanato, serviços, espetáculo (música).

AVALIAÇÃO DO RISCO POR MOVIMENTOS E ESFORÇOS REPETITIVOS DOS MEMBROS SUPERIORES

PLANILHA DE SÍNTESE: setor mecânico-montagem

DENOMINAÇÃO DA TAREFA — Cabos de força: execução de ligação ao conector

BREVE DESCRIÇÃO

A trabalhadora corta na medida certa os condutores internos e enfia o anel com a vedação. As ferramentas utilizadas são um alicate e uma régua para medição. O trabalho realizado é uma fase de uma tarefa organizada em célula da qual ocupa 12% do tempo.

O risco à exposição total não é, portanto, determinado pelo valor do índice obtido desta tarefa mas pelo risco ponderado entre todas as outras tarefas executadas pela trabalhadora no turno.

RESULTADO DO *CHECKLIST* OCRA	recuperação	freqüência	força	ombro	punho	cotovelo	mão	estereotipia	total postura	complementares	valor *Checklist* OCRA
lado direito	3,5	6,5	0	6	0	0	5	0	6	0	16,0

PAUSAS (n. e duração)	DURAÇÃO CICLO em seg.	TURNO em min.
pausa para refeição +3 pausas de 10 min. livres	29	450
FREQÜÊNCIA N. ações/minuto	direito	esquerdo
	58	

COMENTÁRIOS AO FATOR FORÇA

Ausente ou leve.

COMENTÁRIOS AO FATOR POSTURA

A mão está em *pinch* por boa parte do tempo. A freqüência de ação é elevada.

O braço direito trabalha à altura do ombro por 1/3 do tempo.

COMENTÁRIOS AOS FATORES COMPLEMENTARES

Ausente

AVALIAÇÃO DO RISCO POR MOVIMENTOS E ESFORÇOS REPETITIVOS DOS MEMBROS SUPERIORES	
PLANILHA DE SÍNTESE: setor metalúrgico — talheres	
DENOMINAÇÃO DA TAREFA	Embalagem talheres
BREVE DESCRIÇÃO	A trabalhadora é responsável pelo controle da qualidade e pela embalagem dos talheres. Cada tipo de talher é embalado em grupos de 6 em folhas de papel de seda.

RESULTADO DO *CHECKLIST* OCRA	recuperação	freqüência	força	ombro	punho	cotovelo	mão	estereotipia	total postura	complementares.	valor *Checklist* OCRA
lado direito	4	8	0	1	2	0	7	3	10	0	22,0
lado esquerdo	4	8	0	1	2	0	7	3	10	0	22,0

PAUSAS (n. e duração)	DURAÇÃO CICLO em seg.	TURNO em min.
pausa para refeição de 60 minutos + 2 pausas de 10 minutos	30	480
FREQÜÊNCIA N. ações/minuto	direito	esquerdo
	70	

COMENTÁRIOS AO FATOR FORÇA

Ausente

COMENTÁRIOS AO FATOR POSTURA

Alta velocidade e estereotipia dos gestos, preensão em *pinch* quase todo o tempo.

COMENTÁRIOS AOS FATORES COMPLEMENTARES

AVALIAÇÃO DO RISCO POR MOVIMENTOS E ESFORÇOS REPETITIVOS DOS MEMBROS SUPERIORES

PLANILHA DE SÍNTESE: confecção dos botões

DENOMINAÇÃO DA TAREFA — Seleção dos botões

BREVE DESCRIÇÃO — Os botões produzidos são colocados na esteira rolante: conforme a direção do movimento, uma das mãos, mantendo-a plana, dispõe os botões de forma que resultem num único plano, com rápidas oscilações; a outra mão retira em *pinch* os botões defeituosos; o ritmo do movimento é imposto pela máquina.

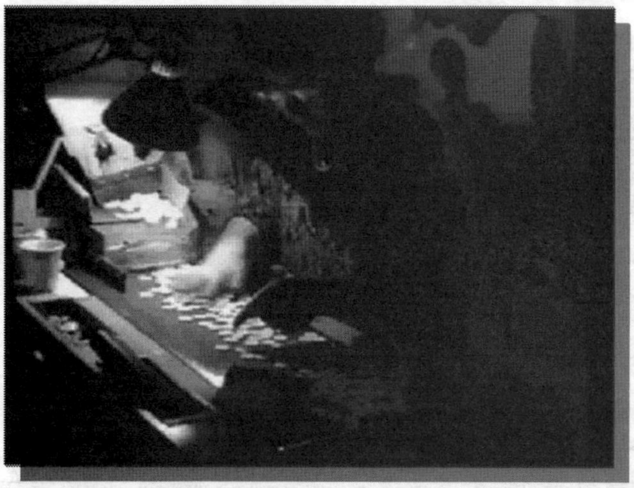

RESULTADO DO *CHECKLIST* OCRA	recuperação	freqüência	força	ombro	punho	cotovelo	mão	estereotipia	total postura	complementares	valor *CHECKLIST* OCRA
lado direito	4	10	0	1	2	0	0	3	5	2	21
lado esquerdo	4	8	0	1	2	0	8	3	11	2	25

PAUSAS (n. e duração)	DURAÇÃO CICLO em seg.	TURNO em min.
pausa para refeição de 60 minutos + 2 pausas de 10 minutos		480
FREQÜÊNCIA N. ações/minuto	direito	esquerdo
	100	60-70

COMENTÁRIOS AO FATOR FORÇA

Ausente

COMENTÁRIOS AO FATOR POSTURA

A mão "plana" não está em preensão; a outra mão está em preensão em *pinch* e segura uns botões.

COMENTÁRIOS AOS FATORES COMPLEMENTARES

O ritmo é imposto pela máquina especialmente nos ambientes industriais; ritmos mais moduláveis para execuções em domicílio.

AVALIAÇÃO DO RISCO POR MOVIMENTOS E ESFORÇOS REPETITIVOS DOS MEMBROS SUPERIORES

PLANILHA DE SÍNTESE: setor mecânico-óptica

DENOMINAÇÃO DA TAREFA — Inserção de parafusos nos óculos

BREVE DESCRIÇÃO — O trabalhador deve fixar as hastes dos óculos com pequenos parafusos utlizando uma parafusadeira. O tempo de ciclo é breve (14 segundos); as mãos estão constantemente em *pinch*. Os ritmos não são impostos pela máquina porém deve ser realizado um número de peças prefixado. São possíveis breves interrupções. Enquanto a mão direita insere os parafusos, a mão esquerda segura com preensão em *pinch* os óculos.

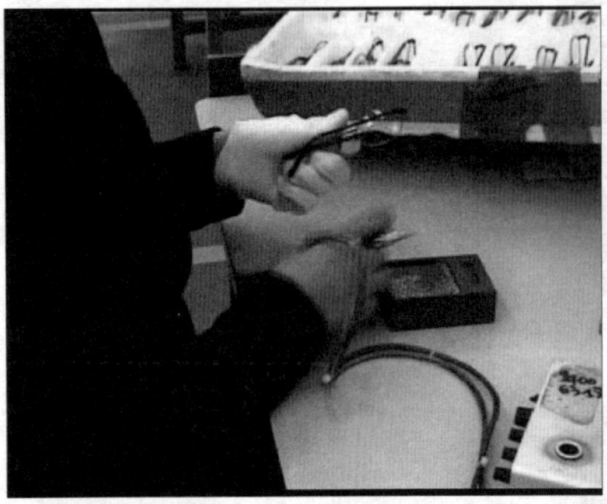

RESULTADO DO *CHECKLIST* OCRA	recuperação	freqüência	força	ombro	punho	cotovelo	mão	estereotipia	total postura	complementares	valor *CHECKLIST* OCRA
lado direito	4	5	0	0	2	0	8	3	11	2	22
lado esquerdo	4	4,5	0	0	2	0	8	3	11	0	19,5

PAUSAS (n. e duração)	DURAÇÃO CICLO em seg.	TURNO em min.
pausa para refeição de 60 minutos + 2 pausas de 10 minutos	14	480
FREQÜÊNCIA N. ações/minuto	direito	esquerdo
	47	≅ 45

COMENTÁRIOS AO FATOR FORÇA

Ausente

COMENTÁRIOS AO FATOR POSTURA

O tipo de preensão é em *pinch* durante todo o tempo; presente bilateralmente punho em desvio ulnar por cerca de 1/3 do tempo. Presença de estereotipia pelo perdurar da preensão em *pinch*.

COMENTÁRIOS AOS FATORES COMPLEMENTARES

Trabalho de precisão a ser atribuído ao membro direito.

AVALIAÇÃO DO RISCO POR MOVIMENTOS E ESFORÇOS REPETITIVOS DOS MEMBROS SUPERIORES

PLANILHA DE SÍNTESE: cartonagem

DENOMINAÇÃO DA TAREFA: Confecção de caixas de papelão

BREVE DESCRIÇÃO: As caixas de papelão saem da máquina posta à direita. A trabalhadora retira uma dezena de cada vez, as monta alinhando-as nos dois lados opostos e as deposita no contêiner colocado à sua esquerda.

RESULTADO DO *CHECKLIST* OCRA	recuperação	freqüência	força	ombro	punho	cotovelo	mão	estereotipia	total postura	complementares	valor *CHECKLIST* OCRA
lado direito	4	6	0	6	2	0	6	3	9	1	20
lado esquerdo	4	6	0	6	2	0	6	3	9	1	20

PAUSAS (n. e duração)	DURAÇÃO CICLO em seg.	TURNO em min.
pausa para refeição 60 minutos + 2 pausas de 10 minutos	13	480
FREQÜÊNCIA N. ações/minuto	direito	esquerdo
	51	51

COMENTÁRIOS AO FATOR FORÇA

Ausente

COMENTÁRIOS AO FATOR POSTURA

O ombro executa amplas abduções por 1/3 do tempo; o punho está em flexo-extensão e desvio ulnar por 1/3 do tempo; a mão está em *pinch* ou os dedos executam movimentos leves durante quase todo o tempo (pontuação mão 6+ estereotipia 3).

COMENTÁRIOS AOS FATORES COMPLEMENTARES

Ritmo imposto pela máquina mas com "pulmão" para poucas peças.

AVALIAÇÃO DO RISCO POR MOVIMENTOS E ESFORÇOS REPETITIVOS DOS MEMBROS SUPERIORES

PLANILHA DE SÍNTESE: serviços caixa

DENOMINAÇÃO DA TAREFA — Caixa de supermercado sentada

N. PEÇAS/ CLIENTE	TEMPO/CICLO cliente	FREQÜÊNCIA (peças por min.)	TEMPO ESPERA E TEMPO CAIXA (seg.)	TEMPO PASSAGEM MERCADORIA (seg.)	FREQÜÊNCIA (ações/minuto)
Até 5	22(21-23)	13,6	12	10	90
de 6 a 10	46(45-47)	10,4	25	21	60
de 11 a 20	73,5(72-75)	13,1	25	48	56
de 21 a 30	106(104-108)	14,7	25	81	56
acima de 30	173,6(170-177)	13-14	25	145	56

BREVE DESCRIÇÃO

Com a mão direita pega uma peça (com ambas as mãos se a peça é de tamanho maior), gira-a, a passa no scanner para a leitura do preço. Depois a pega com a mão esquerda e a coloca na esteira rolante que a leva até o cliente. Na tabela acima estão indicados os dados relativos às diferentes durações dos tempos de ciclo (tempo/cliente), do número médio de peças por minuto, dos tempos de espera, dos tempos líquidos de passagem da mercadoria pelo *scanner*. No ciclo/cliente de breve duração do tempo de recuperação pode ser considerado dentro do ciclo. Os índices de exposição variam ao variar da duração do turno e em relação à presença e distribuição de diversas combinações de *part-time*)

RESULTADO DO *CHECKLIST* OCRA	recuperação	freqüência	força	ombro	punho	cotovelo	mão	estereotipia	total postura	complementares	valor *CHECKLIST* OCRA
lado direito	0	7	1	6	3	3	6	3	9	0	17
lado esquerdo	0	7	1	6	3	3	6	3	9	0	17

OS ÍNDICES DE EXPOSIÇÃO

HORAS DE TRABALHO/DIA	FATOR TURNO	ÍNDICE *CHECKLIST*
2 - 3 horas	0,5	8,5
4 - 5 horas	0,75	12,75
6 horas	0,85	14,45
7 - 8 horas	1	17

FREQÜÊNCIA N. ações/minuto	esquerdo	direito
	55	55

COMENTÁRIOS AO FATOR FORÇA

Força leve por 1/3 do tempo.

COMENTÁRIOS AO FATOR POSTURA

Ombros em abdução superior a 45° por cerca de 50% do tempo; freqüentes amplas flexo-extensões do cotovelo (50% do tempo); posturas inadequadas do punho (50% do tempo); mão em palmar ou em *pinch* por boa parte do tempo (pontuação 6).

COMENTÁRIOS AOS FATORES COMPLEMENTARES

Ausentes

AVALIAÇÃO DO RISCO POR MOVIMENTOS E ESFORÇOS REPETITIVOS DOS MEMBROS SUPERIORES

PLANILHA DE SÍNTESE: fábricas de laticínios

DENOMINAÇÃO DA TAREFA	Posicionamento e extração manual de formas de queijo parmesão dos tanques de salmoura.
BREVE DESCRIÇÃO	As formas frescas de queijo parmesão (peso: cerca de 40 kg) são imersas em tanques que contêm água e sal). A tarefa, de acordo com o tamanho da fábrica, pode durar de 1 a 2 horas/turno. A freqüência de ação é baixa (inferior a 20 ações/minuto) mas a força é quase máxima. Presença de movimentos de arranque do cotovelo ao levantar a peça por causa do peso excessivo.

O ÍNDICE DE EXPOSIÇÃO

O valor 43 das *checklist* deve ser multiplicado por 0,5 por causa da breve duração da tarefa, com resultado de **21,5**

RESULTADO DO *CHECKLIST* OCRA	recuperação	freqüência	força	ombro	punho	cotovelo	mão	estereotipia	total postura	complementares.	valor *CHECKLIST* OCRA
lado direito	0	0	32	0	0	3	8	3	11	0	43
lado esquerdo	0	0	32	0	0	3	8	3	11	0	43

PAUSAS (n. e duração)	DURAÇÃO CICLO em seg.	TURNO iem min.
pausa para refeição 60 minutos + 2 pausas de 10 m.		60
FREQÜÊNCIA N. ações/minuto	direito	esquerdo
	inf. 20	inf. 20

COMENTÁRIOS AO FATOR FORÇA

Elevada, quase máxima durante toda a tarefa.

COMENTÁRIOS AO FATOR POSTURA

A mão está em preensão palmar; o cotovelo, ao levantar, faz movimentos de arranque; o ombro, mesmo que não esteja em posição inadequada, deve ser considerado de risco elevado devido ao peso do objeto.

COMENTÁRIOS AOS FATORES COMPLEMENTARES

Ausentes

AVALIAÇÃO DO RISCO POR MOVIMENTOS E ESFORÇOS REPETITIVOS DOS MEMBROS SUPERIORES

PLANILHA DE SÍNTESE: panificadoras industriais

DENOMINAÇÃO DA TAREFA — Levar o pão ao forno

BREVE DESCRIÇÃO — O trabalhador retira com a mão direita as massas cruas e as coloca na tábua de entrada no forno. Trabalha prevalentemente com a mão direita.

RESULTADO DO *CHECKLIST* OCRA	recuperação	freqüência	força	ombro	punho	cotovelo	mão	estereotipia	total postura	complementares	valor *CHECKLIST* OCRA
lado direito	0	7	0	3	2	0	6	3	9	0	16
lado esquerdo	0	0	0	0	0	0	0	0	0	0	0

PAUSAS (n. e duração)	DURAÇÃO CICLO em seg.	TURNO em min.
variáveis	variável	variável
	direito	esquerdo
FREQÜÊNCIA N. ações/minuto	60	60

COMENTÁRIOS AO FATOR FORÇA

Ausente

OS ÍNDICES DE EXPOSIÇÃO

HORAS DE TRABALHO/ dia	FATOR TURNO	ÍNDICE *CHECKLIST*
2 - 3 horas	0,5	8
4 - 5 horas	0,75	12
6 horas	0,85	13,6
7 - 8 horas	1	16

COMENTÁRIOS AO FATOR POSTURA

Mão direita em *pinch* durante quase todo o tempo; braço direito em abdução superior a 45° por cerca de 1/3 do tempo.

AVALIAÇÃO DO RISCO POR MOVIMENTOS E ESFORÇOS REPETITIVOS DOS MEMBROS SUPERIORES	
PLANILHA DE SÍNTESE: setor alimentar	
DENOMINAÇÃO DA TAREFA	confecção vidros de verduras
BREVE DESCRIÇÃO	A máquina enche automaticamente os potes. As trabalhadoras devem controlar o conteúdo (nível) acrescentando e tirando manualmente as verduras. A velocidade de deslocamento dos vidros é muito elevada: as trabalhadoras seguram constantemente, na mão, as verduras a serem acrescentadas ou tiradas. A freqüência de ação é elevadíssima sem possibilidade de breves interrupções.

RESULTADO DO *CHECKLIST* OCRA	recuperação	freqüência	força	ombro	punho	cotovelo	mão	estereotipia	total postura	complementares	valor *CHECKLIST* OCRA
lado direito	4	10	0	1	0	0	8	3	11	2	27
lado esquerdo	4	10	0	1	0	0	8	3	11	2	27

PAUSAS (n. e duração)	DURAÇÃO CICLO em seg.	TURNO em min.
pausa para refeição de 60 minutos + 2 pausas de 10 minutos	1	480
FREQÜÊNCIA N. ações/minuto	direito	esquerdo
	90-100	90-100

COMENTÁRIOS AO FATOR FORÇA

Ausente

COMENTÁRIOS AO FATOR POSTURA

Preensão em *pinch* durante todo o tempo.
Presença de estereotipia.

COMENTÁRIOS AOS FATORES COMPLEMENTARES

Ritmo completamente imposto pela máquina.

AVALIAÇÃO DO RISCO POR MOVIMENTOS E ESFORÇOS REPETITIVOS DOS MEMBROS SUPERIORES

PLANILHA DE SÍNTESE

DENOMINAÇÃO DA TAREFA Processamento carnes suínas: corte pele e gordura

BREVE DESCRIÇÃO A peça chega sobre a esteira rolante: com a mão direita, com uma faca, são cortadas as partes a serem eliminadas. A esquerda (que veste uma luva protetora de metal) pega e puxa as partes a serem cortadas. O ritmo é imposto pela máquina (a linha se desloca), mas é suficientemente lento, possibilitando, assim, criar o efeito da presença de uma pequena área de pulmão.

RESULTADO DO *CHECKLIST* OCRA	recuperação	freqüência	força	ombro	punho	cotovelo	mão	estereotipia	total postura	complementares	valor *CHECKLIST* OCRA
lado direito	4	6	0	1	4	0	0	3	7	1	18
lado esquerdo	4	4	4	1	3	0	4	1	5	3	20

PAUSAS (n. e duração)	DURAÇÃO CICLO em seg.	TURNO em min.
pausa para refeição de 60 minutos + 2 pausas de10 minutos	17	480
	direito	esquerdo
FREQÜÊNCIA N. ações/minuto	56	42

COMENTÁRIOS AO FATOR FORÇA

Presença de força moderada por cerca da metade do tempo, para o membro esquerdo a ser atribuída à preensão em *pinch* efetuada com o uso de luva metálica que, mesmo sendo indispensável para a proteção contra os cortes, dificulta a preensão.

Ademais, a superfície da carne é escorregadia e isto aumenta anda mais a força a ser aplicada.

COMENTÁRIOS AO FATOR POSTURA

O punho direito executa, durante 2/3 do tempo, desvios ulnares; o esquerdo executa várias posturas inadequadas durante 50% do tempo. A mão direita está em *grip*, a esquerda em *pinch* por 2/3 do tempo.

COMENTÁRIOS AOS FATORES COMPLEMENTARES

à esquerda: luvas que dificultam a preensão = pontuação 2 + 1 ponto por linha em deslocamento mas com área de pulmão;

à esquerda: 1 ponto por linha em deslocação mas com área de pulmão.

AVALIAÇÃO DO RISCO POR MOVIMENTOS E ESFORÇOS REPETITIVOS DOS MEMBROS SUPERIORES

PLANILHA DE SÍNTESE: setor farmacêutico

DENOMINAÇÃO DA TAREFA Preparação agulha para sutura cirúrgica

BREVE DESCRIÇÃO A trabalhadora retira uma agulha para sutura cirúrgica, coloca o fio e depois controla a junção pondo a agulha na máquina puxa-fio. O trabalho é executado numa pequena mesa, o ritmo de trabalho não está vinculado ao ritmo da máquina: são possíveis, portanto, breves interrupções.
O trabalho requer precisão.

RESULTADO DO *CHECKLIST* OCRA	recuperação	freqüência	força	ombro	punho	cotovelo	mão	estereotipia	total postura	complementares	valor *CHECKLIST* OCRA
lado direito	4	7	0	0	0	0	8	3	11	2	24
lado esquerdo											

PAUSAS (n. e duração)	DURAÇÃO CICLO em seg.	TURNO em min.
pausa para refeição de 60 minutos + 2 pausas de 10 minutos	10	480
FREQÜÊNCIA	direito	esquerdo
N. ações/minuto	60-65	

COMENTÁRIOS AO FATOR FORÇA

Ausente

COMENTÁRIOS AO FATOR POSTURA

Tipo de preensão constantemente em *pinch*.

COMENTÁRIOS AOS FATORES COMPLEMENTARES

Tarefa de alta precisão.

AVALIAÇÃO DO RISCO POR MOVIMENTOS E ESFORÇOS REPETITIVOS DOS MEMBROS SUPERIORES

PLANILHA DE SÍNTESE: setor de brinquedos

DENOMINAÇÃO DA TAREFA Eliminação das rebarbas dos brinquedos de plástico

BREVE DESCRIÇÃO Os brinquedos de plástico saem dos estampos. A tarefa consiste em raspar, com uma faquinha apropriada, as rebarbas de plástico que ficam no brinquedo. A peça, muitas vezes de grandes dimensões, é girada em todos os seus lados obrigando o trabalhador a assumir posturas inadequadas seja dos membros superiores seja do ombro. A força necessária para eliminar as rebarbas varia de moderada a forte. O ritmo não é imposto pela máquina mesmo sendo prefixado o número de peças/turno. O ciclo é de comprimento variável em função do tipo de brinquedo, mas o conteúdo do trabalho é o mesmo, caracterizado pelo mesmo gesto e pela mesma freqüência de ação (estereotipia). A freqüência é elevada à direita, mas são possíveis breves interrupções.

RESULTADO DO *CHECKLIST* OCRA	recuperação	freqüência	força	ombro	punho	cotovelo	mão	estereotipia	total postura	complementares	valor *CHECKLIST* OCRA
lado direito	4	8	24	9	4	4	3	3	12	0	48
lado esquerdo	4	1	0	9	4	0	6	3	12	0	17

PAUSAS (n. e duração)	DURAÇÃO CICLO em seg.	TURNO em min.
pausa para refeição de 60 minutos + 2 pausas de 10 minutos		480
FREQÜÊNCIA N. ações/minuto	direito	esquerdo
	Sup. 60	

COMENTÁRIOS AO FATOR FORÇA

"Forte" durante 30%-40% do tempo para o membro direito.

COMENTÁRIOS AO FATOR POSTURA

O membro esquerdo está prevalentemente segurando a peça com a mão em preensão palmar e/ou em *pinch*, à direita o ombro é flexionado e/ou abduzido inadequadamente por 50% do tempo; o cotovelo executa movimentos de arranque por 2/3 do tempo; a mão está em *grip* apertado (pequena faca) com o indicador mantido sobre a lâmina para dirigir melhor o seu movimento (pontuação 3).

COMENTÁRIOS AOS FATORES COMPLEMENTARES

Nenhum

AVALIAÇÃO DO RISCO POR MOVIMENTOS E ESFORÇOS REPETITIVOS DOS MEMBROS SUPERIORES

PLANILHA DE SÍNTESE: setor vestuário

DENOMINAÇÃO DA TAREFA: Estiramento meia-calça

BREVE DESCRIÇÃO: A trabalhadora retira da bancada posta à sua direita uma meia-calça e a enfia, com ambas as mãos, em formas apropriadas. O ponto de inserção é posto acima da altura dos ombros. O ciclo é brevíssimo (5 segundos) e completamente determinado pela máquina.

RESULTADO DO *CHECKLIST* OCRA	recuperação	freqüência	força	ombro	punho	cotovelo	mão	estereotipia	total postura	complementares	valor *CHECKLIST* OCRA
lado direito	4	6	0	12	2	2	8	3	15	2	27
lado esquerdo	4	6	0	12	2	2	8	3	15	2	27

PAUSAS (n. e duração)	DURAÇÃO CICLO em seg.	TURNO em min.
pausa para refeição de 60 minutos + 2 pausas da 10 minutos	5	480
FREQÜÊNCIA	direito	esquerdo
N. ações/minuto	48	48

COMENTÁRIOS AO FATOR FORÇA

Ausente

COMENTÁRIOS AO FATOR POSTURA

A mão está, durante todo o tempo, em preensão em *pinch*, o braço fica à altura dos ombros por 2/3 do tempo. A estereotipia está presente seja pela constante preensão em *pinch* seja pelo brevíssimo tempo de ciclo.

COMENTÁRIOS AOS FATORES COMPLEMENTARES

O ritmo é completamente imposto pela máquina.

AVALIAÇÃO DO RISCO POR MOVIMENTOS E ESFORÇOS REPETITIVOS DOS MEMBROS SUPERIORES

PLANILHA DE SÍNTESE: setor vestuário ou móveis

DENOMINAÇÃO DA TAREFA Costura a máquina

BREVE DESCRIÇÃO Muito variável em função do tipo de tecido a ser costurado: pequenas partes de peças de vestuário, capas, revestimentos de sofá em tecido ou em couro. A freqüência de ação é mais elevada para as peças menores, mas a força é maior para a costura de capas e sofás.

RESULTADO DO *CHECKLIST* OCRA	recuperação	freqüência	força	ombro	punho	cotovelo	mão	estereotipia	total postura	complementares	valor *CHECKLIST* OCRA
lado direito	4	6	2	1	3	1	6	3	10	1	19
lado esquerdo	4	6	2	1	2	2	6	3	10	1	19

PAUSAS (n. e duração)	DURAÇÃO CICLO em seg.	TURNO em min.
pausa para refeição de 60 minutos + 2 pausas de 10 minutos	Variável	480
FREQÜÊNCIA N. ações/minuto	direito	esquerdo
	60	60

COMENTÁRIOS AO FATOR FORÇA

Presença "moderada" durante cerca de 1/3 do tempo para peças de grandes dimensões como capas ou revestimentos de sofás.

COMENTÁRIOS AO FATOR POSTURA

Mãos em *pinch*: no punho direito, enquanto costura, fica em desvio ulnar. O cotovelo esquerdo executa amplas flexo-extensões quando vira o tecido para prepará-lo para a costura

COMENTÁRIOS AOS FATORES COMPLEMENTARES

Trabalho de precisão variável em função do tipo de costura.

AVALIAÇÃO DO RISCO POR MOVIMENTOS E ESFORÇOS REPETITIVOS DOS MEMBROS SUPERIORES

PLANILHA DE SÍNTESE: setor vestuário

DENOMINAÇÃO DA TAREFA Passar com ferro

BREVE DESCRIÇÃO O ferro a vapor, com a mão direita, é passado na peça de vestuário previamente estendida na tábua de passar e bem "alisada" com ambas as mãos.

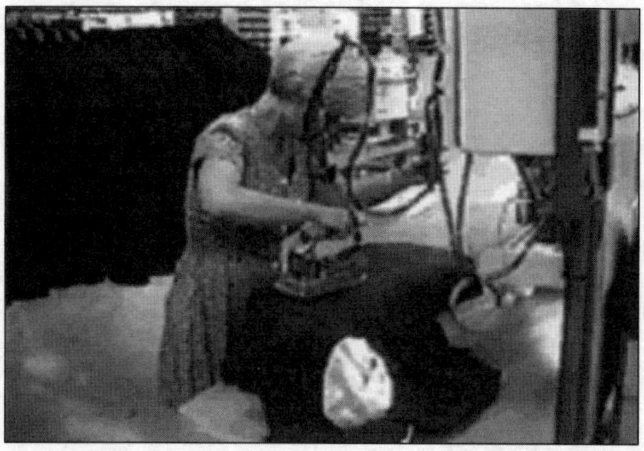

RESULTADO DO *CHECKLIST* OCRA	recuperação	freqüência	força	ombro	punho	cotovelo	mão	estereotipia	total postura	complementares	valor *CHECKLIST* OCRA
lado direito	4	8	1	2	2	3	1	3	6	0	19
lado esquerdo	4	3	0	1	2	2	2	3	5	0	8

PAUSAS (n. e duração)	DURAÇÃO CICLO em seg.	TURNO em min.
pausa para refeição de 60 minutos + 2 pausas de 10 minutos	70	70
FREQÜÊNCIA N. ações/minuto	direito	esquerdo
	70	40

COMENTÁRIOS AO FATOR FORÇA

Em função do peso do ferro de passar e do peso da peça de vestuário: na imagem o ferro está suspenso e, portanto, não requer o uso de força.

COMENTÁRIOS AO FATOR POSTURA

A mão que usa o ferro de passar está durante a maior parte do tempo em *grip*; o cotovelo executa amplas flexo-extensões.
O ombro direito está sob risco por uma parte significativa do ciclo (10%).

COMENTÁRIOS AOS FATORES COMPLEMENTARES

Nenhum

AVALIAÇÃO DO RISCO POR MOVIMENTOS E ESFORÇOS REPETITIVOS DOS MEMBROS SUPERIORES

PLANILHA DE SÍNTESE: setor vestuário e do móvel

DENOMINAÇÃO DA TAREFA: Corte tecido com cortadeira

BREVE DESCRIÇÃO: Após ter preparado o "colchão" com as camadas de tecido para cortar, por meio de uma cortadeira elétrica, são cortadas, com gestos amplos e lentos, as partes necessárias para a confecção.

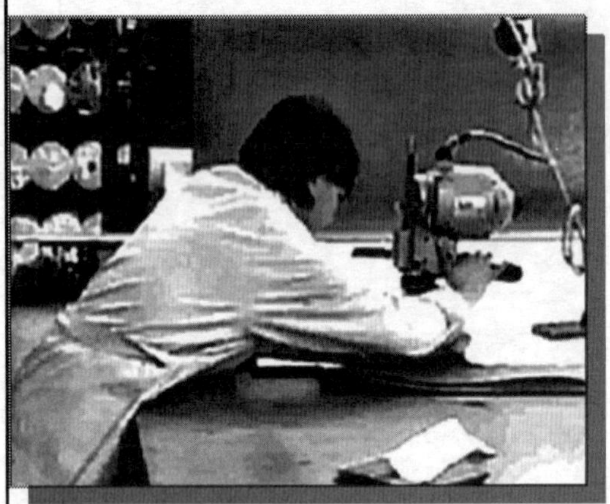

RESULTADO DO *CHECKLIST* OCRA	recuperação	freqüência	força	ombro	punho	cotovelo	mão	estereotipia	total postura	complementares	valor *CHECKLIST* OCRA
lado direito	4	0	0	6	3	0	0	3	9	0	13
lado esquerdo	4	0	0	0	1	0	0	3	4	0	8

PAUSAS (n. e duração)	DURAÇÃO CICLO em seg.	TURNO em min.
pausa para refeição de 60 minutos + 2 pausas de 10 minutos		480
FREQÜÊNCIA N. ações/minuto	direito	esquerdo
	16-20	16-20

COMENTÁRIOS AO FATOR FORÇA

Leve

COMENTÁRIOS AO FATOR POSTURA

Inadequada, localizada no ombro direito por 1/3 do tempo. Mão direita em *grip*; o punho direito tem amplos desvios rádio-ulnares nas mudanças de direção da cortadeira.

COMENTÁRIOS AOS FATORES COMPLEMENTARES

Nenhum

AVALIAÇÃO DO RISCO POR MOVIMENTOS E ESFORÇOS REPETITIVOS DOS MEMBROS SUPERIORES

PLANILHA DE SÍNTESE: setor mecânico

DENOMINAÇÃO DA TAREFA — Rebitagem manual de chapas em carroceria

BREVE DESCRIÇÃO — O operário trabalha no acabamento manual de chapa para carroceria de automóveis. A rebitagem de uma peça pode durar também vários dias. O tempo de ciclo é, portanto, muito longo mas as ações técnicas são idênticas a si mesmas durante quase toda a tarefa, que deve ser considerada "repetitiva". Neste caso as interrupções do trabalho durante o turno garantem uma adequada presença de tempos de recuperação. Se, porém, a organização do trabalho comportar pausas insuficientes, os índices deverão ser adequadamente aumentados. A freqüência de ação é elevadíssima (cerca de 90-100 ou mais ações por minuto) mas são possíveis breves interrupções. É utilizado com a direita um martelo e com a esquerda um cilindro metálico para absorver o golpe.

RESULTADO DO *CHECKLIST* OCRA	recuperação	freqüência	força	ombro	punho	cotovelo	mão	estereotipia	total postura	complementares	valor *CHECKLIST* OCRA
lado direito	0	9	4	12	3	0	0	3	15	2	30
lado esquerdo	0	0	4	1	3	0	0	3	5	2	11

PAUSAS (n. e duração)	DURAÇÃO CICLO em seg.	TURNO em min.
pausa para refeição de 60 minutos + 2 pausas de 10 minutos		480
FREQÜÊNCIA N. ações/minuto	direito	esquerdo
	90-100	> 20

COMENTÁRIOS AO FATOR FORÇA

"Moderada" por metade do tempo para a direita para golpear a superfície com o martelo e para a esquerda para contrastar o golpe.

COMENTÁRIOS AO FATOR POSTURA

O braço direito é mantido à altura dos ombros por cerca de 2/3 do tempo. Os punhos estão em desvio ulnar por cerca de 50% do tempo. A mão direita pega o martelo em *grip* durante todo o tempo; a esquerda segura em *grip* um cilindro metálico para absorver o golpe (*grip*).

COMENTÁRIOS AOS FATORES COMPLEMENTARES

Presença de contragolpes bilateralmente.

AVALIAÇÃO DO RISCO POR MOVIMENTOS E ESFORÇOS REPETITIVOS DOS MEMBROS SUPERIORES

PLANILHA DE SÍNTESE: setor mecânico

DENOMINAÇÃO DA TAREFA — Montagens de componentes na parte inferior de veículos

BREVE DESCRIÇÃO — Os trabalhadores montam, ao longo da linha que se desloca lentamente mantendo o veículo levantado, as peças colocadas nas partes inferiores do próprio veículo. Em geral a freqüência de ação não é elevada porque os trabalhadores devem se afastar freqüentemente do posto para pegar as ferramentas e as peças. O uso de força é variável em função do trabalho executado ao longo da linha mas é amplificado pela posição elevada dos braços. O valor de *checklist* expresso é indicativo, ma não representativo do risco, tendo em vista a grande variabilidade das tarefas realizadas ao longo das linhas.

RESULTADO DO *CHECKLIST* OCRA	recuperação	freqüência	força	ombro	punho	cotovelo	mão	estereotipia	total postura	complementares	valor *CHECKLIST* OCRA
lado direito	4	3	3	6	2	3	3	0	6	1	16
lado esquerdo	4	3	3	6	2	2	2	0	6	1	16

PAUSAS (n. e duração)	DURAÇÃO CICLO em seg.	TURNO em min.
pausa para refeição de 60 minutos + 2 pausas de 10 minutos	Variável	480
FREQÜÊNCIA N. ações/minuto	direito	esquerdo
	35-45	35-45

COMENTÁRIOS AO FATOR FORÇA

Variável: mediamente "moderada" por pelo menos 1/3 do tempo.

COMENTÁRIOS AO FATOR POSTURA

Variável: tipo de preensão seja em *pinch* seja em *grip* devido ao uso de parafusadeiras ou outras ferramentas dotadas de cabo. Ombro em postura inadequada por um tempo significativo (1/3 do tempo).

COMENTÁRIOS AOS FATORES COMPLEMENTARES

Linha de deslocamento lento.

AVALIAÇÃO DO RISCO POR MOVIMENTOS E ESFORÇOS REPETITIVOS DOS MEMBROS SUPERIORES

PLANILHA DE SÍNTESE: setor cerâmico

DENOMINAÇÃO DA TAREFA — Acabamento manual antes do cozimento

BREVE DESCRIÇÃO — Com uma espátula pequena a trabalhadora corrige as imperfeições presentes sobre a superfície do produto antes do cozimento no forno.
O vaso está apoiado sobre um torno que gira.

RESULTADO DO *CHECKLIST* OCRA	recuperação	freqüência	força	ombro	punho	cotovelo	mão	estereotipia	total postura	complementares	valor *CHECKLIST* OCRA
lado direito	4	8	0	6	2	0	8	3	11	0	19
lado esquerdo											

PAUSAS (n. e duração)	DURAÇÃO CICLO em seg.	TURNO em min.
pausa para refeição de 60 minutos + 2 pausas de 10 minutos	Variável	480
FREQÜÊNCIA N. ações/minuto	direito	esquerdo
	60-65	

COMENTÁRIOS AO FATOR FORÇA

Ausente

COMENTÁRIOS AO FATOR POSTURA

A mão direita está constantemente em preensão *pinch*; o braço direito é mantido por 1/3 do tempo à altura dos ombros.

COMENTÁRIOS AOS FATORES COMPLEMENTARES

Ausentes

AVALIAÇÃO DO RISCO POR MOVIMENTOS E ESFORÇOS REPETITIVOS DOS MEMBROS SUPERIORES
PLANILHA DE SÍNTESE: setor cerâmico

DENOMINAÇÃO DA TAREFA — Armazenagem revestimentos cerâmicos na saída do forno

BREVE DESCRIÇÃO — Os revestimentos chegam na esteira rolante; a trabalhadora os retira com ambas as mãos e os coloca em prateleiras postas em diversas alturas das quais 2/3 colocadas quase à altura dos ombros.
O ritmo é imposto pela máquina mas com área de pulmão de poucas peças.

RESULTADO DO *CHECKLIST* OCRA	recuperação	freqüência	força	ombro	punho	cotovelo	mão	estereotipia	total postura	complementares	valor *CHECKLIST* OCRA
lado direito	4	8	0	9	3	3	7	3	12	1	25
lado esquerdo	4	8	0	9	3	3	7	3	12	1	25

PAUSAS (n. e duração)	DURAÇÃO CICLO em seg.	TURNO em min.
pausa para refeição de 60 minutos + 2 pausas de 10 minutos	3	480
FREQÜÊNCIA N. ações/minuto	direito	esquerdo
	60	60

COMENTÁRIOS AO FATOR FORÇA

Ausente

COMENTÁRIOS AO FATOR POSTURA

A mão está em *pinch* durante todo o tempo; os braços estão em postura inadequada por cerca de 50% do tempo (flexionadas acima de 80°). O punho está em desvio ulnar no momento do depósito dos revestimentos cerâmicos (50% do tempo); o cotovelo executa amplas flexo-extensões (50% do tempo).

COMENTÁRIOS AOS FATORES COMPLEMENTARES

O ritmo é imposto pela máquina mas existe uma área de pulmão para poucas peças.

AVALIAÇÃO DO RISCO POR MOVIMENTOS E ESFORÇOS REPETITIVOS DOS MEMBROS SUPERIORES	
PLANILHA DE SÍNTESE: fábricas de móveis	
DENOMINAÇÃO DA TAREFA	Envernizamento de móveis com revolver
BREVE DESCRIÇÃO	O verniz é aplicado com revolver sobre o móvel, com movimentos oscilantes ao longo de toda a superfície. A freqüência de ação não é elevada com possíveis interrupções breves.

RESULTADO DO *CHECKLIST* OCRA	recuperação	freqüência	força	ombro	punho	cotovelo	mão	estereotipia	total postura	complementares	valor *CHECKLIST* OCRA
lado direito	4	3	0	6	0	3	0	3	9	0	16
lado esquerdo											

PAUSAS (n. e duração)	DURAÇÃO CICLO em seg.	TURNO em min.
pausa para refeição de 60 minutos + 2 pausas de 10 minutos	148	480
FREQÜÊNCIA	direito	esquerdo
N. ações/minuto	36-40	

COMENTÁRIOS AO FATOR FORÇA

Ausentes

COMENTÁRIOS AOS FATORES COMPLEMENTARES

Ausentes

COMENTÁRIOS AO FATOR POSTURA

Braço direito em abdução e flexão inadequada durante cerca de 30% do tempo; amplas flexo-extensões do cotovelo por 50% do tempo; presença de estereotipia devida a gestos sempre iguais durante toda a tarefa.

AVALIAÇÃO DO RISCO POR MOVIMENTOS E ESFORÇOS REPETITIVOS DOS MEMBROS SUPERIORES

PLANILHA DE SÍNTESE: setor de móveis

DENOMINAÇÃO DA TAREFA Montagem embalagem para geladeira

BREVE DESCRIÇÃO

O trabalho consiste em montar as várias partes de madeira que compõem o móvel que alojará a geladeira. Para conseguir os encaixes é usado um martelo. A parte inferior de madeira chega transportada por rolos: a parte superior é levantada e posicionada por dois trabalhadores. O tempo de ciclo é bastante longo e é ditado pela chegada da parte inferior.

A baixa freqüência de ação permite diversas interrupções. As peças para montar não são estocadas perto do posto, portanto o trabalhador usa boa parte do tempo caminhando.

RESULTADO DO *CHECKLIST* OCRA	recuperação	freqüência	força	ombro	punho	cotovelo	mão	estereotipia	total postura	complementares	valor *Checklist* OCRA
lado direito	4	0	1	0	0	0	2	0	2	0,5	7,5
lado esquerdo	4	0	1	0	0	0	2	0	2	0	7

PAUSAS (n. e duração)	DURAÇÃO CICLO em seg.	TURNO em min.
pausa para refeição de 60 minutos + 2 pausas de 10 minutos	134	480
FREQÜÊNCIA	direito	esquerdo
N. ações/minuto	15	10

COMENTÁRIOS AO FATOR FORÇA

Moderada no uso do martelo e no transporte das peças durante menos de 1/3 do tempo.

COMENTÁRIOS AO FATOR POSTURA

Mão em preensão em *pinch* por não mais do que 1/3 do tempo.

COMENTÁRIOS AOS FATORES COMPLEMENTARES

Contragolpes durante o uso do martelo mas por um tempo breve.

AVALIAÇÃO DO RISCO POR MOVIMENTOS E ESFORÇOS REPETITIVOS DOS MEMBROS SUPERIORES

PLANILHA DE SÍNTESE: setor de mármores

DENOMINAÇÃO DA TAREFA Polimento mármore com esmerilhadeira

BREVE DESCRIÇÃO Com uma esmerilhadeira com cerca de 15 kg de peso, é obtido o polimento da chapa de mármore por meio de movimentos oscilantes de ida e volta sobre a superfície do mármore com velocidade moderada (60 ações minuto). Possíveis breves interrupções: o ritmo não é imposto pela máquina.

OS ÍNDICES DE EXPOSIÇÃO		
HORAS TRABALHO/ dia	FATOR TURNO	ÍNDICE *CHECKLIST*
2 - 3 horas	0,5	10
4 - 5 horas	0,75	15,0
6 horas	0,85	17,0
7 - 8 horas	1	20

RESULTADO DO *CHECKLIST* OCRA	recuperação	freqüência	força	ombro	punho	cotovelo	mão	estereotipia	total postura	complementares	valor *CHECKLIST* OCRA
lado direito	0	7	8	0	0	0	0	3	3	2	20
lado esquerdo	0	7	8	0	0	0	0	3	3	2	20

PAUSAS (n. e duração)	DURAÇÃO CICLO em seg.	TURNO em min.
pausa refeição 60 minutos + 2 pausas de 10 minutos	variável	variável
FREQÜÊNCIA N. ações/minuto	direito	esquerdo
	60	60

COMENTÁRIOS AO FATOR FORÇA

Moderada por quase todo o tempo.

COMENTÁRIOS AO FATOR POSTURA

Mãos em preensão em *grip*.

COMENTÁRIOS AOS FATORES COMPLEMENTARES

Vibrações

AVALIAÇÃO DO RISCO POR MOVIMENTOS E ESFORÇOS REPETITIVOS DOS MEMBROS SUPERIORES

PLANILHA DE SÍNTESE: setor mármores

DENOMINAÇÃO DA TAREFA — Escultura manual de guias de calçada

BREVE DESCRIÇÃO — Por meio de martelo e cinzel a peça de pedra é levada à moldagem desejada. O trabalho não é executado com ritmos impostos pela máquina. Possíveis macro e micro interrupções como para um trabalho artesanal.

OS ÍNDICES DE EXPOSIÇÃO		
HORAS TRABALHO/ dia	FATOR TURNO	ÍNDICE *CHECKLIST*
2 - 3 horas	0,5	14
4 - 5 horas	0,75	21
6 horas	0,85	23,8
7 - 8 horas	1	28

RESULTADO DELLA *CHECKLIST* OCRA	recuperação	freqüência	força	ombro	punho	cotovelo	mão	estereotipia	total postura	complementares	valor *CHECKLIST* OCRA
lado direito	0	7	8	0	0	8	0	3	11	2	28
lado esquerdo	0	7	4	0	0	8	0	3	11	2	24

PAUSAS (n. e duração)	DURAÇÃO CICLO em seg.	TURNO em min.
pausa para refeição de 60 minutos + 2 pausas de 10 minutos	variável	variável
FREQÜÊNCIA	direito	esquerdo
N. ações/minuto	60	60

COMENTÁRIOS AO FATOR FORÇA

Entre moderada e forte durante 50% do tempo.

COMENTÁRIOS AO FATOR POSTURA

À direita bruscas flexo-extensões do cotovelo; à esquerda bruscas prono-supinações. Devido à presença de golpes e contragolpes deve ser considerado de risco também o ombro mesmo que não assuma posições inadequadas.

COMENTÁRIOS AOS FATORES COMPLEMENTARES

Contragolpes bilateralmente.

AVALIAÇÃO DO RISCO POR MOVIMENTOS E ESFORÇOS REPETITIVOS DOS MEMBROS SUPERIORES

PLANILHA DE SÍNTESE: setor de pesca

DENOMINAÇÃO DA TAREFA Preparação caixas de peixe

BREVE DESCRIÇÃO O trabalho é executado a bordo do barco pesqueiro. Apoiando as caixas na borda das tinas, os trabalhadores as enchem de peixe, fazendo uma seleção e colocando-os "à mostra" prontos para a venda. O tempo de trabalho é variável em função da quantidade de peixe pescado (60 ou mais minutos) e é geralmente dividido em 4 períodos correspondentes a cada vez que a rede é puxada para dentro do barco. Os ritmos são geralmente rápidos ainda que não impostos.

OS ÍNDICES DE EXPOSIÇÃO		
HORAS TRABALHO/dia	FATOR TURNO	ÍNDICE *CHECKLIST*
2 - 3 horas	0,5	8,5
4 - 5 horas	0,75	12,75
6 horas	0,85	14,45
7 - 8 horas	1	17

RESULTADO DO *CHECKLIST* OCRA	recuperação	freqüência	força	ombro	punho	cotovelo	mão	estereotipia	total postura	complementares	valor *CHECKLIST* OCRA
lado direito	0	8	1	1	2	1	4	3	7	0	17
lado esquerdo	0	8	1	1	2	1	4	3	7	0	17

PAUSAS (n. e duração)	DURAÇÃO CICLO em seg.	TURNO em min.
pausa para refeição de 60 minutos + 2 pausas da 10 minutos	variável	variável
FREQÜÊNCIA N. ações/minuto	direito	esquerdo
	60	60

COMENTÁRIOS AO FATOR FORÇA

Moderada por menos de 1/3 do tempo.

COMENTÁRIOS AO FATOR POSTURA

Tipo de preensão prevalentemente em *pinch* com movimentos finos dos dedos, punhos em posturas inadequadas por cerca de 1/3 do tempo. Presença de estereotipia dos gestos sempre iguais a si mesmos.

COMENTÁRIOS AOS FATORES COMPLEMENTARES

Nenhum

AVALIAÇÃO DO RISCO POR MOVIMENTOS E ESFORÇOS REPETITIVOS DOS MEMBROS SUPERIORES

PLANILHA DE SÍNTESE: criação

DENOMINAÇÃO DA TAREFA Ordenha de ovelhas

BREVE DESCRIÇÃO A ordenha de uma ovelha tem duração variável de 40 a 50 segundos. Um trabalhador pode ordenhar de 80 a 100 ovelhas por hora. Nesta atividade, com gestão familiar ou industrial, o nível de exposição pode ser extremamente variável, em função do número de cabeças e do número de pessoas disponível, da duração da ordenha e da distribuição horária durante um dia de trabalho. Optou-se por não atribuir pontuações ao fator "recuperação" e equilibrar o índice em função da duração. Mas se a organização do trabalho comportar pausas insuficientes, os índices serão adequadamente incrementados. A freqüência de ação é elevadíssima (cerca de 80 ou mais ações por minuto, mas são possíveis breves interrupções (por exemplo ao se deslocar para ordenhar um outro animal).

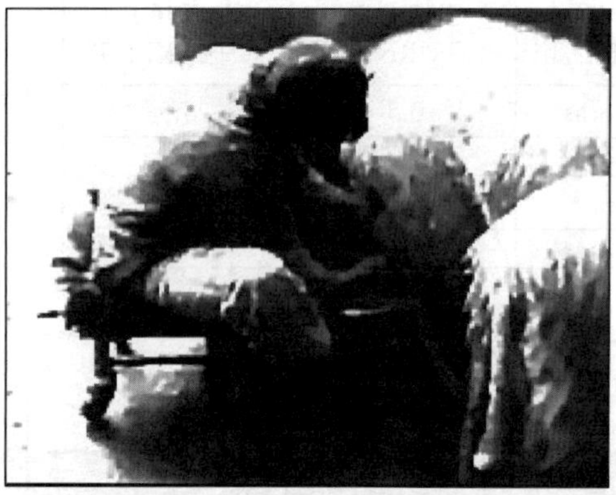

OS ÍNDICES DE EXPOSIÇÃO		
HORAS TRABALHO/dia	FATOR TURNO	ÍNDICE *CHECKLIST*
2 - 3 horas	0,5	8,5
4 - 5 horas	0,75	12,8
6 horas	0,85	14,5
7 - 8 horas	1	17

RESULTADO DO *CHECKLIST* OCRA	recuperação	freqüência	força	ombro	punho	cotovelo	mão	estereotipia	total postura	complementares	valor *CHECKLIST* OCRA
lado direito	0	9	2	0	3	0	3	3	6	0	17
lado esquerdo	0	9	2	0	3	0	3	3	6	0	17

PAUSAS (n. e duração)	DURAÇÃO CICLO em seg.	TURNO em min.
pausa para refeição de 60 minutos + 2 pausas de 10 minutos	40-50	
FREQÜÊNCIA N. ações/minuto	direito	esquerdo
	80	80

COMENTÁRIOS AO FATOR FORÇA

Leve por cerca de 50% do tempo.

COMENTÁRIOS AO FATOR POSTURA

As mãos estão em *grip* "apertado" acompanhado por alguns movimentos dos dedos: lhe é atribuída uma pontuação 3. Os punhos estão em desvio rádio-ulnar por cerca da metade do tempo.

COMENTÁRIOS AOS FATORES COMPLEMENTARES

Ausentes

AVALIAÇÃO DO RISCO POR MOVIMENTOS E ESFORÇOS REPETITIVOS DOS MEMBROS SUPERIORES

PLANILHA DE SÍNTESE: setor agrícola

DENOMINAÇÃO DA TAREFA — Seleção das maçãs

BREVE DESCRIÇÃO — Utilizando uma vareta eletrônica, a trabalhadora identifica as maçãs defeituosas e as toca com a vareta deixando sobre elas uma mensagem eletrônica que mais adiante fará abrir uma pequena porta e deixará cair a maçã defeituosa sobre uma esteira rolante inferior.
O ritmo é completamente imposto pela máquina.

OS ÍNDICES DE EXPOSIÇÃO

HORAS TRABALHO/ dia	FATOR TURNO	ÍNDICE *CHECKLIST*
2 - 3 horas	0,5	6,5
4 - 5 horas	0,75	9,75
6 horas	0,85	11,05
7 - 8 horas	1	13

RESULTADO DO *CHECKLIST* OCRA	recuperação	freqüência	força	ombro	punho	cotovelo	mão	estereotipia	total postura	complementares	valor *CHECKLIST* OCRA
lado direito	4	4	0	0	0	0	0	3	3	2	13
lado esquerdo	0	0	0	0	0	0	0	0	0	0	0

PAUSAS (n. e duração)	DURAÇÃO CICLO em seg.	TURNO em min.
pausa para refeição de 60 minutos + 2 pausas de 10 minutos		variável
FREQÜÊNCIA **N. ações/minuto**	direito	esquerdo
	40	0

COMENTÁRIOS AO FATOR FORÇA

Ausente

COMENTÁRIOS AO FATOR POSTURA

Punho direito em desvio ulnar por cerca de 50% do tempo, mão em preensão *grip*.

COMENTÁRIOS AOS FATORES COMPLEMENTARES

Ritmo completamente imposto pela máquina.

AVALIAÇÃO DO RISCO POR MOVIMENTOS E ESFORÇOS REPETITIVOS DOS MEMBROS SUPERIORES	
PLANILHA DE SÍNTESE: músicos	
DENOMINAÇÃO DA TAREFA	Violoncelista
BREVE DESCRIÇÃO	A mão direita empunha em *pinch* o arco executando rápidos movimentos sobre as cordas que exigem força moderada. Os dedos da mão esquerda pressionam as cordas também com movimentos rápidos, obviamente variáveis em função da peça executada mas sempre com força pelo menos moderada.

OS ÍNDICES DE EXPOSIÇÃO		
HORAS TRABALHO/dia	FATOR TURNO	ÍNDICE *CHECKLIST*
2 - 3 horas	0,5	11,5
4 - 5 horas	0,75	17,25
6 horas	0,85	19,55
7 - 8 horas	1	23

RESULTADO DA *CHECKLIST* OCRA	recuperação	freqüência	força	ombro	punho	cotovelo	mão	estereotipia	total postura	complementares	valor *CHECKLIST* OCRA
lado direito	0	De 6 a 10	4	6	6	2	8	3	11	0	23
lado esquerdo	0	De 6 a 10	4	1	3	2	8	3	11	0	21

PAUSAS (n. e duração)	DURAÇÃO CICLO em seg.	TURNO em min.
livres, fazer uma pausa 10 min./hora		
FREQÜÊNCIA N. ações/minuto	direito	esquerdo
	30-80	10-50

COMENTÁRIOS AO FATOR FORÇA

Moderada tanto à direita quanto à esquerda por mais do que 50% do tempo.

COMENTÁRIOS AO FATOR POSTURA

Para o membro direito a preensão do arco em *pinch* é considerada muito sobrecarregante e freqüentemente causa de tendinites dos flexores dos dedos; o punho e o ombro estão freqüentemente em postura inadequada.

Para o membro esquerdo foi estimada a freqüência de ação por dedo.

COMENTÁRIOS AOS FATORES COMPLEMENTARES

Ausentes

AVALIAÇÃO DO RISCO POR MOVIMENTOS E ESFORÇOS REPETITIVOS DOS MEMBROS SUPERIORES

PLANILHA DE SÍNTESE: músicos

DENOMINAÇÃO DA TAREFA Tocar acordeão

BREVE DESCRIÇÃO

Ao tocar o acordeão a mão direita se desloca sobre o teclado pressionando os botões (ou as teclas). A mão esquerda, além de pressionar as teclas, abre e fecha o fole. Um acordeão para concerto pesa de 11 a 13 kg: o fechamento do fole requer, portanto, uma certa força. Geralmente são executadas peças em alta velocidade. A freqüência de ação é determinada pela pressão dos dedos sobre as teclas: a freqüência de ação por dedo é variável de 20 a 60 para as peças mais rápidas. Para os acordeões não dotados de baixos soltos a freqüência de digitação das teclas à direita é superior àquela das teclas à esquerda.

RESULTADO DO *CHECKLIST* OCRA	recuperação	freqüência	força	ombro	punho	cotovelo	mão	estereotipia	total postura	complementares	valor *CHECKLIST* OCRA
lado direito	0	8	0	4	3	0	8	3	11	0	19
lado esquerdo	0	4	4	4	3	0	8	3	11	0	19

PAUSAS (n. e duração)	DURAÇÃO CICLO em seg.	TURNO em min.
pausa refeição 60 minutos + 2 pausas de 10 minutos		
	direito	esquerdo
FREQÜÊNCIA N. ações/minuto	30-60	30-60

COMENTÁRIOS AO FATOR FORÇA

Moderada a esquerda por 50% do tempo em movimentar o fole em fechamento.

COMENTÁRIOS AO FATOR POSTURA

Os punhos estão em desvio ulnar e/ou em flexão inadequada por pelo menos metade do tempo. Os braços são mantidos abduzidos a mais de 45° por cerca de 50% do tempo.

OS ÍNDICES DE EXPOSIÇÃO

HORAS TRABALHO/ dia	FATOR TURNO	ÍNDICE *CHECKLIST*
2 - 3 horas	0,5	9,5
4 - 5 horas	0,75	14,25
6 horas	0,85	16,15
7 - 8 horas	1	19

AVALIAÇÃO DO RISCO POR MOVIMENTOS E ESFORÇOS REPETITIVOS DOS MEMBROS SUPERIORES

PLANILHA DE SÍNTESE: lavanderias industriais

DENOMINAÇÃO DA TAREFA — Passagem a ferro de lençóis em máquinas de passar roupa

BREVE DESCRIÇÃO — Duas trabalhadoras pegam o lençol e o colocam na máquina de passar roupa: o tempo de ciclo é brevíssimo (5-6 segundos). O ritmo não é imposto pela máquina e são permitidas breves interrupções: o número de peças/turno é, porém, determinado.

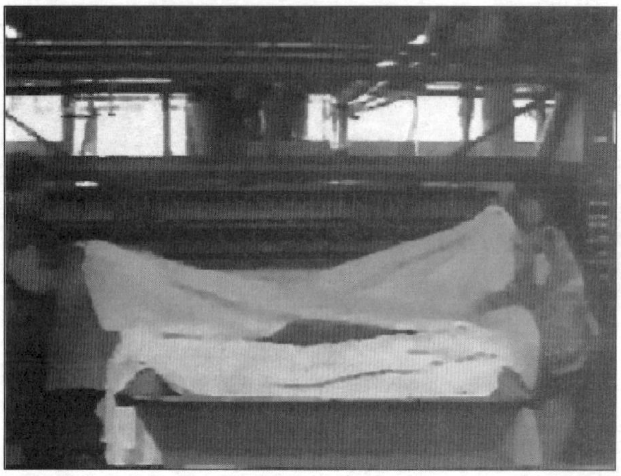

RESULTADO DO *CHECKLIST* OCRA	recuperação	freqüência	força	ombro	punho	cotovelo	mão	estereotipia	total postura	complementares	valor *CHECKLIST* OCRA
lado direito	4	7	0	3	2	2	8	3	11	0	22
lado esquerdo	4	7	0	3	2	2	8	3	11	0	22

PAUSAS (n. e duração)	DURAÇÃO CICLO em seg.	TURNO em min.
pausa refeição 60 minutos + 2 pausas de 10 minutos	5-6	480
FREQÜÊNCIA N. ações/minuto	direito	esquerdo
	60	60

COMENTÁRIOS AO FATOR FORÇA

Ausente

COMENTÁRIOS AO FATOR POSTURA

Mãos em preensão *pinch*; braço, cotovelo e punho em postura inadequada por 1/3 do tempo. Presença de estereotipia pela duração extremamente breve do tempo de ciclo.

COMENTÁRIOS AOS FATORES COMPLEMENTARES

Ausentes

AVALIAÇÃO DO RISCO POR MOVIMENTOS E ESFORÇOS REPETITIVOS DOS MEMBROS SUPERIORES

PLANILHA DE SÍNTESE: serviços de afixação de cartazes

DENOMINAÇÃO DA TAREFA Afixação de cartazes

BREVE DESCRIÇÃO Por meio de uma longa vara, os cartazes são afixados no alto das paredes com sucessivas passagens da escova, (aplicada na ponta da vara e impregnada de cola), sobre a superfície do cartaz. Os movimentos da escova são verticais e de freqüência elevada. Os ritmos não são impostos: o trabalhador deve também se locomover com freqüência com o veículo interrompendo várias vezes no turno a atividade de afixação.

OS ÍNDICES DE EXPOSIÇÃO		
HORAS TRABALHO/ dia	FATOR TURNO	ÍNDICE *CHECKLIST*
2 - 3 horas	0,5	11,5
4 - 5 horas	0,75	17,25
6 horas	0,85	19,55
7 - 8 horas	1	23

RESULTADO DO *CHECKLIST* OCRA	recuperação	freqüência	força	ombro	punho	cotovelo	mão	estereotipia	total postura	complementares	valor *CHECKLIST* OCRA
lado direito	0	7	6	12	0	3	0	3	15	2	30
lado esquerdo	0	7	6	12	0	3	0	3	15	2	30

PAUSAS (n. e duração)	DURAÇÃO CICLO em seg.	TURNO em min.
pausa refeição 60 minutos + 2 pausas de 10 minutos	variável	variável
FREQÜÊNCIA N. ações/minuto	direito	esquerdo
	60	60

COMENTÁRIOS AO FATOR FORÇA

Moderada por 50% do tempo em função da postura elevada dos braços e do comprimento da vara.

COMENTÁRIOS AO FATOR POSTURA

O ombro está em postura inadequada por 2/3 do tempo de afixação. O cotovelo executa amplas flexo-extensões durante cerca de 50% do tempo. Presença de estereotipia dos gestos.

COMENTÁRIOS AOS FATORES COMPLEMENTARES

Ausentes

AVALIAÇÃO DO RISCO POR MOVIMENTOS E ESFORÇOS REPETITIVOS DOS MEMBROS SUPERIORES

PLANILHA DE SÍNTESE: serviços postais

DENOMINAÇÃO DA TAREFA Triagem manual da correspondência

BREVE DESCRIÇÃO O trabalho consiste em inserir as cartas nos diversos compartimentos correspondentes aos diversos códigos postais. O trabalhador com a mão esquerda retira um punhado de cartas e com a direita as posiciona nos compartimentos. O turno de trabalho é de 6 horas com 2 pausas de 10 minutos (pausas com horário livre, não prefixadas). Nas primeiras três horas os ritmos são elevados, nas restantes os ritmos são quase reduzidos pela metade: são possíveis breves intervalos.

RESULTADO DO *CHECKLIST* OCRA	recuperação	freqüência	força	ombro	punho	cotovelo	mão	estereotipia	total postura	complementares	valor *CHECKLIST* OCRA
lado direito	2	8	0	3	3	0	8	3	11	0	**21**
lado esquerdo	0	4	0	3	3	0	4	1,5	5,5	0	**9,5**

PAUSAS (n. e duração)	DURAÇÃO CICLO em seg.	TURNO em min.
2 pausas de 10 minutos		360
FREQÜÊNCIA	direito	esquerdo
N. ações/minuto	60	60

COMENTÁRIOS AO FATOR FORÇA

Ausente

COMENTÁRIOS AO FATOR POSTURA

Mão direita em *pinch* durante todo o tempo; o punho direito executa importantes extensões por cerca de 50% do tempo; a estereotipia é determinada pela execução dos mesmos gestos por todo o tempo de trabalho.

CÁLCULO DO ÍNDICE DE EXPOSIÇÃO

As primeiras 3 horas (A) podem ser consideradas uma tarefa diversa das segundas 3 horas (B). Para calcular a exposição se aplica a seguinte fórmula:

(A x 0,50) + (B x 0,50) = 15,25

O resultado obtido deve ser multiplicado por 0,75 porque o tempo líquido de trabalho é inferior a 6 horas (considerando obviamente as pausas).

O valor final de exposição é de 11,4.

AVALIAÇÃO DO RISCO POR MOVIMENTOS E ESFORÇOS REPETITIVOS DOS MEMBROS SUPERIORES

PLANILHA DE SÍNTESE: cabelereiro

DENOMINAÇÃO DA TAREFA — Corte Cabelos

BREVE DESCRIÇÃO — Na fase de corte dos cabelos o cabeleireiro tem a tesoura na mão direita e o pente na esquerda. A freqüência de ação é irregular variando de elevada a lenta: 50 ações por minuto pode ser considerada uma freqüência media representativa para ambos os membros.

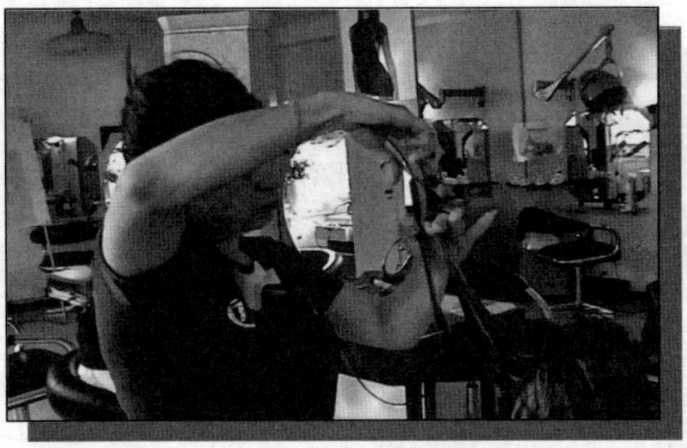

OS ÍNDICES DE EXPOSIÇÃO		
HORAS TRABALHO/ dia	FATOR TURNO	ÍNDICE *CHECKLIST*
2 - 3 horas	0,5	8
4 - 5 horas	0,75	12
6 horas	0,85	13,6
7 - 8 horas	1	16

RESULTADO DO *CHECKLIST* OCRA	recuperação	freqüência	força	ombro	punho	cotovelo	mão	estereotipia	total postura	complementares	valor *CHECKLIST* OCRA
lado direito	0	5	0	6	3	0	8	3	11	0	**16**
lado esquerdo	0	3	0	6	3	0	8	3	11	0	**14**

PAUSAS (n. e duração)	DURAÇÃO CICLO em seg.	TURNO em min.
pausa para refeição de 60 minutos + 2 pausas de 10 minutos	variável	variável
FREQÜÊNCIA	direito	esquerdo
N. ações/minuto	50	40

COMENTÁRIOS AO FATOR FORÇA

Ausente

COMENTÁRIOS AO FATOR POSTURA

Os braços estão em abdução e levantados por cerca de 1/3 do tempo; os punhos estão em flexão e desvio ulnar por cerca de 1/3 do tempo.

COMENTÁRIOS AOS FATORES COMPLEMENTARES

Ausente

AVALIAÇÃO DO RISCO POR MOVIMENTOS E ESFORÇOS REPETITIVOS DOS MEMBROS SUPERIORES

PLANILHA DE SÍNTESE: artesanato-trabalho ao bilro

DENOMINAÇÃO DA TAREFA Produção de rendas ao bilro

BREVE DESCRIÇÃO O trabalho consiste em produzir manualmente rendas por meio do entrelaçamento de fios, enrolados nos bilros, retidos por alfinetes colocados na almofada. Trata-se de um trabalho tipicamente artesanal, não ligado a tempos prefixados. O trabalhador, portanto, pode parar quando necessário. É atribuído um risco "nulo" ao fator "tempos de recuperação".

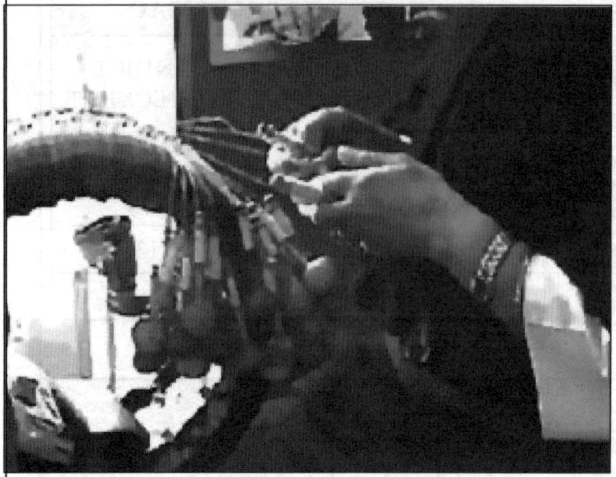

OS ÍNDICES DE EXPOSIÇÃO		
HORA TRABALHO/ dia	FATOR TURNO	ÍNDICE *CHECKLIST*
2 - 3 horas	0,5	10
4 - 5 horas	0,75	15,0
6 horas	0,85	17,0
7 - 8 horas	1	20

RESULTADO DO *CHECKLIST* OCRA	recuperação	freqüência	força	ombro	punho	cotovelo	mão	estereotipia	total postura	complementares	valor *CHECKLIST* OCRA
lado direito	0	10	0	1	4	0	8	3	11	0	21
lado esquerdo	0	10	0	1	4	0	8	3	11	0	21

PAUSAS (n. e duração)	DURAÇÃO CICLO em seg.	TURNO em min.
Livres		
FREQÜÊNCIA N. ações/minuto	direito	esquerdo
	70-80	70-80

COMENTÁRIOS AO FATOR FORÇA

Ausente

COMENTÁRIOS AO FATOR POSTURA

Punho em desvio ulnar por 2/3 do tempo; presença de *pinch* e movimentos finos dos dedos em altíssima velocidade, dificilmente avaliável, mas certamente superior a 70-80 ações por minuto mas com possibilidade de breves e freqüentes interrupções.

COMENTÁRIOS AOS FATORES COMPLEMENTARES

Ausentes

16. *Estudos epidemiológicos numa amostra de trabalhadores italianos expostos a movimentos e esforços repetitivos dos membros superiores, em diversos setores ocupacionais: resultados da avaliação do risco e do prejuízo*

16.1. Introdução

O objetivo deste capítulo é o de apresentar e discutir os resultados das avaliações paralelas do risco e do dano levantadas em 11 diferentes empresas e relativas a mais de 4000 trabalhadores que executam tarefas repetitivas; os resultados obtidos representam uma contribuição à análise da associação entre a exposição ocupacional, quantificada pelo método OCRA, e os efeitos específicos sobre a saúde, representados por casos clinicamente diagnosticados de UL-WMSDs (Colombini e Occhipinti, 2004).

16.2. Métodos

As investigações de avaliação do risco e do dano aqui apresentadas foram realizadas diretamente pelos autores ou por técnicos e médicos do trabalho das empresas, treinados pelos autores com cursos específicos de formação. Neste segundo caso os resultados foram verificados e elaborados pelos autores.

16.2.1. A avaliação e o mapeamento do risco

A avaliação do risco por movimentos e esforços repetitivos dos membros superiores foi conduzida mediante o *checklist* OCRA que, conforme mencionado anteriormente, estima o nível de risco que pode ser atribuído intrinsecamente a cada posto de trabalho, como se fosse utilizado durante todo o turno de trabalho.

Para fins de mapeamento de um determinado lugar de trabalho (linha, setor, empresa), os valores obtidos para cada posto foram introduzidos num programa informático pessoal que permite obter os valores "médios ponderados" dos resultados do *checklist* OCRA e a sua distribuição percentual dentro das 4 faixas de risco: risco ausente (verde), leve (amarelo), moderado (vermelho), elevado (violeta). Em particular cada valor de *checklist*, obtido pela análise da tarefa executada num posto de trabalho, é ponderado em relação ao número de postos do mesmo tipo existentes e pelo número de turnos em que o(s) mesmo(s) posto(s) é(são) utilizado(s) durante o dia de trabalho. Desta forma o número de postos avaliados quase coincide com o número de trabalhadores expostos. A respeito destes últimos, dispondo dos dados relativos à composição por gênero, torna-se possível fornecer os resultados finais de avaliação do risco não apenas sobre o total de trabalhadores, mas também, separadamente, para o sexo feminino e o masculino.

16.2.2. A investigação clínica

Para 3511 trabalhadores "expostos" foi possível, nas realidades consideradas, aplicar um protocolo de investigação clínica que previa: anamnese dirigida e padronizada (Menoni *et al.*, 1996); consulta de medicina do trabalho com realização de testes e manobras voltadas à pesquisa de UL-WMSDs (De Marco *et al.*, 1996); encaminhamento a especialistas e/ou a exames complementares e/ou de diagnóstico por imagens, de acordo com a indicação do médico do trabalho, em casos selecionados no *screening* anterior. Em geral, para o diagnóstico da síndrome do túnel do carpo recorreu-se aos resultados do EMG, freqüentemente junto com o exame ecográfico. O exame ecográfico foi utilizado como suporte principal para a finalização do diagnóstico clínico das patologias por sobrecarga biomecânica do ombro, do cotovelo e da mão. Nos casos mais complexos de patologia do ombro recorreu-se ao RMC. O diagnóstico final foi redigido pelo especialista consultado.

Os resultados clínicos considerados, elaborados e aqui apresentados dizem respeito, portanto, exclusivamente a casos de patologias manifestadas dos membros superiores por hipóteses relacionáveis a condições de sobrecarga biomecânica, da forma como foram definidos num "Consensus Document" de recente publicação (Colombini *et al.*, 2003).

Nas tabelas de apresentação dos resultados das diversas investigações clínicas, por necessidade de simplificação, foram agrupadas sob o termo "periartrite" as alterações da articulação escápulo-umeral como as síndromes do impacto, a doença de Duplay, a tendinite da cabeça longa do biceps, todas as tendinopatias da bainha dos rotadores. No termo "epicondilites" estão incluídas as epicondilites mediais e laterais, as bursites do cotovelo, as síndromes caniculares do ulnar no cotovelo. A sigla "STC" compreende a síndrome do túnel do carpo (inclusive as síndromes por resultado de intervenção por síndrome do túnel do carpo) e a síndrome do canal de Guyon. Todas as diversas "tendinites do punho" e "tendinites da mão" estão reunidas sob os respectivos termos, e incluem os cistos tendíneos e a artrose metacarpofalângea. "SST" significa síndrome do desfiladeiro torácico. Em "outro" são geralmente indicadas outras formas mais raras de patologias por sobrecarga biomecânica dos membros superiores não incluídas nos outros termos já indicados.

Na elaboração dos resultados clínicos em chave coletiva, ao se considerar a inteira "família" de UL-WMSDs, foram levadas em consideração duas distintas variáveis de prevalência:

PC = n. de casos diagnosticados de UL-WMSDs em 100 trabalhadores expostos;

PA = n. de sujeitos doentes de 1 ou mais UL-WMSDs diagnosticados em 100 trabalhadores expostos.

16.3. Resultados

A Tab. 16.1 descreve, de forma geral, a amostra da população ativa da qual estão disponíveis tanto os dados de exposição a sobrecarga biomecânica dos membros superiores quanto os dados sobre a prevalência de patologia relacionada ao trabalho, da qual serão apresentados os resultados.

Trata-se de 4.044 sujeitos pertencentes a 11 empresas diferentes. Estes sujeitos trabalham prevalentemente em empresas metalúrgicas, principalmente na área de montagem (n. = 3.015 trabalhadores). Algumas delas produzem motores elétricos para eletrodomésticos (n. = 719 trabalhadores), outras trabalham na montagem de pequenas peças (montagem de amortecedores e controles remotos; n. = 259), outras na montagem de peças de dimensões maiores: montagem de eletrodomésticos (geladeiras, freezers, fornos; n. = 2.037). Na amostra estão incluídos trabalhadores da área de abate e preparação de carnes (frangos e perus; n. = 969) e de limpeza em hotéis (n. = 60). Na mesma Tab. 16.1 são reportados os resultados da avaliação do risco obtidos com o uso de *checklist* OCRA para todos os trabalhadores expostos a movimentos repetitivos em cada uma das realidades ocupacionais consideradas.

Conforme já mencionado, os índices de risco indicados representam os valores médios ponderados em relação ao número de postos de trabalho realmente utilizados pelos trabalhadores nos diversos turnos: desta forma o número de postos quase coincide com o número de trabalhadores presentes.

Tab. 16.1 – Trabalhos analisados: composição numérica e índices de exposição

TIPO DE TRABALHO	TOTAL TRABALHADORES	PONTUAÇÃO *CHECKLIST*	ÍNDICE OCRA	PONTUAÇÃO *CHECKLIST* PARA TRABALHOS ANÁLOGOS
	n.	(médio)	(médio)	(média ponderada)
Montagem motores elétricos 1	431	15,2	4,7	
Montagem motores elétricos 2	288	12,0	3,4	13,9
Montagem freezers com reservatório	374	11,5	3,2	
Montagem geladeiras A	350	14,7	4,5	
Montagem geladeiras B	42	13,0	3,8	
Montagem geladeiras C	31	14,4	4,3	
Montagem geladeiras D	118	15,0	4,6	
Montagem geladeiras -cabeação	42	19,4	7,2	
Montagem fornos	650	10,2	2,8	
Montagem máquinas de lavar roupas 1	269	10,0	2,6	
Montagem máquinas de lavar roupas 2	161	10,6	3,0	11,8
Montagem amortecedores	242	19,5	7,3	19,5
Montagem controles remotos	17	12,8	4,3	12,8
Abate perus e frangos	969	20,0	7,7	20,0
Limpeza de quartos de hotéis	60	8,6	2,4	8,6
TOTAIS	**4044**	**14,6**	**4,4**	

As leves discrepâncias existentes entre o número dos postos utilizados e o número efetivo dos trabalhadores examinados (este último número resulta mais elevado) depende do fato que o número total de trabalhadores inclui os curingas de linha e os trabalhadores em excesso em relação aos postos de trabalho, previstos para cobrir a cota previsível de absenteísmo. As empresas que produzem motores elétricos apresentam valores médios ponderados de pontuação do *checklist* OCRA que denotam a presença de um risco médio (IR = 15,2 e 12). Para as empresas que produzem freezers com reservatório, fornos e máquinas de lavar roupas se obtiveram valores mé-dios ponderados que atestam a presença de um risco leve (IR = 11,8): não estão disponíveis, no momento, valores mais específicos relativos aos diversos setores destas empresas. Para a empresa de montagem de geladeiras foi possível conseguir os valores ponderados médios para cada área produtiva (A,B,C,D) que apresenta valores análogos entre 13 e 15 (risco médio): constitui uma exceção o setor de cabeação que atesta a presença de risco médio/ elevado (IR = 19,4). Este último dado é certamente representativo para muitas empresas do setor que utilizam este tipo de trabalho.

Montagem de amortecedores e controles remotos representam trabalhos caracterizados pela montagem de pequenas peças com alta freqüência de ação: nas duas situações analisadas o risco parece diferente (IR respectivamente de 19,5 e 12,8) devido ao peso diverso com que aparecem os outros fatores de risco (ver mais adiante). Para os trabalhos de abate de frangos e perus o risco é elevado (IR = 20) enquanto que para a limpeza dos hotéis o risco de exposição resultou muito leve (IR = 8,6).

Na Tab. 16.2 são apresentados os mesmos resultados da avaliação do risco divididos por sexo.

Confrontando os resultados médios ponderados, para grupos de trabalho análogo, nota-se em geral uma maior exposição para o sexo feminino em relação ao sexo masculino. Na sessão "motores elétricos 1" a diferença não é significativa, enquanto que para os "motores elétricos 2" o valor de exposição masculino é leve (IR = 10), e o feminino é elevado (IR = 20).

Tab. 16.2 – Resultado da avaliação do risco com uso de Checklist OCRA, por sexo

TIPO DE TRABALHO	MULHERES	PONTUAÇÃO *CHECKLIST*	ÍNDICE OCRA	PONTUAÇÃO *CHECKLIST* PARA TRABALHOS ANÁLOGOS
	n.	(médio)	(médio)	(média ponderada)
Montagem motores elétricos 1	305	14,4	4,3	
Montagem motores elétricos 2	115	20,0	7,7	15,9
Montagem freezer com reservatório	110	11,4	3,2	
Montagem geladeiras A	80	14,5	4,4	
Montagem geladeiras B	10	13,5	4	
Montagem geladeiras D	55	14,3	4,3	
Montagem geladeiras -cabeação	20	21,6	9,1	
Montagem fornos	500	14,0	4,2	
Montagem máquinas de lavar roupas 1	134	10,1	2,7	
Montagem máquinas de lavar roupas 2	66	12,2	4,1	13,3
Montagem amortecedores	83	23,0	10,4	23,0
Montagem controles remotos	17	12,8	4,3	12,8
Abate perus e frangos	943	20,0	7,7	20
Limpeza de quartos de hotel	30	8,8	2,4	8,8
TOTAIS	**2468**	**16,6**	**5,2**	

TIPO DE TRABALHO	HOMENS	PONTUAÇÃO *CHECKLIST*	ÍNDICE OCRA	PONTUAÇÃO *CHECKLIST* PARA TRABALHOS ANÁLOGOS
	n.	(médio)	(médio)	(média ponderada)
Montagem motores elétricos 1	126	15,5	4,9	
Montagem motores elétricos 2	173	10,0	2,8	12,3
Montagem freezer com reservatório	264	11,1	3,1	
Montagem geladeiras A	270	15,9	5,1	
Montagem geladeiras B	32	12,8	3,7	
Montagem geladeiras C	31	14,4	4,3	
Montagem geladeiras D	63	16,4	5,3	
Montagem geladeiras -cabeação	22	17,0	5,7	
Montagem fornos	150	6,2	1,9	
Montagem máquinas de lavar roupas 1	135	9,7	2,5	
Montagem máquinas de lavar roupas 2	95	9,5	2,4	11,9
Montagem amortecedores	159	19,5	7,3	19,5
Abate perus e frangos	26	22,6	8,5	22,6
Limpeza de quartos de hotel	30	8,4	2,3	8,4
TOTAIS	**1576**	**12,9**	**4,3**	

Comparando os diversos setores de montagem, para muitos deles existe um leve incremento da exposição para o sexo feminino (IR médio ponderado 13,3 nas mulheres e 11,9 nos homens). Diferenças análogas são constatadas também para os outros trabalhos analisados.

Em ambas as tabelas (Tab. 16.2 e Tab. 16.3) são reportados também os valores do índice OCRA estimados e obtidos por meio de uma função de regressão anteriormente elaborada (Colombini *et. al.*, 2000).

Para completar a descrição do risco à exposição, a Tab. 16.3a propõe, sobre o total do grupo, os resultados da avaliação do risco em percentual, distribuídos dentro de 4 faixas: risco ausente (faixa verde), leve (faixa amarela), médio (faixa vermelha) , elevado (faixa violeta).

Os trabalhos que mais ocupam a faixa de risco elevado são o abate das carnes de frangos e perus (90%), a montagem de motores elétricos (6% e 28,9%), a cabeação (11%). Na Tab. 16.3a sucessiva, os valores de distribuição da exposição por faixas de risco são apresentados também divididos por sexo. Conforme foi também ante-riormente mencionado, está confirmada uma maior exposição do sexo feminino na maioria dos trabalhos descritos.

Tab. 16.3a – Percentuais de postos de trabalho nas diversas faixas de risco, no total

TIPO DE TRABALHO	DISTRIBUIÇÃO (%) DOS RESULTADOS POR FAIXAS DE RISCO			
Todo o grupo	Ausente	Leve	Médio	Elevado
Montagem motores elétricos 1	23,0	52,0	19,0	6,0
Montagem motores elétricos 2	36,0	8,1	27,0	28,9
Montagem freezer com reservatório	9,0	48,0	42,0	1,0
Montagem geladeiras A	4,0	45,3	41,1	9,0
Montagem geladeiras B	0,0	81,0	19,0	0,0
Montagem geladeiras C	0,0	96,8	0,0	3,2
Montagem geladeiras D	0,0	51,0	49,0	0,0
Montagem geladeiras -cabeação	51,9	22,2	14,8	11,1
Montagem fornos	n.d	n.d	n.d	n.d
Montagem amortecedores	0,0	0,0	50,0	50,0
Abate perus	0,0	0,0	9,5	90,5
Limpeza de quartos de hotel	41,0	22,8	36,0	0,0
Montagem máquinas de lavar roupas 1	7,0	63,6	29,0	0,0
Montagem máquinas de lavar roupas 2	28,6	27,3	44,1	0,0
Montagem controles remotos	0,0	53,0	47,0	0,0

A Tab. 16.4 propõe os resultados analíticos das *checklist* OCRA no grupo todo analisado (Tab. 16 4a) e por sexo (Tab. 16 4b): estão descritos os resultados de cada fator de risco que compõem a *checklist* (freqüência, força, postura, tempos de recuperação e fatores complementares) e, para a postura, são particularmente evidenciados os valores obtidos para cada um dos segmentos analisados (ombro, cotovelo, pulso, mão, presença de estereotipia).

Os resultados são fornecidos para cada trabalho, primeiro para o total dos trabalhadores, e depois por sexo.

A título descritivo e de forma resumida, foram calculadas as médias ponderadas para cada um dos fatores que compõem a análise do risco.

Tab. 16.3b – Percentuais de postos de trabalho nas diversas faixas de risco, por sexo

TIPO DE TRABALHO	DISTRIBUIÇÃO (%) DOS RESULTADOS POR FAIXAS DE RISCO			
Mulheres	Ausente	Leve	Médio	Elevado
Montagem motores elétricos 1	22,0	52,0	21,0	5,0
Montagem motores elétricos 2	30,9	5,0	23,8	40,3
Montagem freezer com reservatório	4,5	48,6	46,4	0,6
Montagem geladeiras A	0,0	12,3	79,7	7,8
Montagem geladeiras B	0,0	100,0	0,0	0,0
Montagem geladeiras D	0,0	42,0	58,0	0,0
Montagem geladeiras -cabeação	0,0	7,1	21,4	71,4
Montagem fornos	8,0	37,5	47,6	1,0
Montagem amortecedores	0,0	0,0	30,0	70,0
Abate perus e frangos	0,0	0,0	6,5	93,5
Limpeza de quartos de hotel	27,0	40,0	33,0	0,0
Montagem máquinas de lavar roupas 1	6,0	66,4	27,6	0,0
Montagem máquinas de lavar roupas 2	15,2	30,3	54,5	0,0
Montagem controles remotos	0,0	53,0	47,0	0,0

TIPO DE TRABALHO	DISTRIBUIÇÃO (%) DOS RESULTADOS POR FAIXAS DE RISCO			
Homens	Ausente	Leve	Médio	Elevado
Montagem motores elétricos 1	24,0	52,0	15,0	8,0
Montagem motores elétricos 2	39,8	10,4	29,5	20,3
Montagem freezer com reservatório	11,7	48,2	39,4	0,6
Montagem geladeiras A	6,0	58,5	25,6	9,4
Montagem geladeiras B	0,0	74,2	25,8	0,0
Montagem geladeiras C	0,0	96,8	0,0	3,2
Montagem geladeiras D	0,0	59,0	41,0	0,0
Montagem geladeiras -cabeação	30,8	23,1	23,1	23,1
Montagem fornos	13,5	45,2	40,0	0,0
Montagem amortecedores	0,0	0,0	60,0	40,0
Abate perus e frangos	0,0	0,0	15,0	85,0
Limpeza de quartos de hotel	55,1	5,7	39,1	0,0
Montagem máquinas de lavar roupas 1	8,9	60,7	30,4	0,0
Montagem máquinas de lavar roupas 2	37,9	25,3	36,8	0,0
Montagem controles remotos	n.d	n.d	n.d	n.d

Tab. 16.4a – Resultados analíticos de cada fator da checklist OCRA no grupo inteiro

TIPO DE TRABALHO	RESULTADOS *CHECKLIST*: PONTUAÇÕES DE CADA FATOR DE RISCO EXAMINADO											
	recuperação	freqüência	força	postura ombro	postura punho	postura cotovelo	postura mão	estereotipia	total postura	complementares	PONTUAÇÃO TOTAL	TOTAL POSTURAS EXAMINADAS
Montagem motores elétricos 1	2,4	3,3	2,0	2,6	1,1	0,1	2,3	2,4	6,0	1,4	15,2	357
Montagem motores elétricos 2	n.d	n.d	n.d	n.d	n.d	n.d	n.d	n.d	n.d	n.d	n.d	n.d
Montagem freezer com reservatório	n.d	n.d	n.d	n.d	n.d	n.d	n.d	n.d	n.d	n.d	n.d	n.d
Montagem geladeiras A	2,9	2,2	2,1	1,8	1,5	0,4	5,3	0,4	7,1	0,2	14,7	350
Montagem geladeiras B	3,1	2,2	0,9	1,8	1,6	0,8	4	0	6,5	0,3	13	42
Montagem geladeiras C	3,0	3,0	2,2	1,0	0,1	0,0	4,0	0,0	5,1	1,1	14,4	31
Montagem geladeiras D	3,0	2,9	2,4	2,1	1,4	0,0	6,4	0,1	6,6	0,1	15,1	118,0
Montagem geladeiras-cabeação	3	2,6	2,5	1,7	3,7	0	9,4	0,6	10,3	1	19,4	42,0
Montagem fornos	n.d	n.d	n.d	n.d	n.d	n.d	n.d	n.d	n.d	n.d	n.d	n.d
Montagem amortecedores	n.d	n.d	n.d	n.d	n.d	n.d	n.d	n.d	n.d	n.d	n.d	n.d
Abate perus	4,0	8,2	1,9	1,6	1,4	3,2	2,0	3,0	7,6	1,8	23,3	74
Limpeza de quartos de hotel	0,5	4,6	0,2	3,3	3,0	3,1	3,1	1,1	5,1	0,0	10,4	40
Montagem máquinas de lavar roupas 1	1,9	2,4	1,6	1,1	0,3	0,0	3,0	0,0	3,5	0,6	10,0	269
Montagem máquinas de lavar roupas 2	3,2	2,4	2,2	1,3	0,7	0,6	1,9	0,0	2,4	0,4	10,6	161,0
Montagem controles remotos	0,5	3,8	0,2	2,0	0,5	0,2	4,7	2,3	8,0	0,3	12,8	17,0
MÈDIAS	**2,6**	**3,0**	**1,9**	**1,9**	**1,2**	**0,5**	**3,7**	**0,9**	**5,7**	**0,7**	**13,9**	**1501,0**

O fator de risco "carência de tempos de recuperação" se apresenta muito similar em todas as empresas metalúrgicas consideradas (pontuação = 3); isto significa a presença de 3 pausas além da pausa para refeição num turno de 8 horas ou a presença de 2 ou 3 pausas num turno entre 6 e 7 horas. Constituem exceção os trabalhos de limpeza dos hotéis em que os trabalhadores podem desfrutar pausas (ou, melhor, de interrupções da atividade repetitiva) de pelo menos 5 minutos aproximadamente a cada hora de trabalho (pontuação = 0,5). A mesma distribuição de pause foi observada no trabalho de montagem de controles remotos.

A "freqüência de ação" se apresenta também mediamente muito similar nas empresas metalúrgicas consideradas (pontuação = da 2,2 a 3,3) que correspondem a freqüências de ação incluídas entre 30 e 40 ações por minuto. Freqüências de ação mais elevadas se apresentam no abate de carnes avícolas (pontuação = 8,2) igual a mais de 60 ações por minuto com escassa possibilidade de breves interrupções. Para a limpeza de hotéis a freqüência de ação média encontrada é de cerca de 50/60 ações por minuto mas com presença de possibilidade freqüente de breves interrupções (pontuação = 4,6). Confrontando a "freqüência de ação" encontrada nos dois sexos, nota-se em muitos trabalhos um valor mais elevado no sexo feminino (montagem motores elétricos 1, processamento de carnes, limpeza de quartos de hotel, montagem de máquinas de lavar roupas 1 e 2).

O "fator força" apresenta-se de forma variável, com pontuações compreendidas entre 0 (força ausente) e 2-3 (presença de força moderada durante cerca de 1/3 do tempo de trabalho). Este fator, em relação aos dados obtidos para os dois sexos, resulta mais elevado no grupo de sexo masculino. Os valores mais elevados foram obtidos nos trabalhos de cabeação.

Relativamente ao "fator postura", a tabela fornece as pontuações para cada articulação envolvida. Para o ombro as pontuações variam de 1,3 (braços que trabalham não apoiados no plano por boa parte do tempo) a 3,3 (os braços trabalham, por cerca da metade do tempo, quase à altura dos ombros). Estes últimos valores foram observados nas fiações e nos trabalhos de limpeza dos hotéis.

Tab. 16.4b – Resultados analíticos de cada fator da checklist OCRA por sexo

TIPO DE TRABALHO	RESULTADOS *CHECKLIST* MULHERES: PONTUAÇÕES DE CADA FATOR DE RISCO											
	recuperação	freqüência	força	postura ombro	postura pulso	postura cotovelo	postura mão	estereotipia	total postura	complementares	PONTUAÇÃO TOTAL	TOTAL POSTURAS EXAMINADAS
Montagem motores elétricos 1	2,3	3,9	1,3	2,4	0,9	0,1	2,8	2,2	5,6	1,2	14,4	247
Montagem motores elétricos 2	n.d	n.d	n.d	n.d	n.d	n.d	n.d	n.d	n.d	n.d	n.d	n.d
Montagem freezer com reservatório	n.d	n.d	n.d	n.d	n.d	n.d	n.d	n.d	n.d	n.d	n.d	n.d
Montagem geladeiras A	2,9	1,9	0,6	2,2	0,7	0,2	6,9	0,5	8,8	0,0	14,5	80
Montagem geladeiras B	3,4	0,5	0,7	2,3	1,6	1,6	4	0	6,7	0,2	13,5	10
Montagem geladeiras C	n.d	n.d	n.d	n.d	n.d	n.d	n.d	n.d	n.d	n.d	n.d	n.d
Montagem geladeiras D	3,0	2,9	1,6	2,3	0,8	0,0	6,5	0,0	6,8	0,0	14,3	55
Montagem geladeiras -cabeação	3,0	2,9	3,3	1,8	4,9	0,0	10,4	0,4	11,0	1,4	22	20,0
Montagem fornos	n.d	n.d	n.d	n.d	n.d	n.d	n.d	n.d	n.d	n.d	n.d	n.d
Montagem amortecedores	n.d	n.d	n.d	n.d	n.d	n.d	n.d	n.d	n.d	n.d	n.d	n.d
Abate perus	4,0	9,5	0,6	1,3	1,8	4,4	1,6	3,0	8,4	1,8	23,8	48
Limpeza de quartos de hotel	0,5	5,1	0,0	3,5	3,3	3,3	3,6	0,9	5,2	0,0	10,8	30
Montagem máquinas de lavar roupas 1	2,6	2,4	2,0	1,3	0,6	0,0	1,8	0,0	2,7	0,7	10,1	134
Montagem máquinas de lavar roupas 2	3,2	3,1	2,3	1,4	1,0	0,8	3,1	0,0	3,2	0,4	12,2	66
Montagem controles remotos	0,5	3,8	0,2	2,0	0,5	0,2	4,7	2,3	8,0	0,3	12,8	17
MÉDIAS	**2,6**	**3,6**	**1,4**	**2,0**	**1,1**	**0,6**	**3,6**	**1,1**	**5,7**	**0,8**	**14,0**	**707,0**

TIPO DE TRABALHO	RESULTADOS *CHECKLIST* HOMENS: PONTUAÇÕES DE CADA FATOR DE RISCO											
	recuperação	freqüência	força	postura ombro	postura pulso	postura cotovelo	postura mão	estereotipia	total postura	complementares	PONTUAÇÃO TOTAL	TOTAL POSTURAS EXAMINADAS
Montagem motores elétricos 1	2,4	2,0	3,2	2,9	1,3	0,1	1,3	2,7	6,1	1,8	15,5	111
Montagem motores elétricos 2	n.d	n.d	n.d	n.d	n.d	n.d	n.d	n.d	n.d	n.d	n.d	n.d
Montagem freezer com reservatório	n.d	n.d	n.d	n.d	n.d	n.d	n.d	n.d	n.d	n.d	n.d	n.d
Montagem geladeiras A	2,9	2,4	2,8	1,6	1,9	0,5	5,5	0,4	7,3	0,3	15,9	270
Montagem geladeiras B	3	2,2	0,9	1,6	1,6	0,5	4	0	6,4	0,4	12,8	32
Montagem geladeiras C	3,0	3,0	2,2	1,0	0,1	0,0	4,0	0,0	5,1	1,1	14,4	31
Montagem geladeiras D	3,0	2,9	3,0	2,1	1,9	0,0	6,9	0,1	7,4	0,1	16,4	63
Montagem geladeiras -cabeação	3,0	2,2	1,7	1,7	2,5	0,0	8,4	0,7	8,5	0,6	17,0	22
Montagem fornos	n.d	n.d	n.d	n.d	n.d	n.d	n.d	n.d	n.d	n.d	n.d	n.d
Montagem amortecedores	n.d	n.d	n.d	n.d	n.d	n.d	n.d	n.d	n.d	n.d	n.d	n.d
Abate perus	4,0	7,5	2,4	1,5	1,1	3,4	0,9	3,0	7,1	1,9	22,6	26
Limpeza de quartos de hotel	0,5	4,1	0,4	3,1	2,8	2,9	2,5	1,3	5,0	0,0	10,1	10
Montagem máquinas de lavar roupas 1	2,5	1,7	1,7	1,2	0,6	0,1	2,1	0,0	2,9	0,9	9,7	135
Montagem máquinas de lavar roupas 2	3,2	2,0	2,0	1,2	0,5	0,5	1,1	0,0	1,8	0,5	9,5	95
Montagem controles remotos	n.d	n.d	n.d	n.d	n.d	n.d	n.d	n.d	n.d	n.d	n.d	n.d
MÉDIAS	**2,8**	**2,4**	**2,4**	**1,7**	**1,3**	**0,4**	**3,7**	**0,7**	**5,6**	**0,7**	**14,1**	**795,0**
n.d= dado não disponível												

Na comparação entre os dois sexos, valores de exposição ligeiramente superiores foram encontrados no sexo feminino. Para as articulações do punho e do cotovelo, a variabilidade de pontuação levantada entre as diversas tarefas é muito elevada (é bom lembrar que a pontuação 2 indica que a articulação trabalha em posição inadequada por 1/3 do tempo, 4 por 2/3 etc.). As pontuações mais altas para o punho se encontram nas operações de cabeação e na limpeza de hotéis, aquelas para o cotovelo no processamento das carnes e na limpeza de hotéis.

Os trabalhos caracterizados por níveis elevados de estereotipia (repetição do mesmo gesto de trabalho consecutivamente por pelo menos 2/3 do tempo de ciclo ou do tempo total) resultaram do processamento das carnes, a montagem dos motores elétricos e dos controles remotos.

Os "fatores complementares" mais representados são: o ritmo completamente imposto pela máquina (pontuação 2), presente principalmente no processamento das carnes e o ritmo imposto pela máquina porém com áreas de pulmão (valor 1), em geral presente, mesmo que com pequenas diferenças, em quase todas as linhas de montagem.

É importante ressaltar que nesta tabela, em relação às anteriores, foram selecionados aqueles trabalhos para os quais estavam disponíveis não apenas os valores finais dos *checklist* OCRA, mas também todas as pontuações relativas a cada fator de risco. Em particular, para o processamento das carnes estes dados analíticos dizem respeito a um número mais limitado de postos de trabalho (48 mulheres e 26 homens).

Finalmente, comparando em detalhe não apenas os valores finais das *checklist* mas também as pontuações de cada fator de risco (quando disponíveis) resulta que o sexo feminino (dentro da mesma realidade ocupacional) executa trabalhos de maior sobrecarga biomecânica devido principalmente a uma mais elevada freqüência de ação e a uma maior estereotipia enquanto o sexo masculino é exposto a trabalhos que exigem maior uso de força.

Na Tab. 16.5 são listados os trabalhos para os quais são conhecidos os dados de exposição e os resultados da vigilância sanitária visando ao estudo específico das alterações musculoesqueléticas por sobrecarga biomecânica dos membros superiores. Os dados são fornecidos para o total dos trabalhadores (Tab. 16.5a) e, separadamente, para os dois sexos (Tab. 16.5b).

Tab. 16.5a – Índices de exposição e prevalências (PA e PC) das patologias relacionadas ao trabalho dos membros superiores (UL-WMSDs) nos grupos com disponibilidade de dados clínicos, no total

Tipo de trabalho	Número Total	Pontuação *Checklist*	Índice OCRA	Número Patologias	Número Patológicos	PC	PA
		média	média				
Montagem motores elétricos 1	431	15,2	4,7	88	49	20,4	11,4
Montagem motores elétricos 2	288	12,0	3,4	56	25	19,4	8,7
Montagem freezer com reservatório	374	11,5	3,2	60	32	16,0	8,6
Montagem geladeiras A	350	14,7	4,5	86	54	24,6	15,4
Montagem geladeiras B	42	13,0	3,8	10	6	23,8	14,3
Montagem geladeiras C	31	14,4	4,3	10	6	32,3	19,4
Montagem geladeiras D	118	15,0	4,6	27	18	22,9	15,3
Montagem geladeiras -cabeação	42	19,4	7,2	29	13	69,0	31,0
Montagem fornos	650	10,2	2,8	142	86	21,8	13,2
Montagem amortecedores	242	19,5	7,3	146	58	60,3	24,0
Abate perus e frangos	943	20,0	7,7	297	211	31,5	22,4
TOTAIS	**3511**	**15,2**	**4,5**	**951**	**558**	**27,1**	**15,9**

Tab. 16.5b – Índices de exposição e prevalências (PA e PC) das patologias relacionadas ao trabalho dos membros superiores (UL-WMSDs) nos grupos com disponibilidade de dados clínicos, por sexo

Tipo de trabalho	Número Mulheres	Pontuação *Checklist* média	Índice OCRA média	Número Patologias	Número Patológicos	PC	PA
Montagem motores elétricos 1	305	14,4	4,3	77	42	25,2	13,8
Montagem motores elétricos 2	115	20	7,7	47	21	40,9	18,3
Montagem freezer com reservatório	110	11,4	3,2	26	12	23,6	10,9
Montagem geladeiras A	80	14,5	4,4	29	17	36,3	21,3
Montagem geladeiras B	10	13,5	4	5	3	50,0	30,0
Montagem geladeiras D	55	14,3	4,3	10	8	18,2	14,5
Montagem geladeiras -cabeação	20	21,6	9,1	19	8	95,0	40,0
Montagem fornos	500	14	4,2	121	72	24,2	14,4
Montagem amortecedores	83	23	10,4	86	30	103,6	36,1
Abate perus e frangos	943	20	7,7	297	211	31,5	22,4
TOTAIS	**2221**	**17,2**	**6,1**	**717**	**424**	**32,3**	**19,1**

Tipo de trabalho	Número Homens	Pontuação *Checklist* média	Índice OCRA média	Número Patologias	Número Patológicos	PC	PA
Montagem motores elétricos 1	126	15,5	4,9	11	7	8,7	5,6
Montagem motores elétricos 2	173	10	2,8	9	4	5,2	2,3
Montagem freezer com reservatório	264	11,1	3,1	36	20	13,6	7,6
Montagem geladeiras A	270	15,9	5,1	57	37	21,1	13,7
Montagem geladeiras B	32	12,8	3,7	5	3	15,6	9,4
Montagem geladeiras C	31	14,4	4,3	10	6	32,3	19,4
Montagem geladeiras D	63	16,4	5,3	17	10	27,0	15,9
Montagem geladeiras -cabeação	22	17	5,7	10	5	45,5	22,7
Montagem fornos	150	6,2	1,9	21	14	14,0	9,3
Montagem amortecedores	159	19,5	5,3	60	28	37,7	17,6
TOTAIS	**1290**	**13,3**	**4,0**	**236**	**134**	**18,3**	**10,4**

Legenda PC prevalência (%) de cada caso diagnosticado de UL-WMSDs no grupo de expostos

PA prevalência (%) de sujeitos doentes de um ou mais UL-WMSDs no grupo de expostos

Para cada trabalho analisado são fornecidos os seguintes dados: tamanho da amostra, valores de exposição com índices obtidos diretamente nos postos de trabalho com *checklist* OCRA e valores em índice OCRA estimados; número das patologias UL-WMSDs (para cada sujeito são contadas quantas patologias apresenta nos membros superiores); número de patológicos; prevalências das patologias sobre o total dos expostos (PC); prevalências dos patológicos sobre o total dos expostos (PA).

O número total de sujeitos dos quais se têm os resultados da vigilância sanitária é de 3511, dos quais 2221 mulheres e 1290 homens. Dentro do grupo feminino, 943 trabalhadoras representam o grupo das que trabalham no abate e na preparação de carnes avícolas.

No total dos grupos examinados nota-se que 15,9% dos trabalhadores são portadores de pelo menos uma patologia UL-WMSDs enquanto, se se considera a prevalência de cada caso diagnosticado de UL-WMSDs, o percentual sobe a 27,9%. As mais altas prevalências se observam nos trabalhadores da cabeação (31% PA, 69% PC), da montagem de amortecedores (24% PA, 60% PC), no abate de frangos e perus (22% PA, 31% PC); nos outros trabalhos, as prevalências dos patológicos (PA) variam de 8% a 19%.

Relativamente às prevalências obtidas, encontram-se valores percentuais maiores no sexo feminino (19,6% PA, 32,3% PC) em relação ao masculino (10,4% PA, 18,3% PC).

Para alguns trabalhos, de composição quase exclusivamente feminina, a prevalência de UL-WMSDs resultou particularmente elevada: montagem amortecedores (36,1% PA, 103,6% PC) e trabalhos de cabeação (40% PA, 95% PC).

A Fig. 16.1 propõe, na seção A, a representação gráfica do andamento dos índices de exposição obtidos com *checklist* OCRA para o conjunto de todos os trabalhos já descritos na Tab. 16.5, mas agora re-propostos em ordem crescente de risco. Na seção B é representado o andamento correspondente das prevalências dos sujeitos portadores de patologias UL-WMSDs (PA). Nota-se um andamento em crescendo destas últimas em analogia ao andamento do risco.

Na Tab. 16.6 é fornecida uma descrição analítica da tipologia das patologias UL-WMSDs na amostra de população ativa examinada. As patologias são apresentadas diferenciadas por tipologia em toda a amostra (Tab. 16.6a) e por sexo (Tab. 16.6b).

A primeira parte da tabela descreve os dados das diversas tipologias de UL-WMSDs para todos os sujeitos patológicos, sem diferenciação por sexo. A amostra dos patológicos é de 560 sujeitos com idade média de 46 anos, de onde se pode deduzir um tempo de serviço elevado (ao redor de 20 anos). As patologias encontradas são 951, o que leva a conclusão de que no grupo examinado os sujeitos apresentam quase duas patologias cada um. As prevalências das diversas tipologias de patologias descritas foram calculadas não em relação ao total dos expostos, mas ao total dos diagnósticos de patologia presentes no grupo específico de trabalhadores.

Entre todas as patologias, a síndrome do túnel do carpo é aquela que se apresenta com maior freqüência (35,2%); seguem as periartrites (22,1%), as epicondilites (17,1%) e as tendinopatias da mão (12,9%). As outras formas são raras.

Comparando as prevalências entre os dois sexos (424 mulheres e 134 homens patológicos) aparecem diferenças significativas: a síndrome do túnel do carpo é mais elevada no sexo feminino (38% nas mulheres e 25% nos homens), enquanto as epicondilites são mais representadas no sexo masculino (14% nas mulheres e 26% nos homens); a prevalência das periartrites é similar, mais elevada no sexo masculino (20,8% nas mulheres e 26% nos homens).

16.4. Discussão

O presente trabalho expõe os resultados de uma análise do risco e do prejuízo por sobrecarga biomecânica dos membros superiores numa vasta amostra da população ativa que compreende diversos trabalhos repetitivos: montagens mecânicas, processamento das carnes, limpeza.

Foram apresentados os resultados obtidos por meio da comparação entre as diversas realidades produtivas e também entre os dois sexos.

Em síntese, os setores de maior risco são o abate e processamento das carnes, os trabalhos com montagens de pequenas dimensões e alta freqüência de ação, as conexões com terminais "faston".

Comparando trabalhos análogos, o sexo feminino apresenta-se apenas ligeiramente mais exposto do que o sexo masculino mas com conteúdos diversos do risco: a força é menor mas a freqüência de ação é mais elevada, assim como maior é a estereotipia.

Tab. 16.6a – Distribuição analítica das diversas tipologias de UL-WMSDs no grupo de sujeitos portadores de UL-WMSDs

Tipo de trabalho	Total Patológicos		Patologias										Tot.
			Ombro		Cotovelo		Punho/mão		S.T.C.		Outros		
	N.	Idade Média	N.	%	N.	%	N.	%	N.	%	N.	%	N.
Montagem motores elétricos 1	49	51	15	17,0	13	14,8	11	12,5	37	42,0	9,0	10,2	431
Montagem motores elétricos 2	24	41	11	19,6	6	10,7	5	8,9	24	42,9	1,0	1,8	288
Montagem freezers com reservatório	32	n.d.	15	25,0	10	16,7	1	1,7	12	20,0	10,0	16,7	374
Montagem geladeiras A	54	44	24	27,9	21	24,4	3	3,5	25	29,1	6,0	7,0	350
Montagem geladeiras B	6	43	2	20,0	3	30,0	0	0,0	2	20,0	2,0	20,0	42
Montagem geladeiras C	6	50	6	60,0	1	10,0	0	0,0	1	10,0	2,0	20,0	31
Montagem geladeiras D	18	46	7	25,9	11	40,7	1	3,7	4	14,8	3,0	11,1	118
Montagem geladeiras -cabeação	13	50	15	51,7	2	6,9	0	0,0	7	24,1	5,0	17,2	42
Montagem fornos	89	41	24	16,9	32	22,5	20	14,1	34	23,9	4,0	2,8	650
Montagem amortecedores	58	53	36	24,7	35	24,0	22	15,1	41	28,1	2,0	1,4	242
Abate perus e frangos	211	n.d.	55	18,5	29	9,8	60	20,2	153	51,5	0,0	0,0	943
TOTAIS	560	46	210	22,1	163	17,1	123	12,9	335	35,2	49,0	5,2	3511

Fig. 16.1 – Representação gráfica do andamento dos índices de exposição obtidos com checklist OCRA para os trabalhos já descritos na Tab. 16.5 (seção A) e o andamento correspondente das prevalências dos sujeitos portadores de patologias UL-WMSDs (seção B)

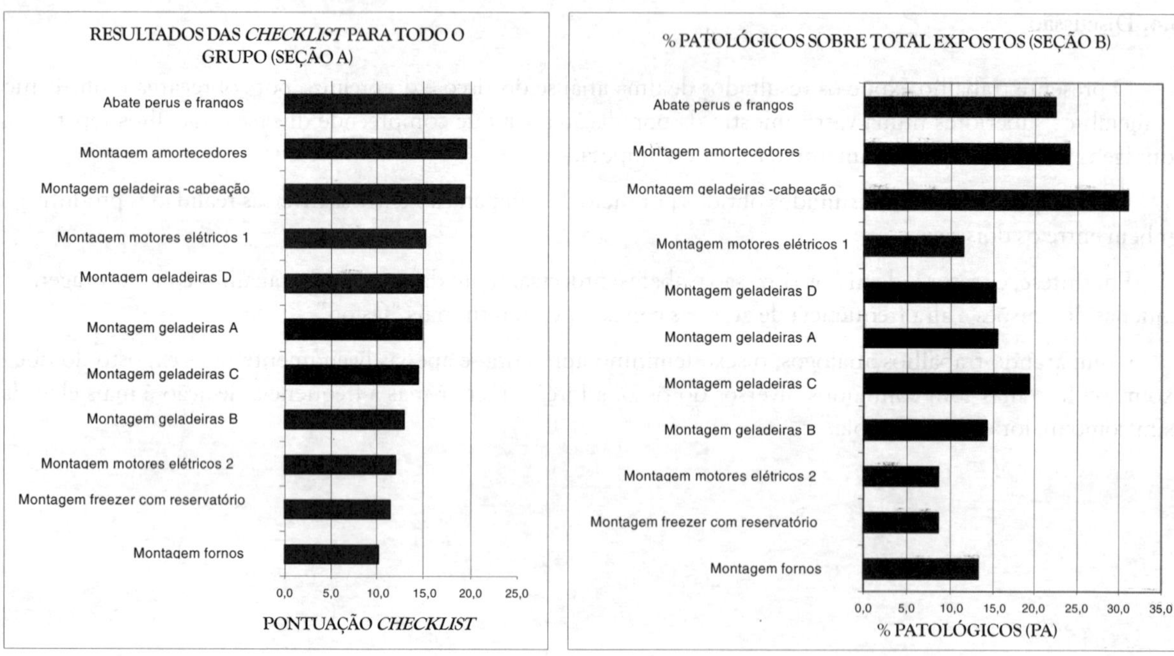

Tab. 16.6b – Distribuição analítica das diversas tipologias de UL-WMSDs no grupo de sujeitos portadores de UL-WMS-Ds, por sexo

Tipo de trabalho	Total mulheres patológicas		Patologias										Tot.
			Ombro		Cotovelo		Punho/mão		S.T.C.		Outros		
	N.	Idade média	N.	%	N.	%	N.	%	N.	%	N.	%	N.
Montagem motores elétricos 1	42	47	13	16,9	12	15,6	6	7,8	34	44,2	9,0	11,7	305
Montagem motores elétricos 2	21	44	11	23,4	4	8,5	2	4,3	20	42,6	1,0	2,1	115
Montagem freezers com reservatório	12	n.d.	6	20,0	4	13,3	1	3,3	3	10,0	11,0	36,7	110
Montagem geladeiras A	17	42	10	34,5	7	24,1	2	6,9	6	20,7	2,0	6,9	80
Montagem geladeiras B	3	42	2	40,0	1	20,0	0	0,0	2	40,0	0,0	0,0	10
Montagem geladeiras D	8	43	3	30,0	3	30,0	1	10,0	2	20,0	0,0	0,0	55
Montagem geladeiras - cabeação	8	51	9	47,4	0	0,0	0	0,0	5	26,3	5,0	26,3	20
Montagem fornos	72	37	20	16,5	25	20,7	18	14,9	30	24,8	4,0	3,3	500
Montagem amortecedores	30	57	21	24,4	17	19,8	20	23,3	21	24,4	0,0	0,0	83
Abate perus e frangos	211	n.d.	55	18,5	29	9,8	60	20,2	153	51,5	0,0	0,0	943
TOTAIS	424	45	150	20,8	102	14,1	110	15,3	276	38,3	32,0	4,4	2221

Tipo de trabalho	Total homens patológicos		Patologias										Tot.
			Ombro		Cotovelo		Punho/mão		S.T.C.		Outros		
	N.	Idade média	N.	%	N.	%	N.	%	N.	%	N.	%	N.
Montagem motores elétricos 1	7	54	2	18,2	1	9,1	5	45,5	3	27,3	0,0	0,0	126
Montagem motores elétricos 2	4	37	0	0,0	2	22,2	3	33,3	4	44,4	0,0	0,0	173
Montagem freezers com reservatório	20	n.d.	9	30,0	6	20,0	0	0,0	4	13,3	4,0	13,3	264
Montagem geladeiras A	37	46	14	24,6	14	24,6	1	1,8	19	33,3	4,0	7,0	270
Montagem geladeiras B	3	43	0	0,0	2	40,0	0	0,0	0	0,0	2,0	40,0	32
Montagem geladeiras C	6	50	6	60,0	1	10,0	0	0,0	1	10,0	2,0	20,0	31
Montagem geladeiras D	10	50	4	23,5	8	47,1	0	0,0	2	11,8	3,0	17,6	63
Montagem geladeiras - cabeação	5	50	6	60,0	2	20,0	0	0,0	2	20,0	0,0	0,0	22
Montagem fornos	14	45	4	19,0	7	33,3	2	9,5	4	19,0	0,0	0,0	150
Montagem amortecedores	28	49	15	25,0	18	30,0	2	3,3	20	33,3	2,0	3,3	159
TOTAIS	134	47	60	26,1	61	26,5	13	5,7	59	25,7	17,0	7,4	1290
legenda:	n.d.	dado não disponível											
	STC	Síndrome do túnel do carpo											

No grupo examinado, a prevalência dos patológicos (PA) é, em geral, igual a 15,9%, enquanto aquela das patologias (PC) é igual a 27%: os trabalhadores com UL-WMSDs apresentam-se, portanto, portadores de quase duas patologias cada um.

Considerando setores produtivos análogos, as prevalências dos patológicos e das patologias nas mulheres (17,4% PA, 34,3% PC) são quase o dobro em relação àquelas dos homens (10,4% PA , 18,3% PC). Também a distribuição da tipologia das patologias dos membros superiores é diferente entre homens e mulheres: no sexo masculino aparecem com maior freqüência as epicondilites, no sexo feminino a síndrome do túnel do carpo. As patologias do ombro estão significativamente representadas em ambos os sexos (20% aproximadamente). Este fenômeno pode ser explicado pelo diverso nível com que se apresentam os diversos fatores de risco nos dois sexos: freqüência de ação mais elevada e maior estereotipia nos gestos de trabalho nas mulheres, que tende a sobrecarregar prevalentemente o pulso, e maior uso de força nos homens, que tende a sobrecarregar mais o cotovelo e o ombro.

Parece, portanto, que se pode concluir que a probabilidade de ficar doente é maior nas mulheres do que nos homens, considerando-se o trabalho executado em casos análogos, mesmo com índices de exposição final ao risco somente ligeiramente superiores no sexo feminino. É necessário, porém, levar em conto a multiplicidade dos fatores que intervêm como a diversa intensidade com que aparecem e se combinam os diversos fatores de risco: maior freqüência de ação nas mulheres, maior força nos homens. E também, com certeza, a diversa idade e tempo de trabalho ou outros fatores nem sempre quantificados como, por exemplo, o maior *turnover* para o sexo masculino.

Finalmente, os resultados têm, no seu conjunto, confirmado a existência de uma associação positiva entre os níveis de risco estimados mediante o método OCRA e a prevalência de UL-WMSDs clinicamente atestados. Confirma-se portanto, mesmo indiretamente, a validade deste método para estimar probabilidades coletivas de risco em populações expostas a movimentos e esforços repetitivos dos membros superiores: no capítulo seguinte, os dados aqui apresentados serão elaborados, junto com outros já disponíveis, para analisar a natureza das associações entre risco e prejuízo e para elaborar valores críticos de referência mais detalhados que serão úteis para a interpretação dos resultados obtidos na aplicação do método OCRA (índice e *checklist* OCRA).

17. *Método OCRA (índice e* checklist*): valores de referência e modelos de previsão da ocorrência de UL-WMSDs em populações ativas expostas a movimentos e esforços repetitivos dos membros superiores*

17.1. Introdução

Conforme descrito no capítulo anterior, aos dados históricos já publicados pelos Autores (Colombini *et al.*, 1996, 2000, 2002) foram acrescentados recentemente muitos dados novos (Colombini e Occhipinti, 2004): estes, no seu conjunto, permitem que se disponha de um importante banco de dados em que aparecem, de um lado, indicadores coletivos de exposição (expressos seja em termos de índice OCRA seja em termos de pontuação do *checklist* OCRA) e, de outro lado, indicadores de efeito (baseados na casuística, clinicamente comprovada, de UL-WMSDs nos diversos grupos de trabalhadores expostos).

O renovado database disponível, utilizando critérios e vínculos típicos das normas internacionais em campo ergonômico, permitiu pesquisar:

- os novos valores "críticos" do índice OCRA e da pontuação do *checklist* para uma classificação do risco relacionado a trabalhos com movimentos e esforços repetidos dos membros superiores;
- novos e mais confiáveis modelos previsionais da ocorrência de UL-WMSDs em populações ativas expostas, a partir dos valores dos indicadores de exposição.

O total dos dados, métodos, critérios e resultados elaborados e obtidos a este respeito foi já objeto de publicação em revistas científicas (Occhipinti e Colombini, 2004); neste livro serão resumidos os principais elementos úteis para a aplicação prática dos resultados.

17.2. Data-base, métodos e critérios de elaboração dos dados

A Tab. 17.1 resume os dados salientes do database utilizado: nela estão indicados, para 22 grupos de trabalhadores expostos (N. tot. = 4624; homens = 1879; mulheres = 2745), a composição numérica (total e por sexo), o valor médio do índice OCRA e da pontuação do *checklist* e os valores registrados de prevalência de duas diversas variáveis de efeito:

- **PC** = n. de casos diagnosticados de patologias UL-WMSDs em 100 trabalhadores expostos;
- **PA** = n. de sujeitos doentes de 1 ou mais UL-WMSDs diagnosticados em 100 trabalhadores expostos.

Na mesma tabela estão também reportados dados análogos relativos a um grupo de referência (N. = 749; homens = 310; mulheres = 349) composto por trabalhadores, nunca expostos a atividades ocupacionais que comportam risco de UL-WMSDs, conforme reelaboração de trabalhos anteriores dos Autores (Battevi *et. al.*, 1998).

Para este grupo de referência, os indicadores de exposição foram atribuídos "nominalmente" (índice OCRA = 0,5; pontuação *checklist* = 1,5) como para uma exposição quase ausente.

Tab. 17.1 – Principais características dos grupos examinados: composição numérica total e por sexo, índices de exposição (índice OCRA e pontuação do checklist OCRA), prevalência de casos diagnosticados de UL-WMSDs (PC) e de sujeitos doentes de um ou mais UL-WMSDS (PA)

TIPO DE TRABALHO	Número Total	Número Homens	Número Mulheres	*CHECKLIST* Pontuação	OCRA Índice	% diagnóstico PC	% doentes PA
Montagem motores elétricos 1	431	126	305	15,2	4,7	20,4	11,4
Montagem motores elétricos 2	288	173	115	12,0	3,4	19,4	8,7
Montagem freezers	374	264	110	11,5	3,2	16,0	8,6
Montagem geladeiras A	350	270	80	14,7	4,5	24,6	15,4
Montagem geladeiras B	42	32	10	13,0	3,8	23,8	14,3
Montagem geladeiras C	31	31	0	14,4	4,3	32,3	19,4
Montagem geladeiras D	118	63	55	15,0	4,6	22,9	15,3
Montagem +cabeação geladeiras	42	22	20	19,4	7,2	69,0	31,0
Montagem fornos	650	150	500	10,2	2,8	21,8	13,2
Montagem amortecedores	242	159	83	19,5	7,3	60,3	24,0
Abate perus e frangos	943	0	943	20,0	7,7	31,5	22,4
Acabamento cerâmicas	22	0	22	24,0	21,0	109,1	63,6
Polimento madeira para carro	121	55	66	21,0	13,0	18,2	17,4
Polimento madeira para esquadrias	25	0	25	34,0	24,7	108,0	72,0
Caixa supermercado	100	0	100	17,0	7,0	53,0	26,0
Embalagem verduras	29	0	29	29,0	21,0	217,2	72,4
Tapeçaria dos assentos	59	33	26	32,0	41,7	203,4	79,7
Desossagem de carne	86	67	19	28,0	23,8	224,4	47,7
Seleção revestimentos de cerâmica	46	0	46	30,0	41,0	315,2	93,5
Montagem motores 1	467	355	112	10,0	3,4	8,6	3,9
Montagem motores 2	53	37	16	12,0	3,9	13,2	7,5
Montagem estatores	105	42	63	17,0	5,8	24,8	13,3
Grupo de referência	749	310	439	1,5	0,5	5,6	4,4

Uma atenção particular deve ser dada ao fato de que nos trabalhos anteriores a variável de efeito valorizada foi a prevalência de casos diagnosticados (1 doença = 1 caso) de UL-WMSDs sobre o número de expostos (Colombini *et al.*, 2000, 2002). Nesta última versão esta segunda variável foi mantida. A ela, todavia, foi acrescentada, a pedido de muitos especialistas e trabalhadores na área de prevenção, uma variável talvez mais "bruta" mas de impacto mais imediato, representada pela prevalência de sujeitos doentes (de 1 ou mais UL-WMSDs) sobre o total de sujeitos expostos. Esta última variável foi, portanto, recalculada também para o grupo de referência já disponível e utilizada prioritariamente para a pesquisa dos valores críticos de OCRA.

No estudo das variáveis de efeito, para todos os grupos, foram considerados unicamente os casos confirmados clinicamente (anamnese + consulta ao médico especialista + exames instrumentais apropriados) de patologias dos membros superiores conforme definido no Cap. 2 deste livro (Tab. 2.2). Foram excluídos os casos diagnosticados unicamente com base nos sintomas referidos ou de outras síndromes ou patologias de incerto enquadramento nosológico e, de qualquer forma, não relacionáveis à lista da Tab. 2.2.

A pesquisa dos *valores críticos* de OCRA úteis para identificar diversas faixas de risco (ausente, aceitável, incerto, presente) foi conduzida com base no modelo geral esquematicamente representado na Fig. 17.1 utilizando:

a) a função de regressão (derivada do database) entre o índice OCRA e a prevalência de sujeitos doentes de 1 ou mais UL-WMSDs (Prevalência doentes = PA) e os relativos limites de confiança de 90%;

b) os dados de PA obtidos no grupo de referência e os relativos limites de confiança de 90% (devido à relativa dimensão da amostra);

c) uma vez encontrados os possíveis valores críticos do índice OCRA, conforme as especificações a seguir indicadas e esquematicamente representadas na Figura 17.1, os mesmos foram utilizados para calcular os *Odds Ratio* e os relativos limites de confiança por grupos de diferente nível de exposição, reagregados conseqüentemente no database, em relação ao grupo de exposição desprezível.

Pelo aspecto específico indicado no ponto b) em que, por hipóteses, se estima a prevalência do efeito considerado (PA) numa genérica população ativa "não exposta", achou-se oportuno não utilizar diretamente o índice bruto resultante na amostra examinada, mas calcular um índice padronizado levando-se em conta a estrutura para 4 subgrupos de idade (<35 anos; e"35 anos) e de sexo (homens; mulheres), já utilizados na amostra, na população ativa italiana em 31.12.1999. Resultou um índice padronizado de PA igual a 3,7%. Com os usuais métodos estatísticos de estimativa da variabilidade da amostra de uma proporção foram também calculados os limites de confiança de 90% do índice padronizado assim obtido, levando-se em conta a dimensão numérica da amostra examinada. Na hipótese de distribuição normal da característica, estes limites coincidem com o percentil 5 e o percentil 95 da própria distribuição e são iguais, respectivamente a 2,6 % (Percentil 5) e a 4,8 % (percentil 95).

Voltando ao modelo geral resolveu-se pesquisar, em primeiro lugar, os valores críticos de OCRA utilizando a equação de regressão OCRA/PA (com os relativos limites de confiança) e os dados dos diversos percentis do índice padronizado de PA derivados do grupo de referência segundo os seguintes critérios:

a) O limite do *valor ideal de OCRA* corresponde ao ponto em que a função de regressão (valor central) corta o valor central do índice padronizado de PA no grupo de referência;

b) O limite dos *valores de OCRA ainda aceitáveis* corresponde ao ponto em que a equação de regressão, no seu limite inferior de confiança de 90% cruza o valor correspondente ao percentil 95 da distribuição do índice padronizado no grupo de referência (4,8%). Uma tal situação corresponde ao fato que a PA mínima (limite inferior da equação de regressão = b 5°), previsível em base ao correspondente valor do índice OCRA, é ainda similar à PA máxima (percentil 95) hipoteticamente detectável numa população de não expostos;

c) O limite inferior dos *valores de OCRA* que, com "razoável certeza", representam uma condição *de risco* livre é identificado pelo cruzamento entre a função de regressão (no seu limite inferior da equação de regressão = b 5°) e o dobro do valor de PA na população de não expostos (7,4%). Este valor chave (2 vezes a PA na população não exposta) foi selecionado porque utilizado nas praxes de inúmeras linhas diretrizes e padrões internacionais. Além deste valor, de fato, o valor mínimo (percentil 5) previsto de PA a partir do índice OCRA nos expostos, tem uma altíssima probabilidade de estar significativamente em excesso em relação à população de referência de não expostos.

A faixa resultante de valores OCRA compreendida entre o valor do ponto b) e o valor do ponto c) denota uma área de incerteza ou "borderline" entre aceitabilidade e presença de um risco real;

d) ulteriores valores críticos de OCRA podem ser identificados nos pontos de interseção da função de regressão (valor central) com os pontos correspondentes a *n. vezes* a PA (valor central) registrada na população de referência.

Fig. 17.1 – Modelo geral para identificar valores críticos de uma variável de exposição (X) a partir da distribuição de uma variável de efeito (Y) numa população de referência e usando a função de regressão entre X e Y e os seus limites de confiança (de 95%)

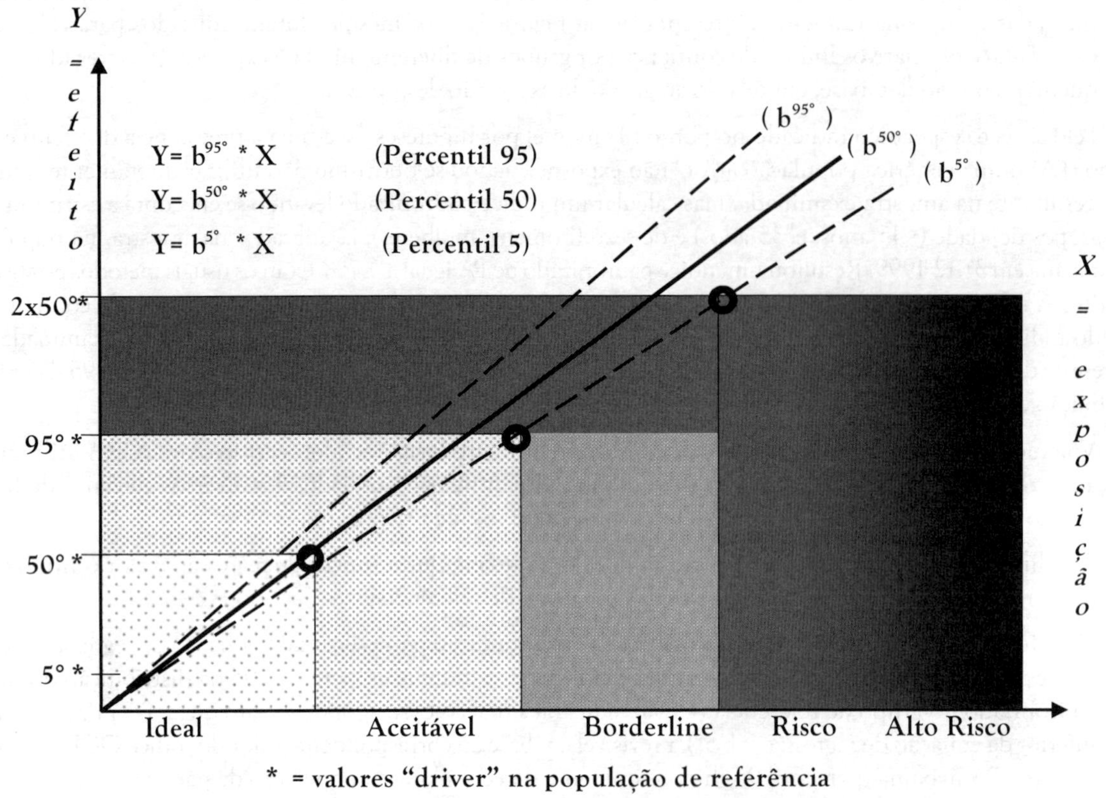

No que diz respeito à pesquisa de modelos previsionais da ocorrência de UL-WMSDs a partir dos índices de exposição foram pesquisadas as melhores funções de regressão simples entre:

– as variáveis de exposição (índice OCRA e pontuação *checklist* OCRA);

– as variáveis de efeito (PA = n. pessoas doentes de um ou mais UL-WMSDs x 100/n. expostos; PC =n. de casos diagnosticados de UL-WMSDs x 100/n. expostos).

Para a variável de efeito principal (PA) foram também pesquisadas funções de regressão múltipla com uma ulterior variável independente (o sexo) representativa da composição por sexo, em cada um dos 23 grupos examinados:

SEXRATIO = n. mulheres x 100 / n. total grupo

Em todas as funções de regressão foi pressuposto que, para um índice de exposição = 0, a prevalência dos efeitos investigados fosse nula e, portanto, foi pesquisada a melhor função sem a constante. Na pesquisa das funções de regressão levou-se também em conta o "peso" dos diversos grupos em comparação, em relação à relativa dimensão numérica.

17.3. Valores críticos de OCRA

Para fins de identificação dos valores críticos de OCRA, a Fig. 17.2 reporta os resultados concretamente obtidos aplicando os dados disponíveis ao modelo geral da Fig. 17.1.

Fig. 17.2 – Identificação dos valores críticos de OCRA a partir de valores selecionados de PA no grupo de referência e usando a equação de regressão OCRA/PA e os seus limites de confiança (de 95%), segundo o modelo geral da Fig. 17.1

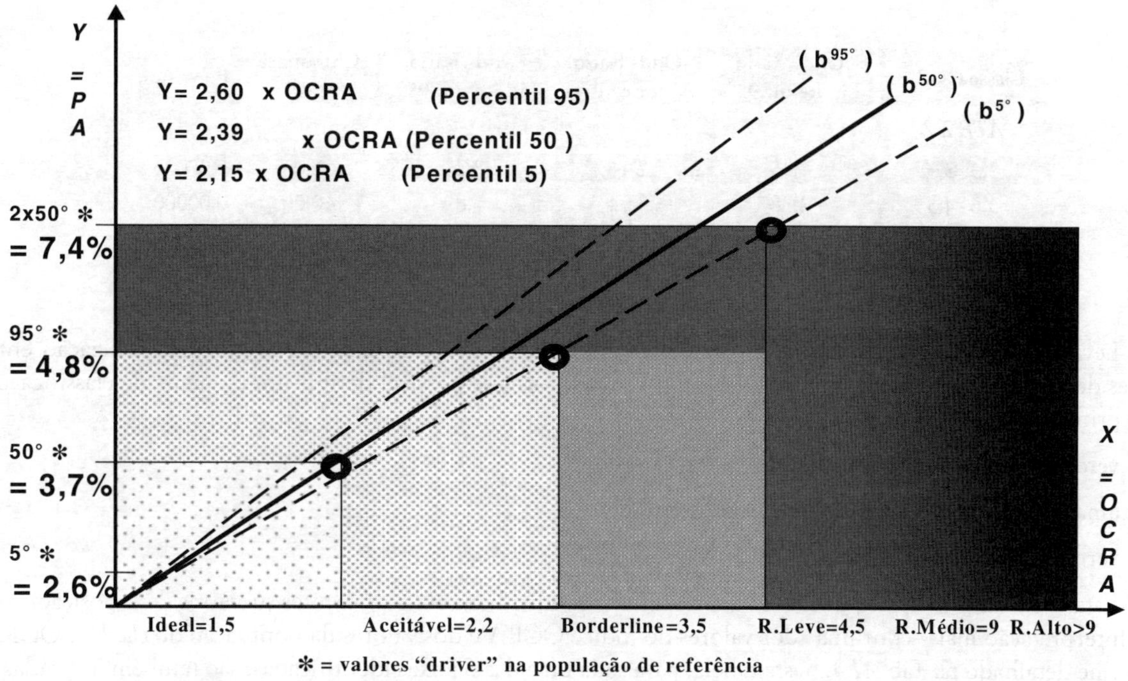

Mais particularmente, como reportado analiticamente mais adiante (Tab. 17.5), a melhor função de regressão simples entre OCRA e PA é de tipo linear e expressa pela equação geral:

$$PA = 2,39\ (\pm\ 0,14) \times OCRA$$

Esta função apresenta um grau de associação entre as 2 variáveis muito elevado (R^2 ajustado = 0,92) e estatisticamente muito significativo ($p < 0,00001$).

Utilizando esta equação (com os relativos limites de confiança de 90%), em relação aos valores guia (*drivers*) de PA definidos no grupo de referência, foi possível obter indicações sobre os diversos valores críticos de OCRA que separam áreas de diverso risco de (prevalência de) doentes de UL-WMSDs.

Tais valores críticos foram utilizados para reagregar os dados do database em grupos de diverso nível de exposição e para calcular os *Odds Ratio* (com os relativos limites de confiança) resultantes da comparação entre a PA de cada grupo reagregado com aquela do grupo de baixa exposição.

Os relativos resultados são reportados na Tab. 17.2. Ressalta-se que na reagregação dos grupos, para o objetivo específico, o grupo de baixa exposição (OCRA ≥ 2,2) é representado unicamente pelo grupo de referência.

A Tab. 17.2. é de absoluta importância na confirmação dos resultados obtidos para a identificação dos valores críticos de OCRA. A tabela evidencia como, aplicando os novos valores críticos de OCRA ao database disponível, haja um constante incremento dos valores dos *Odds Ratio* na progressiva passagem de faixas de baixas exposição para exposições médias, altas ou muito elevadas. Os testes do $\times^2$ segundo *Mantel-Haenszel*, para cada estrato testemunham a forte significatividade das comparações efetuadas. Os valores dos *Odds Ratio* (com os relativos limites de confiança) para cada faixa de valores OCRA fornecem também uma idéia dos "excessos" na prevalência de trabalhadores doentes (de um ou mais UL-WMSDs) que se presume esperar em relação a condições de exposição desprezível.

Tab. 17.2 – ODDS RATIO (com relativos limites de confiança) considerando PA, na comparação entre grupos de diverso nível de exposição ao índice OCRA e um grupo de baixa exposição (OCRA < 2,2), conforme reagregados no database examinado

Classe OCRA	Odds Ratio Limite inf.95%	Odds Ratio Valor central	Odds Ratio Limite sup.95%	Chi-square (m.- H.)	P - value
ATÉ 2,2	-	-	-	-	-
2,3 - 3,5	1,45	2,16	3,23	16,04	0,00006
3,6 - 4,5	2,38	3,74	5,89	40,06	0,00000
4,6 - 9,0	3,63	5,30	7,78	96,44	0,00000
ACIMA DE 9,0	15,99	24,31	37,11	361,88	0,00000

Levando-se em conta de um lado os resultados obtidos e de outro lado a elevadíssima associação entre valores do índice OCRA e da pontuação *checklist* OCRA, torna-se possível definir um esquema de classificação, em 3 principais faixas de risco:

verde = risco ausente ou aceitável

amarela = risco incerto ou muito leve

vermelha = risco presente

Estas 3 faixas principais podem ser ulteriormente subdivididas em 6 diferentes subfaixas de exposição, para uma interpretação mais "contínua" dos valores do índice OCRA e dos valores da pontuação do *checklist* OCRA, conforme detalhado na Tab. 17.3: nesta tabela, para cada uma das 6 faixas identificadas, são também indicadas as possíveis ações conseqüentes à avaliação do risco mediante os métodos do índice OCRA e do *checklist* OCRA apresentados nos capítulos anteriores.

Tab. 17.3 – Classificação do índice OCRA e da pontuação do Checklist OCRA, conforme áreas crescentes de risco e identificação resumida das ações conseqüentes

Área	Valores OCRA	Valores *Checklist*	Classificação do risco	Ações conseqüentes
VERDE/IDEAL VERDE/ACEITÁVEL	ATÉ 1,5 1,6 - 2,2	ATÉ 5 5,1 - 7,5	ideal aceitável	nenhuma nenhuma
AMARELO	2,3 - 3,5	7,6 - 11	incerto ou muito leve	nova verificação
VERMELHO LEVE VERMELHO MÉDIO	3,6 - 4,5 4,6 - 9,0	11,1 - 14 14,1 - 22,5	leve médio	reduzir risco vigilância sanitária formação
VERMELHO INTENSO	ACIMA DE 9,0	ACIMA DE 22,5	intenso	reduzir risco vigilância sanitária formação

17.4. Modelos previsionais

No que se refere à identificação de modelos de previsão da prevalência de UL-WMSDs nos expostos (previsão dos "*outcomes*" de saúde) a partir dos indicadores de exposição, já nos referimos aos resultados da análise relativa ao melhor modelo de associação entre OCRA e PA. A relativa equação de regressão foi utilizada depois para identificar os valores críticos de OCRA.

A mesma equação permite, portanto, a previsão da prevalência de pessoas doentes (PA) de um ou mais UL-WMSDs clinicamente diagnosticados a partir dos valores de OCRA resultantes nos diversos contextos práticos.

Na prática, utilizando os valores de OCRA e a reta de regressão com os seus limites de confiança, é possível formular hipóteses sobre a PA que se espera num determinado contexto ocupacional. Isto, por exemplo, é realizado com a Tab. 17.4, em que, para os diversos valores críticos de OCRA anteriormente identificados, é estimada a PA esperada calculando tanto o valor central quanto os limites de confiança (neste caso de 90%) de tal estimativa.

Os melhores modelos simples de estimativa dos dois efeitos de saúde investigados (PA e PC) a partir dos valores do índice OCRA e da pontuação do *checklist* OCRA estão indicados na Tab. 17.5. Nesta tabela são reportados:

- a variável de efeito (PA ou PC);

- o índice de exposição (OCRA ou *checklist*);
- a equação que exprime o melhor modelo de associação;
- o erro padrão do coeficiente b da equação;
- o R^2 ajustado e o nível de significatividade estatística do modelo de associação.

Todos os modelos derivados demonstraram uma elevadíssima associação entre variável independente (exposição) e variável dependente (efeito de saúde). Apesar disso, se recomenda, para fins de previsão, de utilizar os dados da Tab. 17.4, que resultam da equação de regressão OCRA/PA:

$$PA= 2{,}39\pm(1{,}645x0{,}14)x\ OCRA$$

Para derivar uma previsão das pontuações do *checklist* OCRA é aconselhável fazer referência aos valores correspondentes de faixa OCRA (ver Tab. 17.3) e estimar os valores mínimos e máximos de faixa.

Se, por exemplo, se obtiver, por meio do *checklist*, uma pontuação 12, esta corresponderia à faixa OCRA entre 3,6 e 4,5 (risco leve) que leva a estimar uma PA esperada entre 8,6 e 10,75.

Tab. 17.4 – Estimativa da PA prevista e do PC (valor central e limites de confiança de 95%) em função de valores-chave do índice OCRA e do checklist OCRA conforme a função de regressão linear simples OCRA/PA

OCRA	% Patológicos (PA) Percentil 5 mínimo	Percentil 50 médio	Percentil 95 máximo
1	2,15	**2,39**	2,60
2,2	4,73	**5,26**	5,72
3,5	7,52	**8,36**	9,10
4,5	9,67	**10,75**	11,70
9	19,35	**21,51**	23,40

Área	Valores OCRA	Valores *Checklist*	% Patológicos (PA)
VERDE/ACEITÁVEL	FINO 2,2	7,59	ATÉ 5,26
AMARELO	2,3 - 3,5	7,6 - 11	**5,27-8,35**
VERMELHO LEVE	3,6 - 4,5	11,1 - 14	8,36-10,75
VERMELHO MÉDIO	**4,6 - 9,0**	**14,1 - 22,5**	10,76-21,51
VERMELHO INTENSO	ACIMA DE 9,0	ACIMA DE 22,5	ACIMA DE 21,51

Tab. 17.5 – Funções de regressão simples entre variáveis de exposição (índice OCRA e pontuação checklist OCRA) e variáveis de efeito (PA e PC) dentro da amostra examinada

Indicador exposição (X)	Indicador efeito (Y)	Tipo de função	Equação	E.s. (b)	R^2 adj.	P
OCRA	PA	LIN Y=bX	Y= 2,39 X	0,14	0,92	0,00001
OCRA	PC	LIN Y=bX	Y= 6,01 X	0,48	0,87	0,00001
CHECKLIST	PA	POW $Y= X^b$	$Y=X^{1,004}$	0,047	0,95	0,00001
CHECKLIST	PC	POW $Y= X^b$	$Y=X^{1,22}$	0,052	0,95	0,00001

Deve ser, finalmente, assinalado que, a variável derivada "SEXRATIO" (*n. mulheres x 100/n. total*) que expressa a composição numérica por sexo dos diversos grupos, junto com o índice OCRA, foi utilizada para a pesquisa de um modelo de associação (regressão múltipla) entre 2 variáveis independentes (ou preditivas) e a variável de efeito PA, que neste contexto já foi escolhida como a mais representativa. Resultou um modelo previsional de PA baseado no OCRA e SEXRATIO reportado na Tab. 17.6 e expresso pela equação de regressão linear múltipla:

PA = 2,02 [OCRA] + 0,075 [SEXRATIO]

Na Tab. 17.6 estão também indicados os dados relativos aos limites de confiança (de 95%) desta equação assim como os valores de R^2 indicativos da força de associação entre as variáveis preditivas e a variável de efeito. O modelo de associação resultante tem, de qualquer forma, uma elevadíssima significância estatística (P < 0,0001).

Tab. 17.6 – Função de regressão múltipla entre OCRA e SEXRATIO (variáveis preditivas) e PA (variável de efeito)

PA = 2,02 x OCRA + 0,075 x SEXRATIO	
	R^2 = 0,96
LIMITES DE CONFIANÇA DE 90% DA PREVISÃO	
5°	PA = 1,72 x OCRA + 0,035 x SEXRATIO
95°	PA = 2,32 x OCRA + 0,115 x SEXRATIO
	onde
PA = Prevalência (estimada) de pessoas doentes de um ou mais UL-WMSDs.	
SEXRATIO = N. Mulheres x 100 / N. Total	

17.5. Interpretação e utilização dos critérios e modelos apresentados

Todos os estudos em que estão baseados os critérios e modelos de revisão apresentados são estudos de prevalência. É preciso estar ciente de que os dados oriundos de tais estudos, quando usados para investigar hipóteses de relação entre condições de exposição (no caso, uma multiplicidade de fatores de risco ocupacional) e os correspondentes efeitos coletivos de saúde, são suscetíveis de diversos efeitos de distorção não controláveis. Estudos "controlados" de incidência (retrospectivos ou perspectivos) seriam certamente mais adequados ao escopo: eles, no entanto, são de mais difícil e longa realização e, portanto, no momento, de escassa disponibilidade.

Seria todavia errado não usufruir de estudos de prevalência como aqueles em que se baseia o presente trabalho, que, mesmo realizados por múltiplas equipes, são muito numerosos e baseados em critérios de enquadramento da exposição e do prejuízo muito homogêneos, e que, apresentando resultados muito coerentes entre si, permitem sugerir pelo menos hipóteses sobre os sistemas de classificação da exposição e, em última análise, do risco (probabilidade "coletiva" de doença), quando forem adotados os métodos OCRA (índice OCRA e *checklist* OCRA) para a avaliação da exposição a movimentos e esforços repetidos dos membros superiores.

É confirmado, portanto, que aquelas aqui apresentadas são apenas hipóteses razoáveis baseadas num grupo já numeroso de estudos de prevalência muito homogêneos entre si, e que outros estudos, especialmente de incidência, são necessários para melhor definir e validar os sistemas de classificação do índice OCRA.

Destaca-se, também, como o mesmo problema (talvez de forma ainda maior) se põe para outros métodos de avaliação dos movimentos repetitivos dos membros superiores sugeridos por diversos Autores na literatura (ACGIH 2000, McAtamney *et al.*,1993, Moore e Garg, 1995).

Evidenciados estes limites, é possível entrar no mérito de alguns dos resultados obtidos por pontos essenciais.

a) O modelo geral, reportado na Fig. 17.1, para a identificação dos valores críticos de OCRA se baseia em algumas decisões dos Autores em parte "arbitrárias". Nos referimos, em particular, à escolha de determinados valores percentis da distribuição de PA na população ativa de referência como valores guia para a pesquisa dos valores críticos, assim como da escolha de algumas variantes da equação de regressão OCRA/PA obtidos por meio do data-base.

É evidente, de fato, que baseando-se nos mesmos dados, e efetuando escolhas diferentes (por outro lado justificáveis) dos valores guia podem se obter resultados dos valores críticos em parte diferentes. No caso as escolhas definidas "arbitrárias" ocorreram preventivamente baseadas numa comparação realizada em particular no CEN e na ISO para a produção de dois padrões técnicos específicos e de alguma forma confirmadas pela sucessiva elaboração concreta dos dados, com particular referência à estimativa dos *Odds Ratio* por grupos homogêneos e crescentes de exposição.

Permanece, no entanto, a originalidade do modelo geral proposto sabendo que, em relação a este, outros modelos, com outras justificadas motivações seja de caráter técnico-científico seja ético-social, podem utilizar critérios diferentes de escolha dos valores guia.

b) Com base nos dados e ao modelo de análise foi possível identificar um sistema de classificação do índice OCRA articulado em mais faixas, mas sempre relativas (conforme anteriormente mencionado) à lógica da classificação conforme o semáforo (verde, amarelo, vermelho).

A este propósito deve ser ressaltado que foram atribuídos à **faixa "verde"** todos os valores de OCRA definidos ainda aceitáveis (não apenas ideais), para os quais não são previstas, de forma geral, ações preventivas conseqüentes.

A **"faixa amarela"** é definida pelos valores de OCRA (2,3 – 3,5) para os quais, de acordo com os dados obtidos, poderia existir um risco de UL-WMSDs: o mesmo, no entanto, permanece incerto ou muito contido (excessos de PA inferiores a 2 vezes aos que podem ser estimados na população de referência). Trata-se, substancialmente, de uma faixa em que o risco, se houver, é caracterizável como muito leve.

A **"faixa vermelha"**, aquela do risco propriamente dito, foi dividida em três subfaixas: vermelho leve, vermelho médio, vermelho intenso em que a previsão de PA é, por hipótese, (em sua maioria confirmada pelos *Odds Ratio* calculados pelo database disponível) respectivamente entre 2 e 3 vezes, entre 3 e 6 vezes ou mais de 6 vezes em relação à PA estimada na população não exposta.

c) A organização da classificação da exposição, por faixas ou níveis de risco, discutida no item anterior, se por um lado representa uma ulterior contribuição para o enquadramento da avaliação do risco e para orientar as eventuais ações de prevenção conseqüentes, também em conformidade às normas, por outro lado, pode, se for utilizada impropriamente, conduzir a fenômenos de distorção da interpretação dos resultados obtidos por meio do método OCRA: isto vale, em particular, para as faixas de resultado dos índices perto dos valores críticos.

Se é, por exemplo, formalmente correto afirmar que um valor de OCRA de 3.5 representa um risco incerto (mas muito leve) e que um valor de OCRA de 3.6 representa um risco presente, é igualmente verdade que entre estes 2 valores não há uma diferença substancial e que o usuário deverá, de alguma forma, levar em conta a "continuidade" que os resultados de OCRA exprimem (também por meio dos modelos previsionais fornecidos) ao invés de dividir nitidamente os resultados entre "risco" e "não risco".

Tendo em vista que o método OCRA é já utilizado em muitos contextos também para finalidades de vigilância e de caráter médico legal, cumpre ressaltar que nas intenções dos Autores o sistema de classificação proposto, baseado nos novos valores críticos do índice OCRA, quer ser mais um guia para a interpretação das análises avaliatórias e para orientar as relativas atuações preventivas do que um padrão rígido de valores limite a serem utilizados acriticamente para finalidades diferentes daquelas aqui declaradas.

d) Os modelos previsionais dos efeitos da saúde nos expostos (prevalência de UL-WMSDs), a partir dos índices de exposição OCRA e do *checklist* OCRA foram elaborados com o objetivo principal de fornecer instrumentos aos usuários das estimativas das conseqüências da avaliação do risco, que induzam os mesmos e os seus interlocutores (por ex. diretores de empresas) a avaliações mais realísticas das prioridades de atuação, levando em conta os aspectos técnicos e econômicos ligados tanto aos custos das atuações de prevenção como também, em alternativa, aos custos da "não" prevenção.

Na experiência prática, a utilização dos modelos previsionais demonstrou-se, de fato, um instrumento muito eficaz de interlocução com os responsáveis pelas decisões, especialmente nas empresas, quando se tratava de estabelecer planos de intervenção em conseqüência da avaliação do risco.

De um ponto de vista estritamente técnico-científico e estatístico, os modelos previsionais podem fornecer, portanto, unicamente hipóteses de estimativa da ocorrência de UL-WMSDs esperada numa perspectiva plurianual, dado um certo nível de exposição a movimentos e esforços repetidos dos membros superiores; do ponto de vista das praxes de gestão do risco, tais modelos representam um instrumento fundamental, tanto de interlocução entre os responsáveis pela prevenção e os responsáveis pelas decisões, quanto de estimativa e verificação dos efeitos da saúde esperados e verificados a médio e longo prazo.

18. *Referências normativas e aprofundamento de alguns padrões técnicos europeus em campo ergonômico*

18.1. Breves referências normativas

Na atual legislação italiana não existem normas específicas e particulares que regulem a prevenção das patologias por movimentos e esforços repetidos dos membros superiores. É possível, no entanto, remeter a normas de caráter mais geral que fornecem orientações também para esta matéria.

Isto é possível utilizando algumas chaves simples de leitura que são aqui fornecidas privilegiando os aspectos relativos à avaliação e à gestão do risco e não os aspectos médico-legais e securitários, dos quais já se falou no Cap. 2.

18.1.1. O Decreto legislativo n. 626/94

Este decreto, que reformulou o "sistema de prevenção" italiano sob o perfil da organização, dos métodos e dos instrumentos operacionais, mesmo não abordando o risco específico (não vale neste caso a tentativa, como alguém sugeriu, de utilizar o título V relativo à movimentação manual de cargas) prevê que (art. 3) o empregador adote uma série de medidas gerais de tutela dos trabalhadores que incluem também:

> o respeito dos princípios ergonômicos na concepção dos postos de trabalho, na escolha das ferramentas e na definição dos métodos de trabalho e de produção, também para atenuar o trabalho monótono e repetitivo.

Se a observância das medidas gerais de tutela (entre as quais aquela citada) do art. 3º não é sancionável diretamente, não se pode afirmar o mesmo à luz do que está previsto no sucessivo art. 4º. De fato, com este artigo se obriga o empregador (a obrigação não é delegável) de:

> avaliar todos os riscos para a segurança e a saúde dos trabalhadores, identificar, se for o caso, as medidas de prevenção e proteção conseqüentes, articulando também um programa visando a garantir a melhoria no tempo dos níveis de segurança.

Tendo-se já afirmado na literatura que as atividades com movimentos e esforços repetidos dos membros superiores podem constituir um risco para a saúde, e estabelecendo o mesmo art. 3º do Decreto Legislativo n. 626/94 que o respeito dos princípios ergonômicos para atenuar os efeitos do trabalho repetitivo é uma medida essencial de tutela, deriva que, nos contextos empresariais apropriados, o empregador deve avaliar também este risco específico e, quando o mesmo seja detectado e considerado potencialmente prejudicial, deve implementar um programa que vise a conter o mesmo no nível mais baixo tecnicamente possível, compativelmente com o tipo de atividade exercida.

A necessidade de considerar, no processo geral de avaliação e gestão dos riscos para a saúde dos trabalhadores, também o risco por movimentos repetitivos parece, portanto, um elemento decisivo que emerge da norma: deste surgem depois óbvias conseqüências no âmbito das medidas a serem adotadas em termos de prevenção primária (medidas estruturais e organizacionais), de vigilância sanitária dos expostos e de formação específica dos trabalhadores.

Em particular, no que se refere à vigilância sanitária, o art. 16 do Decreto Legislativo n. 626/94 indica que:

> a vigilância sanitária é obrigatória nos casos previstos pela normas vigentes.

É uma interpretação redutiva que a vigilância se torne obrigatória somente na presença dos fatores de risco conforme o DPR 303/56, o Decreto Legislativo n. 277/91 e os títulos V, VI, VII e VIII do Decreto Legislativo n. 626/94.

Na realidade, prevendo as normas vigentes também uma obrigação geral de (efetiva) avaliação de todos os riscos para a saúde, deriva que, quando um destes riscos seja detectado (e o risco por movimentos e esforços repetidos pode ser um deles), surge a obrigação de implementar a vigilância sanitária na área específica, por parte do médico responsável.

Deve ser, por fim, assinalado que o art. 6º do Decreto Legislativo n. 626/94 determina:

> obrigações relativas ao respeito dos princípios gerais de prevenção (conforme o art. 3º) para os projetistas de postos e de instalações de trabalho.

Este artigo deve ser lido, por outro lado, em conjunto com as previsões da "Diretriz para as máquinas" (DPR n. 459/96).

18.1.2. A Diretriz para as máquinas (DPR 459/96)

Esta diretriz comunitária, emanada de acordo com o princípio do livre comércio entre os países membros da U.E., é principalmente dirigida aos projetistas e construtores de máquinas e instalações e tende a garantir níveis aceitáveis e uniformes de segurança e de proteção da saúde dos usuários.

Conforme esta Diretriz, o projeto de novas máquinas, ou de máquinas "velhas" que recebem modificações construtivas ou de destinação de uso, deve satisfazer a uma série de requisitos de segurança e de ergonomia estabelecidos em linha de princípios pela própria norma e *de forma concreta* por uma série de chamadas "normas harmonizadas" (ou padrão) emanados, com determinação U.E., pelo CEN (Comitê Europeu de Normalização).

Neste comitê já foi definida ou está em via de definição uma série de normas harmonizadas estritamente ligadas à prevenção dos UL-WMSD.

Tendo em vista que junto aos fabricantes, não só se adquirem e instalam máquinas, mas muitas vezes estas são projetadas ou adaptadas às próprias necessidades, o conhecimento e o respeito destas normas (não apenas para fins de certificação mas também para a observância das obrigações indicadas no art. 6º do Decreto Legislativo n. 626/94) torna-se fundamental.

Igualmente fundamental é a utilização destas referências normativas para introduzir aquelas modificações estruturais nas máquinas e nas linhas de produção junto às quais foi detectado um risco relevante de patologias por movimentos repetitivos dos membros superiores.

18.2. Padrões técnicos europeus em matéria de ergonomia

Há vários anos, junto ao CEN, trabalham grupos de especialistas para a preparação de padrões em matéria de Ergonomia.

O comitê técnico do CEN que se ocupa de Ergonomia tem a sigla CEN TC 122. Atualmente este comitê técnico de Ergonomia colocou em ação 10 grupos de trabalho (WG) conforme listados na Tab. 18.1.

Tab. 18.1 – Grupos de trabalho no campo da ergonomia em ação junto ao CEN

CEN TC 122 Ergonomia - Grupos de trabalho (WGs)
1. ANTROPOMETRIA
2. PRINCÍPIOS GERAIS
3. TEMPERATURAS DE CONTATO
4. BIOMECÂNICA
5. TERMINAIS DE VÍDEO
6. SINAIS/COMANDOS
7. COMUNICAÇÕES
8. EQUIPAMENTOS DE PROTEÇÃO
9. MÁQUINAS MÓVEIS
10. MICROCLIMA

Os padrões preparados por estes grupos de trabalho e comitês derivam em sua maioria de um mandato dado ao CEN pela Comissão Européia e pela Associação "Free Trade" Européia (EFTA) como suporte aos requisitos essenciais presentes nas diretrizes européias e, em particular, no contexto do capítulo tratado, na chamada "Diretriz para as Máquinas".

Projetar ergonomicamente os sistemas e as máquinas de trabalho significa melhorar a segurança, a eficiência do trabalho humano e promover melhores condições de vida e de trabalho. Um bom projeto ergonômico influi também favoravelmente nos sistemas de trabalho e na confiabilidade do trabalhador colocado dentro dele. Quando se projeta e se constrói uma máquina, o construtor deve levar em conta os requisitos essenciais de saúde, segurança e ergonomia previstos pela Diretriz para as Máquinas e deve avaliar os riscos presentes.

Os padrões ergonômicos que serão tratados neste livro foram preparados para serem *padrões harmonizados* explicativos e práticos da Diretriz para as Máquinas.

Em particular, no que se refere à prevenção dos UL WMSDSs, os padrões europeus de interesse específico estão listados na Tab. 18.2.

Nos parágrafos sucessivos serão examinados os principais conteúdos de algumas destas normas técnicas.

18.3. Princípios para o *design* ergonômico: interação entre o projeto da máquina e as relativas tarefas ocupacionais (EN 614-2)

Na Diretriz para as Máquinas n. 89/392/EEC, no anexo 1, item 1.1.2 os princípios ergonômicos são evidenciados para assegurar a segurança e a saúde e um racional processo de trabalho: nas condições de uso previstas, o desconforto, a fadiga e o estresse psicológico do trabalhador devem ser reduzidos ao mínimo possível, levando em consideração os princípios ergonômicos.

O padrão aqui examinado ajuda o projetista a aplicar os princípios ergonômicos focalizando a atenção especialmente na interação entre projeto da máquina e da tarefa ocupacional. Isto é essencial porque a qualidade do projeto da máquina depende também da capacidade dos trabalhadores de executar as tarefas previstas de modo competente e seguro.

Tab. 18.2 – Padrões harmonizados europeus ligados à Diretriz para as Máquinas, úteis para a prevenção dos UL-WMSDs (entre parênteses os padrões correspondentes ISO, quando existentes)

PADRÕES	NUMEROS
Princípios para o *design* ergonômico: interação entre o projeto da máquina e das tarefas.	EN 614-2
Dados antropométricos: critérios e medidas.	EN ISO 7250
Requisitos antropométricos para o projeto de postos de trabalho perto das máquinas.	EN 547(-1)(-2)-3
Limites de força recomendados para operações executadas nas máquinas.	EN ISO 14738
Avaliação das posturas e dos movimentos de trabalho em relação ao uso de máquinas.	EN 1005-3 pr EN 1005-4 (ISO CD 11226)
Movimentos repetitivos de alta freqüência em relação ao uso de máquinas.	pr EN 1005-5 (ISO CD 11228-3)

A aplicação dos princípios ergonômicos à máquina e à tarefa ocupacional tem por objetivo reduzir o desconforto, a fadiga e outros efeitos negativos para o trabalhador: isto contribui também para otimizar o sistema de trabalho e para reduzir os riscos de efeitos negativos sobre a saúde.

A finalidade do padrão é estabelecer os princípios e os procedimentos ergonômicos durante o projeto integrado de uma máquina e de uma tarefa ocupacional evidenciando, em particular, princípios e métodos que se devem aplicar no projeto do trabalho.

O padrão é dirigido aos projetistas das máquinas, mas é útil também para quem trabalha com a utilização das máquinas (dirigentes, organizadores, etc.).

O padrão exige:

a) o respeito de alguns princípios-guia no projeto das tarefas;

b) a adoção de uma metodologia "em etapas" para projetar cada tarefa;

c) a verificação dos resultados obtidos em relação ao respeito aos princípios ergonômicos.

a) O respeito de alguns princípios-guia no projeto das tarefas

Quando projeta uma máquina e uma conseqüente tarefa ocupacional, o *designer* deve certificar-se que as características ergonômicas abaixo indicadas sejam todas satisfeitas, em relação ao previsto "target" de usuários.

Ao projetar um processo produtivo em particular o *designer* deve:

- reconhecer a experiência, a capacidade, a competência da população alvo;
- certificar-se que as tarefas ocupacionais a serem executadas sejam identificáveis como completas e inteiras unidades de trabalho, com um início e um fim claramente identificáveis e não como fragmentos isolados de algumas tarefas;
- certificar-se que a tarefa ocupacional seja uma contribuição significativa ao produto final;
- providenciar a aplicação de uma apropriada variedade de competência, capacidade e atividade;
- providenciar um apropriado grau de liberdade e autonomia para o trabalhador;
- prever um suficiente "feedback" da execução da tarefa para o trabalhador: a informação sobre a execução deve se tornar disponível ao trabalhador para controlar se os objetivos são alcançados e a execução é adequada. Isto inclui também informações sobre erros e alternativas;
- fornecer a oportunidade de praticar e desenvolver habilidades e capacidades bem como de adquirir novas;
- evitar a sobrecarga ou a subcarga do trabalhador que pode conduzir a estresse excessivo e desnecessário, a fadiga e erros. Em particular são a *freqüência, a duração, e a intensidade das atividades* perceptivas, cognitivas e *motoras* que devem ser projetadas de forma a evitar tais conseqüências;
- *evitar a repetitividade* que pode levar a um desequilíbrio físico e psicológico bem como a sensações de monotonia, tédio, insatisfação. Ciclos curtos deveriam ser evitados. Para o trabalhador deve ser prevista uma variedade apropriada de tarefas ou atividades.

Se as tarefas repetitivas não podem ser evitadas:

- O tempo de execução não deve ser determinado somente com base nos tempos médios medidos e estimados em condições normais;
- devem ser previstas as possibilidades de desvio diversificando-as das condições normais;
- tempos de ciclo muito curtos devem ser evitados;
- deve ser dada ao trabalhador a oportunidade de trabalhar no seu ritmo, em vez de em um ritmo preestabelecido;
- deve-se evitar trabalhar com objetos em movimento;
- evitar o trabalho em isolamento sem a oportunidade para o trabalhador de ter contatos sociais e funcionais;
- a visão, o nível de ruído, a distância e a autonomia entre os postos de trabalho devem ser levados em consideração quando se definem espaço, posicionamento e função das máquinas e de seus equipamentos anexos.

Todas estas características devem ser levadas em consideração no projeto de uma máquina. Se não for possível alcançar todos os objetivos, a máquina e a tarefa ocupacional devem ser construídas o mais perto possível destes objetivos.

b) A metodologia para o projeto das tarefas prevê passos sucessivos em que:

1) se definem os objetivos gerais do projeto;

2) se realiza uma análise das funções;

3) se efetua uma conseqüente atribuição das funções;

4) se detalham as tarefas conseqüentes;

5) se atribuem as tarefas aos trabalhadores.

Neste trabalho é importante ressaltar que o *designer* deve efetuar os passos sucessivos levando em conta tanto os princípios ergonômicos acima indicados quanto a necessidade de prever as conseqüências (em termos de produtividade e de saúde) das diversas escolhas.

Na fase 3) de "atribuição das funções" deve ser decidida, em particular, a relativa divisão entre máquina e trabalhador prevendo, se for o caso, mais alternativas.

Na fase 4) (*detalhamento da tarefa*) cada tarefa ocupacional prevista para o trabalhador, assim como resulta da distribuição das funções, deve ser especificada em detalhe. Ao mesmo tempo devem ser especificadas as correspondentes soluções técnicas que incluem a interface homem-máquina. O objetivo do detalhamento da tarefa é determinar que tipos de tarefas e subtarefas os trabalhadores deverão executar e recolher informações sobre a necessidade de qualificação, distribuição da carga de trabalho e possíveis riscos presentes.

Nesta fase particular o projetista deve:

- levar em conta situações análogas já projetadas ergonomicamente;
- especificar, ao pôr a máquina em funcionamento, o que o trabalhador deve fazer, com quem, quando e com que tipo de equipamento de trabalho;
- descrever e avaliar as características organizacionais que acompanham a execução da tarefa ocupacional: por exemplo a força de execução solicitada, a freqüência da tarefa, a temporalização e a seqüência das tarefas, a dificuldade para aprender as tarefas, a dificuldade para executá-las, os riscos associados com a sua execução.

As especificações devem dar uma idéia clara da carga de trabalho e dos riscos que cada tarefa impõe ao trabalhador e devem fornecer una distribuição adequada das tarefas a cada trabalhador. Os resultados deste tipo de especificação devem ser comparados com os princípios básicos do projeto da tarefa.

O projetista deve atribuir a tarefa aos trabalhadores especificando o número de trabalhadores solicitados e identificando uma distribuição equilibrada das cargas de trabalho entre os trabalhadores.

c) A verificação dos resultados obtidos em relação ao respeito aos princípios ergonômicos

O projetista deverá finalmente proceder a uma avaliação do projeto das tarefas em relação às máquinas não apenas durante a elaboração de projeto mas também durante a fase de implementação e operacionalização.

Os métodos e os critérios desta avaliação, que dependem também da complexidade do processo projetado, devem ser explicitados. Entre os métodos que podem ser utilizados estão aqueles que prevêem o recurso a: discussões de grupo, entrevistas, questionários, *checklist*, estudos observacionais, estudos da criticidade (acidentes), avaliações psicométricas mediante escalas padronizadas.

18.4. Dados antropométricos: critérios e medidas

Uma série de normas técnicas (EN 547 partes 1-2-3; ISO EN 7250) propõe os critérios de medição e as medidas humanas específicas necessárias para calcular as dimensões dos postos de trabalho. Estes últimos dados se baseiam em informações representativas da realidade européia, obtidas de grupos de população masculinos e femininos.

A Tab. 18.3 resume satisfatoriamente estas normas e contém:

- a definição do parâmetro antropométrico;
- a relativa descrição com uma imagem (quando fornecida);
- o correspondente valor (em milímetros) de acordo com os padrões, seja para o percentil 5 seja para o percentil 95: a respeito destes últimos, na tabela estão indicados somente os valores a serem usados no projeto (às vezes aqueles do percentil 5, às vezes aqueles do percentil 95, às vezes ambos).

Tab. 18.3 – Dados antropométricos no percentil 5 e no percentil 95 fornecidos por diversas normas ISO e EN

Parâmetro	Definição do parâmetro	Valor do percentil 5 (mm)	Valor do percentil 95 (mm)
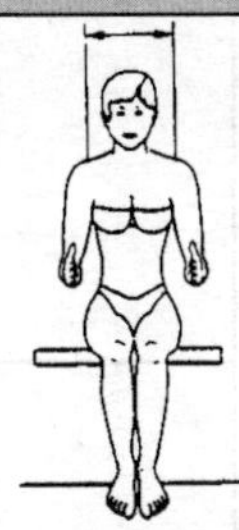 A	Largura dos ombros (biacromial)	310	430
 B	Largura dos quadris (sentado)		440
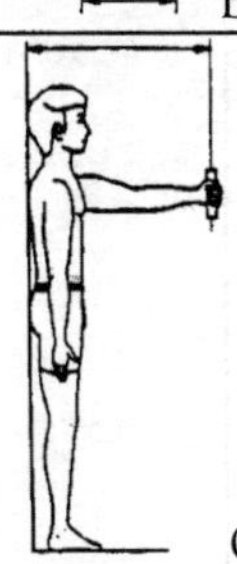 C	Comprimento de pega em preensão, anterior	615	
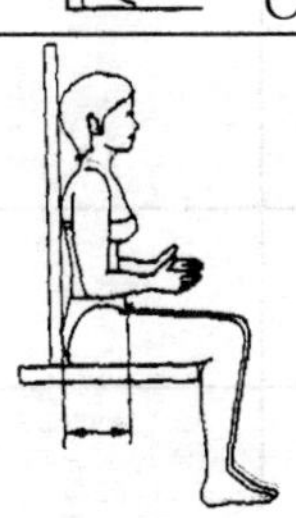 D	Profundidade do abdômen, nádegas quando sentados	190	
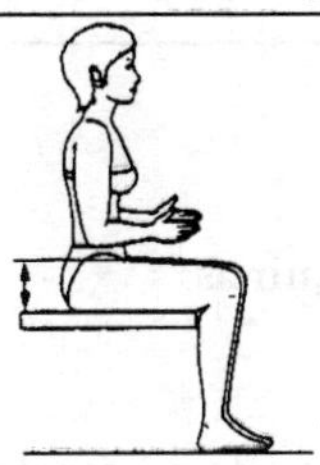 E	Largura da coxa	125	185

Parâmetro	Definição do parâmetro	Valor do percentil 5 (mm)	Valor do percentil 95 (mm)
 F	Comprimento das nádegas - joelhos		687
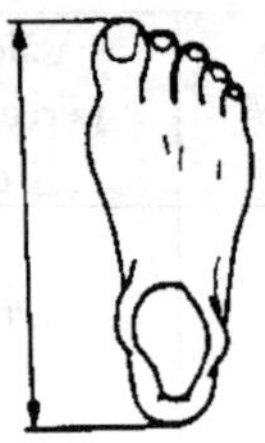 G	Comprimento dos pés		285
 Q	Altura das costas quando sentados	505	
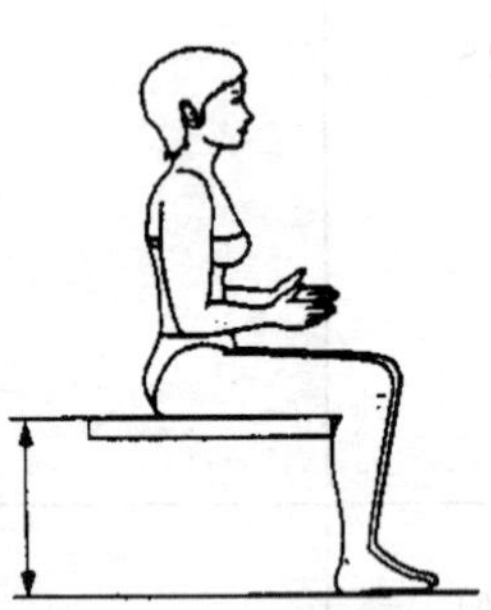 R	Altura poplítea (sob a dobra do joelho)	340	505
S	Comprimento de preensão do antebraço	170	
T	Comprimento de preensão do braço	495	

18.5. Requisitos antropométricos para o projeto de postos de trabalho próximo das máquinas (EN ISO 14738)

O padrão fornece um procedimento lógico e os parâmetros dimensionais para o projeto de postos de trabalho, *também industriais*, levando em conta as características das tarefas e dos dados antropométricos de referência.

Em primeiro lugar o padrão confirma que, em fase de projeto se deve preliminarmente levar em conta algumas características fundamentais da tarefa entre as quais:

- duração do trabalho;
- dimensão da área e dos objetos manipulados;
- exigências de força e de acesso às partes da máquina;
- exigências de coordenação e de comunicação;
- exigência visual;
- freqüência e duração dos movimentos corporais;
- necessidade de deslocamento para vários postos de trabalho;
- possibilidade de adotar posturas diferentes.

Em função de tais características, é solicitado determinar, por meio de um verdadeiro percurso decisional, a postura principal (sentada, sentada no alto, sentada/em pé, ereta) levando também em conta os seguintes princípios:

- o projeto deve encorajar as mudanças de postura especialmente de sentado para em pé;
- a postura sentada deve ser preferida;
- a postura em pé é menos recomendada;
- as posturas ajoelhadas, agachadas, estendidas deveriam ser evitadas.

De cada postura principal se delineiam as vantagens e as desvantagens, conforme indicado na Tab. 18.4.

Para cada postura principal selecionada são fornecidos, por meio de tabelas apropriadas, detalhes relativos aos aspectos dimensionais e funcionais do posto de trabalho; estes detalhes, em geral, utilizam dados antropométricos (com a relativa variabilidade na população adulta européia) já fornecidos num padrão anterior, e tendem a garantir as dimensões e as capacidades funcionais de pelo menos 90% da mesma população.

Tab. 18.4 – Endereço de uso, vantagens e desvantagens de diversas posturas principais de trabalho

Postura	Endereço de uso	Vantagens	Desvantagens
sentada	preferida	redução fadiga estabilidade corporal trabalho de precisão	área de trabalho limitada limitação no uso de força risco de imobilidade postural
sentada no alto	trabalhos em lugares altos	mesmas da postura sentada	dificuldade em deslocar o assento risco de acidente ao se deslocar dificuldade para uma boa postura
semi-sentado	ausência de espaço pernas	suporte até 60% do peso corporal facilidade em se levantar	pressões localizadas inchaços nas pernas postura forçada
ereta	adotar somente se não for possível a postura sentada	permite mobilidade da pessoa amplia a área de trabalho disponível permite maior emprego de força	carga estática nas pernas dificuldade no uso dos pedais dor nas costas (prolongada) inchaços nas pernas

Relativamente à postura sentada, são fornecidos detalhes sobre a disposição ideal dos objetos de trabalho em função dos ângulos visuais preferenciais (horizontais e verticais), as alturas preferenciais da superfície de trabalho (Tab. 18.5), as características do assento, as áreas operacionais (nos diversos planos do espaço) sobre a superfície de trabalho para um alcance confortável dos objetos com os membros superiores (Tab. 18.6), o espaço para o alojamento dos membros inferiores (Tab. 18.7).

Para as posições sentadas no alto, além dos detalhes anteriores, vamos examinar as características do espaço para os membros inferiores nos casos de planos de trabalho respectivamente reguláveis e não reguláveis.

Para as posições semi-sentado, uma atenção particular é posta na relação entre a bancada de trabalho e o assento peculiar ("semi-sentado"), às características deste, e ao espaço para os membros inferiores.

Para as posições eretas, são detalhadas as características da altura das superfícies de trabalho em relação à exigência funcional deste e do espaço para alojamento dos pés.

Tab. 18.5 – Critérios para a determinação da altura do plano de trabalho na posição sentada em relação às características da tarefa

Exigência operacional	Postura	Altura do ponto de trabalho	Altura da superfície do plano de trabalho
trabalho de precisão (braços suportados)		acima da altura do cotovelo	possíveis superfícies altas
presença de movimentos ativos do braço ao manipular objetos, mesmo pequenos	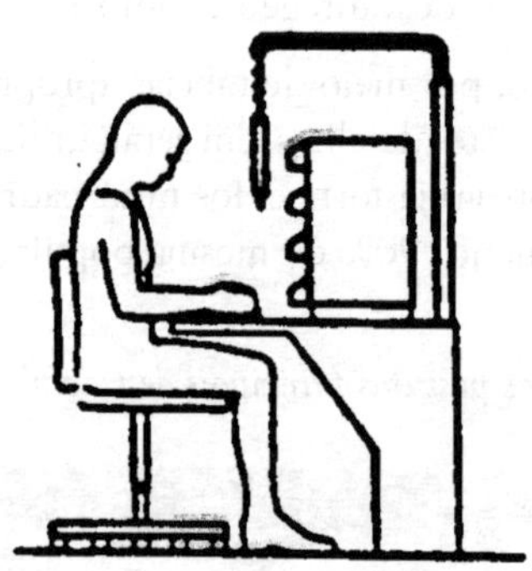	*à altura do cotovelo*	superfície à altura do cotovelo
manipulação de objetos maiores porém não excessivamente incômodos ou pesados	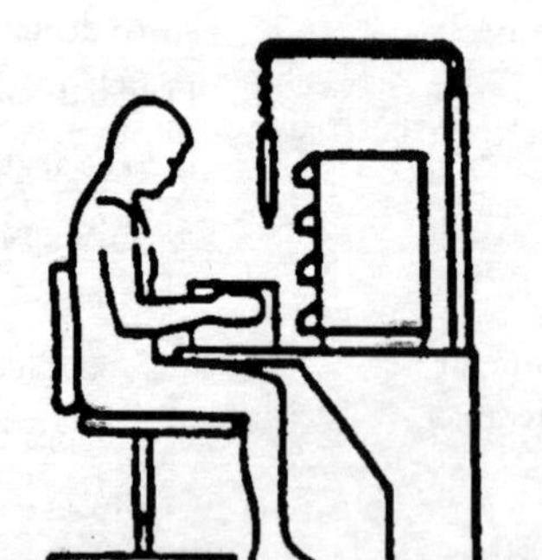	variável em relação às dimensões do objeto	superfície sob a altura do cotovelo compativelmente com um espaço suficiente para os membros inferiores

Tab. 18.6 – Áreas operacionais ideais e máximas para os membros superiores em posição sentada

Postura	Medida	Valor (mm)	Uso da medida
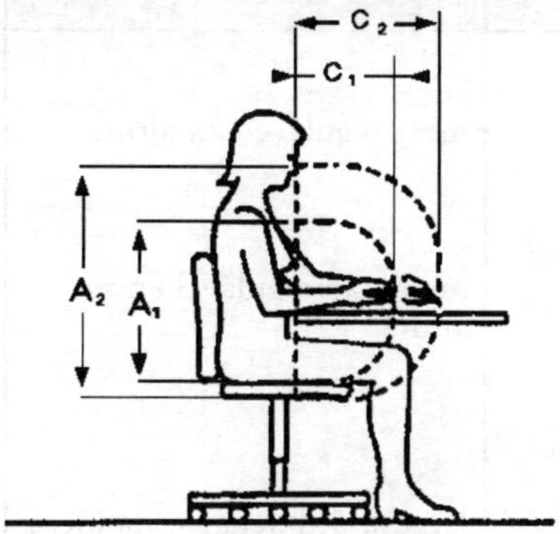	A1 A2	505 730	área normal de trabalho: altura área máxima de trabalho: altura
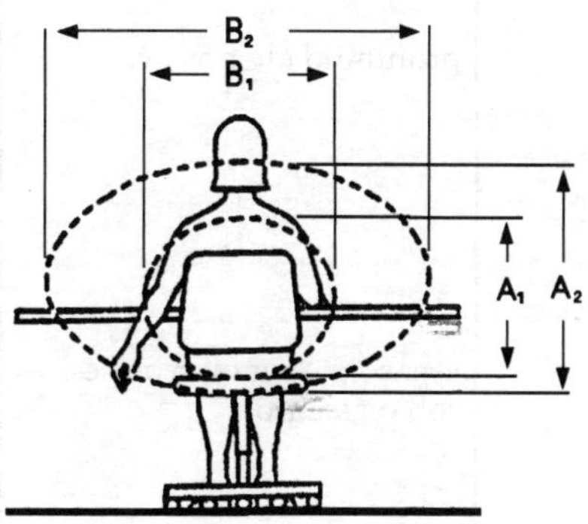	B1 B2	480 1300	área normal de trabalho: largura área máxima de trabalho: largura
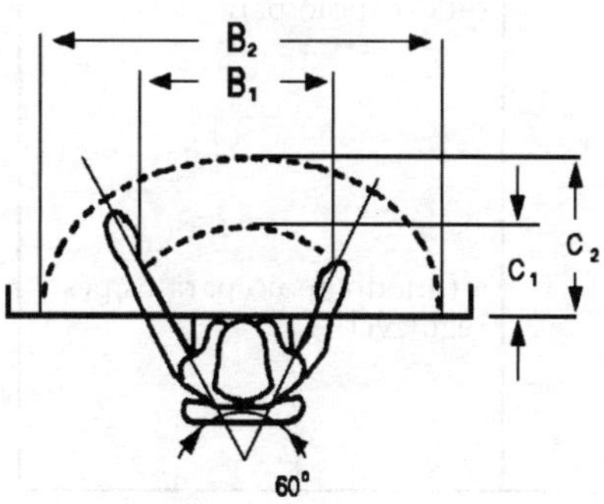	C1 C2	170-290 415	área normal de trabalho: profundidade área máxima de trabalho: profundidade

Tab. 18.7 – Espaço para os membros inferiores nas posições sentadas

Postura	Medida	Valor (mm)	Parâmetro
MESA REGULÁVEL EM ALTURA	A	820-495	mesa regulável em altura
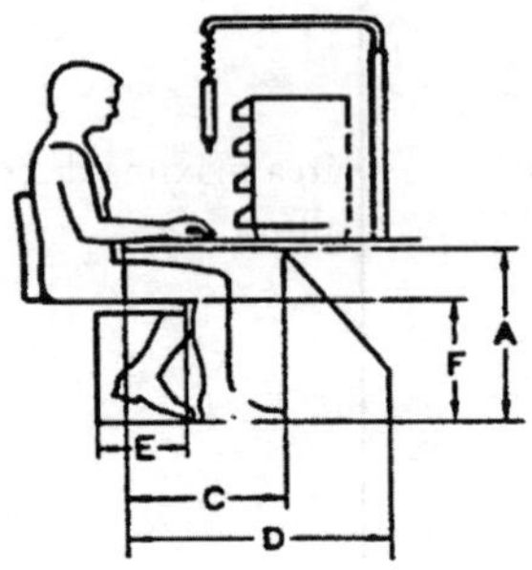	A	720	mesa não regulável em altura
	B	790	largura útil debaixo da mesa
	C	547	profundidade no joelho
MESA NÃO REGULÁVEL EM ALTURA	D	882	profundidade nos pés
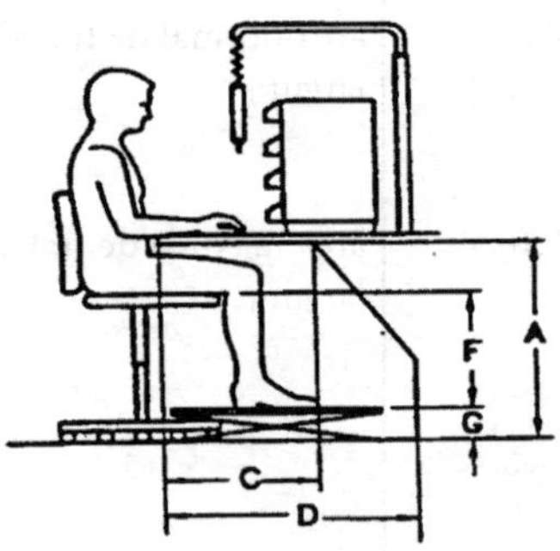	E	285	espaço para mover os pés sob o assento
	F	535-370	distância do plano do assento (em altura) do piso ou do apoio para os pés
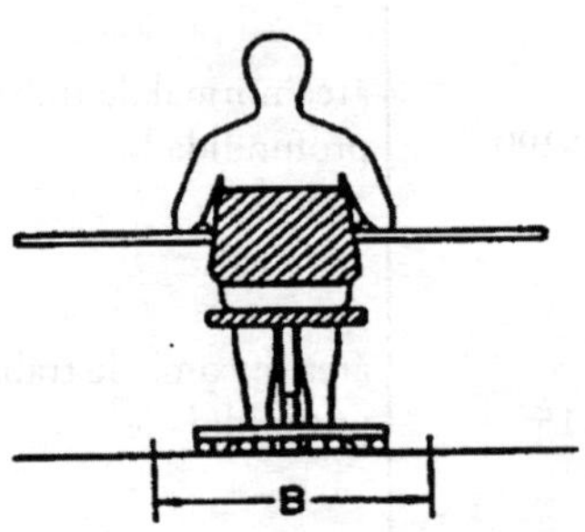	G	0-165	altura do apoio para os pés regulável

18.6. Limites de força em operações executadas nas máquinas (EN 1005-3)

As máquinas devem ser projetadas de forma que as ações que requerem força possam ser executadas de forma ideal em relação à postura do corpo e dos braços e à direção de aplicação da força. As máquinas devem ser projetadas também de forma a permitir variações dos movimentos e do uso da força. É importante, ainda, que o trabalhador possa controlar a seqüência das operações e o ritmo da máquina.

O procedimento de avaliação do risco proposto neste padrão deveria ser formalmente conduzido em cada ação durante o uso de uma máquina. Todavia as ações menos freqüentes, com baixa força, podem ser avaliadas no seu conjunto.

A avaliação do risco ligado a ações com força se baseia na identificação preliminar da máxima capacidade de (gerar) força por parte de categorias diferentes de usuários e em diferentes tipos de ação, e prevê três fases: a), b) e c).

Fase a) Determinação da máxima capacidade de força (Fb).

Esta primeira fase prevê o cálculo da máxima força isométrica (F_b) necessária para executar ações específicas, relativamente a populações específicas de usuários. Estão previstas 2 alternativas: a primeira usa os valores de capacidade de força relativos à população geral européia, usando, destes valores, o percentil 15 para o uso profissional e o percentil 1 para o uso doméstico (Tab.18.8). A segunda alternativa (anexos específicos guiam este procedimento) pesquisa os dados de capacidade de força de outros subgrupos específicos da população, obtendo destes os mesmos percentis antes descritos, como dados de referência para o uso profissional (percentil 15) e para o uso doméstico (percentil 1).

Tab. 18.8 – Capacidade de força base Fb: limites de capacidade de força isométrica pré-calculada para algumas ações comuns para uso doméstico e profissional. Os valores são aplicáveis a condições ocupacionais ideais

Postura	Ação	Uso Profissional (*Newton*)	Uso Doméstico (*Newton*)
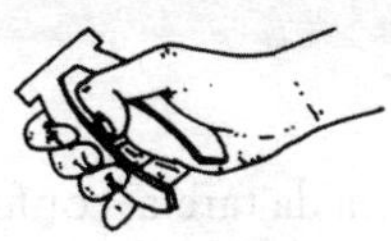	**Trabalho da mão (uma mão): *grip***	250	184
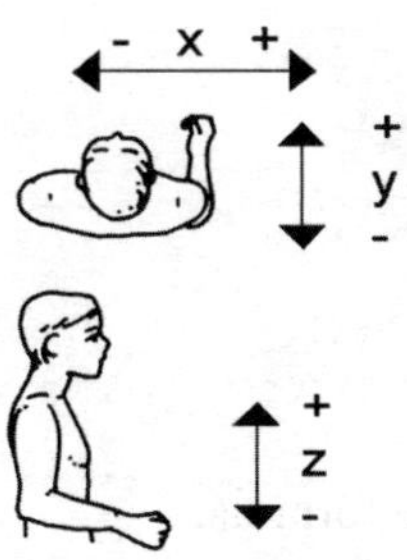	**Trabalho do braço (posição sentada, um braço):**		
	para cima (z, +)	50	31
	para baixo (z, -)	75	44
	para fora (x, +)	55	31
	para dentro (x, -)	75	49
	empurrar (y, +):		
	com encosto	275	186
	sem encosto	62	30
	puxar (y, -):		
	com suporte	225	169
	sem suporte	55	28
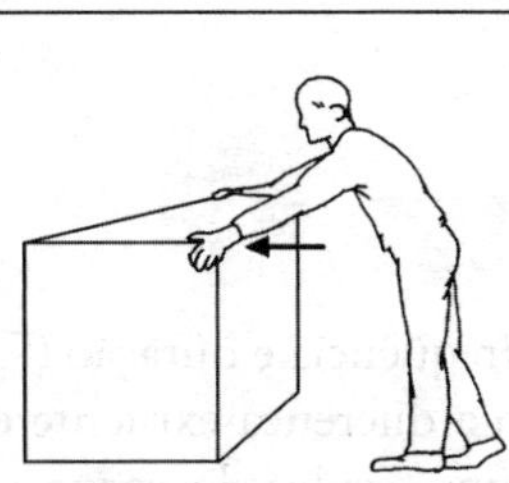	**Trabalho de todo o corpo (posição em pé):**		
	empurrar	200	119
	puxar	145	96
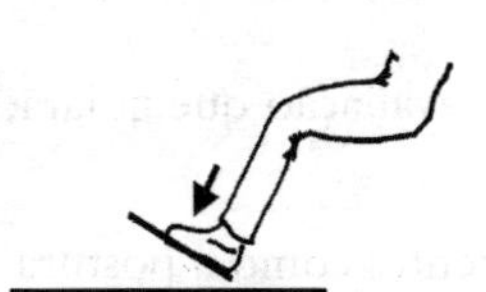 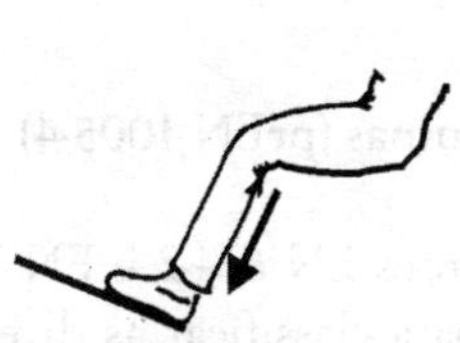	**Trabalho de pedal em posição sentada com encosto:**		
	tornozelo	250	154
	perna	475	308

Fase b) Ponderação em relação a outros fatores de risco

Esta fase prevê a ponderação da força (F_b) levando em conta outros fatores de risco influentes como a velocidade, a freqüência, a duração da ação.

- O *multiplicador pela velocidade*: se os movimentos são muito rápidos, a capacidade de desenvolvimento de força se reduz. F_b deve ser multiplicado por um fator de redução se estiverem presentes movimentos evidentes em alta velocidade, conforme o esquema seguinte:

NÃO	SIM	Alta velocidade
1,0	0,8	Multiplicador m_V

- O *multiplicador pela freqüência*: a força (F_b) deve ser reduzida em função do tempo de ação e da freqüência de ação, conforme o esquema seguinte:

Tempo de ação (min)	≤ 0,2	0,2 - 2	2 - 20	> 20	Freqüência de ação [min $^{-1}$]
≤ 0,05	1.0	0.8	0.5	0.3	Multiplicador m_F
> 0,05	0.6	0.4	0.2	Não aplicável	

- O *multiplicador pela duração*: a força (F_b) deve ser reduzida em função da duração diária da tarefa, conforme o esquema seguinte:

≤ 1	1-2	2-8	Tempo de trabalho (em horas) com ações similares
1.0	0.8	0.5	Multiplicador m_D

O cálculo da redução da capacidade de força se obtém, portanto, com a seguinte fórmula:

$$F_{br} = F_b \times m_V \times m_F \times m_D$$

Fase c) Avaliação da tolerabilidade e do risco

Ao valor de máxima capacidade de força, ponderado pelos fatores velocidade, freqüência e duração (F_{br}), é, por fim, aplicado um ulterior multiplicador (m_R). Este multiplicador leva em conta a diferença existente entre capacidade e "tolerabilidade" de um esforço (capacidade de uso fisiológico de alguns tecidos do corpo como músculos, tendões, articulações) e trabalha em função desta, criando uma margem de segurança e, portanto, de aceitabilidade do nível de força necessário para executar as ações.

Este multiplicador, quando é adotado, produz, como conseqüência, três áreas de avaliação que guiarão o projetista da máquina a uma avaliação do risco para os usuários potenciais:

O risco deve ser sempre analisado levando em conta todos os outros fatores influentes como a postura de trabalho, a precisão, as vibrações, a interação homem-máquina.

18.7. Avaliação das posturas e dos movimentos de trabalho em relação ao uso de máquinas (prEN 1005-4)

Este padrão, depois de lembrar os princípios gerais já apresentados para os padrões EN 614-2 e EN ISO 14738, adota, para fins de avaliação do risco específico, uma classificação por áreas para classificar as diversas posturas e movimentos dos diversos segmentos corporais (Tab. 18.9).

Áreas de risco	m_R	Nível de risco
Recomendado	≤ 0,5	Risco de doença desprezível
Não recomendado	0,5 - 0,7	Risco de doença não desprezível
A evitar	> 0,7	Risco de doença óbvio e não aceitável

Tab. 18.9 – Critérios de classificação do risco ligado a posturas e movimentos de trabalho

Área aceitável	O risco para a saúde é considerado baixo ou desprezível para quase todos os adultos saudáveis. Não são necessárias intervenções.
Área aceitável com condições	Existe um aumento de risco para a saúde para toda ou uma parte da população de usuários. O risco deve ser analisado junto com outros fatores que contribuem para o risco, a fim de obter uma redução.
Área não aceitável	O risco para a saúde não pode ser aceito. O posto de trabalho deve se reprojetado para melhorar a postura de trabalho.

Em geral se afirma que o modelo de avaliação do risco para a saúde associado a posturas e movimentos é representado por um esquema em "U", quando são particularmente problemáticos, para trabalhos de longa duração, de um lado as posturas estáticas prolongadas e, de outro, os movimentos em alta freqüência; os movimentos em baixa freqüência representam, pelo contrário, uma condição melhor.

Para cada segmento, articulação e movimento corporal, o padrão fornece, por conseguinte, as referências efetivas para a avaliação do risco, levando-se em conta as correspondentes excursões articulares e os critérios gerais anteriormente identificados.

As Tabelas 18.10, 18.11 e 18.12, selecionadas para este fim, mostram em particular tais referências em relação, respectivamente, às flexo-extensões do tronco, às flexo-extensões e abduções do braço em relação ao ombro e às flexo-extensões da coluna cervical.

Tab. 18.10 – Avaliação das posturas e dos movimentos de flexo-extensão do tronco

	POSTURA ESTÀTICA	MOVIMENTOS		Flexo-extensão do tronco
		BAIXA FREQÜÊNCIA (<2 min.)	ALTA FREQÜÊNCIA (≥ 2 min.)	
I°	ACEITÁVEL	ACEITÁVEL	ACEITÁVEL	
II°	CONDIÇÃO ACEITÁVEL (A)	ACEITÁVEL	NÃO ACEITÁVEL	
III°	NÃO ACEITÁVEL	CONDIÇÃO ACEITÁVEL (C)	NÃO ACEITÁVEL	
IV°	CONDIÇÃO ACEITÁVEL (B)	CONDIÇÃO ACEITÁVEL (C)	NÃO ACEITÁVEL	

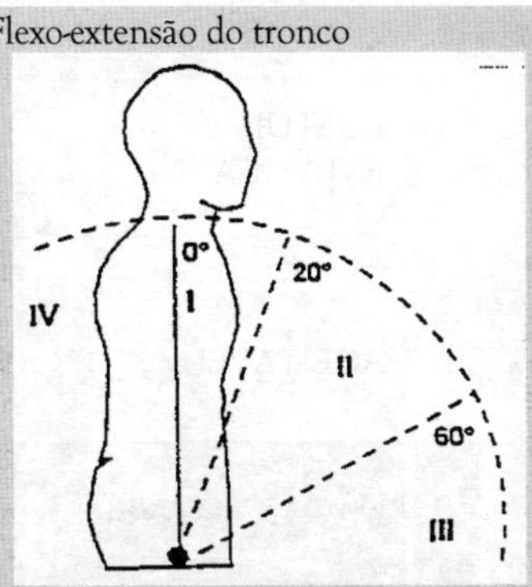

Condição A = aceitável se o tronco está completamente suportado: se não é suportado, a aceitabilidade é em função da duração da postura e dos tempos de repouso.

Condição B = aceitável se o tronco está completamente suportado por um assento com encosto alto.

Condição C = não aceitável se a máquina deve ser usada por longos períodos.

Tab. 18.11 – Avaliação das posturas e dos movimentos de flexo-extensão e abdução do braço em relação ao ombro

	POSTURA ESTÁTICA	MOVIMENTOS	
		BAIXA FREQÜÊNCIA (<2 min.)	ALTA FREQÜÊNCIA (≥ 2 min.)
I	ACEITÁVEL	ACEITÁVEL	ACEITÁVEL
II	CONDIÇÃO ACEITÁVEL (A)	ACEITÁVEL	CONDIÇÃO ACEITÁVEL (C)
III	NÃO ACEITÁVEL	CONDIÇÃO ACEITÁVEL (B)	NÃO ACEITÁVEL
IV	NÃO ACEITÁVEL	CONDIÇÃO ACEITÁVEL (B)	NÃO ACEITÁVEL

Flexo-extensão abdução

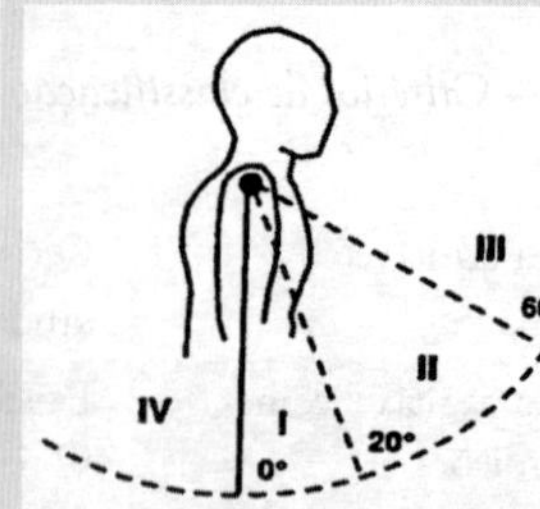

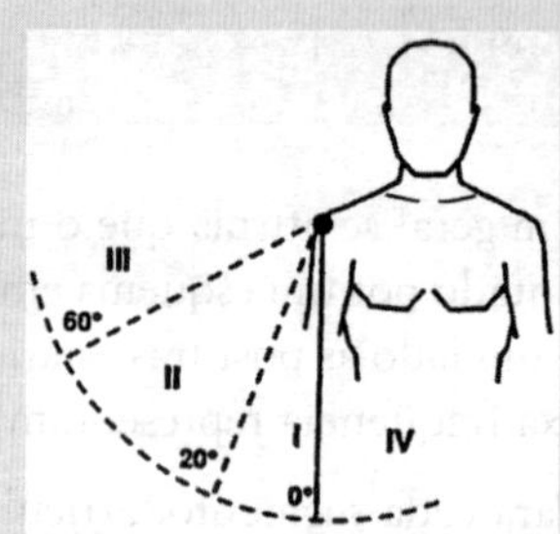

Condição A = aceitável se os braços estão completamente suportados: se não estão suportados, a aceitabilidade é em função da duração da postura e dos tempos de repouso.

Condição B = não aceitável se a máquina deve ser usada por longos períodos.

Condição C = não aceitável se a freqüência é ≥ 10 por minuto e/ou se a máquina é usada por longos períodos.

Tab. 18.12 – Avaliação das posturas e dos movimentos de flexo-extensão da coluna cervical

	POSTURA ESTÁTICA	MOVIMENTOS	
		BAIXA FREQÜÊNCIA (<2 min.)	ALTA FREQÜÊNCIA (≥ 2 min.)
I	ACEITÁVEL	ACEITÁVEL	ACEITÁVEL
II	NÃO ACEITÁVEL	CONDIÇÃO ACEITÁVEL (A)	NÃO ACEITÁVEL

Flexo-extensão cervical

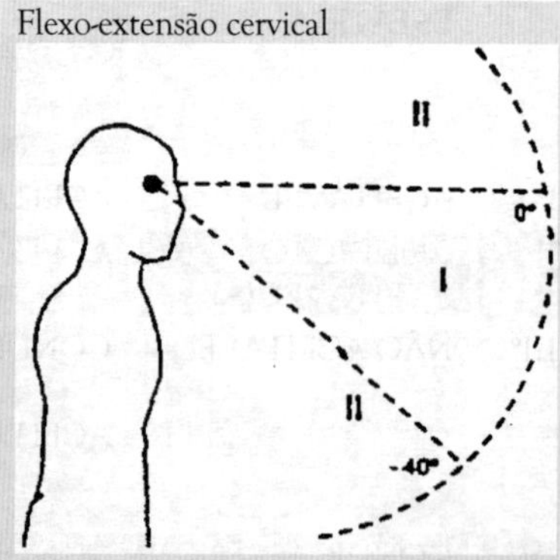

Condição A = não aceitável se a máquina foi usada por longos períodos.

18.8. Movimentos repetitivos em alta freqüência em relação ao uso de máquinas (prEN 1005-5 e ISO/CD 11228-3)

Estes dois padrões têm a finalidade de avaliar o risco ligado aos movimentos repetitivos dos membros superiores efetuados em alta velocidade. O padrão do CEN é dirigido aos projetistas de máquinas; o padrão ISO é dirigido a qualquer pessoa que esteja envolvida na avaliação e gestão do risco específico: isto leva em conta pequenas diferenças de impostação dos dois padrões que, porém, utilizam critérios e métodos totalmente sobrepostos.

Os dois padrões utilizam, de forma praticamente exclusiva, o método do índice OCRA, que é objeto do presente trabalho: evitar-se-á, portanto, reportar aqui os conteúdos práticos dos padrões porque eles são praticamente idênticos (inclusive os critérios atualizados de classificação do índice OCRA) àqueles aqui ilustrados.

Deve ser apenas ressaltado que o método OCRA foi selecionado, em relação a todos o outros, como método de referência, substancialmente em virtude de sua maior abrangência ao considerar os diversos elementos de potencial sobrecarga biomecânica (freqüência de ação, força, posturas e movimentos, repetitividade, etc.), de sua forte propensão para identificar os elementos críticos úteis em fase de (re)projeto dos postos e das tarefas (isto resultou particularmente importante para o padrão 1005-5 destinado a projetistas), da disponibilidade de dados atualizados de relação entre índice de exposição e indicadores de efeito (ocorrência de UL WMSDSs).

No estágio atual, o *draft* do CEN (prEN 1005-5) que superou positivamente uma primeira investigação oficial foi reelaborado num segundo *draft*, em que foram levados amplamente em conta todos os comentários recebidos dos membros oficiais do CEN na primeira investigação e está para ser submetido a uma segunda investigação para a sucessiva aprovação como norma técnica "harmonizada". Não obstante o resultado positivo da primeira investigação, há ainda uma forte resistência para a aprovação oficial do padrão por parte de determinados "lobbies" fortemente preocupados com um suposto impacto negativo do padrão sobre a "produtividade" e "competitividade" da indústria européia.

O Método OCRA foi submetido a investigação oficial, com resultado positivo entre os membros da ISO, e foi considerado como Norma ISO n. 11228-3:2006, e escolhido como método preferencial.

19. *Orientações para o (re)projeto do trabalho com tarefas repetitivas*

19.1. Introdução

Quando, nas diversas áreas ocupacionais, a avaliação da exposição e o estudo das patologias musculoesqueléticas relacionadas ao trabalho tenham evidenciado a presença de um risco significativo ligado aos movimentos repetitivos e/ou forçados dos membros superiores, devem ser realizados trabalhos de reprojeto dos postos e dos procedimentos de trabalho. Estes trabalhos são freqüentemente urgentes e de realização complexa. A sua eficácia depende, de fato, da ação coordenada e simultânea em três áreas de intervenção: estrutural, organizacional e de formação. Enquanto as intervenções estruturais são quase universalmente aceitas e em muitos casos sugeridas, as intervenções na organização do trabalho não encontram consensos unânimes, nem exemplos concretos na literatura científica sobre o assunto, que às vezes se limita a conselhos gerais e óbvios, como: "reduzir os ritmos de trabalho excessivamente elevados, introduzindo pausas adequadas ou alternativas de trabalho".

Devido aos inúmeros e complexos elementos que constituem a base de um completo projeto ergonômico, serão fornecidas aqui pelo menos as principais orientações para realizar intervenções de reprojeto, ou melhor, de projeto para a prevenção dos distúrbios por movimentos repetitivos dos membros superiores.

Neste sentido, para as três áreas de intervenção, serão fornecidas indicações, para cada área, utilizando a rica literatura já existente relativa às intervenções estruturais (em grande parte utilizada nas normas harmonizadas européias ilustradas no capítulo anterior) e abrindo um capítulo mais amplo sobre as modificações organizacionais possíveis, já estudadas e aplicadas em algumas experiências no campo.

A Tab. 19.1 traz as três tipologias de intervenção, resumindo as finalidades e os conteúdos operacionais.

A Tab. 19.2 reporta um esquema de fluxo, relativo à organização do estudo dos fatores de risco e, por conseguinte, à estruturação das intervenções em termos de prioridade a fim de otimizar os resultados, limitando ao máximo as conseqüências negativas sobre os custos e sobre a produtividade.

Deve ser finalmente lembrado que, paralelamente ao projeto ergonômico conforme as prioridades definidas, é necessário implementar programas de formação e de informação dos trabalhadores, como será visto no próximo capítulo.

Tab. 19.1 – Orientações para a prevenção: caracterização geral dos tipos de intervenção

INTERVENÇÕES ESTRUTURAIS
• disposição ideal do posto de trabalho, dos móveis e do *lay-out*
• escolha dos instrumentos ergonômicos
P.S.: *tendem a melhorar os aspectos ligados a uso de força, posturas e movimentos inadequados, fatores complementares mecânicos*
INTERVENÇÕES ORGANIZACIONAIS
• projeto ergonômico do trabalho (ritmos, pausas, revezamentos de tarefas)
P.S.: *tendem a melhorar os aspectos ligados a alta freqüência e repetitividade dos gestos por tempos prolongados, ausência ou carência de períodos adequados de recuperação, fatores complementares organizacionais.*
INTERVENÇÕES DE FORMAÇÃO E DE ATUALIZAÇÃO
• informações apropriadas sobre riscos e danos específicos
• predisposição para concretas modalidades de execução dos gestos de trabalho e de utilização das técnicas
• sugestões relativas às pausas
P.S.: *são complementares aos outros tipos de intervenção*

Tab. 19.2 – Esquema de fluxo das prioridades das intervenções de reprojeto

1. IDENTIFICAÇÃO DAS AÇÕES COM USO DE FORÇA	REDUÇÃO DO USO DA FORÇA – introduzindo o uso de ferramentas – melhorando o equipamento já existente – melhorando as posturas de trabalho
2. IDENTIFICAÇÃO DAS AÇÕES COM POSTURAS EXTREMAS	REESTRUTURAÇÃO DO POSTO DE TRABALHO DE FORMA A MANTER POSTURAS E MOVIMENTOS ABAIXO DE 50% DO MÁXIMO INTERVALO ARTICULAR
3. IDENTIFICAÇÃO DE ALTAS FREQÜÊNCIAS DE AÇÕES TÉCNICAS	REDUÇÃO, INTRINSECAMENTE AO CICLO, DO NÚMERO DE AÇÕES TÉCNICAS – evitando ações inúteis – repartindo as ações entre os dois membros – reduzindo a repetição de ações idênticas em alta freqüência – reduzindo as ações acessórias – *aumentando o número de trabalhadores*
4. IDENTIFICAÇÃO DOS FATORES DE RISCO COMPLEMENTARES	REDUÇÃO DO EFEITO PREJUDICIAL DOS FATORES COMPLEMENTARES – utilizando instrumentos de trabalho mais adequados etc.
5. IDENTIFICAÇÃO DE PERÍODOS DE INSUFICIENTE RECUPERAÇÃO FUNCIONAL	ADEQUAÇÃO DAS PAUSAS E/OU DOS TRABALHOS ALTERNATIVOS, AOS TEMPOS DE TRABALHO REPETITIVO – aumentando os tempos de recuperação – distribuindo mais adequadamente os tempos de recuperação – introduzindo adequados revezamentos com tarefas de risco ausente ou limitado.

19.2. As intervenções estruturais

As intervenções estruturais dizem respeito principalmente à disposição ideal do posto de trabalho, dos móveis e do *lay-out* e a escolha de instrumentos de trabalho ergonômicos. Eles tendem, em geral, a melhorar os aspectos ligados a posturas e movimentos inadequados, ao uso de força excessiva e a fatores complementares físico-mecânicos.

As intervenções estruturais tendem, portanto, a reduzir as conseqüências que resultam principalmente dos fatores de risco "postura" e "força" e, secundariamente, de alguns fatores de risco complementares.

19.2.1. Critérios para limitar o fator de risco "posturas inadequadas"

No que se refere ao fator de risco "postura", o princípio fundamental tem por objetivo evitar movimentos ou posições prolongadas que obrigam as articulações a trabalhar além de 50% de sua máxima amplitude de movimento.

No Cap. 9 do presente livro, que trata da análise da exposição relativamente ao fator "postura", é proposta uma planilha para a descrição e a avaliação da exigência postural por meio da avaliação e da quantificação dos movimentos articulares que superam o 50% do intervalo articular máximo quando forem significativas pela duração (que ocupam pelo menos 1/3 do ciclo). Será relativamente simples, utilizando as mesmas planilhas com que foi conduzida a análise, identificar as posturas críticas para propor modificações estruturais do posto de trabalho.

A Fig. 19.1 ilustra as principais posições braço, do cotovelo e do pulso e indica, para cada articulação e movimento principal, os valores de excursão angular considerados inadequados.

Para permitir aos membros superiores trabalhar na posição correta é necessário antes projetar corretamente o posto de trabalho obtendo em particular:

a) alturas adequadas do plano de trabalho seja para posições eretas seja para posições sentadas;

b) altura adequada do assento para as posturas sentadas;

c) adequadas áreas operacionais para os membros superiores.

Fig. 19.1 – Movimentos e posições do braço, do cotovelo e do punho: valores críticos (>50%) do intervalo articular

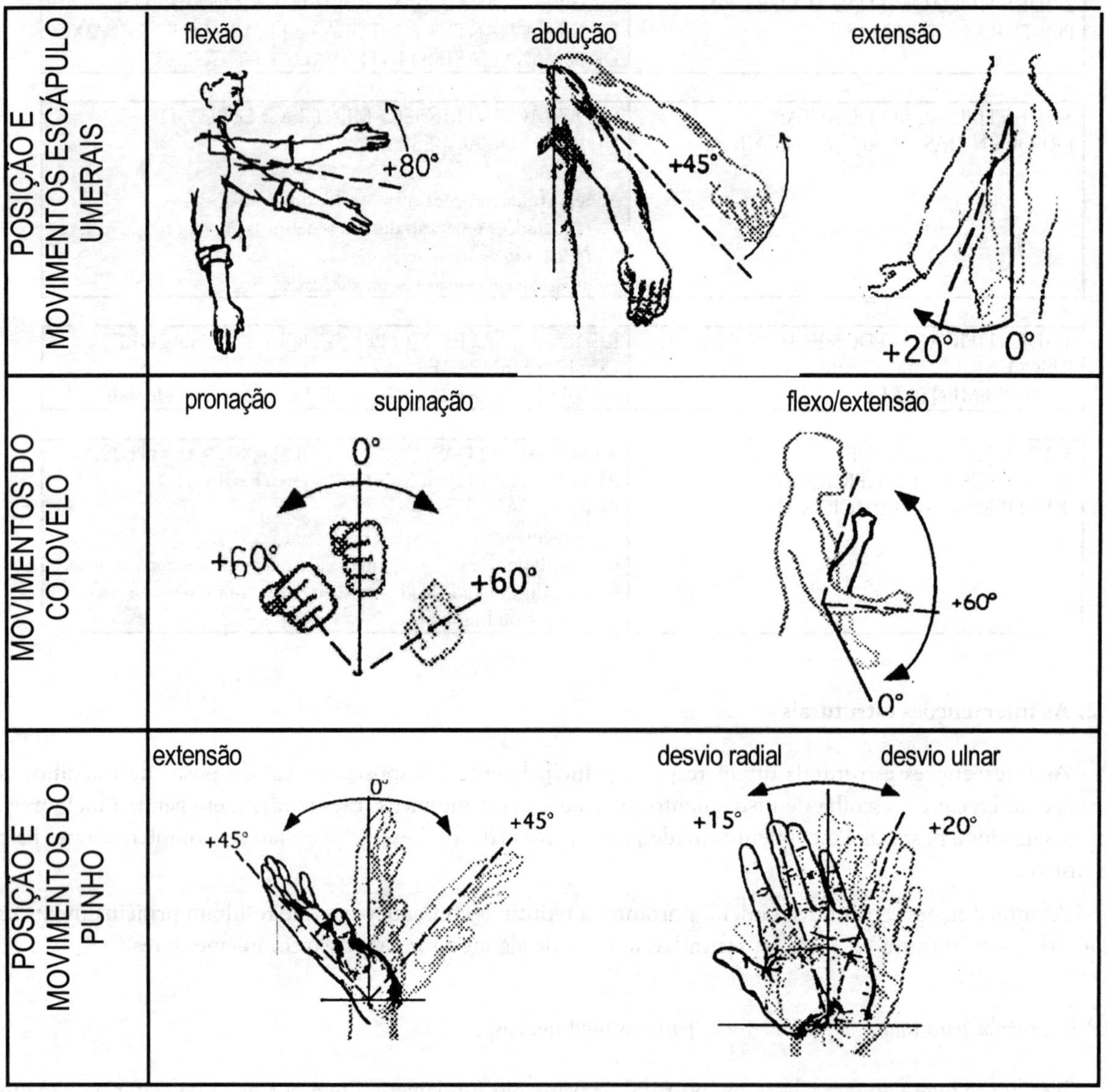

Os requisitos antropométricos para o projeto de postos de trabalho próximo das máquinas foram expostos no Cap. 18 porque já fazem parte dos conteúdos de uma específica norma técnica harmonizada EN ISO 14738.

As medidas indicadas pretendem satisfazer, em relação às exigências de adaptabilidade, 90% da população européia (do percentil 5 feminino ao percentil 95 masculino) e fornecem indicações precisas principalmente sobre:

– as áreas operacionais limite indicadas para os membros superiores.

– as medidas da altura do plano de trabalho em posição sentada.

– o espaço para alojar os membros inferiores em profundidade e em largura.

– os critérios para variar a altura do plano de trabalho em função das diversas solicitações operacionais para um posto de trabalho em posição sentada.

– as diversas alturas necessárias para organizar um posto de trabalho em pé em função das diversas exigências operacionais.

Nas planilhas 19.1 a 19.4 são fornecidas as principais recomendações para projeto (Eastman Kodak C., 1983; Putz Anderson, 1988) para prevenir posturas inadequadas e/ou movimentos prejudiciais do ombro (Planilha 19.1), do cotovelo (Planilha 19.2), do punho (Planilha 19.3), da mão e dos dedos (Planilha 19.4).

Planilha 19.1 – Principais recomendações para o (re)projeto de postos de trabalho: como evitar posturas e movimentos inadequados para a articulação escápulo-umeral (ombro) (Eastman Kodak C., 1983; Putz Anderson, 1988)

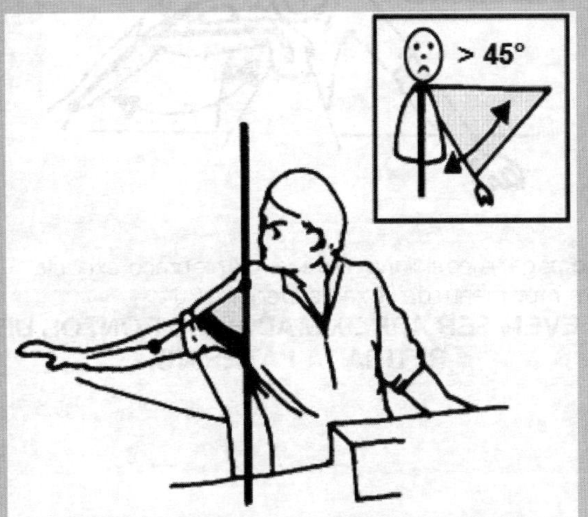

Para retirar a peça, o braço executa uma extensão e abdução de 60-70°: supera, portanto, 50% do intervalo de excursão máxima aconselhada (45°).

OS PONTOS DE PREENSÃO DEVEM SER APROXIMADOS.

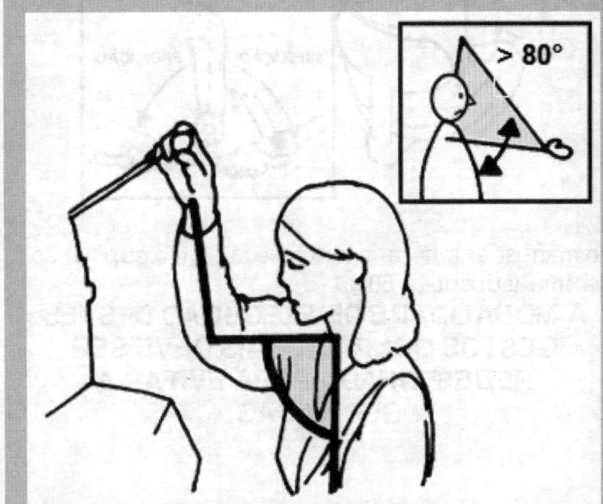

Para acionar a alavanca, o braço executa uma flexão superior a 80°.

A ALAVANCA DEVE SER ABAIXADA, OU MELHOR, DEVE SER SUBSTITUÍDA POR BOTÕES.

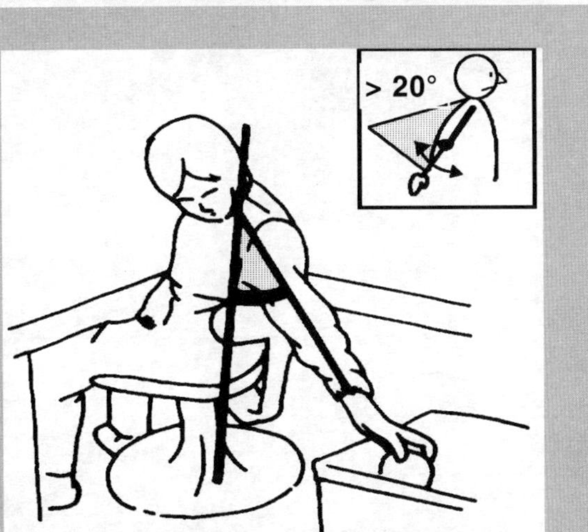

Para depositar a peça trabalhada, o braço é estendido por mais de 20°.

O PONTO DE DEPÓSITO DOS OBJETOS DEVE SER COLOCADO AO LADO DO OPERADOR.

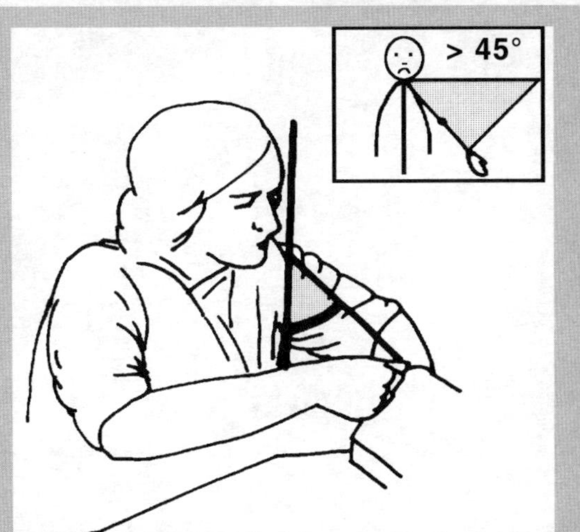

Os braços são mantidos levantados a mais de 45° por pelo menos 2/3 do ciclo.

É NECESSÁRIO CRIAR APOIOS PARA OS ANTEBRAÇOS.

Planilha 19.2 – Principais recomendações para o (re)projeto dos postos de trabalho: como evitar posturas e movimentos inadequados para a articulação do cotovelo (Eastman Kodak C., 1983; Putz Anderson, 1988)

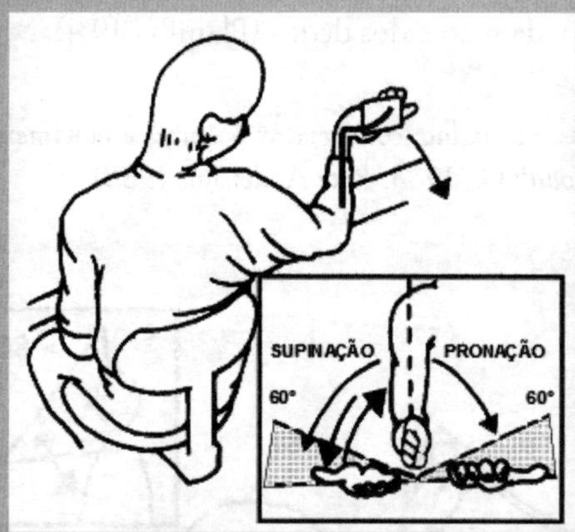

Ao manusear a peça, a mão executa uma supinação máxima (superior a 60°).

A MODALIDADE DE EXECUÇÃO DESTES GESTOS OCUPACIONAIS DEVE SER REDESENHADA PARA EVITAR A SUPINAÇÃO.

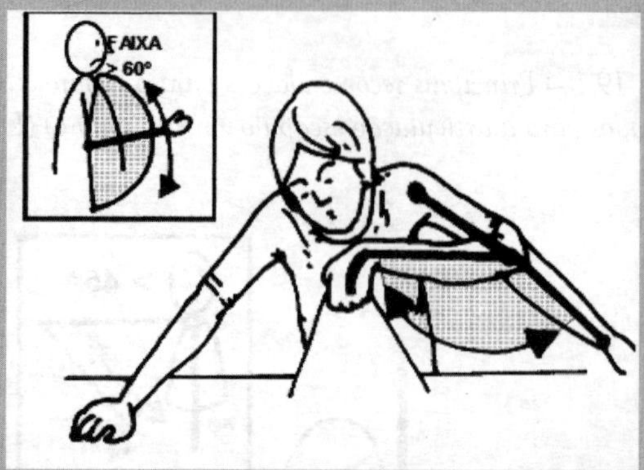

Ao pegar e posicionar a peça, o antebraço executa um movimento de flexão superior a 60°.

DEVEM SER APROXIMADOS OS PONTOS DE RETIRADA LATERAIS.

Planilha 19.3 – Principais recomendações para o (re)projeto de postos de trabalho: como evitar posturas e movimentos inadequados para a articulação do punho (Eastman Kodak C., 1983; Putz Anderson, 1988)

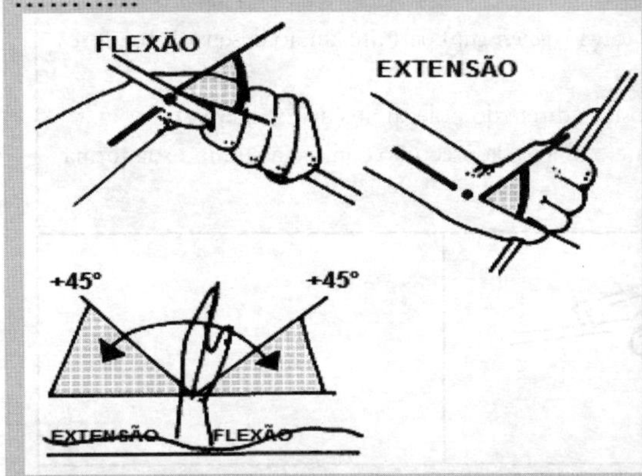

Ao acionar a alavanca, o punho executa amplas excursões em flexo-extensão acima de 45°.

É ACONSELHÁVEL SUBSTITUIR A ALAVANCA POR UM BOTÃO.

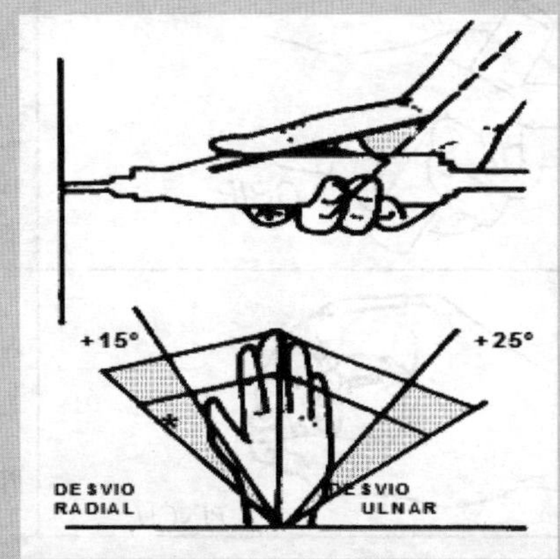

Durante o uso de ferramantas, o punho é mantido em desvio radial superior a 15°.

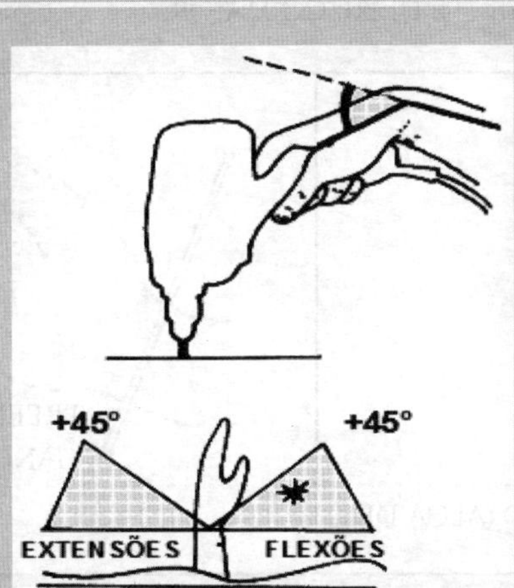

Durante o uso da ferramenta o punho é mantido em flexão superior a 45°

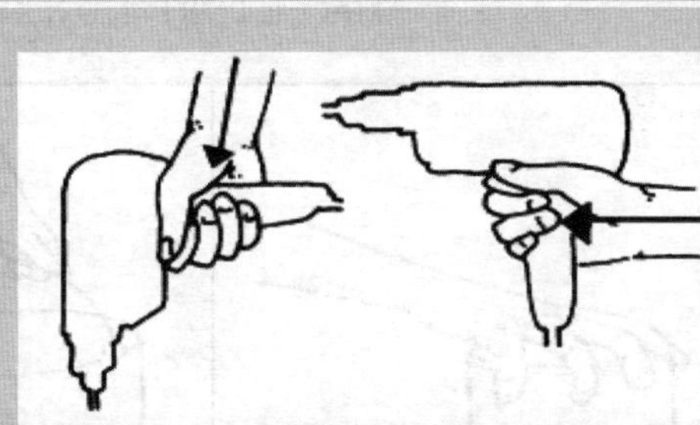

NESTE CASO AS FERRAMENTAS DEVEM SER SUBSTITUÍDAS POR OUTRAS QUE PERMITAM AO PUNHO MANTER UMA POSIÇÃO QUASE RETA (POSIÇÃO ANATÔMICA).

Planilha 19.4 – Principais recomendações para o (re)projeto de postos de trabalho: como evitar posturas inadequadas para a mão e os dedos (Eastman Kodak C., 1983; Putz Anderson, 1988)

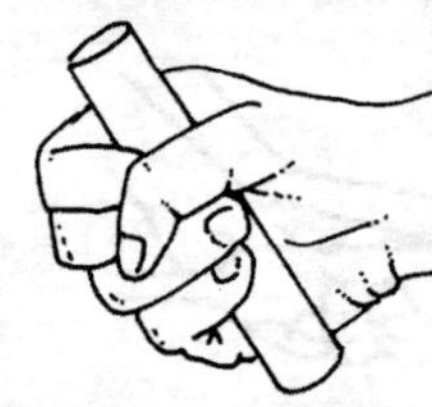

O tipo de "preensão de força" (*power grip*) permite à mão desenvolver a força máxima.
É caracterizada pela oposição direta do polegar aos dedos que assim envolvem completamente o objeto da preensão como a assumir a sua forma.

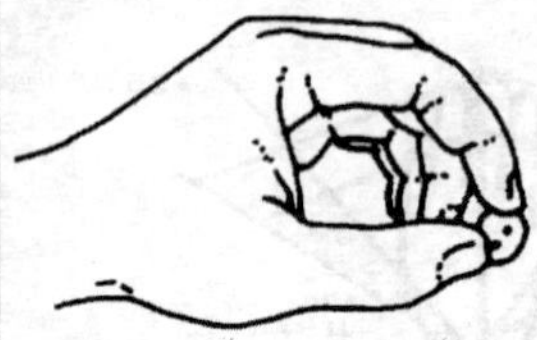

PINCH

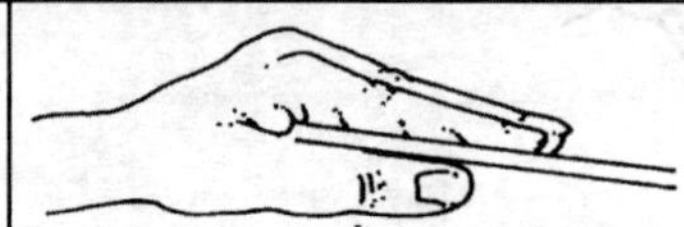

PINCH

O tipo de "preensão de precisão" (*pinch*) é caracterizada pela oposição entre o polegar e as pequenas articulações distais dos outros dedos.

ESTE TIPO DE PREENSÃO PODE DESENVOLVER SOMENTE 25% DA FORÇA TOTAL DE PREENSÃO DA MÃO: É, PORTANTO, INTRINSECAMENTE DE RISCO MAIOR.

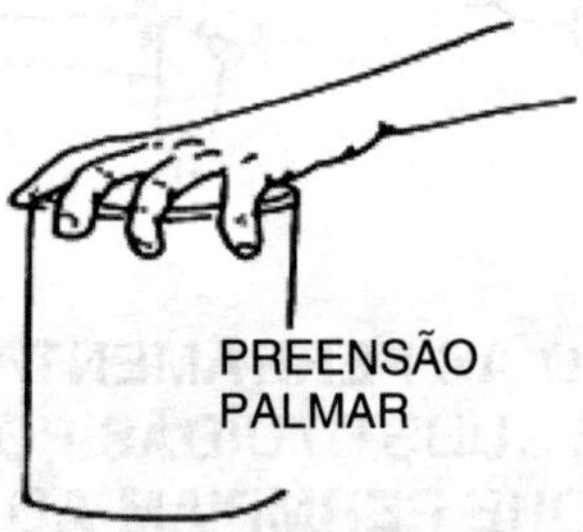

PREENSÃO EM GANCHO (ALÇA DE DIAMETRO FINO)

PREENSÃO EM GANCHO

EM GERAL É BOM EVITAR UTILIZAR A PREENSÃO EM *PINCH*, PALMAR E EM GANCHO QUANDO HOUVER NECESSIDADE DE APLICAÇÃO DE FORÇA.

Planilha 19.5 – Posturas do punho e da mão que determinam perdas significativas na força de preensão (Eastman Kodak C., 1983; Putz Anderson, 1988)

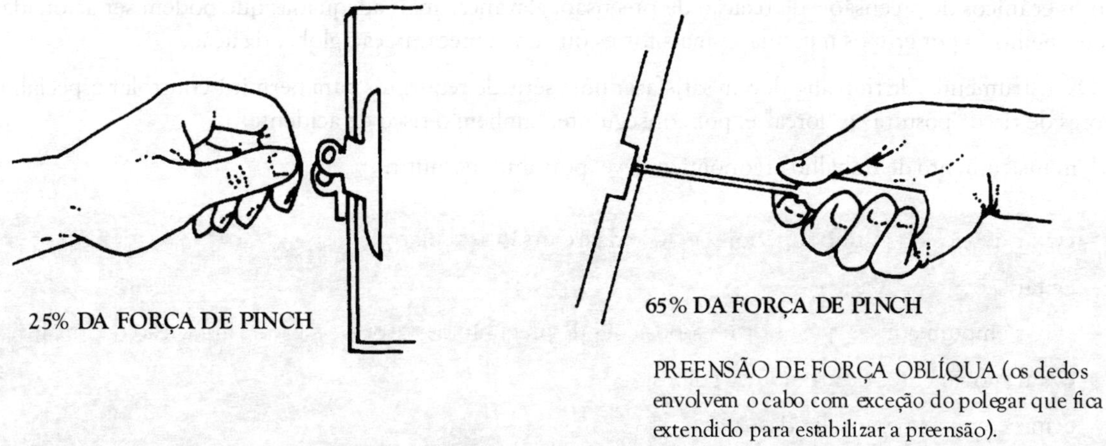

Perdas significativas na força de preensão nas mudanças do tipo de preensão.

Perdas significativas na força de preensão nas mudanças de posição do punho.

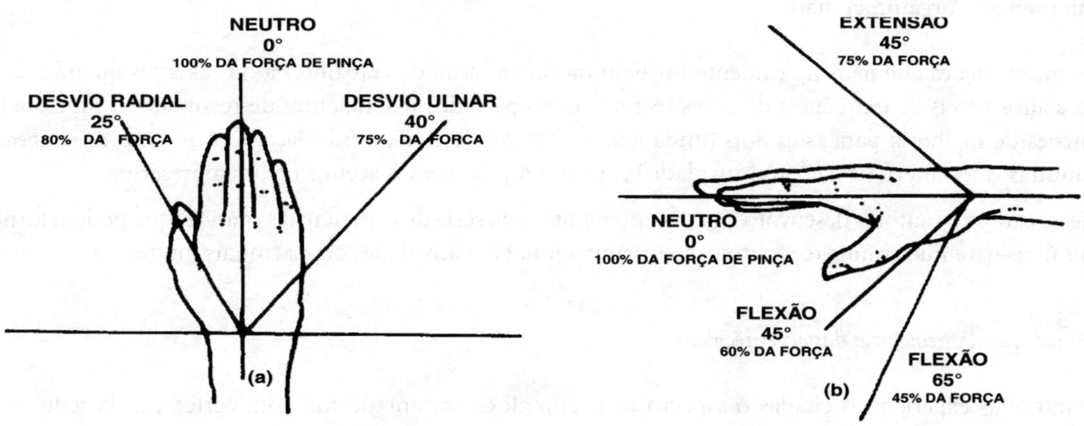

19.2.2. Critérios para controlar o fator de risco "força"

O princípio fundamental consiste, neste caso, em evitar o esforço muscular excessivo durante a execução de uma tarefa, (exigência de força que excede a normal capacidade individual). Deve ser também lembrado que posturas desfavoráveis de cada articulação do membro superior, e em particular do punho e da mão, reduzem também drasticamente a capacidade de aplicação de força da musculatura do segmento interessado. Por exemplo, a capacidade de força que pode ser desenvolvida pela preensão de precisão (*pinch*) é somente 25% da força total de preensão da mão, assim como a força de preensão se reduz progressivamente com o afastamento do punho da posição anatômica (Planilha 19.5).

Para reduzir intrinsecamente o uso excessivo da força, devem ser aplicadas as seguintes indicações:

– evitar contrações, também ocasionais, de valor superior a 50% da máxima capacidade individual;

– a exigência média de um grupo muscular não deve superar 15% da máxima capacidade no período de trabalho (1,5 de pontuação na escala de Borg, calculada como pontuação ponderada pela duração da tarefa).

É importante assinalar que quanto menor for o índice de exigência muscular, tanto maior será a freqüência de ações técnicas utilizável na execução da tarefa repetitiva com conseqüentes repercussões positivas também sobre a "produtividade".

Em geral, uma redução da solicitação de força pode ser obtida utilizando ferramentas com motor, instrumentos mecânicos de preensão e de fixação da preensão, alavancas mais adequadas que podem ser acionadas em posições melhores por grupos musculares mais fortes ou com a mecanização global da ação.

Os instrumentos de trabalho devem satisfazer uma série de requisitos para permitir controlar especialmente os fatores de risco "postura" e "força" e, por conseguinte, também o risco de acidente.

Um instrumento de trabalho ergonômico deve, portanto, permitir:

- evitar desvios do punho superiores a 50% da excursão articular;
- evitar ações repetidas;
- evitar empunhaduras que obrigam a posições de preensão desfavoráveis para a aplicação da força;
- evitar movimentos de arranque e golpes;
- evitar compressões localizadas;
- evitar ou limitar a transmissão de vibrações mecânicas.

O instrumento deve também ser revestido de material não deslizante e não condutor de calor, sem bordas cortantes, extremidades afiadas e outras asperezas não protegidas.

19.3. Intervenções organizacionais

As intervenções que mais tipicamente influem na organização do trabalho são necessárias quando são encontrados altos níveis de freqüência de ações técnicas e/ou períodos insuficientes de recuperação funcional. As intervenções de melhoria para estes dois fundamentais fatores de risco, a *freqüência* e os *períodos de recuperação,* podem muitas vezes interferir na "produtividade" e, portanto, são menos aceitos pelos empresários.

Neste campo os autores desenvolveram recentemente uma série de experiências práticas que podem fornecer sugestões úteis para iniciar uma reestruturação organizacional das atividades ocupacionais interessadas.

19.3.1. A redução da freqüência das ações técnicas

Durante as experiências citadas o aspecto mais complexo enfrentado foi, com certeza, o da redução das elevadas freqüências de ações técnicas.

A primeira e mais óbvia intervenção (mais óbvia para o ergonomista, mas não para a empresa!) para obter freqüências de ações adequadas, é reduzir os ritmos de trabalho (com conseqüente aumento do tempo de ciclo e de redução da "produtividade").

Adota-se esta solução como "última e extrema" quando for impossível obter, por outros caminhos, uma redução de um índice de risco OCRA particularmente elevado.

Partindo do objetivo comum entre ergonomistas e técnicos da produção "de procurar modalidades para reduzir as ações técnicas necessárias para completar um ciclo", se torna possível reduzir o nível do risco *deixando inalterado o valor da produção.*

Em outro termos, tratou-se de *otimizar, por qualidade e quantidade, as ações técnicas necessárias para completar um ciclo de trabalho que caracteriza a tarefa.*

Os técnicos da produção, e em particular os técnicos diretamente responsáveis pelo projeto das modalidades práticas de execução de uma tarefa de trabalho, são em sua maioria especialistas na busca de soluções de otimização do desenvolvimento das ações para a finalização de uma tarefa. A sua experiência e pesquisa têm por objetivo não tanto conseguir a redução do risco à exposição por sobrecarga biomecânica dos membros superiores, quanto a redução das ações para conseguir a redução dos tempos de desenvolvimento de uma tarefa (com conseqüente aumento da produtividade).

A fusão dos critérios resultantes da ergonomia e da experiência organizacional do trabalho "no campo" do técnico da produção, portanto, revelou-se, neste campo, de fundamental importância porque vai permitir ao ergonomista utilizar a experiência básica do técnico da empresa, não apenas para a melhoria da "produtividade" mas também para a melhoria da condição de trabalho e, portanto, da saúde dos trabalhadores.

Uma vez estabelecido este objetivo comum, se quis, a seguir, esquematizar, em fases, um procedimento operacional que permita obter o resultado desejado:

I fase: análise das ações técnicas "inúteis"

Trata-se de verificar se todas as ações técnicas concretamente observadas e executadas são estritamente necessárias. Podem ser identificadas, desta forma, ações "inúteis" acrescentadas pelo trabalhador ou também ações evitáveis em fase de projeto. Na prática:

a) Verificar a presença de ações "inúteis" acrescentadas pelo trabalhador:

ex.: algumas vezes o trabalhador acrescenta, na montagem de uma peça, ações como rebitar ou parafusar mais do que o necessário: são previstas 2 ações de rebitagem, porém na prática são executadas 4, 5 ou 6. Neste caso trata-se de treinar de novo o trabalhador para que execute somente as ações previstas e úteis.

b) Verificar se as ações acrescentadas pelo trabalhador são totalmente arbitrárias ou se escondem um inconveniente técnico:

ex.: um eixo defeituoso não se encaixa bem e, portanto, o trabalhador precisa de mais ações de rebitagem para obter o encaixe. Identificado o inconveniente técnico, poder-se-á eliminá-lo obtendo uma redução das ações.

c) Verificar a presença de ações tecnicamente "superadas".

Isto pode acontecer porque ao longo das linhas de montagem são realizadas, no tempo, pequenas mudanças tecnológicas tanto nas máquinas como no produto. É, portanto, muito importante atualizar, paralelamente à evolução tecnológica da máquina e do seu produto, as modalidades de realização do mesmo por parte do trabalhador.

II fase: análise do uso dos membros nas ações técnicas

Uma vez eliminada a presença de ações "inúteis" deve-se procurar otimizar a distribuição das ações entre os dois membros superiores.

Muitas vezes os analistas não analisam o trabalho dividindo-o entre os dois membros e os trabalhadores tendem, conseqüentemente, a concentrar todas as ações no membro dominante. As ações mais simples e a baixa precisão (ex. pegar peças para montar, colocá-las na área de trabalho) podem ser bem repartidas entre os dois membros, obtendo uma diminuição de freqüência para o membro dominante.

III fase: análise das ações técnicas "idênticas"

Esta fase prevê a pesquisa da presença de ações técnicas idênticas a si mesmas repetidas numa parte significativa do ciclo. Como já referido, a repetição dos mesmos movimentos articulares resulta sobrecarregante para estruturas musculotendíneas específicas gerando pontuações de risco mais elevadas pela presença de "estereotipia". Foi observado que a presença de repetição de ações técnicas manuais idênticas pode freqüentemente ser evitada por meio da introdução de uma ferramenta mecânica específica:

ex.: o trabalhador pega um punhado de parafusos e os coloca, um de cada vez (n. 10), em seus furos, executando já um primeiro giro do parafuso com os dedos. Neste caso é útil introduzir o uso de uma parafusadeira "pneumática".

ex.: o trabalhador efetua o polimento manualmente: pode ser fornecida uma esmerilhadeira.

Por serem idênticos a si mesmos, estes conjuntos de ações são em geral executadas em altíssimas freqüências e, portanto, incidem significativamente sobre a freqüência total de ação no ciclo. Quando, por outro lado, é evidenciada a presença de ações técnicas manuais idênticas, mas não é possível a introdução de uma ferramenta, e simultaneamente a freqüência de ação encontrada resulta altamente incidente sobre a freqüência total, será necessário recorrer a uma das seguintes soluções:

– retirar a fase específica de trabalho fazendo chegar a parte da peça já em parte pré-montada em outro posto (solução simples; tomar cuidado para não criar um novo posto de risco);

– introduzir uma fase semi-automática que substitua as ações manuais (solução custosa);

– reexaminar tecnologicamente a fase para buscar soluções alternativas úteis para eliminar completamente a seqüência específica de ações (solução tecnológica avançada que freqüentemente melhora o produto).

IVª fase: análise das ações acessórias

É necessário controlar se, na passagem de um ciclo para o sucessivo, não intervenham ações "acessórias":

ex.: o trabalhador, para iniciar a montar alguns componentes numa nova peça (início do ciclo), deve antes pegá-la da esteira rolante, girá-la, apoiá-la na sua área de trabalho e depois iniciar a montagem propriamente dita. O trabalhador depois levanta novamente a peça acabada, gira-a e a recoloca na esteira rolante. Freqüentemente este tipo de movimentação da esteira à bancada e vice-versa é também causa de esforço físico.

É útil, em geral, criar ligações com esteira rolante entre a linha e as áreas de trabalho de forma que o trabalhador evite pegar e depositar as peças, ações chamadas "acessórias" que não fornecem valor agregado ao produto. É também oportuno que a peça chegue ao trabalhador "no sentido correto" evitando ulteriores manobras de manipulação.

Vª FASE: necessidade de rebalanceamento do posto de trabalho

Quando, não obstante a revisão das ações, a freqüência permanece elevadíssima (acima de 80-90 ações/min.), será necessário rebalancear a carga de trabalho daquele posto de trabalho e/ou da linha.

19.3.2. O revezamento em diferentes postos de trabalho

Conforme já amplamente tratado no Cap. 11, em diversos contextos de trabalho, a organização pode prever a atribuição, para um ou mais sujeitos, de mais tarefas repetitivas e o revezamento entre estas tarefas.

Foi dito que a "*job rotation*" (revezamentos entre mais tarefas) e a "*job enlargement*" (alargamento do conteúdo do trabalho) são fatores de alguma forma úteis para contrastar a repetitividade e, em última análise, para abaixar o conseqüente risco. Todavia isto não pode ser válido para todas as circunstâncias e contextos práticos: se, por exemplo, os revezamentos em tarefas repetitivas acontecem dentro de cenários de duração da ordem de dias ou semanas, ou se as tarefas em revezamento têm conteúdos de freqüência, de uso de força e de postura similares entre si, permanece grande a dúvida sobre o efeito benéfico de tais revezamentos (em geral as pontuações obtidas com os índices OCRA para estas tarefas, serão similares).

A hipótese que é sugerida no Cap. 11 é a de valorizar, na análise do risco e pelo menos (por enquanto) descritivamente no índice ou no *checklist* OCRA, os contextos em que houver uma real variação (revezamento) entre tarefas repetitivas.

19.3.3. A otimização dos tempos de recuperação

Juntamente com a introdução do revezamento em mais postos de trabalho, para fins de prevenção dos distúrbios por movimentos repetitivos, é de grande importância a presença de adequados tempos de recuperação. Foi já amplamente detalhado que a otimização da sua presença é representada pela obtenção de uma relação 5:1 entre períodos de trabalho e períodos de recuperação dentro de cada hora de trabalho repetitivo.

Freqüentemente, dentro de uma empresa se constata que períodos de recuperação (pausas reais e/ou tarefas não repetitivas), mesmo que de duração adequada, são mal distribuídos durante toda a tarefa repetitiva.

Sugere-se portanto:

– otimizar a distribuição das pausas oficiais: melhor reduzir a duração de cada pausa, aumentando a freqüência;

– dispor as pausas possivelmente no fim de uma hora de tarefa repetitiva;

– evitar colocar pausas perto do horário da parada para a refeição e da hora final do turno: estas horas, de fato, são já consideradas "cobertas" por uma adequada recuperação porque colocadas antes da parada para refeição e antes do fim da atividade ocupacional.

19.4. Um exemplo de análise com índice OCRA e de reprojeto de uma tarefa ocupacional

Em geral, uma vez analisado um posto de trabalho com o índice OCRA, se surgir uma presença de risco para os membros superiores, é possível, especialmente utilizando o já apresentado *software* "midaOCRAmulticompiti", identificar experimentalmente sobre quais fatores de risco é mais eficaz intervir em termos de menores custos e maiores resultados na redução da exposição do próprio trabalhador.

No exemplo proposto são, portanto, descritos vários quadros de reavaliação do índice OCRA em função das melhorias estruturais e organizacionais introduzidas.

19.4.1. Os dados organizacionais

A tarefa ocupacional em exame é executada no fim da linha: o componente produzido (peça metálica de cerca de 10 cm de diâmetro e com 5 kg de peso) deve ser controlado visualmente de vários lados e depois levantado e posto na bancada. Ao trabalhador chegam 4 peças de cada vez. O número de ciclos (de 4 peças) estabelecidos no turno são 1132.

A duração do turno é de 480 min. (de 6 a 14 horas); o tempo total para as pausas (oficiais e efetivas) é de 75 minutos assim divididos:

– 30 minutos de pausa para refeição inclusa no horário de trabalho (11:00-11:30);

– 2 pausas oficiais de 15 minutos, a primeira das 9:00 às 9:15 e a segunda das 12:45 às 13:00;

– uma pausa não oficial no fim do turno (antecipação do término do trabalho) das 13:45 às 14:00.

Já com estes dados é possível determinar o *Fator* relativo à carência de tempos de recuperação que resulta igual a 4 e o relativo *Multiplicador Recuperação* (Rc_M) que resulta igual a 0,6: pode-se observar que a antecipação do término do trabalho não oferece benefício à pontuação relativa à carência de tempos de recuperação porque a última hora de trabalho é já considerada "isenta da necessidade de recuperação" em quanto coberta pela cessação da atividade.

Na Tab. 19.3 são resumidos os principais dados organizacionais sobre a estruturação do turno em termos de presença de pausas e de outros trabalhos não repetitivos (20 minutos) de maneira a obter *o tempo líquido de trabalho repetitivo que resulta igual a 385 minutos.*

Tab. 19.3 – Os principais dados organizacionais a respeito da estruturação do turno

DURAÇÃO DO TURNO	480
Pausas (min)	75
Tempo de trabalho não repetitivo (min)	20
Tempo de trabalho considerado recuperação (min)	0
Total tempo de trabalho repetitivo no turno	385

19.4.2. As ações técnicas: freqüência de ação, duração e % de saturação do membro

Na Tab. 19.4 foram identificadas as ações técnicas realizadas pelo membro superior direito, necessárias para o desenvolvimento do ciclo de trabalho.

Se a empresa já tiver os resultados de uma análise organizacional cronométrica ou de tempos predeterminados, pode facilmente utilizar os resultados desta análise para uma avaliação muito analítica e precisa do índice OCRA, transformando elementos ou fases em ações técnicas e usando como tempos de duração das ações técnicas aqueles já obtidos com a análise organizacional conduzida.

No esquema proposto se escreverão todas as ações técnicas relativas ao membro que as executará (separadamente para o membro direito e o esquerdo) indicando para cada ação o tempo necessário atribuído para executá-la (em cts = centésimos de minuto) e o número de ações. É importante escrever no esquema também todas as outras fases operacionais que não requerem atividades dos membros superiores, ausentes neste caso, mas que obviamente necessitam de tempo (deslocamentos da pessoa para alcançar objetos, controles visuais, etc.) indicando exclusivamente a duração total: isto vai permitir obter o "tempo ativo" necessário por trabalhador para desenvolver o ciclo.

No exemplo foram identificadas 21 ações técnicas para o braço direito (por simplicidade a análise aqui apresentada vai considerar exclusivamente os resultados para este membro) que requerem uma duração líquida de execução (*tempo ativo do membro*) de 34 cts (20,4 seg.).

Foi já mencionado que ao trabalhador chegam 4 peças de cada vez; o número de ciclos (de 4 peças) determinados no turno é 1132: resulta um tempo total de ciclo (ou cadência) igual a 20,4 seg. (34 cts):

tempo total de ciclo (ou cadência) = tempo líquido trabalho repetitivo (385 min.) x 60seg. / N ciclos (1132) = 20,4 seg.

É interessante notar que neste caso o "tempo ativo do membro" necessário para desenvolver a tarefa e o tempo total de ciclo (ou cadência) coincidem: pode-se falar de um ciclo com uma saturação do membro de 100%.

A freqüência de ação por minuto será de 62 ações por minuto:

(21 ações ciclo) x (60) / (20,4 seg. tempo de ciclo total) = 62 ações/minuto

No cálculo do índice OCRA não está computada a presença de uma "saturação do membro elevada": níveis de saturação do membro superiores a 80% e, sobretudo, os superiores a 98%, deverão ser evitados.

19.4.3. A força (Tab. 19.5)

Às ações técnicas identificadas foi atribuída, quando presente, uma pontuação que exprime o nível de força (na escala de Borg) obtido com as técnicas de entrevista descritas no Cap. 8 e a relativa duração: o *software* providencia o cálculo da duração proporcional em relação ao tempo total de ciclo (ou cadência) e a obtenção da pontuação média ponderada.

No exemplo, algumas ações (devido ao peso dos objetos que estão sendo trabalhados) requerem aplicação de força também moderada (nível 3 na escala de Borg): o valor de força média ponderada atribuído à tarefa resulta igual a 1,47 correspondente a um Multiplicador Força (Fo_M) igual a 0,76.

19.4.4. As posturas inadequadas e a estereotipia (Tab. 19.6)

Foram estudados os tempos de permanência em postura inadequada de cada uma das ações técnicas identificadas relativamente a cada um dos segmentos articulares envolvidos: uma vez descritos os tempos, o *software* calcula os % de permanência, as pontuações de risco e o correspondente Multiplicador Postura (Po_M).

Os resultados analíticos são apresentados na Tab. 19.6: em resumo, se obtiveram os seguintes dados relativos às Pontuações e aos valores dos Multiplicadores para as posturas dos diversos segmentos articulares (Tab. 19.7).

Tab. 19.4 – As ações técnicas presentes no ciclo, a duração do ciclo, o número de peças produzidas e o % de saturação do membro

Ações técnicas do braço direito		Descrição das ações técnicas
Duração das ações técnicas (cts)	Tot. ações técnicas por ciclo	Direita
2,0	1	Empurrar 4 peças juntas
1,0	1	Pegar a primeira peça
3,0	1	Girar para controle visual
1,0	1	Girar de novo
1,0	1	Pegar a segunda peça
3,0	1	Girar para controle visual
1,0	1	Girar de novo
1,0	1	Pegar a terceira peça
3,0	1	Girar para controle visual
1,0	1	Girar de novo
1,0	1	Pegar a quarta peça
3,0	1	Girar para controle visual
1,0	1	Girar de novo
1,0	1	Pegar a primeira peça
2,0	1	Posicionar
1,0	1	Pegar a segunda peça
2,0	1	Posicionar
1,0	1	Pegar a terceira peça
2,0	1	Posicionar
1,0	1	Pegar a quarta peça
2,0	1	Posicionar
34,0	21	TOTAIS

Tempo líquido de trabalho repetitivo: 385
No.de unidades trabalhadas por turno (ou N.ciclos): 1132
N. DE AÇÕES TÉCNICAS NO CICLO: 21
TEMPO DE CICLO TOTAL (ou cadência): 34,0 cts.
TEMPO DE CICLO TOTAL (ou cadência): 20,4 seg.
Tempo atividade membro direito: 34,0 cts
Tempo atividade membro direito: 20,4 seg.
% Saturação membro direito (tempo ativo/tempo tot. ciclo): 100%

Tab. 19.5 – As ações técnicas presentes no ciclo com uso de força e cálculo do nível de força médio ponderado

Força			Ações técnicas do braço direito		Descrição das ações técnicas
Pontuação da escala de Borg	Ponderação da pontuação de Borg pelo tempo	% da duração das ações com força	Duração das ações técnicas (cts)	Tot. ações técnicas por ciclo	Direita TASKA
2	0,12	6%	2,0	1	Empurrar 4 peças juntas
0,5	0,01	3%	1,0	1	Pegar a primeira peça
0,5	0,04	9%	3,0	1	Girar para controle visual
0,5	0,01	3%	1,0	1	Girar de novo
0,5	0,01	3%	1,0	1	Pegar a segunda peça
0,5	0,04	9%	3,0	1	Girar para controle visual
0,5	0,01	3%	1,0	1	Girar de novo
0,5	0,01	3%	1,0	1	Pegar terceira peça
0,5	0,04	9%	3,0	1	Girar para controle visual
0,5	0,01	3%	1,0	1	Girar de novo
0,5	0,01	3%	1,0	1	Pegar a quarta peça
0,5	0,04	9%	3,0	1	Girar para controle visual
0,5	0,01	3%	1,0	1	Girar de novo
3	0,09	3%	1,0	1	Pegar a primeira peça
3	0,18	6%	2,0	1	Posicionar
3	0,09	3%	1,0	1	Pegar a segunda peça
3	0,18	6%	2,0	1	Posicionar
3	0,09	3%	1,0	1	Pegar a terceira peça
3	0,18	6%	2,0	1	Posicionar
3	0,09	3%	1,0	1	Pegar a quarta peça
3	0,18	6%	2,0	1	Posicionar
	1,47		34,0	21	TOTAL

Tab. 19.6 – As posturas inadequadas presentes no ciclo e a sua duração proporcional

Posturas e movimentos dos braços		Movimentos do cotovelo				Posturas e movimentos da mão e dos dedos						Estereotipia .ReM :SIM = 1 Moderada SIM = 2 Elevada NÃO = 0	Ações técnicas do braço direito		Descrição das ações técnicas
flexãoe/ou abdução sup. a 80°	abdução sup. a 45°	extensão sup. a 20°	pronação sup. a 60°	supinação sup. a 60°	flexo/extensão sup. a 60°	*grip* (diâmetro 3-5 cm)	*grip* apertado (1-2cm)	*pinch*	preensão palmar	preensão em gancho	movimentos finos dos dedos		duração das ações técnicas (cts)	TOT. ações técnicas por ciclo	direita
	2,0												2,0	1	empurrar 4 peças juntas
									1,0				1,0	1	pegar a primeira peça
					3,0				3,0				3,0	1	girar para controle visual
					1,0				1,0				1,0	1	girar de novo
									1,0				1,0	1	pegar a segunda peça
					3,0				3,0				3,0	1	girar para controle visual
					1,0				1,0				1,0	1	girar de novo
									1,0				1,0	1	pegar a terceira peça
					3,0				3,0				3,0	1	girar para controle visual
					1,0				1,0				1,0	1	girar de novo
									1,0				1,0	1	pegar a quarta peça
					3,0				3,0				3,0	1	girar para controle visual
					1,0				1,0				1,0	1	girar de novo
					1,0			1,0					1,0	1	pegar a primeira peça
					2,0			2,0					2,0	1	posicionar
					1,0			1,0					1,0	1	pegar a segunda peça
					2,0			2,0				2	2,0	1	posicionar
					1,0			1,0					1,0	1	pegar a terceira peça
					2,0			2,0					2,0	1	posicionar
					1,0			1,0					1,0	1	pegar a quarta peça
					2,0			2,0					2,0	1	posicionar
	6%				82%			35%	59%				34,0	21	TOTAL

Tab. 19.7 – Síntese das posturas inadequadas levantadas

Segmento articular	Movimento	% tempo	Pontuação	Multiplicador
Ombro	abdução 45°-80°	6%	0	
Cotovelo	Flexo-extensão	82%	6	0,7
Mão	Pinch	35%	3	0,6
	preensão palmar	59%	8	
ESTEREOTIPIA	Presente elevada		2	0,7

Tendo em vista que durante cerca de 60% do tempo o trabalhador repete o mesmo gesto de trabalho (carregar as peças na bancada), e o mesmo movimento de flexo-extensão do cotovelo é repetido por mais de 80% do tempo, considera-se a presença de um grau de Estereotipia elevado.

19.4.4. Os fatores de risco complementares

Não foram evidenciados fatores de risco complementares de tipo físico-mecânico mas somente de tipo organizacional. Há, de fato, ritmos impostos pela máquina mas com uma pequena área de pulmão (poucos ciclos): a pontuação é 8 e o correspondente Multiplicador Fatores Complementares (Ad_M) é 0,9.

19.4.5. O cálculo do índice OCRA

Na Tab. 19.8 é reportado o esquema de cálculo do índice conforme se apresenta no *software* "midaOCRA-multicompiti". Estão resumidos todos os dados organizacionais, os multiplicadores, as ações efetivamente executadas e aquelas recomendadas e, finalmente, o valor do índice que neste caso é elevado e igual a 10,9.

19.4.6. A redução do índice OCRA somente com a otimização da distribuição dos tempos de recuperação (Tab. 19.9)

Um valor de 10,9 de índice OCRA resulta muito elevado: ele leva a uma previsão de uma prevalência de patológicos WMSDs dos membros superiores compreendida entre 23,6% e 28,6%. Neste caso são, portanto, aconselháveis imediatas intervenções de melhoria.

Sabendo da presença de 75 minutos de tempos de recuperação efetivamente realizados e mal distribuídos, pode-se proceder não ao seu aumento mas a uma sua otimização.

Além da pausa para refeição de 30 minutos é possível, de fato, redistribuir os restantes 45 minutos (com um pequeno incremento de 3 minutos) em 6 pausas de 8 minutos (48 minutos): bem situadas no turno (não na hora antes da refeição e na hora final do turno) é possível anular completamente o risco por tempos inadequados de recuperação. Com esta simples operação de redistribuição das pausas o valor do índice OCRA se reduz de 10,9 para 6,6: passa-se de risco elevado para risco médio. Ele leva a uma previsão de uma prevalência de patológicos WMSDs dos membros superiores compreendida entre 14,3% e 17,3%.

19.4.7. A redução do índice OCRA com a introdução de um elevador mecânico para a redução da força e da freqüência de ação (Tab. 19.10, 19.11 e 19.12)

Esta única intervenção organizacional de redistribuição das pausas não é ainda suficiente para reduzir, a níveis aceitáveis, o risco: ainda estão presentes problemas devidos ao uso de força e de freqüência de ação elevada e de estereotipia dos gestos. A introdução de um elevador mecânico que retire simultaneamente as 4 peças acabadas e que permita estocá-los sem esforço físico sobre a bancada tem o efeito de reduzir tanto a freqüência das ações técnicas quanto a força, e de eliminar a presença de estereotipia (o elevador se usa em *grip*): por este motivo se obtêm também melhorias significativas de exigência postural.

Com a introdução deste auxílio e com a chegada das peças diante do trabalhador, sem que este precise "puxá-las" para o ponto de trabalho, as ações foram reduzidas de 21 para 18 e o nível de força é desprezível.

A saturação do membro se reduz a 86%, a freqüência de ação desce de 62 para 53 ações /minuto: o índice OCRA é igual a 3 (faixa amarela: risco muito leve). A previsão dos patológicos WMSDs está agora compreendida entre 6,5% e 7,8% (Tabelas 19.11 e 19.12).

Tab. 19.8 – O esquema de cálculo do índice OCRA no software *"midaOCRAmulticompiti"*

	A	B	C	D
DURAÇÃO DO TURNO	480			
Pausas (min)	75			
Tempo de trabalho não repetitivo (min)	20			
Tempo de trabalho considerado recuperação (min)	0			
Total tempo de trabalho repetitivo no turno	385			
	A	B	C	D
Inserir "X" para cada tarefa analisada	X			
Tempo líquido de trabalho repetitivo para cada tarefa	**385**			
N.de unidades trabalhadas por turno (ou N. de ciclos)	**1132**			
N. de horas sem um tempo adequado de recuperação	**4**			
Multiplicador Recuperação (Rc_M)	0,6			
CONSTANTE DE FREQÜÊNCIA (CF)	**30**			
Multiplicador Força (Fo_M)	0,76			
Multiplicador Postura (Po_M)	0,60			
Multiplicador Fatores Complementares (Ad_M)	0,90			
Multiplicador Estereotipia (Re_M)	0,70			
Parcial Ações Recomendadas (RPA)	3301			
TEMPO DE CICLO (seg.)	20,4			
TOT. DE AÇÕES TÉCNICAS POR TAREFA	23772			
Freqüência (N. de ações técnicas por minuto)	62			
N. de ações técnicas no ciclo	21			
TOT. DE AÇÕES TÉCNICAS ATUALMENTE EXECUTADAS (ATA)	23772	0	0	0
TOT. DE AÇÕES TÉCNICAS RECOMENDADAS (RTA)	2178			
Multiplicador Duração Tarefas Repetitivas (Du_M).	1,1			
ÍNDICE OCRA MEMBRO DIREITO	**10,9**			

Tab. 19.9 – A redução do índice OCRA somente com a otimização da distribuição dos tempos de recuperação

	A	B	C	D
DURAÇÃO DO TURNO	480			
Pausas (min)	78			
Tempo de trabalho não repetitivo (min)	20			
Tempo de trabalho considerado recuperação (min)	0			
Total tempo de trabalho repetitivo no turno	382			
	A	B	C	D
Inserir "X" para cada tarefa analisada	X			
Tempo líquido de trabalho repetitivo para cada tarefa	382			
N. de unidades trabalhadas por turno (ou N. de ciclos)	1132			
N. de horas sem um adequado tempo de recuperação	0			
Multiplicador Recuperação (RcM)	1,0			
CONSTANTE DE FREQÜÊNCIA (CF)	30			
Multiplicador Força (Fo_M)	0,75			
Multiplicador Postura (Po_M)	0,60			
Multiplicador Fatores Complementares (Ad_M)	0,90			
Multiplicador Estereotipia (Re_M)	0,70			
Parcial Ações Recomendadas (RPA)	3265			
TEMPO DE CICLO (seg.)	20,2			
TOT. DE AÇÕES TÉCNICAS POR TAREFA	23772			
Freqüência (N. de ações técnicas por minuto)	62			
N. de ações técnicas no ciclo	21			
TOT. DE AÇÕES TÉCNICAS ATUALMENTE EXECUTADAS (ATA)	23772			
TOT. DE AÇÕES TÉCNICAS RECOMENDADAS (RTA)	3591			
Multiplicador Duração Tarefas Repetitivas (Du_M).	1,1			
ÍNDICE OCRA MEMBRO DIREITO	**6,6**			

Tab. 19.10 – A redução do índice OCRA com a introdução de um elevador mecânico para a redução da força e da freqüência de ação

Movimentos do cotovelo			Posturas e movimentos da mão e dos dedos				Estereotipia .ReM :SIM = 1 Moderada SIM = 2 Elevada NÃO = 0	ritmo imposto com áreas de pulmão (0=NÃO, 1=SIM)	Força		Ações técnicas do braço direito		Descrição das ações técnicas
pronação sup.. a 60°	supinação sup. a 60°	flexo/extensão sup. a 60°	*grip* (diâmetro 3-5 cm)	preensão palmar	preensão em gancho	movimentos finos dos dedos			pontuação da escala de Borg	duração das ações com força (cts)	duração das ações técnicas (cts)	TOT. ações técnicas por ciclo	**direita**
													empurrar 4 peças juntas
				1					0,5	1	1,0	1	pegar primeira peça
		3		3					0,5	3	3,0	1	girar para controle visual
		1		1					0,5	1	1,0	1	girar de novo
				1					0,5	1	1,0	1	pegar segunda peça
		3		3					0,5	3	3,0	1	girar para controle visual
		1		1					0,5	1	1,0	1	girar de novo
				1					0,5	1	1,0	1	pegar terceira peça
		3		3					0,5	3	3,0	1	girar para controle visual
		1		1					0,5	1	1,0	1	girar de novo
				1					0,5	1	1,0	1	pegar quarta peça
		3		3					0,5	3	3,0	1	girar para controle visual
		1		1					0,5	1	1,0	1	girar de novo
													pegar primeira peça
													posicionar
													pegar segunda peça
							0	1					posicionar
													pegar terceira peça
													posicionar
													pegar quarta peça
													posicionar
			1,0								1,0	1	PEGAR ELEVADOR MECÂNICO
			2,0								2,0	1	POSICIONAR SOBRE AS 4 PEÇAS
			1,0								1,0	1	PRESSIONAR ALAVANCA PARA PEGAR AS PEÇAS
			2,0								2,0	1	TRANSFERIR AS PEÇAS
			2,0								2,0	1	POSICIONAR AS PEÇAS
			1,0								1,0	1	SOLTAR AS PEÇAS
		47%	29%	59%						0,30	29,0	18	TOTAL

Tab. 19.11 – Modificações no número das ações após a introdução do elevador mecânico

Tempo líquido de trabalho repetitivo: 382
N.de unidades trabalhadas por turno (ou N. de ciclos): 1132
N. AÇÕES TÉCNICAS NO CICLO: 18
TEMPO TOTAL DE CICLO (ou cadência): 33,7 cts.
TEMPO TOTAL DE CICLO (ou cadência): 20,2 seg.
Tempo atividades do membro direito: 29 cts
Tempo atividades do membro direito: 17,4 seg.
% Saturação do membro direito (tempo atividades do membro/tempo tot.ciclo): 86%

Tab. 19.12 – A redução do risco com a introdução de um elevador mecânico: os Multiplicadores e o valor do índice OCRA

		A	B	C	D
DURAÇÃO DO TURNO	480				
Pausas (min)	78				
Tempo de trabalho não repetitivo (min)	20				
Tempo de trabalho considerado de recuperação (min)	0				
Tempo total de trabalho repetitivo no turno	382				
Tempo líquido de trabalho repetitivo para cada tarefa	382				
N. de unidades trabalhadas por turno (ou n. ciclos)	1132				
N. de horas sem um tempo adequado de recuperação	0				
Multiplicador Recuperação (RcM)	1,0				
CONSTANTE DE FREQÜÊNCIA (CF)	30				
Multiplicador Força (Fo_M)	0,75				
Multiplicador Postura (Po_M)	0,60				
Multiplicador Fatores Complementares (Ad_M)	0,90				
Multiplicador Estereotipia (Re_M)	0,70				
Parcial Ações Recomendadas (RPA)	6188				
TEMPO DE CICLO (seg.)	20,2				
TOT. DE AÇÕES TÉCNICAS POR TAREFA	20376				
Freqüência (N.de ações técnicas por minuto)	53				
N. de ações técnicas no ciclo	21				
TOT. DE AÇÕES TÉCNICAS ATUALMENTE EXECUTADAS (ATA)	20376				
TOT. DE AÇÕES TÉCNICAS RECOMENDADAS (RTA)	6807				
Multiplicador Duração Tarefas Repetitivas (Du_M).	1,1				
ÍNDICE OCRA MEMBRO DIREITO	3				

19.4.8. A redução adicional do índice OCRA com a introdução de um elevador mecânico e de um virador automático das peças para uma ulterior redução do risco e a possibilidade de incrementar a produção conservando a ausência de risco (Tabelas 19.13, 19.14 e 19.15)

O trabalhador, para realizar o controle visual das peças, deve girá-las duas vezes com as mãos em preensão palmar e amplas flexo-extensões do cotovelo: introduzindo um virador para as 4 peças simultaneamente, por meio de botão de comando, se obtém uma grande redução da freqüência de ação e uma ausência de posturas inadequadas.

O índice OCRA se reduz drasticamente a 0,9, faixa sem risco, e a produtividade não foi alterada.

Tab. 19.13 – A ulterior redução do índice OCRA com a introdução de um elevador mecânico e de um virador automático

Posturas e movimentos da mão e dos dedos			Estereotipia .ReM :SIM = 1 Moderada SIM = 2 Elevada NÃO = 0	ritmo imposto com áreas de pulmão (0=NÃO, 1=SIM)	**Ações técnicas do braço direito**		**descrição das ações técnicas**
grip (diâmetro 3-5 cm)	*grip* apertado (1-2 cm)	movimentos finos dos dedos			duração das ações técnicas (cts)	TOT. ações técnicas por ciclo	**direita**
		1			1,0	1	CHAMA 4 PEÇAS AUTOMATICAMENTE COM BOTÃO DE COMANDO
		1			1,0	1	APERTA BOTÃO PARA GIRAR AS PEÇAS
					8,0		EXECUTA CONTROLE VISUAL NAS 4 PEÇAS
		1			1,0	1	APERTA BOTÃO PARA GIRAR DE NOVO AS PEÇAS
2,0					2,0	1	**PEGAR ELEVADOR MECÂNICO**
2,0					2,0	1	POSICIONAR SOBRE AS 4 PEÇAS
1,0					1,0	1	ACIONAR ALAVANCA PARA PEGAR AS PEÇAS
2,0					2,0	1	TRANSFERIR AS PEÇAS
2,0					2,0	1	POSICIONAR AS PEÇAS
1,0					1,0	1	SOLTAR AS PEÇAS
30%	0%	9%	0	1	**21,0**	9	

Tempo líquido de trabalho repetitivo: 382

N de unidades trabalhadas por turno (ou N. de ciclos): 1132

N. DE AÇÕES TÉCNICAS NO CICLO: 9

TEMPO TOTAL DE CICLO (ou cadência): 33,7 cts

TEMPO TOTAL DE CICLO (ou cadência): 20,2 seg.

Tempo de atividade do membro direito: 13 cts (8 cts de controle visual)
Tempo de atividade do membro direito: 21,6 seg.

% Saturação do membro direito (tempo de atividade do membro/tempo total do ciclo): 36%

Tab. 19.14 – A ulterior redução do índice OCRA com a introdução de um elevador mecânico e de um virador automático: os valores dos Multiplicadores e do índice OCRA

DURAÇÃO DO TURNO	480			
Pausas (min)	78			
Tempo de trabalho não repetitivo (min)	20			
Tempo de trabalho considerado recuperação (min)	0			
Tempo total de trabalho repetitivo no turno	382			
	A	B	C	D
Inserir "X" para cada tarefa analisada	X			
Tempo líquido de trabalho repetitivo para cada tarefa	382			
N. de unidades trabalhadas por turno (ou n. ciclos)	1132			
N. de horas sem um tempo adequado de recuperação	0			
Multiplicador Recuperação (RcM)	1,0			
CONSTANTE DE FREQÜÊNCIA (CF)	30			
Multiplicador Força (Fo_M)	1,00			
Multiplicador Postura (Po_M)	1,00			
Multiplicador Fatores Complementares (Ad_M)	0,90			
Multiplicador Estereotipia (Re_M)	1,00			
Parcial Ações Recomendadas (RPA)	10188			
TEMPO DE CICLO (seg.)	20,2			
TOT. DE AÇÕES TÉCNICAS POR TAREFA	10188			
Freqüência (N.de ações técnicas por minuto)	26			
N. de ações técnicas no ciclo	9			
TOT. DE AÇÕES TÉCNICAS ATUALMENTE EXECUTADAS (ATA)	10188			
TOT. DE AÇÕES TÉCNICAS RECOMENDADAS (RTA)	11345			
Multiplicador Duração Tarefas Repetitivas (Du_M).	1,1			
ÍNDICE OCRA MEMBRO DIREITO	**0,9**			

Devido à drástica redução dos níveis de risco é agora possível tentar incrementar ulteriormente a produtividade (levando-se em conta também os altos custos das intervenções de reprojeto) mesmo conservando a ausência de risco.

Mesmo levando os ciclos/turno de 1.132 (n. 4.528 peças) a 1500 (n. 6.000 peças), o valore do índice permanece na faixa verde (1,2 = ausência de risco) em que o tempo de ciclo se reduziu para 15,3 segundos e a freqüência de ação é de 35 ações por minuto.

Para incrementar ulteriormente a produtividade, se poderia verificar tecnicamente a possibilidade de aumentar o número de peças trabalhadas num ciclo (de 4 a 5) introduzindo movimentadores capazes de levantar 5 peças ao mesmo tempo: neste caso as peças trabalhadas num turno aumentariam de 1.132 (n. 4.528 peças) para 1.500 (n. 7.500 peças).

Tab. 19.15 – A manutenção do índice OCRA na faixa verde (ausência de risco) com a introdução de um elevador mecânico e de um virador automático obtendo também um incremento de produtividade

	A	B	C	D
DURAÇÃO DO TURNO	480			
Pausas (min)	78			
Tempo de trabalho não repetitivo (min.)	20			
Tempo de trabalho considerado recuperação (min.)	0			
Total tempo de trabalho repetitivo no turno	382			
Inserir "X" para cada tarefa analisada	X			
Tempo líquido de trabalho repetitivo para cada tarefa	382			
N. de unidades trabalhadas por turno (ou n. de ciclos)	1500			
N. de horas sem um tempo adequado de recuperação	0			
Multiplicador Recuperação (Rc_M)	1,0			
COSTANTE DE FREQÜÊNCIA (CF)	30			
Multiplicador Força (Fo_M)	1,00			
Multiplicador Postura (Po_M)	1,00			
Multiplicador Fatores Complementares (Ad_M)	0,90			
Multiplicador Estereotipia (Re_M)	1,00			
Parcial Ações Recomendadas (RPA)	10310			
TEMPO DE CICLO (seg.)	15,3			
TOT. DE AÇÕES TÉCNICAS POR TAREFA	13500			
Freqüência (N. de ações técnicas por minuto)	35			
N. de ações técnicas no ciclo	9			
TOT. DE AÇÕES TÉCNICAS ATUALMENTE EXECUTADAS (ATA)	13500			
TOT. DE AÇÕES TÉCNICAS RECOMENDADAS (RTA)	11345			
Multiplicador Duração Tarefas Repetitivas (Du_M).	1,1			
ÍNDICE OCRA MEMBRO DIREITO	**1,2**			

tempo líquido de trabalho repetitivo: 382

N. de unidades trabalhadas por turno (ou n. de ciclos): 1500

N. DE AÇÕES TÉCNICAS NO CICLO: 9

TEMPO DE CICLO (tempo total ou cadência): 25,4 cts (15,3 seg.)

tempo ativo de ações técnicas no ciclo: 15,3 cts

% Saturação à direita (tempo ativo/tempo tot. de ciclo): 47%

Durante estas fases de tentativas de incremento da produtividade é importante, independentemente do valor final do índice OCRA, respeitar estes vínculos:

– não superar a freqüência de 60 ações por minuto;

– não reduzir o tempo de ciclo total ou a cadência abaixo de 8 segundos;

– não criar níveis excessivos de saturação do membro (entre tempos ativos do membro e tempos totais de ciclo, ou cadência): permanecer, possivelmente, abaixo de 80% e, com certeza, não acima de 98%.

Sempre partindo do exemplo anterior, levando em conta a baixa pontuação do índice OCRA e a baixa saturação do membro direito, é ainda possível aumentar a produtividade sem reduzir excessivamente o tempo total de ciclo (ou cadência). Para se obter este resultado, no exemplo reportado na Tab. 19.16 foram reduzidas seja as pausas (de 6 pausas de 8 minutos cada para 3 pausas de 10 minutos cada) seja os tempos de trabalho não repetitivo (de 20 minutos para 5 minutos): o tempo líquido aumentou, conseqüentemente, de 385 minutos para 415. Aumentando o número de ciclos de 1.500 para 1.800, o tempo de ciclo total (ou cadência) se reduz a 13,8 seg., a freqüência de ação permanece dentro de níveis reduzidos (39 ações/min.), a saturação do membro é de 52%. Mesmo tendo reduzido as pausas e, conseqüentemente, tendo aumentado o risco por carência de tempos de recuperação e presença de estereotipia de grau moderado, o índice OCRA permanece na faixa verde (valor 2,2).

Tab. 19.16 – Reorganização de um posto de trabalho com ulterior incremento da produtividade (índice OCRA na faixa verde)

	A	B	C	D
DURAÇÃO DO TURNO	480			
Pausas (min.)	60			
Tempo de trabalho não repetitivo (min.)	5			
Tempo de trabalho considerado recuperação (min.)	0			
Total tempo de trabalho repetitivo no turno	**415**			
Inserir "X" para cada tarefa analisada	X			
Tempo líquido de trabalho repetitivo para cada tarefa	**415**			
N. de unidades trabalhadas por turno (ou n. de ciclos)	**1800**			
N. de horas sem um tempo adequado de recuperação	**3**			
Multiplicador Recuperação (Rc_M)	0,7			
CONSTANTE DE FREQÜÊNCIA (CF)	**30**			
Multiplicador Força (Fo_M)	1,00			
Multiplicador Postura (Po_M)	1,00			
Multiplicador Fatores Complementares (Ad_M)	0,90			
Multiplicador Estereotipia (Re_M)	0,85			
Parcial Ações Recomendadas (RPA)	9524			
TEMPO DE CICLO (seg.)	13,8			
TOT. DE AÇÕES TÉCNICAS POR TAREFA	16200			
Freqüência (N.de ações técnicas por minuto)	39			
N. de ações técnicas no ciclo	9			
TOT. DE AÇÕES TÉCNICAS ATUALMENTE EXECUTADAS (ATA)	16200			
TOT. DE AÇÕES TÉCNICAS RECOMENDADAS (RTA)	7334			
Multiplicador Duração Tarefas Repetitivas (Du_M)	1,1			
ÍNDICE OCRA MEMBRO DIREITO	**2,2**			

19.4.9. Um exemplo avançado de reprogramação da produtividade de uma linha sem aumentar o risco por movimentos repetitivos e sobrecarga biomecânica dos membros superiores

A solicitação expressa da direção da empresa ao analista foi a de rever a organização do trabalho numa linha de montagem mecânica a fim de incrementar a produtividade.

O analista, especialista no uso do índice OCRA, incrementou inicialmente a produtividade simplesmente reduzindo o tempo de ciclo: testando o resultado com o índice OCRA logo constatou um sensível aumento do risco por sobrecarga biomecânica dos membros superiores.

Para obter o incremento produtivo solicitado sem elevar o risco, procedeu de acordo com as seguintes fases (Tab. 19.17):

- rebalanceamento da distribuição do trabalho nos diversos postos da linha considerando o aumento da produção;
- avaliação do índice OCRA: resultado ainda elevado;
- introdução de outras soluções organizacionais como o aumento de uma pausa;
- reavaliação da solução com o índice OCRA: o resultado pode ainda ser melhorado;
- introdução de melhorias no *lay-out*;.
- reavaliação da solução com o índice OCRA: resultado positivo.

A experiência acima exposta, mesmo que de forma sucinta, demonstra como o índice OCRA pode ser considerado um importante instrumento de suporte para quem organiza o trabalho, porque permite testar rapidamente as hipóteses de soluções organizacionais elaboradas de forma a permitir a escolha da solução:

- a maior produtividade;
- o menor custo produtivo;
- o menor custo para a saúde dos trabalhadores.

Tab. 19.17 – Rebalanceamentos de uma linha a fim de incrementar a produtividade e o ajuste das soluções com o índice OCRA para a contenção do risco por movimentos repetitivos e sobrecarga biomecânica dos membros superiores

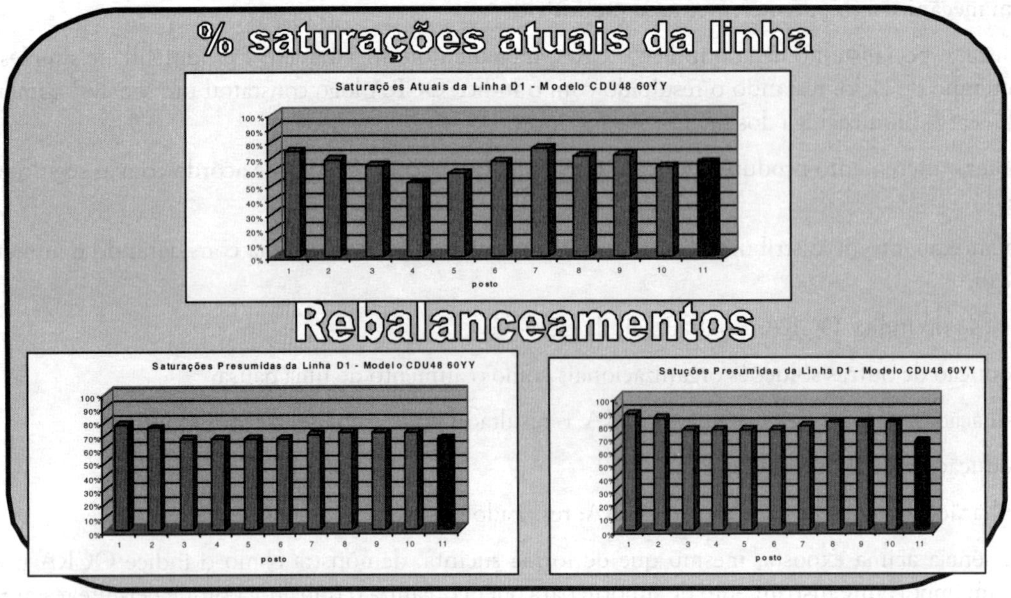

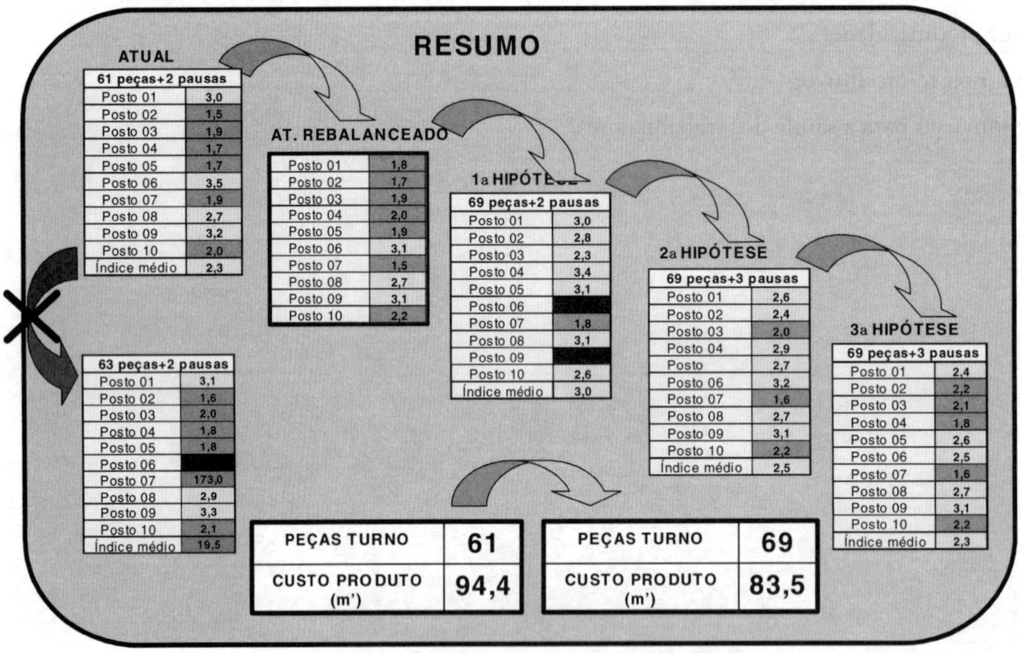

20. As intervenções formativas e de treinamento

20.1. Características gerais das intervenções formativas

As intervenções de formação e de treinamento devem ser dirigidas, com conteúdos e finalidades diversos, a três diferentes categorias de público nas empresas:

– o trabalhador (operacional);

– o técnico de produção e o chefe de setor (o produtor e gerenciador do processo);

– o dirigente (o responsável pelas decisões estratégicas).

a) Formação do trabalhador

O trabalhador deve ser informado a respeito dos riscos e dos prejuízos ligados ao trabalho repetitivo para justificar, motivando-a, a necessidade de executar de forma correta e de acordo com seqüências adequadas, a tarefa ocupacional da qual ele é responsável, uma vez que a mesma foi reprojetada levando em conta os critérios ergonômicos.

O trabalhador deve ter, portanto, formação adequada para:

– executar as ações na ordem sugerida;

– usar o mais possível, ambos os membros;

– evitar acrescentar ações inúteis;

– efetuar as preensões de forma correta;

– avisar o chefe de setor quando for necessário realizar novas ações;

– dirigir-se ao serviço médico quando sentir os primeiros sintomas (sinal de alarme).

O trabalhador deve ser também instruído sobre o uso mais correto das pausas disponíveis especialmente quando a gestão das mesmas é discricionária.

b) Formação dos técnicos de produção e dos chefes de setor

Da mesma forma que para os trabalhadores, o processo de formação parte do conhecimento dos riscos e danos específicos, assim como das problemáticas médico-legais relacionadas.

Os técnicos deverão estar adequadamente treinados para "identificar" os fatores de risco ligados ao trabalho repetitivo e a reprojetar velhos postos/tarefas ou a projetar novos, a fim de limitar a presença de tais fatores.

Devido à contínua evolução tecnológica dos sistemas de produção, os técnicos das empresas terão que "incorporar" o conceito que o processo de controle da presença dos fatores de risco deverá ser um processo contínuo, estritamente relacionado com a evolução técnica. Precisa também fazer com que os técnicos e, sobretudo, os chefes de setor, organizem sessões periódicas de trocas de idéias com os trabalhadores para obter informações sobre problemas práticos que surgem durante a execução da tarefa. O seu conhecimento e a solução em tempos breves permite evitar danos à saúde dos trabalhadores, obtendo-se muitas vezes também uma melhoria do produto e dos tempos de produção.

O técnico da empresa é, de qualquer forma, uma figura chave no processo de formação. Ele, ao mesmo tempo, é objeto de formação por parte dos consultores especializados e sujeito de formação prática para os trabalhadores. De fato, ele é chamado para:

– projetar de forma adequada a execução de uma tarefa, otimizando sobretudo as ações técnicas relacionadas com a saúde e não somente com a produtividade;

– ensinar a execução correta da tarefa aos trabalhadores;

– controlar periodicamente que a tarefa seja executada da forma correta;

– consultar periodicamente os trabalhadores sobre o surgimento de problemas durante a execução da tarefa;

– controlar que as inovações técnicas não sejam causa de incremento dos fatores de risco;

– modular a introdução no trabalho de novos assuntos de acordo com o seu grau de treinamento e a complexidade da tarefa.

c) Formação dos dirigentes (management)

Os dirigentes devem estar envolvidos nos momentos de formação, realizados por especialistas, visando a fornecer-lhes um quadro completo dos fatores de risco presentes no ciclo de trabalho da empresa e as possíveis estratégias (técnicas, organizacionais, formativas e de saúde) que no seu conjunto podem garantir a contenção e a gestão destes fatores. Aqueles conhecimentos, juntamente com a noção das próprias responsabilidades, também de caráter penal, vão permitir aos dirigentes a formulação das escolhas mais apropriadas na organização e gestão tanto da produção como dos aspectos de proteção da saúde dos trabalhadores.

20.2. Um exemplo de conteúdos gerais para um curso de formação para os trabalhadores

Neste parágrafo são apresentados os principais conteúdos de um opúsculo informativo, dedicado aos trabalhadores da indústria expostos a movimentos repetitivos dos membros superiores.

O opúsculo foi criado diretamente pelo pessoal do serviço de prevenção da empresa da CESET da cidade de Asti (grupo Emerson) e apresentado com sucesso aos trabalhadores.

Os seus conteúdos se articulam em diversas seções que dizem respeito aos diversos conteúdos necessários para uma formação eficaz:

– as patologias e os distúrbios dos membros superiores relacionados ao trabalho: quais são e como reconhecê-los;

– a exposição, a análise do risco e os índices de risco;

– as 10 regras de ouro para reduzir o risco;

– conselhos para reduzir o risco de exposição extra-ocupacional;

– fisioterapia "faça você mesmo".

O opúsculo está disponível na forma impressa e também em CD.

WMSDs: os distúrbios

Os distúrbios principais que caracterizam os WMSDs são os seguintes:

Dores articulares (punhos, cotovelos, ombros) durante os movimentos nas fases iniciais, e depois também em repouso.

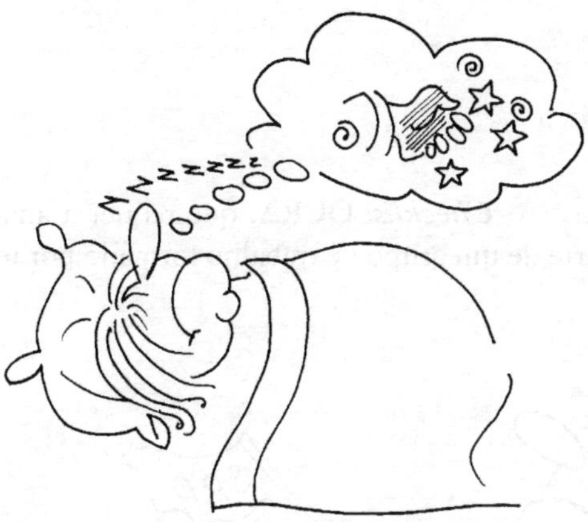

Presença de formigamentos, especialmente nos dedos, que surgem freqüentemente durante a noite, acompanhados também por sensações de frio ou distúrbios da sensibilidade.

Trabalho e Distúrbios Musculoesqueléticos

Se os postos de trabalho são bem projetados e as atividades manuais bem executadas, não são gerados WMSDs.

A exposição ao risco

Os principais fatores de risco que causam as patologias WMSDs são:

REPETITIVIDADE	movimentos sempre iguais a si mesmos repetidos por muito tempo
FREQÜÊNCIA	alta freqüência de gestos de trabalho a cada minuto de trabalho
FORÇA	uso de força elevada com os membros superiores
POSTURA	posições inadequadas do punho, do cotovelo, dos ombros ou movimentos articulares extremos
PERÍODOS DE RECUPERAÇÃO	recuperações insuficientes (pausas escassas ou mal distribuídas ou falta de revezamento com trabalhos mais tranqüilos)
FATORES COMPLEMENTARES	manusear objetos muito frios, vibrações, compressões nas mãos durante o uso de ferramentas, uso de luvas inadequadas à preensão, freqüente uso de malho e/ou martelo para golpear... etc.

Estes parâmetros podem estar presentes isoladamente ou nas mais diversas combinações e/ou em vários níveis de intensidade.

A análise do risco

Um primeiro instrumento de análise adequado do risco é o ***Checklist*** OCRA, que requer a análise das atividades repetitivas diretamente no posto de trabalho por parte de um grupo de trabalho formado por técnicos.

- É mais adequada para levantar a presença de risco numa primeira fase de intervenção para avaliação. Permite catalogar as tarefas ocupacionais em faixas de risco.

O índice de risco

Da análise com o *Checklist* OCRA se obtêm valores numéricos que identificam um índice de risco.

Faixa	*Nível de risco*	*Conseqüências*
Verde	RISCO AUSENTE A previsão de WMSDs é sobreposta àquela dos grupos de referência	Nenhuma conseqüência
Amarela	RISCO DESPREZÍVEL OU MUITO LEVE A previsão de WMSDs é levemente superior àquela dos grupos de referência	Aprofundar a avaliação
Vermelha	RISCO PRESENTE Existe a previsão de um excesso de WMSDs	Ativação da vigilância sanitária e formação/informação dos expostos É oportuna a pesquisa de soluções de melhoria das condições de exposição com prioridade para os valores mais elevados.
Violeta	RISCO ELEVADO Ele é tanto mais elevado quanto mais elevado é o índice.	Intervenções de reprojeto das tarefas e dos postos de trabalho urgentes. Ativação da vigilância sanitária anual e formação /informação dos expostos.

As "10" regras de ouro para reduzir o risco no trabalho

1 Executar as ações técnicas de trabalho necessárias na ordem ensinada.

2 Usar o mais possível os dois membros: as ações técnicas de trabalho mais fáceis podem ser feitas também com a mão esquerda.

3 Evitar acrescentar ações técnicas inúteis como, por exemplo, pegar e pegar de novo várias vezes um objeto antes de posicioná-lo. Se não estiver claro como realizar o trabalho, solicitar informações ao chefe de setor. Avisar o chefe de setor se é necessário utilizar ou acrescentar novas ações àquelas determinadas para realizar o trabalho.

4 Não lançar objetos e evitar movimentos bruscos. Evitar ações bruscas com uso de força ao parafusar ou ao acionar alavancas. Se a força solicitada for excessiva, avisar o chefe do setor ou o responsável pelo serviço de prevenção e proteção: será necessário introduzir ou usar uma nova ferramenta ou remover o inconveniente técnico.

Assinalar a presença de um excessivo uso de força também se for relativo apenas aos dedos da mão.

5 Controlar que as ferramentas utilizadas não provoquem compressões, vermelhidão, bolhas, calosidades nas mãos e nos dedos. Solicitar, se necessário, ao Chefe de Setor e ao Serviço de Prevenção e Proteção a verificação da ferramenta.

6 Não levantar objetos pesados usando somente os dedos (em particular a última parte dos dedos).

Os dedos não têm muita força: levantar com freqüência somente com os dedos cargas mesmo pouco superiores a 1-2 kg, pode provocar desconforto.

Se possível, acrescentar um cabo de pelo menos 2 cm de diâmetro para pesos a levantar superiores a 8-10 kg.

7 Se o cabo de uma ferramenta e a execução de várias ações obrigam a manter por longo tempo o(s) punho(s) muito dobrado(os), pedir ao chefe de setor ou ao responsável pela segurança a troca do tipo de cabo da ferramenta ou melhorar os pontos de operação no posto de trabalho.

8 Trabalhar freqüentemente com os braços acima da altura dos ombros, sobretudo manuseando pesos ou fazendo gestos que requerem uso de força, é arriscado para os ligamentos do ombro. Pedir ao chefe de setor ou ao Serviço de Prevenção e Proteção para dispor as ferramentas, os objetos que estão sendo trabalhados, as alavancas ou os botões de comando, todos abaixo da altura do ombro e o mais perto possível do plano de trabalho. Se for possível, trabalhar apoiando os antebraços sobre o plano de trabalho.

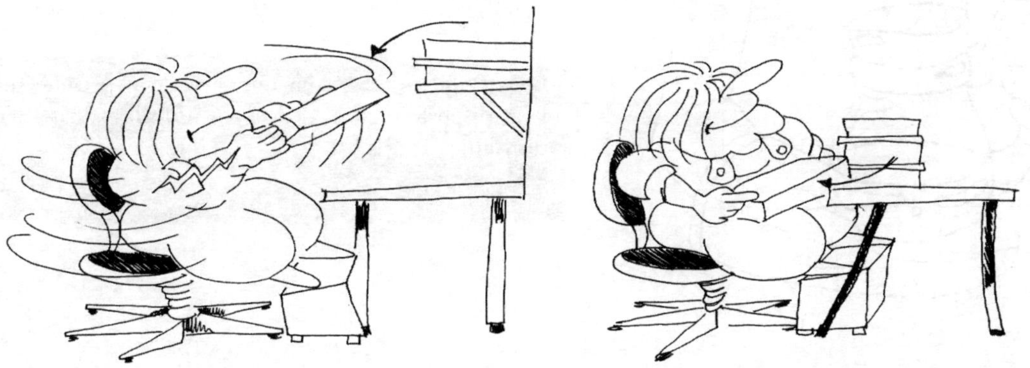

9 Não acelerar o próprio trabalho para terminar antes do tempo, acumulando minutos livres antes de ir ao refeitório ou antes do fim do turno: este comportamento é prejudicial para os membros superiores sobretudo se acumulam meias-horas inteiras.

Quando possível, é mais benéfico deixar os braços em repouso pelo menos uma vez por hora e/ou fazer revezamento em mais postos de trabalho que permitam utilizar de forma diferente os membros superiores.

10 Dirigir-se ao serviço médico quando se sentem os primeiros sintomas, sobretudo se ligados à atividade ocupacional.

Conselhos para a prevenção dos distúrbios dos membros superiores na vida extraocupacional

Em casa, algumas providências simples podem poupar fadiga às mãos e aos braços, já sobrecarregados pela atividade ocupacional.

Recorrendo a alguns gestos e movimentos substitutivos, de menor exigência, é possível reduzir o trabalho dos músculos e dos ligamentos.

Pegar um objeto por um pequeno cabo (como um bule) significa deixar sob esforço a articulação do punho e as articulações dos dedos.

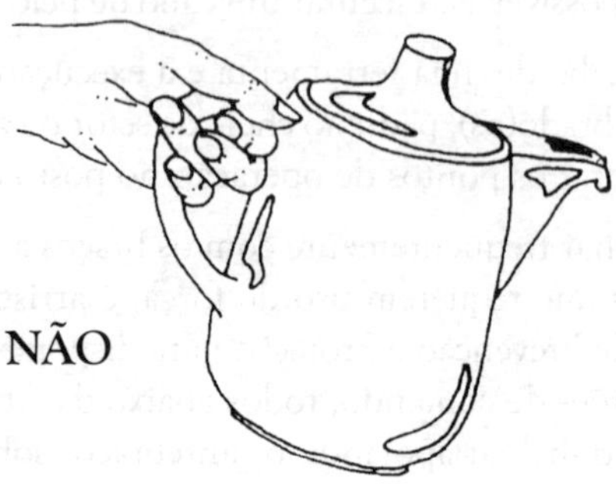

NÃO

SIM

Um recipiente leve com um cabo largo permite uma boa disposição dos dedos: o uso das duas mãos distribui as cargas.

O transporte de uma pilha de pratos pode se revelar incômodo para uma mão já cansada. Basta simplesmente dividir o peso nos antebraços: evitar, de qualquer forma, transportar muitos pratos de cada vez.

NÃO

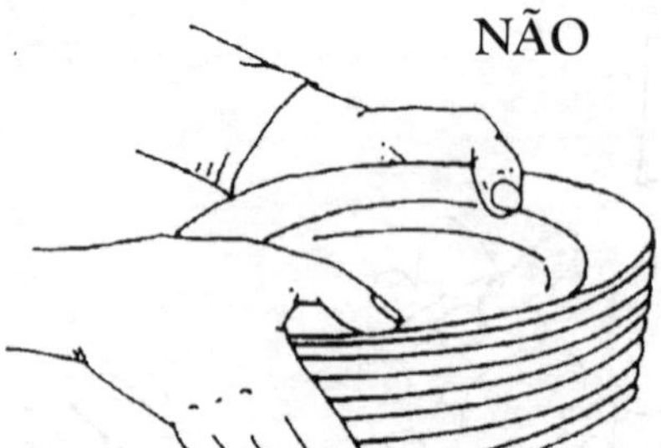

SIM

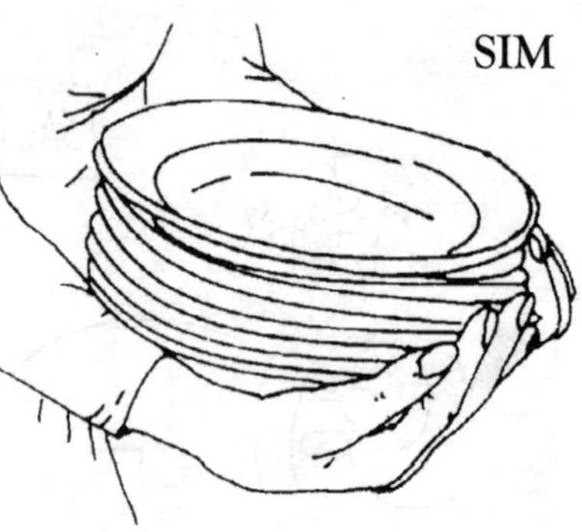

Para utilizar objetos como um espremedor de limões, é necessária uma pressão com flexão e torção dos dedos: estes movimentos podem resultar nocivos.

É menos cansativo recorrer a instrumentos que permitem uma preensão com as mãos cheias. É garantido um resultado melhor mesmo com uma pressão desprezível.

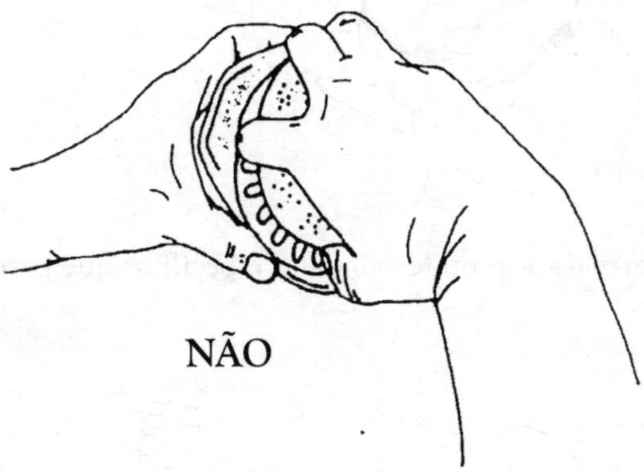

NÃO

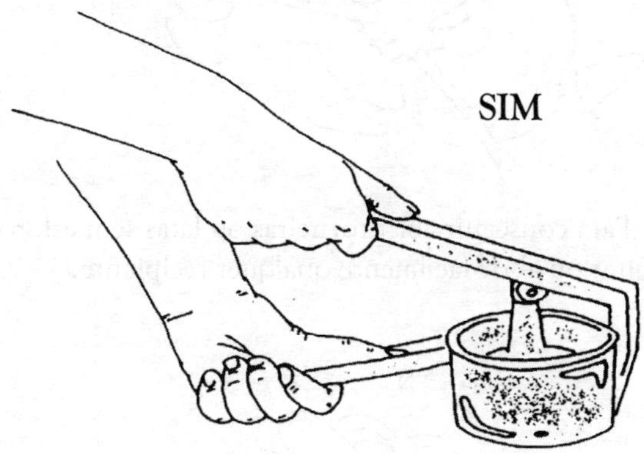

SIM

Evitar sobrecarregar os dedos com os saca-rolhas comuns. Um cabo grande e largo torna mais fácil a sua utilização. O saca-rolhas "de alavanca dupla" permite reduzir muito o uso da força.

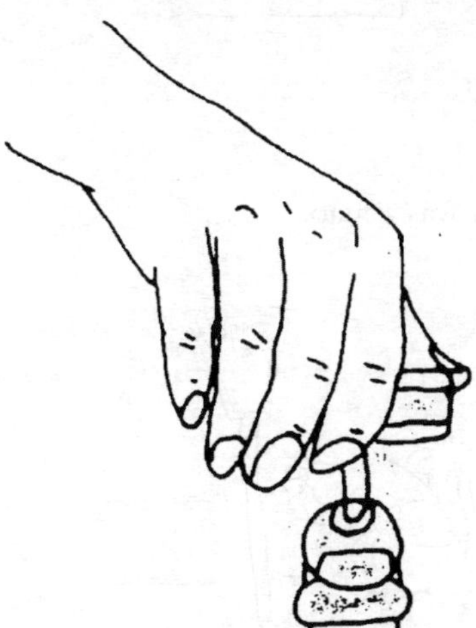

NÃO

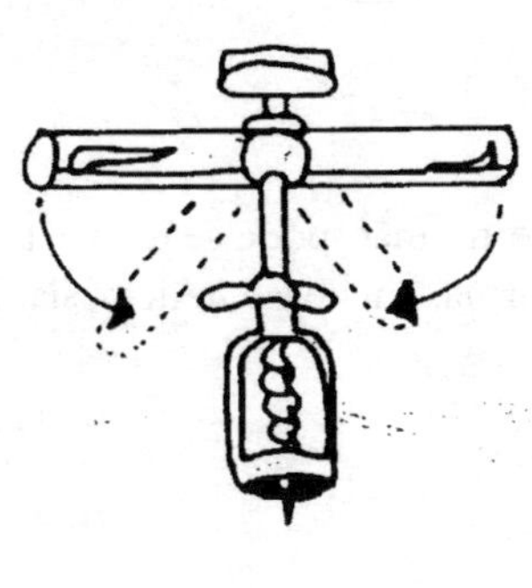

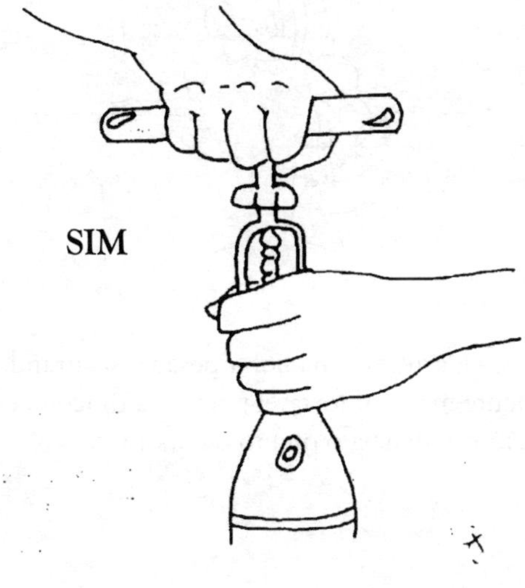

SIM

Para conseguir abrir torneiras ou latas sem esforço existem alavancas ou ferramentas específicas que permitem girar ou abrir facilmente qualquer recipiente.

Uma faca com cabo vertical permite cortar o pão sem submeter a duras provas a mão.

Carregar uma bolsa pesada, segurando-a por muito tempo na mão pode se tornar prejudicial. É decididamente mais confortável portá-la a tiracolo: evitar, de qualquer forma, enchê-la em demasia. È útil também mudar com freqüência o ombro de apoio.

Atividades durante o tempo livre a serem realizadas com cautela

Algumas atividades extraocupacionais podem provocar, se repetidas com freqüência (várias vezes por semana por várias horas seguidas), o surgimento de distúrbios e patologias musculoesqueléticas nos membros superiores:

• jogar tênis	epicondilite ou cotovelo de tenista
• halterofilismo	tendinite no braço
• tocar instrumentos musicais	tendinites em várias articulações da mão e do braço em função do tipo de instrumento utilizado
• fazer tricô ou crochê	artrose cervical, tendinite no pulso
• uso de tesoura ou alicate (poda etc.)	tendinite nos dedos
• uso de tesoura para cortes com força	tendinite nos dedos
• pintar paredes, usar pá	tendinite no ombro

Atividades deste tipo deverão ser executadas por breves períodos, e interrompidas pelo menos 10 minutos a cada hora.

Bibliografia

ACGIH. *Threshold Limit Values for chemical substances in the work environment*, 2000. p. 117-121.

ANSI (USA). Draft ANSI Z-365. *Control of work-related cumulative trauma disorders*, 1995.

ARMSTRONG, T. J.; BUCKLE, P.; FINE, L. J.; HAGBERG, M.; JONSSON, B.; KILBOM, A.; KUORINKA, I.; SILVERSTEIN, B. A.; SJOGAARD, G.; VIIKARI-JUNTURA, E. *A conceptual model for work-related neck and upper-limb musculoskeletal disorders*. Scand. Journ. Work Environ. Health, 1993: 19, p. 73-84.

BARNES, R. M. *Motion and time study. Design and measurement of work*. 6. ed. New York: Wiley and Sons, 1968.

BATTEVI, N.; MENONI, O.; VIMERCATI, C. *The occurrence of musculoskeletal alterations in worker' populations not exposed to repetitive tasks of the upper limbs*. Ergonomics, 1998; *41*, p. 1340-1346.

BORG, G. A. V. A category scale with ratio properties for intermodal and interindividual comparison. In: GEISSLER, H. G.; PETZOLD, P. (eds.). *Psychophysical judgement and theprocess of perception*. Berlin: VEB Deutscher Verlag der Wissenschaften, 1982. p. 25–34.

______ . *Borg's Perceived Exertion and Pain Scales*, Human Kinetic Europe, 1998.

BYSTROM, S. *Physiological response and acceptability of isometric intermittent handgrip contractions* Arbete och alsa – NIOH (Sweden), 1991: 38.

CEN. DRAFT prEN 1005-3. *Safety of machinery. Human physical performance*. Part 3: Reccomended force limits for machinery operation, 1993.

CEN. EN 547-3. *Safety of machinery. Human body measurements. Anthropometric data*, 1996.

CEN. EN ISO 7250. *Basic human body measurements for technological design*, 1997.

CEN. EN 614-2. *Safety of machinery – Ergonomic design principles* – Part 2: Interactions between the design of machinery and work tasks, 2000.

CEN. EN 1005-1. *Safety of machinery – Human physical performance* – Part 1: Terms and definitions, 2001.

CEN. EN ISO 14738. *Safety of machinery – Anthropometric requirements for the design of workstations at machinery*, 2002.

CEN. EN 1005-3. *Safety of machinery – Human physical performance* – Part 3: Recommended force limits for machinery operation, 2002.

CEN. EN 1005-2. *Safety of machinery – Human physical performance* – Part 2: Manual handling of machinery and component parts of machinery, 2003.

CEN. prEN 1005-4. *Safety of machinery – Human physical performance* – Part 4: Evaluation of working postures and movements in relation to machinery, 2004.

CEN. prEN 1005-5. *Errore. L'origine riferimento non è stata trovata*, 2004.

COLOMBINI, D.; GRIECO, A.; OCCHIPINTI, E. *Occupational musculoskeletal disorders of the upper limbs due to mechanical overload*. Ergonomics, 1998. v. 41, n. 9 (special issue).

COLOMBINI, D.; OCCHIPINTI, E.; GRIECO, A. *La valutazione e la gestione del rischio da movimenti e sforzi ripetuti degli arti superiori*: analisi organizzative, indici di esposizione OCRA, schemi di intervento, principi di riprogettazione. Milano: Franco Angeli, 2000.

______ . *Risk assessment and management of repetitive movements and exertions of upper limbs*. Amsterdam: Elsevier Science, 2002.

COLOMBINI, D.; OCCHIPINTI, E. ed altri. *Le affezioni muscolo-scheletriche degli arti superiori e inferiori come patologie professionali*: quali e a quali condizioni. Documento di consenso di un gruppo di lavoro nazionale. La Medicina del Lavoro, v. 94, n. 3, 2003. p. 312-329.

COLOMBINI, D.; OCCHIPINTI, E. *Risultati della valutazione del rischio e del danno in gruppi di lavoratori esposti, in diversi comparti lavorativi, a movimenti e sforzi ripetuti degli arti superiori*. La Medicina del Lavoro, 95,3; 2004. p. 233-246.

DE MARCO, F.; MENONI, O.; RICCI, M. G.; BONAIUTI, D.; COLOMBINI, D.; OCCHIPINTI, E. *Studi clinici in popolazioni lavorative*: valore e significato dei rilievi anamnestici, dei test clinici e degli esami strumentali per la diagnosi dei WMSDs. La Medicina del Lavoro, 1996. v. 87, n. 6, p. 561-580.

DRURY, C. G. *A biomechanical evaluation of the repetitive motion injury potential of industrial jobs*. Seminars on Occ. Medicine, 1987, 2, p. 41-49.

EASTMAN KODAK COMPANY. *Ergonomic design for people at work*. Van Nostrand Reinhold. New York, 1983. v. 1 e 2.

EUROSTAT. *Work and health in the EU. A statistical portrait*. Luxembourg: Office for Official Publications of the European Communities, 2004.

GEMAIDY, A.; BARKAWI, H.; CHRISTENSEN, D. *Ranking of static non-neutral postures around the joints of the upper extremity and spine*. Ergonomics, 1994: 13, p. 31-39.

GRANT, A. K.; HABES, D. J.; PUTZ ANDERSON, V. *Psychophysical and EMG correlates of force exertion in manual work*. Intern. Journ. Industrial Ergonomics; 1994: 13, p. 31-39.

HAGBERG, M.; SILVERSTEIN, B.; WELLS, R.; SMITH, M. S.; HENDRICH, H. W.; CARAYON, P.; PERUSSE; M. *Work-related musculoskeletal disorders. A reference book for prevention*. London and Philadelphia: Kuorinka I. and Forcier L. Taylor and Francis, 1995.

HIGNETT, S.; MCATAMNEY, L. *Rapid entire body assessement (REBA)* Applied Ergonomics, 2000: 31, p. 201–205.

INRS. *Method de prevention des trouble musculosqueletriques du membre superior at outil simplex*. Doc Med Tarv. 2000: 83, p. 187–223.

ISO. ISO 11226 *Ergonomics – Evaluation of static working postures*, 2000.

ISO. CD 11228-3. *Ergonomics – Manual handling* – Part 3: Handling of low loads at high frequency, 2004.

KARHU, O. *et al. Correcting working posture in industry, a practical method for analysis* . Applied Ergonomics, 1977: 8, p. 199-201.

KEYSERLING, W. M.; STETSON, D. S. A *check-list for evaluating ergonomic risk factors associated with upper extremity cumulative trauma disorders*. Ergonomics, 1993, 36, p. 807-831.

KEMMELERT, K. *A method assigned for the identification of ergonomic hazard – PLIBEL*. Applied Ergonomics, 1995: 126, p. 35–57.

KETOLA, R. *et al. Interobserver repeatability and validity of an observation method to assess physical loads imposed on upper extremities*. Ergonomics, 2001: 44; 2, p. 119-131.

KILBOM, A. *Repetitive work of the upper extremity*. Part 1: Guidelines for the praticioner. Part 2: The scientific basic (knowledge base) for the guide. International Journ. of Industrial Ergonomics, 1994, 14, p. 51-86.

LI, G.; BUCKLE, P. *The development of a practical method for exposure assessement of risk to work related musculoskeletal disorders*. HSE (contract n. R3408). Robens Centee for Health Ergonomics – European Institute of Health and Medical Sciences – University of Surrey. 1998

______ . *Current techniques for assessing physical exposure to work related musculoskeletal risk, with emphasis on posture-based method*. Ergonomics, 1999: 45,5, p. 674-695.

MATHIASSEN, S. E.; CHRISTMANSSON, M. Postures, movements, and other factors: multiple factor models. Variation and autonomy. In: DELLEMANN, N.; HASLEGRAVE, C.; CHAFFIN, D. B. (eds.). *Working postures and movements*: tools for evaluation and engineering, Chapter 11; p. 330-366. Taylor and Francis and CRC Press, London and New York, 2004.

MCATAMNEY, L.; CORLETT, N. *RULA*: a survey method for the investigation of work-related upper limb disorders. Applied Ergonomics 1993; 24, p. 91-92.

MENONI, O.; DE MARCO, F.; COLOMBINI, D.; OCCHIPINTI, E.; VIMERCATI, C.; PANCIERA, D. *Studi clinici in popolazioni lavorative*: un modello per l'indagine anamnestica delle patologie degli arti superiori e sue modalità applicative. La Medicina del Lavoro, 1996; v. 87, n. 6, p. 549-560.

MOORE, J. S.; GARG, A. *The strain index*: a proposed method to analyse jobs for risk of distal upper extremity disorders. Am. Ind. Hyg. Assoc. Journal, 1995: 56; p. 443-458.

NIOSH, Center for Diseases Control and Prevention. *Musculoskeletal disorders and workplace factors. A critical review of epidemiologic evidence for WMSDs of the neck, upper extremity and low back*. Second printing: U.S. Department of Health and Human Services, 1997.

OCCHIPINTI, E.; COLOMBINI, D. *Alterazioni muscolo-scheletriche degli arti superiori da sovraccarico biomeccanico*: metodi e criteri per l'inquadramento dell'esposizione lavorativa. La Medicina del Lavoro, 1996, Suppl.

______ . *Metodo OCRA*: aggiornamento dei valori di riferimento e dei modelli di previsione dell'occorrenza di patologie muscolo-scheletriche correlate al lavoro degli arti superiori (UL-WMSDs) in popolazioni lavorative esposte a movimenti e sforzi ripetuti degli arti superiori. La Medicina del Lavoro, 95,4; 2004. p. 305-319.

PAOLI, P.; MERLLIÉ, D. European Foundation for the Improvement of Living and Working Conditions. *Third European survey on working conditions 2000*. Luxembourg: Office for Official Publications of the European Communities, 2001.

PUNNETT, L.; FINE, L. J.; KEYSERLING, W. M.; CHAFFIN, D. B. Shoulder disorders and postural stress in automobile assembly work. *Scandinavian Journal Work Environmental Health*, 2000: 26 (4), p. 283-291.

PUTZ-ANDERSON, V. *Cumulative trauma disorders – A manual for musculoskeletal disease of the upper limbs*. London and Philadelphia: Taylor and Francis, 1988.

RODGERS, S. H. Recovery time needs for repetitive work. *Seminars in Occ. Medicine*, 1987: 2, p. 19-24.

ROHMERT, W. Problems in determinig rest allowances. Part 1: Use of modern methods to evaluate stress and strain in static muscular work. *Applied Ergonomics*, 1973: 4, p. 91-95.

SALVENDY, G.; SMITH, M. J. (eds.). Machine pacing and occupational stress. *Proceedings of the International Conference*. Purdue University. London: Taylor & Francis, 1981: 384.

SCHNEIDER, S. OSHA's Draft dtandard for prevention of work-related musculoskeletal disorders. *Applied Occupational Environmental Hygiene*, 1995: 10-8, p. 665-676.

SETH, V. *et al.* Development of a cumulative trauma disorder risk assessement model for the upper extremities. *International Journal of Industrial Ergonomics*, 1999: 23, p. 281–291.

SILVERSTEIN, B. A.; FINE, L. J.; ARMSTRONG, T. J. *Hand wrist cumulative trauma disorders in industry*. Brit. Journ. Industrial Medicine, 1986: 43, p. 779-784.

______ . Occupational factors and carpal tunnel syndrome. *American Journal of Industrial Medicine*, 1987: 11, p. 343-358.

VICTORIAN OCCUPATIONAL HSC (Australia). *Draft code of practice. Occupational overuse syndrome*, 1988.

WATERS, T. R.; PUTZ-ANDERSON, V.; GARG, A.; FINE, L. J. Revised NIOSH equation for the design and evaluation of manual lifting tasks. *Ergonomics*, 1993, 36, 7, p. 749-776.

Daniela Colombini — Médica do trabalho e ergonomista com certificado europeu. Responsável pelo setor de Ergonomia do Centro de Medicina do Trabalho da Empresa Hospitalar – Institutos Clínicos de Aperfeiçoamento de Milão (Fundação IRCCS no Policlínico Mangiagalli). Professora contratada na Escola de Especialização em Ortopedia do Instituto Gaetano Pini da Università degli Studi de Milão. Pesquisadora da Unidade de Pesquisa Ergonomia da Postura e do Movimento – EPM.

Enrico Occhipinti – Médico do trabalho e ergonomista com certificado europeu. Responsável pelo Centro de Medicina do Trabalho ICEMOC da Empresa Hospitalar – Institutos Clínicos de Aperfeiçoamento de Milão (Fundação IRCCS Policlínico Mangiagalli). Professor contratado na Escola de Especialização em Medicina do Trabalho da Università degli Studi de Milão. Pesquisador na Unidade de Pesquisa Ergonomia da Postura e do Movimento – EPM.

Michele Fanti – Iniciou as suas atividades como analista de tempos e métodos numa grande empresa de nível internacional com formação contínua sobre técnicas de análise mais inovadoras e de vanguarda. Obteve o diploma de mestre em "Ergonomia e fator humano" e de analista de aplicações MTM. Fundou o Estudio FANTI e se dedica a atividades de colaboração estrita com a Unidade de Pesquisa Ergonomia da Postura e do Movimento – EPM e a atividades de consultoria empresarial.

Edoardo Santino - Especialista em Medicina do Trabalho pela AMB/ANAMT e registrado no MTE, Espe-cialista em Saúde Pública em Ergonomia e Perícia Médica Estágio na Clinica del Lavoro de Milão e no Center for Ergonomics da Universidade de Michigan. Professor convidado de cursos de Pós-Graduação em Medicina do Trabalho em diversas universidades, Secretário Nacional da ICOH – International Comission on Occupational Health – para o Brasil (2003-2006/2006-2009). Diretor Técnico da LABOR Saúde Ocupacional. Consultor de Empresas em Saúde Ocupacional, Higiene e Ergonomia, Consultor de Empresas para Processos Judiciais Cíveis Trabalhistas junto ao Ministério Público referentes a especialidade.

Ruddy Facci – Especialista em Medicina do Trabalho pela AMB/ANAMT. Vice-Presidente da ICOH – International Comission on Occupational Health (2000-2003/2003-2006). Estágio na Clinica del Lavoro de Milão. Professor convidado do Curso de Medicina do Trabalho da Universidade Católica do Paraná. Professor convidado da Universidade de Buenos Aires. Diretor do INSAT – Instituto Internacional Saúde no Trabalho. Presidente da Associação Nacional de Medicina do Trabalho – ANAMT (1993/1998). Consultor de Empresas em Ergonomia e Saúde Ocupacional.

Eduardo Marcatto — Engenheiro Industrial Mecânico e de Segurança do Trabalho. Cursos de especialização nacionais e no exterior em Ergonomia. Coordenou o programa de ergonomia da Ford Componentes Automotivos por mais de 8 anos. Fundador do NUSPE (Núcleo São Paulo de Ergonomia). Pós-Graduando em Ergonomia pela Escola Politécnica da USP. Professor convidado dos cursos de especialização em Fisioterapia do Trabalho da UNISA e de Segurança do Trabalho da Universidade Oswaldo Cruz e do curso de extensão em Gestão de Ergonomia pela Eng. Mecânica da UNICAMP. Consultor de atuação prática e docente da PRODERGO.